KB057522

백제 도성 연구

이도학 지음

서경문화사

• 이도학 李道學

   경북 문경시 가은읍 출생. 한양대학교 대학원 사학과에서 「백제 집권국가 형성과정 연구」로 박사학위를 취득했다. 문화재청 한국전통문화대학교 문화유산대학 학장과 일반대학원 원장을 역임했고, 대통령 표창을 받았다. 현재 동일한 대학 융합고고학과 교수로 재직하고 있다. 아울러 동아시아고대학회 회장과 한국연구재단 전문위원, 문화재청 고도보존중앙심의위원회 위원 등을 역임했다. 저서로는 『신라·가라사 연구』와 『한국 고대사의 쟁점과 과제』 등 22권이고, 논문은 「馬韓 殘餘故地 前方後圓墳의 造成 背景」 및 「將軍塚과 周邊 高句麗 王陵 比定 問題」와 「『三國史記』 溫達傳의 出典 摸索」을 비롯하여 230여 편에 이른다.

百濟 都城 研究

백제 도성 연구

초판인쇄일   2018년 6월 15일
초판발행일   2018년 6월 17일
지 은 이   이도학
발 행 인   김선경
책 임 편 집   김소라
발 행 처   도서출판 서경문화사
            주소 : 서울시 종로구 이화장길 70-14 105호
            전화 : 743-8203, 8205 / 팩스 : 743-8210
            메일 : sk8203@chol.com
등 록 번 호   제300-1994-41호
ISBN   978-89-6062-207-4   93900

* 파본은 구입처에서 교환하여 드립니다.

 정가 25,000

저자는 백제 도성에 속한 왕성에 관심이 많았다. 대학 다닐 때인 1970년대 말부터 몽촌토성과 풍납동토성 그리고 상계동 일원을 쏘다녔다. 그런데 몽촌토성 西門址 곁에 소재했던 無文碑는 88올림픽 맞이 발굴 후에 행방이 묘연해졌다. 여러 해 전 한성백제박물관에서 관련 세미나를 할 때였다. 무문비에 대해 언급했었다. 그렇지만 그 누구도 관심을 갖지 않았다. 대학 때 촬영한 사진 한 장이 사실을 증명할 뿐이었다. 토성 북쪽 바깥은 아파트 숲이 장엄하게 펼쳐졌었다. 그런데 반해 성안은 경작지인 논이 시야에 드러났다. 믿기지 않은 목가적 정경이었다. 그러한 몽촌토성을 1981년에 기고한 학보에서 백제 왕성으로 비정하였었다.

지금과는 달리 풍납동토성을 백제의 鎭城인 蛇城으로 비정하는 견해가 정설이다시피 했었다. 그렇지만 저자는 풍납동토성을 왕성으로 지목하였다. 蛇城은 서울시 강남구에 소재했던 삼성동토성으로 비정했다.

대학원 다닐 때는 가루베 지온이 비정한 웅진나성의 존재 확인 차 공주를 다녀오기도 했다. 대학 때부터 여러 번 답사했던 공산성의 쌍수정 광장은 당시 골대가 박힌 축구장이었다. 그리고 부여의 서나성 표석 근처에서 봄비가 촉촉이 내리는 저녁 무렵이었다. 신동엽 시비가 눈에 띄었다. 비석에 적힌 '산에 언덕에'라는 시는 너무나 애잔하였다. 가슴이 뭉클했다. 이후 사비 서나성의 존재에 관심을 쏟았다. 상당한 세월이 흐른 후였다. 백마강 폭은 지금보다 좁았고, 강변의 서나성은 훼실되었다는 결론을 지었다. 530여 년 전의 기록인 『동국여지승람』도 묵묵히 증언하였다.

대학 때부터 답사하였던 익산 왕궁평성은 현재 백제 왕도로서의 위상을 부여받았다. 몇 년 전까지만 해도 익산 왕도설에 대한 회의적인 분위기가 지배적이었다. 미완의 왕도설이 득세하던 때였다. 마침 2003년에 원광대학교 마한백제문화연구소 설립 30주년기념 국제학술대회가 개최되었다. 저자에게 발표 기회가 주어졌다. 이때 『삼국사기』 기록만으로써 익산이 왕도였음을 입증하는 데 성공했다. 그리고 사비성과 익산 금마저성의 2개 王都說을 처음으로 제기하였다. 저자는 複都說의 創案者인 것이다. 이후 집요하게 익산 왕도설을 입증할 수 있는 근거를 찾아 숱하게 제시했다.

백제의 마지막 王城인 주류성의 위치에 대해서도 대학 때부터 관심이 많았다. 노도양 교수가 부안 위금암산성설을 뒷받침하는 근거를 확보했다고 신문에 보도되었다. 친구를 통해 명지대 학보에 게재된 노 교수의 글을 탐독할 수 있었다. 그때의 신문은 스크랩되어 지금도 남아 있다. 현장 답사를 그렇게도 많이 했다. 그리고 위금암산성이 주류성이라는 확신을 얻게 되었다.

이렇게 하여 백제 왕성과 그것을 圍繞하고 있는 도성에 대한 일단의 연구를 마무리하였다. 본서에 수록된 논문들은 과거에 간행된 바 있는 저자의 저서에 포함되지 않았다. 그 이후에 발표했던 논문들이었다.

본서의 출간과 관련해 은사이신 李熙德 선생님을 상기하지 않을 수 없다. 대학원 2학기 때부터 가르침을 받은 이래 평생의 스승으로 모시는 고귀한 연을 맺게 되었다. 선생님의 은혜는 泰山처럼 커서 일일이 열거할 수도 없을 정도로 넘친다. 저자가 분투하고 있을 때 언제나 든든한 버팀목이 되어주셨다. 선생님은 자신의 강의 시간을 쪼개서까지 주셨다. 저자가 연세대학교에서 무려 10년간이나 강의할 수 있게 배려해 주셨던 것이다. 선생님과의 관계는 師弟之間을 넘어 어버이와 자식의 관계라고 말하는 게 더 적확할 것 같다. 그러함에도 제자는 선생님께 항시 송구스러운 마음을 떨칠 수 없는 게 있었다. 선생님께서 극구 사양하신 이유도 있었지만, 저자가 제 앞가림을 한 시기가 늦었기 때문이었다. 선생님의 기념논총을 만들어드리지 못했기 때문이다. 제자로서는 얼굴을 들 수 없는 심정이었다. 다만 선생님의 米壽를 맞아 본서를 奉呈함으로써 不肖를 조금이나마 씻고자 한다. 부디 오래오래 剛健하셔서 不憫한 제자를 보살펴 주시기를 기원드릴 뿐이다.

2018년 5월 12일 만상이 잠든 시각에
曦陽山房에서
이도학

제1부

제1장
漢水와 漢城 그리고 漢陽 起源

1. 머리말 –國都와 江水 序說–

國都의 선정에는 여러 요인이 복합적으로 작용한다. 이와 관련해 北魏가 平城에서 洛陽으로 천도한 경우가 著例가 된다. 이는 정치·경제·군사·交通 運輸·地形·土地·土壤·氣候·水系와 水資源 조건을 종합적으로 고려한 결과였기 때문이다. 특히 낙양이 평성에 비해 우월한 면이 존재했다. 즉 지리적으로 險要할 뿐 아니라 伊水를 이용할 수 있고, 洛水는 사방으로 통하여 있어 교통이 십분 편리했다. 그리고 비옥한 토양은 농업 증산의 중요한 조건이었다.[1] 사실 도성 주변에 비옥한 農地가 조성되어 있어야 한다. 소비층인 도성 주민들에게 공급할 食糧源이었기 때문이다.

우리 나라 역사상 國都의 선정에도 여러 요인이 복합적으로 작용했을 것이다. 일단 江水와 밀접한 관련을 맺고 있다는 사실이 확인된다. 백제의 경우 王城인 漢城 즉 풍납동토성은 한강, 웅진성과 사비성은 모두 금강과 접하였다. 고구려의 경우도 예외가 되지는 않는다. 『삼국지』를 보면 "句麗는 나라를 만들 때 大水에 의지하여 거주한다. 서안평현 북쪽에 小水가 있는데 남으로

---

[1] 王星光·張强·尙群昌, 『生態環境變遷與社會嬗變互動』, 人民出版社, 2016, 259~264쪽.

흘러 바다에 들어간다. 句麗 別種이 小水에 의지하여 나라를 만들었기에 그 이름을 小水貊이라고 한다"[2]고 했다. 그리고 평양성(장안성)에 대해 "도읍은 平壤城으로 長安城이라고도 하는데, 동서 길이는 6里로 山을 따라 屈曲을 이루며, 남쪽은 浿水에 닿아 있다"[3]고 하였다. 평양성은 패수인 대동강에 접했음을 알려준다.

이렇듯 國都 선정에 江水가 불가분의 관련을 지닌 것처럼 비친다. 江水와 國都와의 관련은 朝鮮朝 좌정승 河崙이 올린 다음 「漢江詩」에도 보인다.

> 漢江의 물은 예전부터 깊고 넓으며, 華嶽의 산은 하늘에 의지하여 푸르고 푸르도다. 聖王이 勃興하여 東方을 차지하였도다. 이에 國都를 정하니 漢水의 북쪽이로다. 宗社가 편안하고 天運이 영원하도다. 漢江은 흘러흘러 바다로 들어가고, 華山은 鬱鬱하여 푸르고 盛하도다. …[4]

즉 한양도성을 "國都를 정하니 漢水의 북쪽이로다(迺定國都 維漢之陽)"고 읊조렸다. 여기서 '陽'은 '北'을 가리킨다. 이는 『용비어천가』에서 "千世默定 漢水陽 累仁開國 卜年無彊(125章)"라고 한 漢詩 구절의 '漢水陽'을 우리 말 노래에서 '漢水北'으로 번역한 데서도 확인된다. 단재 신채호는 이 같은 '水邊 作國'을 한국인 古來의 습속으로 간주했다. 그리고 나라[國家]의 語源이 나루[渡津]에서 비롯되었다고 하였다.[5] 소위 '나루 국가' 이론은 단재의 지견에서 착상한 것이다. 그러면 'ㆍ' 邊이 붙어 있는 百濟 국호는 江이나 나루와 관련이 없을까? 백제 국호의 語源에 대해서는 다양한 견해가 제기되었다. 이 가운데

---

2) 『三國志』권30, 동이전 고구려 조. "句麗作國 依大水而居 西安平縣北有小水 南流入海 句麗別種依小水作國 因名之爲小水貊"

3) 『周書』권94, 고구려전. "都平壤城 亦曰長安城 東西六里 隨山屈曲 南臨浿水"

4) 『太宗實錄』5년 10월 20일 조. "維漢之水 振古泱泱 維華之山 倚天蒼蒼 維聖勃興 奄有東方 迺定國都 維漢之陽 宗社乃安 景運靈長 維漢之江 浩乎朝宗 維華之山 鬱乎葱蘢"

5) 申采浩, 『朝鮮史研究艸』, 을유문화사, 1974, 20쪽.

부여족을 일컬은 貊은 百濟의 '百'으로, '濟'에는 渡船場의 의미가 담겼다. 그러므로 百濟는 '夫餘族이 있는 渡船場'의 뜻으로 풀이한다.[6] 이러한 해석은 한강변에 소재한 백제 왕성의 입지 여건과 부합된다. 그러므로 이는 흥미 있는 해석인 동시에 丹齋의 지견과도 연결되고 있다.

현재 대한민국 수도는 서울이고, 서울의 조선시대 이름은 漢陽이었다. 한양이라는 지명의 어원은 백제 漢城까지 소급된다. 물론 백제 왕도였던 한성은 조선의 도성과는 공간적으로 구분된다. 백제의 한성은 한강 이남으로 비정되어진다. 서울 송파구 풍납동토성을 중심한 반경이 한성이 된다. 물론 北漢城의 경우는 한강 이북에 소재한 게 분명하다. 어쨌든 현재의 서울 지역에 도읍했던 국가인 백제와 조선의 國都名에는 어김 없이 '漢'이 붙는다. 이 '漢'은 '큰'의 뜻으로 云謂되고 있다. 그러나 이 보다는 漢江 즉 漢水에서의 起源 가능성을 타진해 볼 수 있겠다. 만약 그렇다면 江水名이 都城名이 되는 사례이다. 이와는 반대로 漢城에서 漢水·漢江 江名의 기원을 상정할 수도 있다.

본고에서는 백제 漢城부터 조선 漢陽에 이르는 國都名에 등장하는 '漢'의 語源과 의미를 살피고자 했다. 그럼으로써 江水와 都城과의 긴밀한 관계를 밝히고자 하였다. 중국에서는 江名에서 都城名이 생겨난 경우가 확인된다. 백제의 경우도 이와 부합하는 지 여부를 검증하고자 했다. 이와 더불어 삼성동토성의 위치를 현 경기고등학교 부지로 지목한 주장의 허구를 거론하였다. 전혀 타당하지 않은 주장이지만 의외로 吸入되고 있기 때문이었다.

2. 江上 立都와 江名 漢水의 등장

1) 江上 立都

일찍이 六堂 최남선은 삼국이 각축하였던 한반도의 特長을 일러 "지리상

---

6) 京城電氣株式會社, 『京電ハイキングコース 第三輯 風納里土城』, 1937, 24쪽.

으로 보아 半島가 다른 육지보다 優勝한 點은, 도틀어 말하자면 海陸 接境에 處하여 陸利와 海利를 兼하여 받는 것이라"[7])면서 '海陸文化의 最上處로서의 半島'를 갈파하였다. 六堂은 '海陸文化'라는 용어를 최초로 사용한 것이다. 그러한 海陸文化에 속한 백제는 지금의 서울 일원인 漢城에 도읍하였다. 475년에 백제는 고구려군의 강습을 받아 熊津城으로 천도했다. 그로부터 63년 후 백제는 사비성으로 다시금 천도하였다. 그런데 세 곳의 백제 왕성에서 한 가지 공통점을 발견할 수 있다. 현재 서울의 백제 王城인 풍납동토성은 물론이고, 공주 공산성이나 부여 부소산성과 연계된 왕성은 한결같이 江邊에 소재하였다. 江은 방어적인 해자 역할도 한다. 그러나 또 한편으로는 江水의 범람에 대한 대비도 필요하다. 개로왕대에 한강 南岸에 축조한 제방이 그것을 말한다.[8]) 이처럼 양면성을 지닌 江과 엮어져 백제 도성이 조성되었다. 그러므로 기획도시인 사비도성의 서편 백마강변에 나성을 축조하지 않았다는 주장은 성립이 어렵다.[9]) 江水의 해자 기능만 염두에 두었을 뿐 洪水 대비 개념은 없었기 때문이다.

그러면 백제 왕이 거처하였던 위례성은 어디에 소재했을까? 『삼국사기』에서는 '河南慰禮城'[10]) 기록이 보인다. 이로 미루어 응당 하북위례성도 존재했을 것으로 판단하였다. 그렇다면 그 기준인 '河' 곧 한강 이북에 처음 도읍했다가 한강 이남으로 移都했다고 보아야 순리일 것 같다. 그런데 현재까지는 하북위례성의 소재지를 명확하게 밝히지 못하였다. 반면 하남위례성의 소재

---

7) 崔南善, 「海上大韓史(六)」 『소년』 1909~1910; 六堂全集編纂委員會, 『六堂 崔南善全集』 2, 현암사, 1974, 397·399쪽.

8) 『三國史記』 권25, 蓋鹵王 21년 조. "百姓之屋廬 屢壞於河流 … 緣河樹堰 自蛇城之東 至崇山之北"

9) 이에 대해서는 李道學, 「百濟 泗沘都城과 '定林寺'」 『白山學報』 94, 2012, 116~119쪽에서 언급되었다.

10) 『三國史記』 권23, 시조왕 즉위년 조.

_ 서울시 송파구 풍납동토성에 세워진 '서울 풍납동토성' 안내판. '풍납토성'이 아니라 '풍납동토성'이 맞는 표기임을 일깨워주고 있다.

지로는 일찍부터 풍납동토성이 지목되었다.[11] 즉 위례성의 소재지와 관련해 "이 河南의 땅은 북쪽으로는 漢水를 띠처럼 띠고 있고, 동쪽으로는 높은 산을 의지하였으며, 남쪽으로는 비옥한 벌판을 바라보고, 서쪽으로는 큰 바다에 막혔으니 이렇게 하늘이 내려 준 험준함과 지세의 이점[天險地利]은 얻기 어려운 형세입니다. 여기에 도읍을 세우는 것이 또한 좋지 않겠습니까?"[12] 라고 한 국도의 입지 조건에 풍납동토성이 부합된다고 한다. 아울러 풍납동토성은 말갈의 침략을 막기에 유리한 한강의 天塹을 國防에 이용하고 있음을 역설했다.[13]

2) 江名과 王都名과의 관계

江名과 王都名이 불가분의 관련을 맺는 경우가 적지 않다. 중국의 경우 洛

---

11) 朝鮮總督府, 『大正六年度朝鮮古蹟調査報告』, 1920, 72쪽.

12) 『三國史記』 권23, 시조왕 즉위년 조.

13) 大原利武, 「朝鮮歷史地理」 『朝鮮史講座——一般史』, 朝鮮總督府, 1924, 53쪽. 이상의 '江上 立都'에 대한 서술은 李道學, 「百濟 泗沘都城의 編制와 海外 交流」 『東아시아 古代學』 30, 2013, 231~267쪽을 보완하였다.

陽은 洛水 북쪽에 위치했는데, 周公이 王城을 조영한 땅이었다. 東周가 이곳에 도읍하였고, 後漢·西晋·後魏·隋·五代 등도 모두 이곳에 의거하였다.[14] 漢·魏 낙양성과 隋·唐 낙양성은 별개의 공간에 소재했다. 그럼에도 兩者는 남쪽으로 洛河를 끼고 있다. 이 사실은 낙양성 조성에 江水가 필수적 요소임을 웅변해준다.[15]

백제의 경우는 어떠할까? 금강을 웅천으로 일컬은 적이 있다. 이는 웅진성 혹은 웅천성이었던 王都名이 江名에 투사된 것이다. 사비성인 扶餘 지역을 통과하는 구간의 江名을 사비나 白江으로 일컬었다.[16] 여기서 泗沘河나 白江은 동일한 강을 가리키고 있다. 白江의 '白'의 訓讀은 '스뵈'이므로 泗沘江을 가리킨다.[17] 반면 '스뵈'의 譯語는 '白'이 된다. 그러면 백제가 웅진성에 도읍하던 시기에는 금강을 어떻게 일컬었을까? 앞에서 결론을 미리 내렸지만 다음 기사를 통해 확인하고자 한다.

> a. 13년(491) 여름 6월에 웅천의 물이 불어 王都의 2백여 家를 떠내려 보내거나 가라앉혔다.[18]

위의 a를 보면 웅진성에 도읍하던 시기의 금강에 대한 호칭으로 웅천이 보인다. 그러한 금강을 웅진성과 사비성을 통과하는 구간에 따라 웅천이나 백강으로 각각 달리 일컬은 것 같다. 다음 기사를 보자.

---

14) 諸橋轍次, 『大漢和辭典』 권6, 大修館書店, 1985, 1095쪽.

15) 낙양성과 江水의 관련에 대해 端鵬琦, 『漢魏洛陽故城』, 文物出版社, 2009, 158~173쪽에서 치밀하게 서술되어 있다.

16) 白馬江이라는 江名이 泗沘 즉 所夫里를 통과하는 데서 유래했음은 成周鐸, 「百濟 泗沘城研究」『百濟研究』13, 1982, 11~12쪽.

17) 도수희, 『백제의 언어와 문학』, 주류성, 2005, 176쪽.

18) 『三國史記』 권26, 東城王 13년 조. "夏六月 熊川水漲 漂沒王都二百餘家"

b. 5월에 서울 서남쪽 사비하에서 큰 고기가 나와 죽었는데 길이가 세 길이었다.[19)]

c. 20년 봄 2월에 王都의 우물이 핏빛으로 변했다. 서해에 조그만 물고기들이 나와 죽었는데 백성들이 모두 먹을 수 없을 정도로 많았다. 泗沘河 물이 붉기가 핏빛 같았다. … 6월에 왕흥사의 여러 중들이 모두 배의 돛대와 같은 것이 큰 물을 따라 절 문간으로 들어오는 것을 보았다. 들사슴 같은 개 한 마리가 서쪽으로부터 사비하 언덕에 와서 왕궁을 향하여 짖더니 잠시 후에 행방이 묘연해졌다.[20)]

위의 b와 c에 따르면 백제 멸망 조짐과 관련해 '泗沘河'가 보인다. 사비하는 말할 나위 없이 사비성 구간을 통과하는 금강을 가리킨다. 王都名과 江名이 연계된 것이다. 이는 다음의 기사를 통해서도 확인된다.

d. 37년(636) … 3월에 왕은 측근의 신하를 거느리고 泗沘河의 북쪽 갯가에 잔치를 베풀고 놀았다. 양쪽 언덕에 기이한 바위와 괴이한 돌이 뒤섞여서 있고, 그 사이에 기이한 꽃과 이상한 풀들이 있어 마치 그림 같았다. 왕은 술을 마시고 즐거움이 극도에 달하여 거문고를 타고 스스로 노래를 부르니 從者들은 번갈아 춤을 추었다. 당시 사람들은 그 곳을 大王浦라 했다.[21)]

지금까지의 인용에 따르면 금강을 통과하는 구간에 따라 웅천과 사비하

---

19) 『三國史記』 권28, 義慈王 19년 조. "春二月 衆狐入宮中 一白狐坐上佐平書案 夏四月 太子宮雌與小雀交 遣將侵攻新羅獨山·桐岑二城 五月 王都西南泗沘河 大魚出死 長三丈"

20) 『三國史記』 권28, 義慈王 20년 조. "春二月 王都井水血色 西海濱小魚出死 百姓食之不能盡 泗沘河水赤如血色 … 六月 王興寺衆僧 皆見若有舡楫 隨大水入寺門 有一犬狀如野鹿 自西至泗沘河岸 向王宮吠之 俄而不知所去"

21) 『三國史記』 권27, 武王 37년 조. "三月 王率左右臣寮 遊燕於泗沘河北浦 兩岸奇巖怪石錯立 間以奇花異草 如畫圖 王飲酒極歡 鼓琴自歌 從者屢舞 時人謂其地爲大王浦"

로 각각 일컬었음을 알 수 있다. a는 백제가 웅진성에 도읍하던 시기이고, b·c·d는 사비성에 도읍하던 시기의 江名이기 때문이다.[22]

이처럼 江名은 都城名과 연계되어 등장한다. 도성과 조합을 이루는 江의 비중을 헤아려 준다. 이와 관련해 중국의 도성은 夏代~北宋과 金代까지 黃河를 軸線으로 하여 소재한 사실을 환기하고자 한다. 水資源이 도성 결정의 중요한 요소임을 말해주고 있다. 그랬기에 반드시 '廣川之上'에 定都했다는 것이다. 그리고 중국에서는 토양의 조건을 도성 결정의 요인으로 지목하고 있다.[23] 이는 백제 비류왕 시조 전승에서 당초 海邊인 미추홀에 도읍했다가 慰禮로 옮기는 배경과 관련해 "땅이 습하고 물이 짰다"[24]고 한데서도 확인된다.

3) 漢水와 漢城

漢水 江名은 漢江과 동일한 강을 가리킨다. 그리고 한강을 끼고 있었던 백제와 조선의 국도 이름에 '漢'이 등장한다. 양자가 긴밀한 관련이 있는듯한 인상을 준다. 그러면 漢水 江名은 언제부터 등장한 것일까? 이와 관련해 『삼국사기』를 검색해 보면 漢水 기록이 다음과 같이 보인다. 아울러 漢江에 관한 기록도 덧붙었다.

> e-1. 8월에 일길찬 興宣에게 명하여 兵 2萬을 거느리고 이들을 정벌하게 했다. 王이 또 騎兵 8천을 거느리고 漢水로부터 臨하자 百濟가 크게 두려워하여 그들이 노략한 男女를 돌려보내고 和를 구했다(신라 아달라니사금 14년).
> e-2. 14년에 王이 將軍 高勝을 보내 신라 北漢山城을 공격했다. 신라 왕이

---

22) 이상의 서술은 李道學, 「白江戰鬪의 位置 확인에 대한 接近」『韓國古代史探究』 25, 2017, 385~387쪽에 의하였다.
23) 王星光, 「黃河流域古代都城遷徙及其對近代中國社會的影向」『中原與東北亞古代文化交流研討會 論文提要』, 鄭州大學校, 2016, 5쪽.
24) 『三國史記』 권23, 시조왕 즉위 전기.

兵을 거느리고 漢水를 건너자 성안에서는 북을 치고 떠들썩하게 서로 호응하였다. 고승이 저들은 수가 많고 우리는 적어 이기지 못할 것을 두려워하여 퇴각하였다(고구려 영양왕 14년).

e-3. 드디어 漢山에 이르로 負兒嶽에 올라 살만한 땅을 바라보니 沸流는 海濱에서 거주하고자 했다. 十臣 諫하여 말하기를 "이 河南의 땅은 北은 漢水가 띠를 두르고 東은 高岳에 의거하였고, 南은 沃澤을 바라보고 西는 大海에 막혔으니 이러한 天險地利는 얻기 어려운 지세이니 이곳에 도읍하는 것이 마땅하지 않겠습니까?"(백제 시조왕 즉위년).

e-4. 여름 5월에 王이 臣下들에게 일러 말하기를 "國家 東에는 樂浪이 있고, 北에는 靺鞨이 있어서 강역을 침략하여 평안한 날이 없고, 항차 지금에는 妖祥한 일이 자주 보이고, 國母가 돌아 가시고, 형세가 불안하니 반드시 국도를 옮겨야 겠다. 내가 어제 순행을 나갔다가 漢水의 南쪽을 보니 土壤이 비옥하였다. 마땅히 이곳에 도읍하여 영원히 안전한 계책을 도모하겠다(시조왕 13년).

e-5. 여름 4월부터 가뭄이 들어 6월이 되어서야 비가 내렸다. 漢水 東北 部落들이 饑荒으로 고구려로 망명한 자들이 1千餘戶였다. 浿水와 帶水의 사이가 텅 비어서 거주하는 사람이 없었다(시조왕 37년).

e-6. 월에 漢水 東北의 여러 部落人으로 나이 15歲 이상으로 慰禮城을 수리하게 했다(시조왕 41년).

e-7. 八月 신라 왕이 一吉湌 興宣을 보내 兵 2萬을 거느리고 와서 國東 여러 城들을 공격했다. 신라 왕은 또 몸소 精騎 8千을 이끌고 따라 와서 불시에 漢水에 이르자, 王은 신라 군대가 건너면 대적할 수 없다는 것을 알고 이전에 노략했던 이들을 돌려 보냈다(초고왕 2년).

e-8. 여름 5월에 王都 우물과 漢水가 모두 말랐다(초고왕 22년).

e-9. 가을 8월에 漢水의 西쪽에서 大閱했다(구수왕 8년).

e-10. 겨울 11월에 漢水 南에서 大閱했는데 旗幟는 모두 黃色을 사용했다(근초고왕 24년).

e-11. 가을 7월에 고구려 왕 談德이 몸소 兵 4萬을 거느리고 와서 북쪽 변경 石峴 等 10餘 城을 공격하여 함락시켰다. 王이 談德이 用兵에 능하다는 말

을 듣고는 나가서 대적하지 못하자, 漢水 北쪽 여러 部落들이 함몰한 곳이 많았다(진사왕 8년).

　e-12. 겨울 11월에 王이 浿水의 役을 보복하기 위해 몸소 兵 7千人을 거느리고 漢水를 지나 靑木嶺 밑에 머물렀으나 큰눈을 만나 士卒 가운데 凍死가 많아 軍을 돌려 漢山城에 이르러 軍士를 위로했다(아화왕 4년).

　e-13. 가을 7월에 漢水의 南에서 大閱했다(아화왕 6년).

　e-14. 春秋가 몰래 사람으로 하여금 本國 王에게 보고하자, 王이 大將軍 金庾信에게 명하여 결사대 1萬人을 거느리고 이곳에 이르렀다. 김유신이 行軍하여 漢江을 지나 高句麗 南境에 들어가자, 고구려 왕이 이 소식을 듣고는 김춘추를 석방하여 돌려 보냈다(신라 선덕왕 11년).

　e-15. 가을 7월에 漢江 西北에 성을 쌓고 漢城 民을 나누어 살게 했다(백제 시조왕 14년).

　e-16. 여름 4월에 2龍이 漢江에 나타났다(기루왕 21년).

　e-17. 6월에 열흘 동안 큰비가 내려 漢江 물이 넘쳐 民屋이 무너지고 떠내려갔다(기루왕 40년).

　e-18. 가을 9월에 黑龍이 漢江에 나타나서 잠시 구름과 안개가 끼어 어두워지자 날아갔다(비유왕 29년).

　위의 기사를 보면 『삼국사기』에서 한수와 한강이 竝記되고 있다. 그러면 당시 한강은 처음부터 한수나 한강으로 표기되었을까? 이와 관련해 다음 기사를 살펴본다.

　f. 또 욱리하에서 大石을 취하여 槨을 만들어 父骨을 장례지내고, 河川을 따라 제방을 쌓았는데, 蛇城의 東쪽부터 숭산의 北쪽에 이르렀다.[25]

---

25) 『三國史記』 권25, 蓋鹵王 21년 조.

위의 f를 놓고 보면 사성은 백제 도성 부근의 江岸에 위치하였다. 사성의 동쪽으로부터 崇山의 북쪽에 이르기까지 제방이 축조된 것이다. 사성과 숭산은 삼성동토성과 검단산으로 각각 비정된다.[26] 그러면 f 구절의 '河川'은 어느 강을 가리킬까? 이 문장의 맨앞에 욱리하가 등장한다. 이어서 등장하는 '河'는 별다른 前提가 붙어 있지 않다. 그러므로 '河'는 앞의 욱리하와 동일한 강을 가리킨다고 보여진다. 제방을 축조한 배경은 개로왕대에 단행된 거국적인 토목공사의 한 동기를 "선왕의 해골이 땅위에 임시로 매장되어 뒹굴고 있으며 백성들의 집은 번번히 파괴되어 강물에 허물어지고 있다"[27]라고 했다. 즉 한강의 범람으로 인한 도성의 안전을 보장받기 위한 데 있었다. 따라서 욱리하는 한강이 명백해진다. 그리고 백제 때 한강을 욱리하로 일컬었음을 알 수 있다. 한편「광개토왕릉비문」영락 6년 조를 보면 광개토왕이 아리수를 건넌 사실이 다음에서 포착된다.

> g. … 仇天城△△△△△其國城殘不服義 敢出百戰 王威赫怒 渡阿利水 遣刺迫城 △△[歸穴*]→便[圍*]城 而殘主困逼 獻出男女生口一千人 細布千匹 跪王自誓 從今以後 永爲奴客 太王恩赦△迷之愆 錄其後順之誠 於是得五十八城村七百 將殘主弟幷大臣十人 旋師還都[28]

위에서 "其國城殘不服義 敢出百戰 王威赫怒 渡阿利水 遣刺迫城"라는 구절이 주목된다. 광개토왕의 고구려군이 '其國城' 즉 백제 왕성을 향해 진격하다가 "渡阿利水"하자 백제 왕이 항복을 했다는 것이다. 이때 백제 國城은 왕성을 가리키고 한강 이남에 소재한 게 분명하다. 당시 백제 왕성이 풍납동토성이라고 할 때 阿利水는 한강으로 지목할 수 있다.

---

26) 李道學,『백제 한성·웅진성시대 연구』, 일지사, 2010, 232쪽.
27)『三國史記』권25, 蓋鹵王 21년 조. "先王之骸骨權攢於露地 百姓之屋廬屢壞於河流"
28) 한국고대사회연구소,『譯註 韓國古代金石文Ⅰ』, 가락국사적개발연구원, 1991, 10쪽.

지금까지의 논의를 정리해 보면 한강을 욱리하 혹은 아리수로 일컬었다. 그리고 욱리하와 아리수의 '욱리'·'아리'는 위례성의 '위례'와의 연관성을 생각하게 한다. 물론 다산 정약용은 慰禮城 '慰禮'의 어원을 울[圍籬]에서 취했다.[29) 그러나 단재 신채호는 이를 반박하면서 위례 어원을 한강의 古名 '아리'에서 찾았다.[30) 그 연장선상에서 慰禮를 한강의 古名인 '욱리하'·'아리수'나 만주어로 江城의 뜻인 '우라'의 轉音으로[31) 고찰하기도 한다.

　　그러면 川名과 城名 중 어느 쪽이 먼저 생겨난 것일까? 이러한 경우로는 다음에서 인용한 연천의 瓠瀘古壘와 호로하, 高陽의 왕봉현과 왕봉하, 파주 七重城과 七重河, 漢山과 漢山河를 제시할 수 있다.

　　　h-1. 4년 癸酉년 여름 閏 5월에 燕山道摠管·大將軍 李謹行이 瓠瀘河에서 우리 나라 사람들을 격파하고 수천 인을 사로잡자 나머지 무리들은 모두 신라로 달아났다.[32)

　　　h-2. 唐兵이 靺鞨·契丹兵과 함께 와서 北邊을 침략하였다. 무릇 9회 싸워 우리 군대가 이들을 이기고 목벤 게 2千餘級이었다. 唐兵으로 瓠瀘·王逢 2河에서 빠져 죽은 者는 셀 수 없었다.[33)

　　　h-3. 18년 겨울 10월에 靺鞨이 갑자기 이르자 王이 군대를 이끌고 七重河에서 逆戰하여 酋長 素牟를 사로잡아 馬韓에 보내고 그 나머지 賊들은 모두 묻어 죽였다.[34)

　　　h-4. 23일에 七重河를 건너 棘壤에 이르렀다.[35)

---

29) 丁若鏞, 「慰禮考」『與猶堂全書』권3.
30) 申采浩, 『朝鮮史研究艸』, 을유문화사, 1974, 10쪽.
31) 稻葉岩吉 外, 『朝鮮滿洲史』世界歷史大系 11, 平凡社, 1935, 52쪽.
32) 『三國史記』권22, 寶藏王·唐 高宗 咸亨 4년 夏 5월 조.
33) 『三國史記』권7, 文武王 13년 조.
34) 『三國史記』권23, 시조왕 18년 조.
35) 『三國史記』권6, 文武王 2년 조.

h-5. 壬戌 정월 23일에 七重河에 이르자 사람들이 모두 떨었다. 감히 먼저 오르지 않았다.[36]

h-6. 四瀆 東은 吐只河인데 槧浦라고도 하며 退火郡에 있다. 南은 黃山河로 서 歃良州에 있다. 西는 熊川河인데 熊川州에 있다. 北은 漢山河인데 漢山州에 있다.[37]

위에서 인용한 일련의 城名과 江名에 선후 관계 구명이 되겠다. 여기서 분명한 것은 왕봉현 지명은 고구려 안장왕의 로맨스와 관련해 생겨났다. 다음 기사를 살펴 보도록 한다.

i. 王逢縣은 皆伯이라고도 한다. 漢氏美女가 安臧王을 맞이한 땅인 고로 王逢이라는 이름이 생겨났다. … 達乙省縣은 漢氏美女가 高山 마루에서 烽火를 올려 安臧王을 맞이한 곳이라 뒤에 高烽이라고 이름을 했다.[38]

왕봉현 지명의 장본인 安臧王은 재위 기간이 519~531년이다. 그러니 王逢縣 地名은 6세기 전반 이상으로 소급할 수 없다. 왕봉하의 경우도 왕봉현 지명에서 유래한 하천 명이 분명하다. 통일신라시대 때 지금의 서울 지역은 한산주에 속했다. 또 이곳을 漢山이라하였기에 관통하는 하천을 한산하로 일컬었다(h-6). 이렇듯 지명에서 江名이 유래했다고 단정할 수 있는 근거는 많다. 우선 왕봉현과 엮어진 왕봉하는 고양시 관내를 통과하는 한강 하구쪽이다. 한수 혹은 한강으로 일컬었던 江名을 왕봉현 행정지명에 따라 그 하구쪽을 왕봉하로 불렀다. 조선시대 漢江名의 경우도 한강 전체만을 가리키지는 않았다. 한강은 좁게 보아 남산을 끼고 도는 부분, 즉 현재의 한남대교 자리

36) 『三國史記』 권42, 金庾信 中.
37) 『三國史記』 권32, 雜志1, 祭祀 조.
38) 『三國史記』 권37, 地理4, 고구려. "王逢縣 一云皆伯 漢氏美女 迎安臧王之地 故名王逢 … 達乙省縣 漢氏美女 於高山頭點烽火 迎安臧王之處 故後名高烽"

漢江津 주변의 강을 일컬었다. 그 외에 김포와 통진 일대의 한강 하류는 祖江, 마포 앞은 西江, 용산 앞은 龍山江, 여주 일대는 驪江, 평창 부근은 平昌江, 춘천 일대는 昭陽江으로 불렀다.[39] 이렇듯 한강의 구간마다 관련 지명에서 유래한 江名이 생겨났다. 백제 때 江名 역시 王城이나 都城名에서 비롯되었던 것이다.

4) 삼성동토성의 위치 究明

백제 도성과 관련해 한강 남안에는 蛇城이 소재하였다. 사성은 삼성동토성으로 지목된다.[40] 그런데 삼성동토성의 위치를 현재 경기고등학교 부지로 지목한 견해가 있다. 즉 이형구는 "三城洞 百濟土城址에 京畿高等學校 移轉 新築"[41]이라고 했다. 이어 나각순은 "… 이후 발굴조사와 체계적인 지표조사가 한번도 이루어지지 않았다. 특히 1970년대 후반 이곳에 경기고등학교가 이전해 오면서 성곽이 자취도 없이 거의 모두 없어진 것으로 보았다. 그러나 2002 · 2003년의 서울특별시 성곽조사에서 몇 가지 사실을 확인하였다. 성곽 내부는 학교 교사와 운동장 등이 마련되면서 문화층이 대부분 없어진 것으로 보았다. 그렇지만 학교 건물이 성곽을 최대한 이용하여 그 내부에 들어선 것으로 보고, 성벽은 원상을 유지하고 있을 가능성이 높다고 판단되었다"[42]고 하였다. 전자는 경기고등학교 이전으로 삼성동토성이 파괴되었다고 단정했다. 후자는 추측에 추측을 거듭하면서 성벽은 잔존한다고 보았다. 이러한 주장을 비판한 민덕식의 견해를 다음과 같이 인용했다.

白種伍는 삼성동토성은 "지금의 경기고등학교 부지일대에 자리 잡은 토성

---

39) 정구복 외, 『역주 삼국사기』 4, 주석편(하), 한국정신문화연구원, 1997, 27쪽.

40) 李道學, 『백제 한성 · 웅진성시대 연구』, 일지사, 2010, 231~235쪽.

41) 서울시사편찬위원회, 『서울의 성곽』, 2004, 146쪽.

42) 李亨求, 「漢江流域 百濟初期 首都遺蹟 保存問題」 『정신문화연구』 21, 1984, 131쪽.

으로 이곳은 한강을 조망하는 야트막한 구릉의 정상부 일대에 해당된다.…현재 성벽이 남아 있는 구간은 경기고등학교 북쪽에 개설된 축대부분인데 이곳을 토성의 흔적으로 추정되고 있다. 1969년 경기고등학교가 이곳으로 이전하기 전에는 유단식의 축성형태가 명확히 남아있었으며"[서울특별시사편찬위원회, 『漢城百濟史 3』, 2008, 378쪽. 현재 학계에서는 삼성동토성을 경기고등학교 자리로 보고 있다(李亨求, 「漢江流域 百濟前期 首都遺蹟 保存問題」, 1984, 131쪽; 서울시립대학교 부설 서울학연구소·한신대학교 박물관, 『서울소재 성곽조사 보고서』, 2003, 187~188쪽); 서울특별시사편찬위원회, 『서울의 성곽』, 2004, 146쪽)]라고 하였는데, 이는 사실과 다르다(민덕식, 「제2회 강남문화원 학술세미나 -고대의 산성, 삼성동토성 축조 시기 문제」, 강남문화원, 2015.6.5).

민덕식이 인용한 백종오의 글에서 사실 관계를 살필 때 1969년에 경기고등학교가 이곳으로 이전했다는 서술은 맞지 않다. 경기고등학교는 1976년에 현재의 강남구로 이전했다. 그리고 이형구가 언급했다는 "현재 학계에서는" 운운도 전혀 근거가 없다. 백종오의 견해를 비판한 민덕식은 삼성동토성의 위치에 대해 다음과 같이 피력했다.

삼성동토성은 서울 강남구 삼성동 닥점마을 뒤 해발 83.2m의 야산 정상에 위치했던 토성이나, 도시 확장과정에서 1982년에 완전히 없어지고 말았다. 성벽의 전체 둘레는 약 500m 정도였고, 성의 형태는 규모는 비록 작지만 산복식에 가까웠다. 삼성동토성은 한강 쪽인 북벽은 정상부 바로 아래에 있었고, 성밖은 급경사를 이루고 있었으며, 남벽은 산중턱까지 내려와 있었는데 이는 삼성동토성이 북쪽인 한강의 방어를 염두에 두고 축조되었음을 보여주는 것이다. 이처럼 삼성동토성이 자리 잡은 입지조건 자체도 한강 쪽인 북벽이 급경사를 이루고, 한강과 동쪽의 炭川이 자연해자를 이루는 등 방어에도 유리한 조건을 갖추고 있었다(민덕식, 「제2회 강남문화원 학술세미나 -고대의 산성, 삼성동토성 축조 시기 문제」, 강남문화원, 2015.6.5).

민덕식이 추정한 삼성동토성의 위치는 기존 필자의 지목과도 동일하다. 더욱이 삼성동토성이 한강변에 소재했을 때 전략적인 위상을 확보할 수 있을 뿐 아니라 제방의 기점인 사성과 연결될 수 있다. 그렇지 않다면 개로왕대 제방의 기점이 되는 서울 지역 한강 南岸에서는 제방 잔존 유구를 제외한 城의 존재는 더 이상 확인되지 않는다.

그 뿐 아니라 1920년에 간행된『大正六年度朝鮮古蹟調査報告』에서는 "삼성리산성: 彦州面에 있다. 북쪽은 한강에 접하고 강을 사이에 두고 뚝섬 방향을 내려다보는 산성으로서 토축이다"고 했다. 그리고 1942년에 간행된『朝鮮寶物古蹟調査資料』에서 "언주면 삼성리 봉은사 동북쪽에 있다. 전체 길이 170칸, 높이 약 1칸의 토루가 山腹을 에워싸고 한강에 임함"이라고 하였다.[43] 이러한 기록에 의하면 삼성동토성은 한강변에 소재했음을 알 수 있다.

_ 경기고등학교와 봉은사

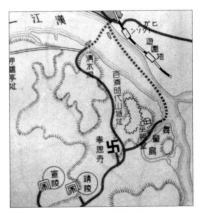

_ 봉은사와 삼성동토성(百濟時代山城址):
京城電氣株式會社,『京電ハイキングコース 第三輯 風納里土城』, 1937

그런데 현재 경기고등학교 부지는 한강변에서 대로를 지나 그 안쪽 왼편에 소재하였다. 게다가 다음에 보듯이 京城電氣株式會社,『京電ハイキングコース 第三輯 風納里土城』, 1937에 따르면 '百濟時代山城址'가

---

43) 李道學,『백제 한성·웅진성시대 연구』, 일지사, 2010, 231~233쪽.

보인다. 이곳은 분명히 봉은사 동북쪽에 소재했다. 그러한 '百濟時代山城址'
는『大正六年度朝鮮古蹟調査報告』에 보이는 '삼성리산성' 즉 삼성동토성을 가
리킨다.

京城電氣株式會社,『京電ハイキングコース 第七輯 南漢山』, 1938에 수록
된「南漢山城案內略圖」에서도 삼성동토성은 한강변에 붙어 있다. 이러한 삼
성동토성 위치는 강변에 소재한데다가 "봉은사 동북쪽에 있다"는『朝鮮寶物
古蹟調査資料』기록과도 부합한다. 따라서 둘레 500m 미만인 삼성동토성 성
벽이 경기고등학교 부지까지 이어질 수 없다. 이 사실은 경기고등학교 부지를
삼성동토성으로 지목하는 주장이 근거 없음을 반증한다. 아울러 경기고등학
교의 土壘처럼 비치는 유구는 학계에서 성격조차 구명되지 않았다. 결국 삼
성동토성은 현 청담배수지공원과 봉은초등학교 뒷편에 소재했던 유구가 맞
다. 이곳에서 그 유명한 연화문 와당이 출토되었다.[44] 입지적인 조건을 놓고
볼 때 한강변 高地에 소재한 삼성동토성은 전략적 요지였다. 즉 북으로는 한
강, 동으로는 탄천과 접하여 있다. 그리고 동으로 王城인 풍납동토성과 몽촌
토성, 한강 북안의 옥수동토성과 구의동 보루 및 아차산성이 잘 관측된다.[45]

이와 관련해 삼성동토성에 대한 공식 기록인 문화공보부 문화재관리국,
『文化遺蹟總覽』의 서술을 다음과 같이 인용해 보았다.[46]

名稱(指定番號)	소재지	内容	관리자·소유자	備考
서울 三成洞 城址 ①	강남구 삼성동	길이 약 350m 程度 殘有했으나 서울시 도시 계획으로 파괴되었다.	市有	古蹟資料
서울 三成洞 城址 ②	강남구 삼성동	대부분 붕괴되고 남아 있지 않다.	私有	

---

44) 金和英,「三國時代 蓮花紋 硏究」『歷史學報』 34, 1967, 87쪽.
    백제문화개발연구원,『百濟瓦塼圖錄』, 1983, 11~12쪽.
    朴容塡,「百濟瓦當의 類型研究」『百濟瓦塼圖錄』, 백제문화개발연구원, 1983, 341쪽.
45) 최병식 外,『강남의 역사』, 강남문화원, 2014, 66~67쪽.
46) 문화공보부 문화재관리국,『文化遺蹟總覽 上卷』, 1977, 115쪽.

위의 기사를 놓고 볼 때 '서울 三成洞 城址'는 2곳으로 나누어진다. 그 이
유는 소유자가 市有와 私有로 구분되었기 때문이다. 이 2곳은 '管理番號'가
동일한 '0112-01-005'였다. 이러한 경우로는 동일한 책에서 '管理番號'가
동일한 유적인 '金浦 元山里寺址①'과 '金浦 元山里寺址②'를 꼽을 수 있다.
①과 ②로 구분한 이유는 '국유'와 개인소유지였기 때문이었다.[47] 그렇다고
유적 자체가 구분되는 것은 아니었기에 '管理番號'가 동일하였다. 이는 '서울
三成洞 城址'와 동일한 사례에 속한다. 반면 '金浦 雲陽里 支石墓群①·②'의
경우 '管理番號'가 '① 0322-08-003'과 '② 0322-32-004'로서 서로 다르
다. 게다가 '관리자·소유자'도 '사유'와 '국유'로 각각 구분되었다.[48] 이 경우
는 '관리자·소유자'가 서로 다를 뿐 아니라 지석묘가 散在하였기에 소유 주체
에 따라 管理가 달라졌음을 알려준다.

삼성동토성은 所有地가 시유지와 사유지로 구분되었다. 그러나 단일한 유
적이었기에 管理番號가 동일했던 것이다. 삼성동토성이 2곳에 소재했다는
의미가 아니었다. 그리고 '서울 三成洞 城址'는 『文化遺蹟總覽』이 간행되는
1977년 훨씬 이전에 이미 거의 殘存하지 않았음을 알려준다. 따라서 1976
년에 경기고등학교가 삼성동토성으로 이전했고, 또 파괴되었다는 주장은 사
실 왜곡에 불과하다.

3. 慰禮城과 漢城의 관계

백제 때 한강을 가리키는 욱리하·아리수는 慰禮城의 '慰禮'에서 연유했을
가능성이 제기된다. 그러나 '위례'가 당초 보통명사에서 유래했을 가능성도
고려해야 한다. 이와 관련해 다음의 글귀를 본다.

---

47) 문화공보부 문화재관리국, 『文化遺蹟總覽 上卷』, 1977, 296쪽.
48) 문화공보부 문화재관리국, 『文化遺蹟總覽 上卷』, 1977, 291쪽.

j. "지나가는 나그네외다. 이곳을 지나가다 보니 하도 내 고향과 닮았기에 한 마디 물어 보는 거요만, 이곳 산 이름이나 지명을 가르쳐 줄 수 없겠소?" 중국인의 대답은 특별히 산 이름이나 지명 같은 건 모르지만 다만 산을 꿰뚫어 흐르는 계곡의 물골을 '얄루허'라고 한단다. '얄루허?' 나는 실성할 정도로 놀랐다. 얄루허라면 중국 음으로 우리네의 압록강과 발음이 꼭 같다. 다만 江과 河가 다를 뿐이다. "예, 얄루허(雅魯河)입지요." 중국인은 나의 놀라운 반응에는 별로 흥미 없다는 듯 무표정하게 대답한다. 나는 운명의 신의 농간이 可憎하기도 했고 조물주의 善意에 감사하기도 했다. 나라 없이 유랑하는 나그네에게, 몽매에도 못 잊히는 조국의 한 모퉁이 모습과 그 이름을 이런 絶域에서 나에게 보여 주다니. 그것은 마치, 나에게 내리는 하나의 신의 계시인 것만 같았다. "너는 평생 조국 땅을 밟아 보지 못할 것이다. 그러니 다만 이곳에 머무는 것으로 너의 향수를 달래보라"는 듯한 들리지 않는 목소리를 듣는 것만 같았다. 나는 그곳에서 단 한 걸음도 더 나가기가 싫었다.[49]

위의 회상기에 따르면 李範奭은 흑룡강성의 省都인 치치하얼을 지나 여러 날 이동하여 盛家地營子에서 10리 쯤 되는 곳에서 '얄루허'라는 강을 목격했다. 이 얄루허는 중국인들이 압록강을 일컫는 말과 동일했다고 한다. 실제 중국어에서는 압록강의 '압록'을 'Yālù'로 발음하고 있다. 여기서 얄루허의 '얄루'는 추모왕이 건넜다는 奄利大水의 '엄리', 고구려 왕성인 尉那巖城의 '위나'와도 연결된다. 이러한 '얄루'型 江名은 한강을 가리키는 욱리하·아리수의 '욱리'·'아리'와도 연결되고 있다. 그렇다면 '얄루'型 江名은 고유명사라기보다는 보통명사일 가능성을 제기해 준다. 실제 위례는 고구려의 위나와 마찬 가지로 동일한 부여어이며, 여진어와 동일하게 '江'의 뜻이 담겨 있다고 한다.[50] 그러나 이와는 다른 해석도 가능해진다.

먼저 욱리하·아리수와 語根이 연결되는 위례성의 '위례'에 대한 의미를 탐

49) 李範奭, 『우둥불』, 思想社, 1971, 205쪽.
50) 朝鮮總督府, 『大正五年度朝鮮古蹟調査報告』, 1917, 72쪽.

색해 보자. 백제에서 왕을 於羅瑕로 일컬었다.[51] 어라하의 '하'는 존칭어미에 불과하다. 그렇다면 '어라'가 고유 語根인 것이다. 어라 역시 욱리·아리·위례와 동일한 어원에서 연유했을 여지가 커진다. 그러면 '어라' 등은 어떤 의미를 지닌 것일까? 이와 관련해 鴨水의 '鴨'은 '아리'라고 하였는데, '長'의 뜻으로 풀이하기도 한다. 아리수는 '長水'의 뜻이라고 했다.[52] 그러나 이 보다는 奄利大水의 경우 '奄利'와 '大水'가 중첩되었다는 주장이 설득력 있어 보인다. 즉 '엄리'는 '엄내'로서 大水라고 한다.[53] 그렇다면 '얄루'型 어원은 모두 '大'에서 연유한 것으로 지목할 수 있다. 이러한 맥락에서 본다면 욱리하와 아리수의 연원이 된 위례성의 위례는 '大城'의 뜻으로 파악할 수 있다. 이는 다음을 통해서도 확인이 가능하다.

> k. 乙卯年 겨울 狛의 大軍이 내려와서 大城을 七日七夜 공격하자 王城이 降陷되었고, 드디어 慰禮를 잃었다. 國王 및 大后와 王子 등은 모두 敵手에 몰살되었다.[54]

위의 k 문구에서 大城=王城=慰禮이라는 등식이 성립된다고 하자. 慰禮城은 '大城'의 의미인 동시에 於羅瑕는 '大干'의 뜻이 된다. 그렇다면 大城이요 王城인 慰禮城名에서 왕성 근방을 흐르는 하천명이 욱리하 혹은 아리수로 命名되었다고 볼 수 있다. 이러한 경우로는 "大同江이 있다[즉 浿江이라 하며 또 王城江이라고도 한다. 江의 下流는 九津溺水가 된다]"[55]는 데서도 확인된다. 즉 대

---

51) 『周書』 권94, 백제전.
52) 申采浩, 『朝鮮史硏究艸』, 을유문화사, 1974, 22쪽.
53) 李丙燾, 『韓國古代史硏究』, 박영사, 1976, 217쪽.
54) 『日本書紀』 권14, 雄略 20년 조. "乙卯年冬 狛大軍來攻大城七日七夜 王城降陷 遂失慰禮 國王及大后王子等 皆沒敵手"
55) 『高麗史』 권58, 地理 3, 西京留守官 平壤府. "有大同江[卽 浿江 又名 王城江 江之下流 爲九津溺水]"

동강을 王城江과 일치시켜 이해한 것이다. 물론 왕성강은 熙川과 陽德에서 각각 발원하여 대동강에서 합류하는 지류였다. 그러나 왕성으로 진입하는 江이었기에 그러한 江名이 유래했던 것 같다. 욱리하·아리수 역시 위례성으로 진입하는 한강 支流로 간주할 수 있을 것이다. 그런데 광개토왕이 아리수를 건너 백제 왕성을 공격했다. 이러한 정황에 비추어 볼 때 아리수 등의 江名은 북한강을 비롯한 원거리의 한강 지류로 지목하기는 어렵다. 아리수 등은 오히려 위례성 구간의 한강을 가리키는 江名으로 지목하는 게 자연스럽다. 이러한 등식은 왕성인 한성에서 한수와 한강이라는 江名이 생겨난 것으로도 적용 가능하다. 그러면 이제는 위례성과 한성의 관계에 대한 설정이 필요해진다. 『삼국사기』에서 위례성과 한성 관련 기사를 뽑아 보면 다음과 같다.

1-1. 溫祚가 河南慰禮城에 도읍했다(시조왕 건국 조).

1-2. 靺鞨賊 三千이 와서 慰禮城을 에워쌌다(시조왕 8년 조).

1-3. 가을 7월에 漢山下에 나아가 柵을 세우고 慰禮城 民戶를 옮겼다(시조왕 13년 조).

1-4. 17년 봄 樂浪이 來侵하여 慰禮城을 불질렀다(시조왕 17년 조).

1-5. 2월에 漢水 東北 여러 部落의 나이 15세 이상을 징발하여 慰禮城을 수리했다(시조왕 41년 조).

1-6. 王이 丁夫를 징발하여 慰禮城 지붕을 이었다(책계왕 즉위년 조).

1-7. 봄 2월에 王宮 우물 물이 넘치고 漢城 人家의 말이 머리 하나에 몸이 2개인 소를 낳았다(시조왕 25년 조).

1-8. 阿莘王 혹은 阿芳이라고도 한다. 枕流王의 元子이다. 처음 漢城別宮에서 태어났을 때 神光이 밤에 비쳤는데, 장성하자 志氣가 豪邁하고 鷹馬를 좋아했다(아화왕 즉위년 조).

1-9. 漢城人 解忠이 와서 告하기를(전지왕 즉위년 조).

1-10. 解忠을 達率로 삼고 漢城租 1千 石을 내려줬다(전지왕 2년 조).

1-11. 9월에 왕이 군사 3萬을 이끌고 백제에 침입하여 왕이 도읍한 漢城을

함락시키고 그 왕 扶餘慶을 죽이고 남녀 8천 인을 사로잡아 돌아왔다.[56]

　1-12. 가을 9월에 고구려 왕 巨璉이 군사 3만 명을 거느리고 와서 王都 漢城을 포위하였다. 왕은 성문을 닫고 능히 나가 싸우지 못하였다. 고구려인이 군사를 네 길로 나누어 협공하였고, 또 바람을 이용하여 불을 놓으니 성문이 불탔다. (이에) 인심이 대단히 두려워해서 혹 나가서 항복하려는 자도 있었다. 왕이 군색하여 어찌할 바를 몰라 數十騎를 거느리고 성문을 나가 서쪽으로 달아났다. 고구려인이 쫓아와 그를 살해하였다.[57]

　위의 인용을 볼 때 위례성은 왕이 거처하는 공간임은 분명하다. 그런데 "溫祚都河南慰禮城(1-1)"라고 하였다. 즉 위례성은 王城보다는 훗날 都城 개념처럼 주민들과 함께 거주하는 공간인 듯한 인상을 준다. 이와 관련해 "秋七月 就漢山下立柵 移慰禮城民戶(1-3)"라는 구절을 음미해 볼 때 '漢山'은 당초에는 지명이 아니라 북한산을 가리켰다. 그리고 한산 밑으로 나가 柵을 세운 후 위례성 民戶를 옮겼다고 했다. 위례성에 民戶가 거주했음을 알 수 있다. 이로 볼 때 위례성은 왕성만 아니라 일반 주민들도 거주하는 훗날의 都城 개념임을 알 수 있다. 이는 다음의 기사를 통해서도 확인된다.

　　m. 왕궁에 불이 나서 民家를 燃燒하였다. 10월에 궁실을 수리하였다(비류왕 30년 조).

　위의 기사를 통해 하남의 왕궁은 민가와 連接했음을 알려준다. 왕성이 별도로 존재했다고 하자. 그러면 왕궁의 화재가 성벽을 넘어 민가로까지 번져

---

56) 『三國史記』 권18, 長壽王 63년 조. "九月 王帥兵三萬 侵百濟 陷王所都漢城 殺其王扶餘慶 虜男女八千而歸"
57) 『三國史記』 권25, 蓋鹵王 21년 조. "二十一年 秋九月 麗王巨璉帥兵三萬 來圍王都漢城 王閉城門 不能出戰 麗人分兵爲四道夾攻 又乘風縱火 焚燒城門 人心危懼 或有欲出降者 王窘不知所圖 領數十騎 出門西走 麗人追而害之"

가기는 어려웠을 것이다. 이 경우는 왕궁과 人家가 개활지에 연접한 상황을 가리킬 수 있다. 반면 한성은 '漢城人家(1-7)'나 '漢城人解忠(1-9)'이라는 구절을 볼 때 도성 구역을 가리키는 게 분명하다. 실제 '王都漢城(1-12)'이라고 했다. 그러므로 한성이라는 도성 구간 안에 왕성인 위례성이 소재했음을 알 수 있다. 이는 특정한 학설이기 보다는 사료 자체가 알려주는 사실이다. 도성제가 완결된 개로왕대에 왕성은 왕과 왕족 및 관인들만 거처하는 공간이 되었다. 반면 도성은 왕성 바깥에서 일반 주민들이 거주하는 행정단위로 구분되었다고 보겠다. 개로왕대의 왕궁과 왕릉을 비롯한 제방 축조 등 대대적인 토목공사는 도성제의 完備 過程으로 해석된다. 그리고 『삼국사기』 시조왕대의 漢城 기사는 어디까지나 후대 기사의 소급에 불과하다.[58] 그러므로 논의 대상이 되기는 어렵다.

그러면 한수나 한강이라는 江水名은 언제 생겨났을까? 백제가 한성에 도읍하고 있을 때 한강을 욱리하나 아리수로 일컬은 것은 분명하다. 그런데 1-1에서 보듯이 위례성은 도성 개념을 가리키는 범칭으로 사용되기도 했다. 물론 이는 후대에 遡及·架上된 기록일 가능성이 농후하다. 그리고 백제 都城 名에서 연유한 행정지명으로서 한성은 다음 기사에서도 확인된다.

n. 이 해에 백제 성명왕이 친히 무리 및 2國兵[2국은 신라와 임나를 말한다]을 거느리고 가서 高麗를 정벌하고 漢城의 땅을 획득하고 또 진군하여 평양을 討伐 하였는데, 무릇 6郡의 땅으로 드디어 故地를 회복하였다.[59]

o. 이 해에 백제가 한성과 평양을 버렸다. 신라가 이로 인하여 한성에 들어가

---

58) 근초고왕대의 사실이 시조왕대에 遡及·架上되었음은 李道學, 「百濟 初期史에 관한 文獻資料의 檢討」『韓國學論集』 23, 漢陽大學校 韓國學研究所, 1993, 36~38쪽에 서 언급했으니 참고바란다.

59) 『日本書紀』 권19, 欽明 12년 조. "是歲 百濟聖明王 親率二國兵[二國謂新羅·任那也] 往伐高麗 獲漢城之地 又進軍討平壤 凡六郡之地 遂復故地"

32 — 백제 도성 연구

자리 잡았다. 지금 신라의 牛頭方·尼彌方이다[地名 未詳].[60]

　한성으로 불리었던 백제 도성 구간은 고구려의 지배를 거쳐 신라 영역이 되었다. 561년(진흥왕 22)에 세워진 「昌寧新羅眞興王拓境碑文」에서 '漢城軍主'가 보인다. 따라서 지금의 서울 지역을 기준으로 할 때 한강 이북은 평양, 그 남쪽은 한성으로 일컬었음을 다시금 확인할 수 있다. 6세기대 신라 한성은 백제의 한성 지명을 승계한 것이다.

　지금까지의 논의를 정리해 본다. 山名인 漢山에서 기원한 漢山 지역에서 漢城이라는 都城名이 생겨났다. 漢城에서 漢水名이 비롯된 것이다. 그리고 都城 안에 위례성이라는 왕성이 소재했다. 한성과 위례성의 '위례'는 동일한 '大'의 의미를 지녔다. 漢江의 '漢'이 '大'의 뜻임은 삼전도비의 "有石巍然 大江之頭"라는 문구에서도 확인된다. 즉 '大江'이 한강을 가리키고 있기 때문이다.

4. 漢陽의 등장

　한강 이북의 고구려 남평양성에는 백제 때 북한산성이 소재했었다. 다음의 기사에서 알 수 있듯이 이 구역은 통일신라 경덕왕대에 한양군으로 편제되었다.

　　p. 漢陽郡은 본래 高句麗 北漢山郡인데, 平壤이라고도 한다. 眞興王이 州를 삼아 軍主를 두었는데, 景德王이 改名하였다. 지금 楊州 옛터인데, 領縣은 2개이다.[61]

　다음 기사를 볼 때 668년(문무왕 8)에 漢山州와 南漢山이 보인다. 여기서

60) 『日本書紀』권19, 欽明 13년 조.
61) 『三國史記』권35, 地理2, 신라. "漢陽郡 高句麗 北漢山郡 一云平壤 眞興王爲州 置軍主 景德王改名 今楊州舊墟 領縣二"

한산주는 북한산과 남한산으로 구분되었음을 알 수 있다.

> q. 漢山州少監 朴京漢은 平壤城 안에서 軍主를 살해하고 … 軍師 南漢山 北
> 渠는 平壤城 北門에서 戰功이 第一이었기에 述干 벼슬을 수여하고, 粟 1千 石을
> 내려주었다.[62]

다음의 기사는 672년(문무왕 12)에 晝長城 즉 南漢山城은 漢山州에 속했음
을 알려준다.

> r. 漢山州 晝長城을 쌓았는데 둘레는 4千 360步였다.[63]

그리고 757년에 한산주는 한주로 지명이 바뀌었다. 즉 "漢山州를 漢州로
하고 관할 州는 1, 小京은 1, 郡은 27·縣은 46이었다"[64]고 하였다. 주지하
듯이 漢山 지명은 다음에서 보듯이 백제에서 기원했다.

> s-1. 드디어 漢山에 이르러 부아악에 올라 살만한 땅을 바라 보았다(시조왕
> 즉위년 조).
> s-2. 가을 7월에 漢山下로 나아가 柵을 세우고 慰禮城 民戶를 옮겼다(시조
> 왕 13년 조).
> s-3. 도읍을 漢山으로 옮겼다(근초고왕 26년 조).
> s-4. 봄 2월에 漢山에 佛寺를 창건하고 僧 10人에게 도첩을 주었다(침류왕
> 2년 조).
> s-5. 봄 3월에 王이 漢山에서 사냥했다(비유왕 29년 조).

---

62) 『三國史記』 권6, 文武王 8년 조.
63) 『三國史記』 권7, 文武王 12년 조.
64) 『三國史記』 권35, 地理2, 신라.

한산과 한성은 모두 한성 도읍기에 엄연히 존재했던 지명들이었다. 그러므로 아리수·욱리하에서 기원한 漢江名과 더불어 한수·한강도 竝稱된 것으로 보인다. 통일신라 때 한강은 한산하로 불리었다. 역시 한산이라는 지명에서 유래한 것이다. 그러면 한산이나 한성에서 연원을 둔 漢陽 지명은 언제 생겨났을까? 앞에서 인용한 통일신라(p) 외에 고려 관련 기록을 다음에 일부 열거했다. 이와 더불어 漢水와 漢江도 1건씩만 다음과 같이 인용해 보았다.

t-1. 8월 임진 왕과 공주가 漢陽에 행차하여 富原 龍山의 바다가 내려다보이는 높은 언덕에 천막[氈幕]을 설치하고 묵었다.[65]

t-2. 豊壤縣은 본래 고구려의 骨衣奴縣으로, 신라 경덕왕 때 이름을 荒壤으로 고치고, 漢陽郡의 領縣이 되었다. 高麗 초에 지금 이름으로 바꾸었다. 顯宗 9년에 그대로 (남경유수관 양주에) 소속시켰다. 뒤에 抱州로 소속을 바꾸었다.[66]

t-3. 6월 靑楓縣의 큰 연못물이 피로 변했는데, 흘러서 한강에 이르렀다.[67]

t-4. 楊州는 곧 고려의 漢陽府이다. 북쪽으로는 華山에 의지하고 남쪽으로는 漢江과 맞닿아 있어 토지가 평탄하고 넓으며 물자가 풍부하고 인구가 많아 번창하고 화려함이 다른 州에 비길 바가 아니다. 주의 남녀들이 바야흐로 봄을 맞아 놀기를 좋아하였기에 서로 즐거워하면서 노래한 것이다.[68]

위의 인용에서 보듯이 고려시대에도 漢水와 漢江이 竝記되었음을 알 수 있다. 그리고 漢陽 지명은 한수 이북에 소재한데서 유래한 것이다. 강과 도성의 이름이 긴밀한 연관을 가지고 있다는 점은 중국 洛陽의 사례를 통해서도 증명된다. 洛陽 이름은 洛水 북쪽에 있다는 데서 유래하였다. 실제 궁성과

---

65) 『高麗史』 권35, 忠肅王 12년 조.
66) 『高麗史』 권56, 지리1, 풍양현 조.
67) 『高麗史』 권53, 志7, 五行1.
68) 『高麗史』 권71, 樂2, 楊州. "楊州 卽高麗 漢陽府 北據華山 南臨漢水 土地平衍 富庶繁華 非他州比 州人男女 方春好遊 相樂而歌之也"

내성 및 외곽성으로 구성된 北魏 낙양성은 남외곽성의 至近 남쪽을 東西로 흐르는 洛河가 있다.[69] 즉 강은 서쪽에서 동쪽으로 흐르고, 태양은 강의 남쪽 부분에서 뜨기 때문에 햇빛은 항상 강의 북쪽 부분이 받게 된다. 이는 중국의 오래된 작명 방식이기도 했다. 이처럼 도성의 입지와 관련하여 물길은 중요한 의미를 지니고 있다. 또한 국도 선정에서 水運의 중요성을 반영한다.

5. 맺음말

江名에서 都城名이 유래한 경우를 찾았다. 중국 洛陽은 洛水의 북쪽에 입지한 데서 비롯했다. 都城名과 그 立地의 기원이 될 정도로 江의 비중은 지대하였다. 이와 관련해 중국의 도성은 夏代~北宋과 金代까지 黃河를 軸線으로 하여 소재했다. 水資源이 도성 결정의 중요한 요소임을 말해주고 있다. 그랬기에 반드시 '廣川之上'에 定都했다는 것이다. 그리고 중국에서는 토양의 조건을 도성 결정의 요인으로 지목했다. 이 경우는 백제가 당초 海邊인 미추홀에 도읍했다가 慰禮로 옮기는 배경과 관련해 "땅이 습하고 물이 짰다"는 데서 찾을 수 있었다. 역시 도성의 선정과 관련해 江과 더불어 토양의 조건이 중요한 요소임을 웅변해 준다.

중국이나 한국의 경우 國都 선정에 江水의 존재를 중요하게 지목하였다. 이와 더불어 江水의 범람인 洪水와 같은 災害 예방에도 신경을 썼던 사실이 확인된다. 그리고 왕성이나 都城名과 江名이 연결된 사실을 확인할 수 있었다. 가령 백제 최초의 王城名인 위례성에서 욱리하·아리수라는 江名이 비롯되었다. 이어 王城의 범위를 넘어 都城名으로서 漢城이 생겨났다. 이와 더불어 당초 도성 구간을 통과하는 江名인 漢水는 江水 전역으로 확대되었다. 이와 관련해 한강 남안에 소재한 蚘城으로 비정되는 삼성동토성의 소재지를 현

---

69) 국립문화재연구소, 『중국고대도성조사보고서』, 2005, 111~112쪽.

재 경기고등학교 부지로 지목하는 견해를 검토했다. 검증 결과 삼성동토성은 현 청담배수지공원과 봉은초등학교 뒷편에 소재했던 유구로 밝혔다.

백제 때 아리수·욱리하로 불리었던 한강은 신라가 한수로 소급해서 고쳤다는 견해도 있다. 물론 '정복의 법칙'에 점령지 지명을 고치는 일이 포착된다.[70] 그러나 신라는 삼국을 통일한 후 8세기대에 와서야 행정지명을 개정했지만, 여전히 古地名이 사용되었다. 따라서 '한성별궁' 등 백제 행정지명을 신라가 일일이 改作한 산물로 간주하기는 어렵다.

그런데 "漢山下로 나아가 柵을 세우고 慰禮城 民戶를 옮겼다(시조왕 13년조)"는 기사를 볼 때 당초에는 위례성이 왕성만은 아니었다. 위례성 안에 왕과 주민들이 혼거했음을 알려준다. 개로왕대에 도성제가 확립되면서 왕성과 도성의 구분이 생겨났던 것이다. 이때부터 위례성은 순전히 왕성 기능이었고, 한성은 都城名으로 일컬어졌다고 본다. 물론 『삼국사기』 시조왕기에 '漢城民' 기록이 보인다. 그러나 이는 후대에 소급된 기록에 불과하였다. 그리고 웅진성이나 사비성과 마찬가지로 위례성 구간의 한강을 아리수·욱리하로 일컬은 것으로 보인다. 『삼국사기』 지리지에 漢陽郡 條가 존재한다. 그리고 "景德王 14년에 漢陽郡으로 고쳤다. 高麗 초에 또 楊州로 고쳤다"[71]는 기록이 보인다. 경덕왕 14년인 755년에 漢陽郡이라는 행정지명이 등장한 것이다. 조선시대 도성인 漢陽名은 한수 북쪽에 입지한 데서 유래하였다. 이러한 漢陽 행정지명은 통일신라 때 이미 등장했고, 漢水 이북에 소재한데서 그러한 지명이 부여되었다. 백제 때 한성과 통일신라인 755년 이후 漢陽은 그 위치가 한강 南과 北으로 각각 구분되었다. 8세기 중엽에 생겨난 漢陽 지명은 14세기 말 조선의 國都名으로 이어졌다.

<出典> 「漢水와 漢城 그리고 漢陽 起源 探索」 『동아시아고대학』 46, 2017, 69~100쪽.

---

70) 李道學, 「廣開土王陵碑文'에 보이는 征服의 法則」 『東아시아古代學』 20, 2009, 87~117쪽.
71) 『高麗史』 卷56, 지리1, 남경유수관 양주 조.

제2장
漢城 都邑期 백제 王城

1. 머리말

백제가 漢城 일원에 도읍하던 시기의 王城에 대해서는 많은 논의가 제기되어 왔다. 본고에서는 기본 문헌자료를 토대로 백제 최초의 王城으로 등장하는 慰禮城과 '王都 漢城'과의 관계를 비롯한 제반 문제에 대해 접근해 보고자 한다. 연구자들의 甲論乙駁式 견해를 論外로 하고 사료 자체만으로 살피는 게 본질에 접근하는 가장 유효한 방법이라는 판단을 하였다. 해서 기존의 연구 성과는 일체 論外로 했다. 오히려 그렇게 함으로써 선입견 없는 판단이 가능하다고 믿었기 때문이다.

본고에서는 고고학적 방법론과는 겹치지 않기 위해 순전히 문헌자료만으로 한성백제 왕성의 소재지와 성격, 그리고 移都 문제를 고찰하고자 한다. 본고에서 도출한 결론과 동일한 논지가 이미 제기된 바 있다면 그 논지의 타당성이 일층 높아진 증좌로 보면 될 것 같다. 끝으로 배정받은 주제인 풍납동 토성에 대한 認識 과정을 소개하고자 한다.

2. 王都와 王城 소재지 문제

王都는 왕이 거처하는 국가 최고의 都會라고 할 수 있다. 이는 백제 아화왕이 "9월에 都人을 모아 西臺에서 射擊을 연습시켰다"[1]라고 한 구절에서도 보인다. 여기서 '都人'은 곧 王都人을 가리키기 때문이다. 즉 '王都'는 일반 주민도 거주하는 首都 개념으로 사용되었음을 알 수 있다. 반면 王城은 왕이 거처하는 宮城 개념이 되는 것이다.

백제 최초의 왕도는 국가의 터전을 잡는 일과 연계되어 있다. 다음의 기사를 중심으로 살펴 보고자 한다.

> a. 드디어 漢山에 이르러 負兒岳에 올라 가히 살 만한 곳을 바라보니, 沸流는 海邊에 살기를 원하였다. 十臣이 諫하기를 "생각하건대 이 河南의 땅은 북은 漢水를 띠고, 동은 高岳을 의지하였으며, 남은 沃澤을 바라보고, 서로는 大海로 막혀 있으니 그 天險地利가 얻기 어려운 지세이므로 여기에 도읍을 이루는 것이 좋겠습니다"고 하였다.[2]

위의 기사는 백제가 터전을 잡는 일과 관련한 최초의 기록이다. 여기서 "漢山에 이르러 負兒岳에 올라"라고 하였다. 한산의 범주 안에 부아악이 소재했음을 알 수 있다. 부아악은 서울 북한산으로 지목된다.[3] 그리고 '河南의 땅'은 '북은 漢水를 띠고'라고 하였다. 이를 결부 지어 보면 '河'는 한수이므로, '河南의 땅'은 한수 이남을 가리킨다고 보겠다. 그러니 "온조가 하남위례성에 도읍을 정하고"[4]라고 한 하남위례성은 한수 이남에 소재한 것이다. 그러면 백제 건국집단이 한산의 부아악에 올라 항구적인 터전을 정하려고 한 이유는

---

1) 『三國史記』 권25, 阿華王 7년 조.
2) 『三國史記』 권23, 시조왕 즉위년 조.
3) 『高麗史』 권56, 地理志, 南京留守官 楊州 條.
4) 『三國史記』 권23, 시조왕 즉위년 조.

무엇일까? 그 이유로서는 백제 건국집단이 남하하면서 조망하기에 유리한 부아악에 올랐을 수 있다. 물론 이는 지극히 자연스러운 추론에 속한다. 다른 한편으로는 南下하여 某處에 定住한 백제 건국집단이 世居地를 찾기 위해 靈山인 부아악에 올랐을 수도 있다.

그러면 백제 건국 후 王城은 어디에 소재하였을까? 그런데 이 문제는 섣불리 예단할 수 없지만, 이와 관련한 단서가 다음 기사에 보인다.

> b. 8월에 靺鞨賊 3千이 來襲하여 위례성을 포위하므로 王이 城門을 닫고 나가지 않았다.[5]

위의 기사를 놓고 볼 때 왕이 거처하는 王城이 위례성임을 알 수 있다. 그리고 위례성의 소재지는 말갈적이 渡江하기 어려운 한수 이남은 아닌 것 같다. 그렇다면 위례성은 한수 이북에 소재했을 가능성이 크다. 그러하였을 가능성은 왕이 不吉한 징조에 대한 우려로 천도를 결행하기 위한 목적으로 한수 남쪽을 巡觀한 다음의 사실에서도 뒷받침된다.

> c. 5월에 왕이 신하에게 이르기를 "국가의 동쪽에 낙랑이 있고 북쪽에 말갈이 있어 영토를 침입하므로 편안한 날이 적다. 하물며 지금 요상한 징조가 자주 보이고 國母가 돌아가니 형세가 스스로 편안하지 않으니 반드시 장차 國都를 옮겨야 되겠다. 내가 어제 나아가 漢水 南쪽을 巡幸하며 보았는데 土壤이 기름져서 마땅히 그곳에 도읍하고 오랫동안 안주할 계획을 도모할 것이다."[6]

위의 기사를 놓고 볼 때 천도 요인으로 國母의 사망을 거론하고 있다. 즉

---

5) 『三國史記』 권23, 시조왕 8년 조.

6) 『三國史記』 권23, 시조왕 13년 조. "夏五月 王謂臣下曰 國家東有樂浪 北有靺鞨 侵軼疆境 少有寧日 況今妖祥屢見 國母棄養 勢不自安 必將遷國 予昨出巡 觀漢水之南 土壤膏腴 宜都於彼 以圖久安之計"

"國母가 돌아가니 형세가 스스로 편안하지 않으니"라는 문구는 국모의 정치적 비중이 지대했음을 뜻한다. 이는 여성의 정치적 비중이 막대했던 북방 사회의 전통적 정서를 반영해 준다. 이러한 맥락에서 본다면 國母의 존재는 王母 帶同 없는 온조의 남하설화와는 계통이 다른 것 같다. 오히려 왕모 소서노와 함께 남하했을 뿐 아니라 왕모가 건국에 결정적 역할을 한 비류설화와의 연관성을 암시해준다. 그리고 시간의 흐름상 당초에 하북에 도읍하였던 백제가 하남으로 천도했다고 보는 게 자연스러워진다. 이 사실을 방증해 주는 기사가 다음이다.

d. 2월에 한수 동북의 諸部落에 사는 나이 15세 이상 者를 징발하여 위례성을 修築하였다.[7]

위의 기사를 음미해 보면 위례성의 소재지가 한수 이남이 되기는 어려울 것 같다. 하남위례성이라면 굳이 한수 이북의 주민을 동원하여 수축할 것 같지는 않다. 차라리 '한수 동남'의 주민을 동원하여 하남위례성을 수축하는 게 자연스럽다. 요컨대 위의 기사도 하북위례성의 존재를 암시해 주는 방증으로도 유효하다고 본다. 따라서 부아악에 올라 도읍지를 하남위례성으로 정했다는 백제 건국설화 자체는 물론이고, 그 건국 집단의 출원지를 비롯하여 신뢰성을 근본적으로 의심하게 한다. 그리고 하북에서 하남으로의 천도와 관련해 다음의 기사가 보인다.

e. 7월에 漢山 下에 柵을 세우고 위례성의 民戶를 옮겼다.[8]

위의 기사에 보이는 漢山은 "한산에 이르러 負兒岳에 올라(a)"라고 한 기사

─────────────

7) 『三國史記』 권23, 시조왕 41년 조.
8) 『三國史記』 권23, 시조왕 13년 조.

의 지명과는 성격이 다르다. 즉 '漢山下'라고 하였으므로 특정 山名을 가리킨
다고 본다. 여기서 '漢山下柵'은 아화왕이 고구려 정벌을 위해 군대를 이끌고
이르른 '漢山北柵'을9) 가리킨다. 따라서 e의 '漢山'은 한수 이북을 지칭한다.
그리고 '위례성'은 하북위례성을 가리킨다고 하겠다. 그렇다고 할 때 "9월에
는 城闕을 세웠다"10)고 한 '城闕'은 河南 천도와 관련한 작업임을 알 수 있다.
실제 城闕을 세우기 1개월 전인 "8월에 사신을 마한에 보내어 천도를 告했
다"11)고 하였다. 그러한 천도 작업에 이어서 "정월에 천도하였다"12)고 했다.
이와 관련한 궁실의 완공을 다음에서 확인할 수 있다.

> f. 정월에 새 궁실을 지었는데, 검소하되 누추하지 않고, 화려하되 사치하지
> 않았다.13)

그러면 이제는 漢城의 용례와 관련해 관련 기사를 다음과 같이 摘出해 보
았다.

> g-1. 가을 7월에 漢江 西北에 성을 쌓고 漢城 民을 분거하게 했다(시조왕
> 14년 조).
> g-2. 漢城人家에 말이 소를 낳았다(시조왕 25년 조).
> g-3. 9월에 內臣佐平 優福이 北漢城에 웅거하여 반란을 일으키자 王이 군대
> 를 보내 이들을 토벌했다(비류왕 24년 조).
> g-4. 처음 漢城 別宮에서 태어났다(아화왕 즉위년 조).

---

9) 『三國史記』 권25, 아화왕 7년 조.
10) 『三國史記』 권23, 시조왕 13년 조.
11) 『三國史記』 권23, 시조왕 13년 조.
12) 『三國史記』 권23, 시조왕 14년 조.
13) 『三國史記』 권23, 시조왕 15년 조.

g-5. 漢城人 解忠이 와서 고하여 이르기를(전지왕 즉위년 조).

g-6. 가을 9월에 解忠으로 達率을 삼고 漢城租 一千石을 내렸다(전지왕 2년 조).

g-7. 가을 9월에 고구려 왕 巨璉이 군대 3만을 이끌고 와서 王都 漢城을 포위하자 王이 城門을 닫고나가 싸우지 못하였다. 고구려인이 군사를 네 길로 나누어 협공하고, 또 바람을 이용하여 불을 질러 성문을 태우니 사람들이 두려워하여 나아가 항복하려는 자도 있었다. 왕은 궁박하여 어찌할 바를 몰라 수십 騎를 거느리고 문을 나서 서쪽으로 달아나자 고구려인이 쫓아가 살해하였다(개로왕 21년 조).

g-8. 개로왕 재위 21년에 고구려가 來侵하여 漢城을 포위했다(문주왕 즉위년 조).

g-9. 겨울 10월에 高句麗 장수 高老가 靺鞨과 모의하여 漢城을 공략하고자 하여 나아가 橫岳下에 주둔하였다. 王이 군대를 내어 싸워 이들을 격퇴했다(무녕왕 7년 조).

g-10. 봄 2월에 王이 漢城에 행차하여 佐平 因友·達率沙烏 等에게 명하여 漢北 州郡 民으로 나이 15세 이상을 징발하여 雙峴城을 쌓게 했다. 3월에 漢城으로부터 돌아왔다(무녕왕 23년 조).

위의 기사를 놓고 볼 때 '漢城'은 '王都'로 나온다(g-7). 실제 '한성인 해충(g-5)' 등의 기록을 통해 보더라도 한성은 왕성보다는 넓은 공간적 범위였던 것 같다. 물론 e와 g-1의 사례를 통해 위례성과 漢城을 동일시할 수도 있다. 그러나 다음과 같은 한성 함락 기사를 주목해 보자.

h. 百濟記에 이르기를 蓋鹵王 乙卯年 겨울에 狛의 大軍이 와서 大城을 七日 七夜 공격하였다. 王城이 항복하여 함락되자 드디어 慰禮를 잃었다. 國王 및 大后 王子等이 모두 敵手에 몰살당했다.[14]

---

14) 『日本書紀』권14, 雄略 20년 조.

위에서 "王城降陷 遂失慰禮"라고 하였다. 여기서 '慰禮'를 王都 개념으로 간주할 수도 있다. 그렇지만 王城과 잇대어 적힌 기사에서 '慰禮'를 언급하였다. 그렇다면 王城으로서 '慰禮'를 가리킬 가능성이 높다. 이 같이 지목하는 게 자연스럽다면 王都인 '漢城'(g-7) 안에 '(王)城'(g-7)인 위례성이 소재했다고 본다. 결국 위례성과 한성은 구분된다고 하겠다. 그렇다고 하면 '慰禮城民戶'를 '漢山下柵'으로 이주시킨(e) 사례를 통해 왕성인 위례성 안에서도 왕족이나 행정 관부 인원 외에 일반 주민들도 거주했음을 알게 된다.

3. 漢山 '移都'의 檢證

백제는 하북에서 하남으로 천도했음이 확인되었다. 그런데 백제는 371년 (근초고왕 26)에 다시금 천도하였다. 다음의 인용에서 보듯이 漢山으로 '移都' 한 것이다.

    i. 도읍을 한산으로 옮겼다.[15]

우선 위의 기사에 보이는 '이도'의 성격과 관련해 그 용례를 『삼국사기』에서 다음과 같이 摘出해 보았다.

    * 阿蘭弗遂勸王 移都於彼 國號東扶餘 其舊都有人 不知所從來(동명성왕 즉위년 조)
    * 又多鹿魚鼈之産 王若移都 則不唯民利之無窮(유리명왕 21년 조)
    * 王新移都邑 民不安堵 宜孜孜焉(유리명왕 22년 조)
    * 王移都於丸都(산상왕 13년 조)
    * 移都平壤(장수왕 15년 조)

---

15) 『三國史記』 권24, 근초고왕 26년 조. "移都漢山"

* 移都長安城(평원왕 28년 조)
* 移都國內城[或云尉那巖城 或云不而城](지리지)
* 移都平壤 歷一百五十六年 平原王二十八年 移都長安城 歷八十三年(지리지)

* 移都漢山(근초고왕 26년 조)
* 移都於熊津(문주왕 즉위년 조)
* 移都熊川 歷六十三年 至二十六世聖王 移都所夫里(지리지)

* 王欲移都達句伐 未果(신문왕 9년 조)
* 弓裔欲移都 到鐵圓(효공왕 7년 조)
* 弓裔移都於鐵圓(효공왕 9년 조)
* 我太祖移都松岳郡(경명왕 3년 조)

위의 기사에 보이는 『三國史記』의 '이도' 기사는 고구려의 경우 紇升骨城→國內城→平壤으로의 遷都 기사에서 확인된다. 백제의 경우는 漢山 및 熊津→所夫里(泗沘城)로의 천도와 관련하여 보인다. 신라는 達句伐 천도 계획과 관련해 등장한다. 태봉이나 고려의 경우도 松岳→鐵圓→松岳으로의 천도에 적용되었다. 따라서 '移都'는 원거리 遷都를 가리킴을 알 수 있다. 반면 '이거'의 용례는 『三國史記』에서 다음과 같이 보인다.

* 春二月 修葺丸都城 又築國內城 秋八月 移居丸都城(고국원왕 12년 조)
* 秋七月 移居平壤東黃城(고국원왕 13년 조)
* 故國原王十三年 移居平壤東黃城(지리지)

* 春二月 築城名月城 秋七月 王移居月城(파사니사금 22년 조)
* 春正月 王移居明活城(자비마립간 18년 조)
* 春正月 王移居月城(소지마립간 10년 조)
* 秋八月 太后移居永明新宮(경덕왕 7년 조)

위의 기사를 놓고 볼 때 고구려에서는 비교적 가까운 구간에서 왕의 거처

이동을 '移居'라고 한 것이다. 신라는 金城→月城→明活城→月城으로 왕성의 이동이 있었다. 경주 지역 안에서 王城이 3차례 이동한 경우에만 한결같이 '移居'라는 용어를 사용하였다. 따라서 '移都'는 '移居'보다 공간 이동이 크다는 것을 보여준다. 결국 371년 '移都漢山'은 바로 인접한 구간 정도가 아니라 한수 이남에서 이북으로의 천도에 걸맞는 文字라고 하겠다. 만약 풍납동토성에서 몽촌토성으로 왕이 거처를 옮겼다면 '이거'라고 했었을 것이다.

그러면 이제는 백제가 371년에 移都한 한산의 소재지와 移都 성격에 대해서 살펴보도록 한다. 이에 대해서는 이미 많은 논의가 있었다. 그러나 사료 중심으로 검증해 보고자 한다. 우선 『삼국유사』에서는 이 사실을 "北漢山으로 移都했다"[16]라고 했다. 이때 移都한 漢山의 소재지를 '北漢山'이라고 구체적으로 지목하였다. 『세종실록』 지리지에서도 다음과 같이 언급했다.

> j. 楊州都護府는 본래 고구려 南平壤城인데 혹은 北漢山이라고도 한다. 백제 근초고왕이 이곳을 取하여 25년 辛未에 南漢山에서 이곳으로 移都하였다.[17]

위의 기사에 따르면 백제는 남한산에서 북한산으로 移都했다고 한다. 즉 백제가 한수 이남에서 그 이북으로 移都했음을 알려준다. 그리고 근초고왕 대에 도읍을 옮긴 '漢山'은 '北漢山'임을 알 수 있다. 한산이 북한산을 가리킴은 『삼국사기』의 동일한 사례에서도 확인된다. 즉 "漢山州都督 邊品"(奚論傳)을 "北漢山州軍主 邊品"(진평왕 40년 조)라고 하였다. 이는 백제 王都 選定說話에서 "드디어 한산에 이르러 부아악에 올랐다(遂至漢山 登負兒嶽)"(a)고 한 부아악이 지금의 북한산인데서도 뒷받침된다. 그리고 "8월에 왕이 장차 고구려를 치려고 군사를 내어 한산 북책에 이르렀는데, 그 밤에 큰 별이 軍營 안에 떨

---

16) 『三國遺事』 권1, 王曆 近肖古王 條.
17) 『世宗實錄』 地理志 권148, 楊州都護府 條. "楊州都護府 本高句麗南平壤城 一云北漢山 百濟近肖古王取之 二十五年辛未 自南漢山移都之"

어져 소리가 났다. 왕이 심히 꺼리어 중지하였다(아화왕 7년 조)"는 기사를 살펴보자. 이 기사에 보이는 '한산 북책'은 온조왕 13년 조의 "한산 하에 柵을 세우고(e)"라는 기사와 연결 지어 볼 수 있다. 그렇다면 柵을 세운 한산은 하북에 소재한 것이다. 게다가 『삼국사기』의 백제관련 기사 가운데 북한산과 관련 있음직한 '北漢山城' 또는 '北漢城'의 존재는 보이지만(개루왕 5년·개로왕 15년·비류왕 24년 조), 남한산과 관련한 직접적인 기사는 일체 비치지 않는다. 따라서 근초고왕대에 移都한 한산은 한수 이북을 가리킨다고 보아야 한다.

그 밖에 다음과 같은 침류왕대의 佛寺 건립 기사를 통해 漢山의 소재지가 가늠되어진다.

> k. 2월에 漢山에 佛寺를 세우고 승려 10인을 두었다(침류왕 2년 조).

백제 왕실에서 적극 수용한 불교였다. 그리고 보면, '한산의 佛寺'는 移都한 지 13년 후인 384년에 백제 왕실에서 건립한 최초의 寺刹인 것이다. 그러한 사찰이 왕성과 연계된 漢山에 소재한다는 것은 지극히 자연스럽다. 따라서 k 기사의 漢山은 371년에 이도한 漢山이 분명하다. 결국 백제 최초의 佛寺는 한수 이북에 소재한 것으로 볼 수 있다. 그리고 근초고왕대에 移都한 漢山의 왕성은 다음에서 보듯이 395년에 등장하는 漢山城으로 간주된다.

> l. 겨울 11월, 王이 浿水의 役을 보복하려고 친히 병사 7천 인을 거느리고 漢水를 건너 靑木嶺 밑에 행차하였지만 大雪을 만나 士卒 많이 凍死하였다. 廻軍하여 漢山城에 이르러 軍士를 위로하였다.[18]

위의 기사에 따르면 아화왕이 몸소 군대를 이끌고 한수를 건너 개성의 청목령까지 진군하였다가 회군한 곳이 漢山城이었다. 한산성은 371년에 한수

---

18) 『三國史記』 권25, 阿華王 4년 조.

이북으로 移都한 漢山에 소재한 城이 분명하다. 그러한 한산성은 북한산성 내의 重興洞古城으로 보인다. 이곳은 "백제 중엽에 이곳에 도읍했다(百濟中葉 都于此)"[19]라고 하였듯이 백제 왕성이었다. 그렇다면 중흥동고성이 371년에 이도한 漢山의 漢山城이라고 하겠다.

4. 漢水 以南의 王城

백제 왕성은 371년에 '移都'한 후 적어도 漢山에 佛寺를 건립하는 384년 까지 한수 이북에 소재했음이 분명하다. 그런데 백제 왕성의 소재지를 한수 이남으로 지목할 수 있는 기사가 앞서 인용한 바 있는 l이다. l 기사는 고구려 정벌을 위해 395년에 아화왕이 몸소 군대를 거느리고 漢水를 건너고 있다. 이로 볼 때 당시 백제 왕성은 한수 이남에 소재한 것이 된다. 이 점을 분명히 해주는 기록은 「광개토왕릉비문」이다. 즉 396년(永樂 6)에 광개토왕이 백제 왕성을 공격하는 상황을 "渡阿利水"라고 하였다. 고구려군이 아리수 즉 한수 를 건너 백제 왕성을 공격한 것이다. 그러므로 적어도 395년의 시점에서 백 제 왕성은 한수 남쪽에 소재한 게 분명하다. 백제는 한수 이북의 한산으로 移 都한 371년부터 적어도 384년까지는 한수 이북에 도읍했다. 그러나 그 이 후 어느 때 한수 이남으로 移都한 것이다.

백제가 移都한 이유는 고구려의 남진 압박을 타개하기 위한 데 있었음은 의심할 나위 없다. 그러면 백제는 언제 한수 이남으로 移都한 것일까? 이와 관련해 다음의 기사가 주목된다.

> m. 7년 정월에 궁실을 중수하고 못을 파고 산을 만들어서 이상한 짐승과 화 초를 길렀다.[20]

---

19) 『東國輿地備考』 권2, 漢城府 關防 條.
20) 『三國史記』 권25, 진사왕 7년 조.

391년에 해당하는 위의 m 기사에는 '궁실 중수' 등이 보인다. 정황상 移都한 직후거나 그 직전의 왕궁 管理 같은 분위기를 준다. 그렇다면 백제는 391년 무렵, 漢山으로 移都하기 직전까지의 왕성으로 還都한 것이다. 따라서 한수 이북의 한산 移都는 20년 정도였음을 알 수 있다. 그러면 371년 이전 백제의 왕성은 어디에 소재하였을까? 그에 대한 단서는 건국설화 조에 수록된 王都 選定說話(a)가 될 수밖에 없다. 즉 "이 河南의 땅은 북은 漢水를 띠고, 동은 高岳을 의지하였으며, 남은 沃澤을 바라보고, 서로는 大海로 막혀 있으니 그 天險地理가 얻기 어려운 지세"가 그것이다. 茶山 정약용은 이 곳을 다음과 같이 비정하였다. 즉 북쪽으로 한강을 띠었다는 것은 하남시 창우동 부근을 흐르는 斗尾江을,[21] 동쪽의 높은 산은 검단산이고, 남쪽으로의 비옥한 들판은 屯骨堤이며, 서쪽으로 큰 바다에 닿았다고 한 것은 행주 어귀를 가리킨다고 했다.[22] 다산의 이러한 지리 비정이 타당하다고 하자. 그러면 하남의 위례성은 지금의 서울시 송파구 및 강동구와 하남시 반경이 된다. 이때 왕궁의 배치는 위의 m 기사에서 알 수 있듯이 그 안에 '못'이 존재하였다. 이로써 왕궁의 존재 양상을 유추해 볼 수밖에 없다.

n. 왕궁에 불이 나서 民家를 燃燒하였다. 10월에 궁실을 수리하였다(비류왕 30년 조).

o. 5월에 궁성 남쪽 못 속에서 수레바퀴와 같은 불꽃이 일어나 밤새도록 타다가 꺼졌다(비유왕 21년 조).

---

21) 두미강의 존재는 다음에 보인다. "그 뒤에 배를 타고 상류에서 저어내려 오면서 頭尾江 어귀에서 서쪽의 漢陽을 바라보니, 삼각산의 모든 봉우리가 깎은 듯 파랗게 하늘에 솟구쳤다. 엷은 내와 짙은 구름 속에 밝고 곱게 아리따운 자태가 나타나고, 또 일찍이 南漢山城의 남문에 앉아서 북으로 한양을 바라보니 마치 물 위의 꽃, 거울 속의 달과 같았다(『熱河日記』渡江錄, 27日 甲戌)."

22) 『我邦彊域考』권7, 慰禮考.

위의 n 기사는 하남의 왕궁이 민가와 連接했음을 알려준다. 왕궁성이 별도로 존재했다고 하자. 그러면 왕궁의 화재가 성벽을 넘어 민가로까지 번져가기는 어려웠을 법하다. 이 경우는 왕궁과 人家가 개활지에 연접한 상황을 가리킬 수 있다. 이 경우 마한에서 "國邑에는 비록 主帥가 있으나 邑落에(이) 雜居하므로 서로 잘 制御할 수 없다"[23]라는 기사가 상기된다. 마한 제국의 수장들은 威容을 갖춘 독립적인 居處를 확보했던 게 아님을 알 수 있다. 이와 마찬 가지로 백제의 경우도 궁성없이 왕궁이 인가와 雜居한 상황이 연상된다. 그렇지만 궁궐이 존재하지 않았다는 추측은 타당하지 않다. 오히려 1개의 성안에 왕궁과 인가가 共存한 장면이 사실에 부합할 것 같다. 실제 앞의 e 기사를 통해 王城인 하북위례성 안에 民戶가 雜居한 사실이 확인되었다. 그러나 한성 함락 기사에 '王城' 개념이 등장하는 것을 보면 왕성 안에 人家가 소재한다는 것은 석연치 않다. 그렇기는 하지만 위의 m 기사는 구체적인 내용이다. 그러므로 부정하기 보다는 살리는 편이 좋을 것 같다. 즉 어느 때 王城 개념의 확정과 더불어 궁성 안에 있던 민가를 철거시켰을 가능성이다. 이와 관련해 다음과 같은 개로왕대의 왕궁 치장에 관한 기사가 주목을 요한다.

p. 왕은 마땅히 숭고한 형세와 부유한 실적으로써 다른 사람의 눈과 귀를 움직이게 할 것인데도 성곽을 수선하지 않고 궁실을 수리하지 않고, 선왕의 해골은 임시로 땅 위에 모셔놓았으며, 백성들의 가옥은 여러 번 河流에 무너졌으니 신은 감히 대왕을 위하여 찬성할 수 없습니다. 왕은 말했다. 옳소 내가 장차 이 일을 할 것이오. 이에 國人을 모두 징발하여 흙을 쪄 城을 쌓고 그 안에는 宮室·樓閣·臺榭를 지었는데 壯麗하지 않음이 없었다.[24]

위의 기사는 개로왕이 도림의 간언에 빠진 것으로 운위되지만 기실은 왕권

23) 『三國志』권30, 동이전 韓 條.
24) 『三國史記』권25, 개로왕 21년 조. "… 於是盡發國人 土烝築城 卽於其內作宮室樓閣 臺榭 無不壯麗"

강화책의 소산이었다. 마치 "烝土築城"하여 궁성을 조성하고 그 안에 궁실 등을 지었다고 했으니 곧 王城의 축조를 가리킨다. 그러나 실제 이때 왕성이 新築되었는지 여부를 떠나 고려할 부분이 있다. 즉 왕성 개념의 확정과 민가의 철거를 통한 왕궁성의 完結과 整備라는 측면에서 해석할 수 있다. 이와 엮어진 능묘의 경우도 왕실 단독 墓域이 확립되지 않은 상황이었다. 이러한 점과 결부지어 왕성의 존립 형태를 그려볼 필요가 있을 것 같다.

5. 南城과 北城 문제

한성 도읍기 백제는 하북위례성에서 하남위례성으로 천도한 바 있다. 그리고 漢山으로 移都한 적도 있었다. 그러다가 다시금 하남위례성으로 還都하였다. 앞에서 인용한 g-7과 h 기사 외에 다음과 같은 한성 함락 기사를 주목해 본다. 왕성의 소재에 대한 단서를 찾기 위해서이다.

> q. 이에 이르러 고구려 對盧인 齊于·再曾桀婁·古爾萬年[再曾·古爾 모두 複姓이다] 등이 군대를 이끌 고 와서 北城을 공격하여 7일만에 이를 빼앗고는, 南城으로 옮겨 공격을 하니 성안이 위험에 빠지 고 흉흉하였다. 왕이 도망해 나갔는데 고구려 장수 걸루 등이 왕을 보고 말에서 내려 절을 하고 조금 있다가 왕의 얼굴을 향하여 세번 침을 뱉고 그 죄를 세어 책망하면서 아단성 밑으로 묶어 보내 살해하였다.[25]

위의 기사는 475년에 고구려군이 한성을 공격하는 내용이다. 먼저 북성을 함락시킨 후에 남성을 공격해서 개로왕을 捕殺하였다. 여기서 남성에 백

---

25) 『三國史記』 권25, 개로왕 21년 조. "至是 高句麗對盧齊于·再曾桀婁·古爾萬年[再曾·古爾皆複姓]等 帥兵來攻北城 七日而拔之 移攻南城 城中危恐 王出逃麗將桀婁等 見王下馬拜 已向王面三唾之 乃數其罪 縛送於阿旦城下戕之"

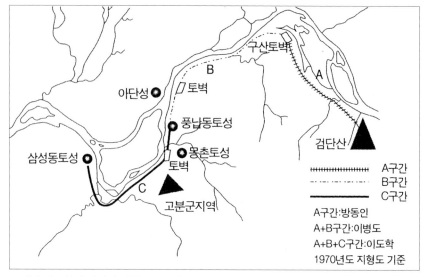

_ 백제 개로왕대 제방에 대한 여러 見解圖

제왕이 거처했음을 알 수 있다. 그리고 7일만에 함락시킨 城을 北城(q)=大城 (h)이라고 했다. '大城'이라고 한 '北城'은 南城과 동급의 城이거나 적어도 그러한 위상을 지녔음이 분명하다. 곧 北城은 王城의 한 단위였다고 보아야 한다. 그리고 '王都 漢城(g-7)'이라고 했다. 그러므로 王都 범위 안의 왕성으로서 북성과 남성을 지목할 수 있다. 그런데 고구려군이 7일만에 북성을 함락시킨 후 남성을 공격하였다. 이 점을 주목해 볼 때 兩城은 隣接하지는 않았던 것 같다. 가령 풍납동토성과 몽촌토성을 북성과 남성의 관계로 간주해 보자. 그럴 경우 兩者는 불과 650m에 불과하다. 그러므로, 풍납동토성을 함락시킨 후에야 몽촌토성을 공격한다는 것은 사세에 맞지 않다. 왜냐하면 풍납동토성 배후에 소재한 몽촌토성 주둔 백제군으로부터 고구려군이 오히려 逆包圍당할 수 있기 때문이다. 따라서 고구려군이 풍납동토성을 공격할 경우에는 불가피하게 몽촌토성까지 동시다발적으로 함께 공격할 수밖에 없다. 이러한 정황에서 본다면 풍납동토성과 몽촌토성은 북성과 남성 개념 속에 함께 포함되기는 어렵다.

이때 백제 왕성이 하남위례성이 분명하다고 하자. 그러면 북성은 하북에 소재한 위례성을 지칭한다고 보아야 한다. 위례성을 공유하는 하북과 하남의 위례성이 북성과 남성으로 일컬어진 게 자연스럽다.

6. 風納洞土城에 대한 認識

하남위례성의 소재지에 대해서는 실학자들 이래로 20세기까지 다양한 비정이 있어왔다. 그러한 하남위례성으로 지목되기도 하는 풍납동토성은 '坪古城'으로 표기되었다.[26] 평고성은 '벌판에 소재한 옛 성'이라는 뜻이 된다. 이는 풍납동토성의 입지 상황과 형상을 설명하고 있을 뿐이다. 즉 逸名 城이었음을 뜻한다. 20세기 초기에 이 城을 調査했던 일본인 연구자들이 소재지 名에서 취하여 '風納里土城'이라고 호칭하였다. 그러한 풍납동토성은 1963년 1월 21일에 '광주풍납리토성'이라는 이름으로 사적 제11호로 지정되었다. 현재 문화재청에서 서울특별시 송파구 풍납동 72-1 外에 소재한 사적 제11호에 대해 명칭 변경을 하였다. 즉 2011년 7월 20일에 告示한 공식 명칭은 '서울 풍납동 토성'이다. 그러므로 세간의 '풍납토성' 표기는 적절하지 않다.

그러한 풍납동토성은 일찍부터 백제 왕성으로 지목되어 왔다.[27] 즉 왕성의 소재지와 관련해 "이 강 남쪽의 땅은 북쪽으로는 漢水를 띠처럼 띠고 있고, 동쪽으로는 높은 산을 의지하였으며, 남쪽으로는 비옥한 벌판을 바라보고, 서쪽으로는 큰 바다에 막혔으니 이렇게 하늘이 내려 준 험준함과 지세의 이점[天險地利]은 얻기 어려운 형세입니다. 여기에 도읍을 세우는 것이 또한 좋지 않겠습니까?(a)"라고 한 수도의 입지 조건에 풍납동토성이 부합된다는 견해가 제기되었다.

---

26) 『增補文獻備考』 城郭 廣州 條.
27) 朝鮮總督府, 『大正五年度朝鮮古蹟調査報告』, 1917, 72쪽.

1916년도 조사에서 今西龍은 이미 개로왕대에 "烝土築城"한 宮址로서 풍납동토성을 조심스럽게 지목한 바 있다.[28] 이후 今西龍은 "개로왕은 이상의 時勢를 염두에 두지 않고 국력의 피폐도 생각하지 않고 궁성을 보수하여 토목공사를 일으켜 창고를 비우게 되었다. 『삼국사기』에는 이것을 고구려 장수왕의 간첩이었던 僧 道琳이 백제를 貧弱하게 하려는 譎計에 빠진 것으로 기록하고 있지만, 『삼국사기』의 이 기사는 하나의 小說文을 그대로 끼워넣은 것이기 때문에 반드시 믿기에는 부족하다. 백제도 支那 文化의 다대한 수입과 함께 都城의 修飾을 일삼은 것에 지나지 않은 것이다. 이 宮城은 지금 廣州郡 內 한강에 沿한 유적인 풍납리토성이라고 생각된다"[29]고 했다. 今西龍은 '小說文'이라는 표현을 빌어 도림 기사의 허구성을 지적하면서, 그와 결부된 궁성을 풍납동토성으로 정확하게 지목했던 것이다.

혹은 풍납동토성이야 말로 말갈의 침략을 막기에 유리한 한강의 天塹을 國防에 이용하였음을 역설하기도 했다.[30] 특히 1925년의 소위 乙丑年 대홍수를 겪고난 후 풍납동토성 지표상에 노출된 유물들의 비중을 놓고 볼 때 왕성일 가능성이 높다고 했다.[31] 그럼에도 이에 대한 반론이 다음과 같이 제기되었다.

古來로 朝鮮式의 都城은 대개 山岳을 背景으로 하거나 혹은 丘陵에 依據함이 普通이니, 三國의 例를 들면, 高句麗의 國內城(通溝) 平壤城, 百濟後期의 都城인 熊津城(公州) 泗沘城(扶餘) 新羅의 月城(慶州) 등이 다 그러한 條件을 갖추고 있다(其他 高麗時代의 開京, 近朝의 京城이 역시 그러하다). 이들 都城은 특히 背山(或은 依陵)臨水의 地로서 그밖에 다시 非常時의 所用인 山城을 背後 혹은

---

28) 朝鮮總督府, 『大正五年度朝鮮古蹟調査報告』, 1917, 72쪽.

29) 今西龍, 『百濟史研究』, 近澤書店, 1934, 118~119쪽.

30) 大原利武, 「朝鮮歷史地理」『朝鮮史講座-一般史』, 조선총독부, 1924, 53쪽.

31) 鮎貝房之進, 「百濟古都案內記」『朝鮮』234, 1934, 115쪽.
    이러한 基調는 中村春壽, 『日韓古代都市計劃』六興出版社, 1978, 62쪽에까지 이어져 왔다.

_ KBS 헬기에서 촬영한 풍납동토성

近距離의 地에 가지고 있거니와, 山城이야 말로 우리나라式 都城에는 必須條件
의 하나이었다. 그런데, 이 風納里로 말하면 臨水의 條件만은 가지고 있으나 –
그 臨水라는 것도 그 때의 漢水河道가 어떠하였는 지 모르지만– 너무도 지나칠
程度의 臨水라 할 수밖에 없고, 重要한 背山(或은 依陵) 또는 山城의 條件을 缺
하여 있다. 너무도 平地河邊에 동떨어져 있는 感이 없지 않다.[32]

　李丙燾는 풍납동토성을 백제 왕성으로 지목할 수 없는 몇 가지 근거를 제
시하였다. 이때 그가 제기한 風納洞土城=虵城說의[33] 핵심은 風納洞土城[바

32) 李丙燾, 「廣州 風納里土城과 百濟時代의 虵城」『震檀學報』10, 1939;『韓國古代史研
究』, 박영사, 1976, 502~503쪽.
33) 李丙燾, 「風納里土城과 百濟時代의 虵城」『韓國古代史研究』, 박영사, 1976, 498~
506쪽.
이 논문에서 李丙燾는 풍납동토성에서 출토된 바 있는 鐎斗와 같은 일련의 유물을 城
의 성격을 암시해주는 關鍵으로 간주하지 않았다. 즉 氏는 "유물이란 이곳저곳으로
流動되는 것이므로 그것으로써 都城 與否를 論할 거리는 되지 못한다(504쪽)"라고
하였다. 그러나 鐎斗 2점은 1925년 을축년 대홍수 때 풍납동토성 내 한 개의 大陶甕

람드리城]과 蛇城[배암城]을 音相似로 연결시킨 데 있었다.[34] 그런데 본고에서는 논문의 주제와 관련된 上記한 인용만 언급하도록 하겠다. 여기서 이병도는 풍납동토성이 한강변에 근접한 데다가 배후 산성도 없기 때문에 왕성으로 가능할 수 없다는 것이다. 1939년 5월에 이병도는 민속학자인 宋錫夏나 윤리학자인 金斗憲과 같은 진단학회 회원과 함께 夢村部落을 답사한 바 있다. 이때 이병도는 몽촌토성이 백제 城임을 처음으로 언급했다.[35] 이 논문은 풍납동토성을 사성이라고 한 논문의 바로 다음 號에 게재되었다. 두 논문 모두 1939년에 출간된『진단학보』에 게재된 것이다.[36] 몽촌토성을 발견한 이병도는 1976년에 기존의 논문을 묶어서『한국고대사연구』(博英社)를 출간하였다. 이 때 그는 풍납동토성이 왕성이 될 수 없는 조건으로 자신이 제기하였던 "重要한 背山(或은 依陵) 또는 山城의 條件을 缺하여 있다"는 구절은 삭제했어야 마땅했다. 몽촌토성은 해발 50m 안팎의 구릉에 소재한 城으로서, 풍납동토성과는 불과 650m 밖에 떨어져 있지 않았다. 그러한 몽촌토성의 입지 조건이야 말로 李丙燾 자신이 설정한 都城의 기준에 풍납동토성이 부합함을 웅변해 주기 때문이다.[37]

안에 담겨 있었다(朝鮮總督府博物館,『博物館陳列品圖鑑』第四輯, 1937). 그러므로 李丙燾의 견해는 전혀 타당하지 않음을 알 수 있다. 참고로 朝鮮總督府博物館에서는 鐎斗가 출토된 장소에다가 標木을 세워둔 바 있었다(鮎貝房之進,「百濟古都案內記」『朝鮮』234, 1934, 115쪽).

34) 風納洞土城을 王城이 아닌 蛇城으로 간주하는 李丙燾說은 노중국 등에게 계승되었다. 이와 관련해 풍납동토성을 몽촌토성과 연계시켜 왕성의 한 단위로 지목했던 필자는 삼성동토성을 사성으로 비정한 바 있다(李道學,「百濟 蛇城의 位置에 대한 再檢討」『韓國學論集』17, 1990;『백제고대국가연구』, 일지사, 1995, 280~285쪽). 한편 풍납동토성을 王城으로 지목했던 한국 학자의 견해로는 다음의 論著가 주목된다.
金廷鶴,『任那と日本』小學館, 1977, 249~250쪽.
李亨求,『서울 風納土城[百濟王城] 實測調査研究』1997.
35) 李丙燾,「廣州夢村土城址-百濟時代의 城砦址」『震檀學報』11, 1939, 171쪽.
36) 이에 대해서는 李道學,「百濟 漢城都邑期 王城에 대한 所在地 認識 檢證」『山城論誌』2011-4, 광주문화권협의회, 2011, 23~32쪽을 참고하기 바란다.
37) 이상의 서술은 李道學,「百濟 泗沘都城의 編制와 海外交流」『東아시아 古代學』30,

7. 맺음말

백제가 처음 王城으로 삼은 곳은 한수 이북의 하북위례성이었다. 그리고 河南으로의 천도에는 낙랑이나 말갈의 침공에 대한 방비라는 측면도 고려되었다. 그렇지만 南下와 建國에 주도적 역할을 했던 國母의 사망으로 인한 정치적 혼란이 주된 遷都 요인일 수도 있었다. 유사한 사례로 國母 死後 의자왕이 정변을 단행한 바 있다. 그렇듯이 정치적 상황에 따라서는 국모의 사망이 지대한 영향을 미칠 수 있음을 알려준다. 따라서 단순히 外侵 방어라는 외형상의 이유를 떠나 내부의 정치적 문제가 河南 遷都의 본질일 수 있음을 시사한다.

백제는 고구려와의 전쟁에서 連勝하고 있던 371년에 漢山으로 移都하였다. 移都한 漢山은 한수 이북의 漢山城이었다. 구체적으로 살핀다면 한산성은 북한산성 내의 중흥동고성으로 비정할 수 있다. 그런데 백제는 이후 고구려와의 전쟁에서 守勢에 놓였다. 그러자 백제는 天塹인 한강을 방어기제로 이용할 목적으로 391년 무렵 한수 이남으로 還都하였다.

왕성인 하남위례성 안에는 왕궁과 民戶가 雜居하는 상황이었다. 그런데 5세기 중엽 개로왕이 왕권 강화 차원에서 民戶를 궁성 바깥으로 철거시켰다. 그럼으로써 명실상부한 王宮城 體制를 확립한 것이다.

풍납동토성에 대해서는 20세기 초반부터 현지 조사를 하였던 일본인 학자들에 의해 일관되게 백제 王宮 즉 王城으로 지목되어 왔다. 한국 학자들에 의해서도 간헐적으로 풍납동토성이 왕성으로 지목되기도 했다. 그러나 풍납동토성이 왕성으로 확정되다시피한 것은 20세기가 끝날 무렵부터였다.

<出典>「백제 왕궁과 풍납동토성-사료를 통해 본 한성백제 왕성」『한성백제의 왕궁은 어디에 있었나』, 한성백제박물관, 2014, 67~96쪽.

2013, 235~237쪽에 의하였다.

제3장
漢城 都邑期 百濟 王城,
몽촌토성과 풍납동토성의 發見

1. 머리말

　백제가 한성에 도읍하던 시기의 왕성인 漢城 곧 하남위례성의 위치에 대
해서는 여러 소견이 제기된 바 있다. 가장 오래된 그 위치 비정 기록은 『삼국
유사』 王曆 등에 게재된 稷山說이었다. 그러나 그 직후에 편찬된 『제왕운기』
에 따르면 한성을 경기도 廣州라고 명시했다. 고려 말과 조선시대를 거치면
서 백제의 初都地는 稷山으로 굳어지는 듯 했다. 그런데 조선 후기의 실학자
들의 연구에 따라 한성은 경기도 광주 古邑 즉 춘궁동 일대로 지목되었다. 또
그러한 경향이 대세를 점하였다.

　이와 관련해 1934년에 점패방지진은 새로운 성벽을 확인했다. 즉 하남시
교산동토성이다. 그는 "또 客山 山麓에도 王宮의 성벽으로 생각되는 土圍가
지금도 완연히 남아 있다. … 校山里의 鄕校 부근 田畝 사이에도 많은 瓦片
이 散布하고 있는데, … 다음에 古都 전체의 성벽으로 생각되는 土圍가 지금
도 완연히 남아 있는데, 높은 곳에서 내려다 보면 곧바로 수긍할 수 있다. 그
것은 二聖山의 北麓부터 客山의 북쪽까지 둘러싸고 있는데, 이 土圍에 2, 3

개소 都城 城門으로 생각되는 안팎으로 서로 통하는 도로가 있다"[1]라고 하였다. 그는 교산동토성을 백제 왕성의 한 단위로 인식하였음을 알 수 있다.

분명한 것은 한성의 공간적 범주에 대해서는 풍납동토성이든 어떤 城이든 과거 경기도 광주군의 행정 구역에서 벗어나지 못한다는 것이다. 본고에서는 史蹟으로 지적될 1963년도 당시의 '경기도 광주군 풍납리토성'이라는 법적 명칭을 2011년 7월 이전까지 보유한 바 있는 서울시 송파구 풍납동토성과 몽촌토성에 대한 인식의 변천에 대해 살펴보고자 한다. 그럼으로써 한성 도읍기 백제 왕성의 위치 비정에 관한 학설사적인 정리가 미비했던 문제점을 극복하는데 一助하게 될 뿐 아니라, 그 파악이 보다 명료해 질 수 있지 않을까 싶다. 이와 관련해 일제 강점기 때 震檀學會를 창립한 斗溪 李丙燾가 제기한 백제 한성의 위치에 대한 인식을 함께 살펴보고자 했다. 그가 몽촌토성을 최초로 확인했다는 사실이 看過되었다. 이 점은 학설사적인 체계의 정립 차원에서도 밝힐 필요가 있었다.

2. 몽촌토성의 발견

백제 한성의 위치와 관련해 斗溪 李丙燾는 실학자들의 전통적인 견해를 주목했다. 그 결과 이병도는 한성의 소재지로 경기도 광주군 古邑 일대를 지목하였다.[2] 이와 관련해 이병도는 몽촌토성의 존재를 최초로 인지한 바 있다. 다음 서술에서 보인다.

> 廣壯津鐵橋를 건너 松坡里쪽으로 向하는 中間에 村落이 둘이 있는 바, 그 하나는 漢江沿岸에 直接한 風納里部落이요, 다른 하나는 江岸에서 조금 東便에

---

1) 鮎貝房之進,「百濟古都案內記」『朝鮮』234, 1934, 115쪽.
2) 李丙燾,「慰禮考」『韓國古代史研究』, 박영사, 1976, 491쪽.

떠러져 있는 夢村部落이다. 風納里와 夢村 사이에는 漢江으로 흘러들어가는 한 조그만 내가 있어, 이를 境界로 하야 두 村落이 南北으로 相對하여 있다. 즉 前者(風納里)는 이 川流의 北쪽에 있어 -行政區劃上- 廣州郡 九川面에 屬하고, 後者(夢村)는 그 南에 위치하야 同郡 中垈面에 屬하여 있다. 風納里에는 世人이 널리 잘 아는 바와 같이 -周圍 七八里(朝鮮里程)에 뻐친, 지금에는 年前의 洪水로 西側北側을 流失한- 大規模의 土城의 遺址가 남아 있어, 總督府에서는 이를 朝鮮古蹟第二十七號에 指定하였고 또 筆者는 本 學報 前卷에 있어 이곳이 百濟時代의 虵城 그것임에 틀림 없음을 發表하였거니와, 일즉이 이 風納里土城을 踏查하였을 때에 나는 그 南쪽인 夢村部落을 바라보고 그 地形이 아모리 뜨더보아도 純然한 天作만의 것으로 보이지 아니하야 이 方面까지도 아울러 調查하려 하였으나 그때 날이 이미 저물어 目的을 達치 못하고 後日을 期約하게 되었다.[3]

위의 구절은 上記한 이병도 논문의 첫 文段이다. 그는 1939년 5월에 민속

_ 발굴 전 몽촌토성 성안 전경

---

3)   李丙燾, 「廣州夢村土城址-百濟時代의 城砦址」 『震檀學報』 11, 1939, 171쪽.

학자인 宋錫夏 및 金斗憲과 같은 진단학회 회원과 함께 夢村部落을 답사하였다. 이때 이병도는 夢村部落의 지리적 환경을 꼼꼼히 살폈다. 夢村의 東西北 3방향으로 川流가 에워싸고 있는데, 오직 남쪽만 그렇지 않았다는 것이다. 그가 垓字 역할을 하는 自然水路의 존재를 발견한 것이었다. 이곳의 地勢는 北西南 3면이 높고, 동측 일면은 低陷하여 洞口가 동측으로 열려 있다고 했다. 夢村에 거주하는 촌민이 동구 밖을 흔히 '門밖'으로 일컫는다는 사실에서 성문의 존재를 상정해 볼 수 있다고 했다. 밭고랑에서 백제 때로 보이는 토기편을 수습했다고 한다. 夢村의 동문 바깥의 遁村쪽에 촌민들이 소위 '말무덤'이라고 일컫는 고분 1基가 소재한 것을 발견했는데, 면적이 약 400~500坪, 봉분이 약 23餘尺쯤 된다고 했다. 이병도는 夢村에 대한 답사 결과를 다음과 같이 서술했다.

> 요컨대 夢村은 四圍 合하야 周回 約 五里(朝鮮里程)에 不過한 조그만 山城으로 볼 수 있는 곳이니 上述함과 같이 百濟時代의 一要塞이었음은 再言을 기다리지 아니한다. 즉 이 夢村 山城은 저 廣壯津 背後의 阿旦城(阿嵯山城)이라든지 其 對岸의 虵城(風納里土城)과 한가지 百濟의 國都인 漢城(春宮里) 및 그 附屬 山城(南漢山城)을 -敵으로부터- 保護하고 防守하는 -重要한 任務를 갖는- 漢江 沿岸의 城鎭의 하나이었을 것이다. 혹 이곳이 百濟 以來 三韓時代에 이미 어떤 部落國家에 依하야 居城이나 要鎭으로 利用되였는지도 알 수 없지만 그렇다 할지라도 그 地理로 보아 百濟時代에 이곳을 그대로 放置하였을 리가 萬無한 즉 반드시 그때 再利用의 地가 되었을 것은 想像하기에 어렵지 않다.[4]

위의 인용에서 보듯이 夢村을 백제 城으로 최초로 지목한 이가 李丙燾였다. 그는 백제 도성체제 속에서 몽촌토성의 존재를 주목했다. 그렇지만 몽촌토성은 주목받지 못하다가 1975년에 이기백이 합동토론 席上에서 "몽천里

---

4) 李丙燾, 「廣州夢村土城址-百濟時代의 城砦址」 『震檀學報』 11, 1939, 174쪽.

_ 몽촌토성 門址 곁의 無文碑. 이 비석은 현재 어디에 있는 지 행방이 묘연하다.

土城은 그 樣態가 月城과 아주 근사합니다. 그런 양식의 土城이 城邑國家의 근거지로서 보편적인 것이 아닌가 하는 것이 제 생각인데 가장 대표적인 것이 達城입니다. 또 청도의 이서국성 그것도 평지 같은 조그만 언덕에 있습니다. 이러한 아주 낮은 언덕에 쌓은 土城이 우리나라 초기의 가장 기본적인 城이고, 동시에 그것이 城邑國家의 근거지가 아니었겠는가 하는 생각입니다만, 이런 생각을 가지고 보면 風納里土城은 아무래도 부적합하고 몽천里土城이야 말로 달성이나 이서국성과 相通하는 그런 점을 많이 가지고 있어요"[5]라고 하여 '몽천里土城' 즉 몽촌토성의 존재를 언급했다. 이때 그는 비록 몽촌토성의 존재를 왕성으로 지목하지는 않았다. 그렇지만 그는 몽촌토성이 백제 초기 왕성일 가능성을 최초로 짚었다. 그 후 몽촌토성이 백제 왕성일 수 있는 근거를 필자는 1981년에 다음과 같이 제기한 바 있다.

광나루대교를 지나 송파쪽으로 가는 길 중간에 몽촌 부락이 있는데 이 마을에 몽촌토성이 소재한다. 구릉에 자리잡은 몽촌토성은 북쪽으로 풍납동토성을 마주보고 있다. 남쪽으로는 가락동 고분군과도 연결되고 있다. 몽촌토성은 서·남·북쪽에 문터를 가지고 있으며 성안에는 토기편과 와편이 산재하여 있다. 몽촌 앞에는 '말무덤'이라 불리는 높이 30척, 넓이 500평의 고분이 과거에 존재했

5) 李基白,「百済文化学術会議録」『百済文化』7·8합집, 1975, 283쪽.

었다고 한다. 그런데 몽촌토성에 대해서는 대체로 백제시대의 진성으로 보고 있으나 하남위례성일 가능성을 배제할 수 없다. 그러한 근거로는 하북에서 하남으로 어느 때 천도하였는지 정확히 알 수 없으나 –온조왕 13년에 천도 기사가 나오나 취신하기 어려우며– 근초고왕 26년(371)의 한산천도 기사를 하북에서 하남으로의 천도로 해석하고도 있다. 그러나 책계왕 원년(286)에 고구려의 침입에 대비해서 한강 대안의 아단성과 사성을 수축한 사실을 든다면 286년 이전에 이미 하남으로 천도하였음을 알 수 있다. 그런데 이러한 천도 기사가 의미하는 것은 다음과 같이 해석될 수 있지 않을까 생각한다. 즉 온조왕대의 천도 기사는 성읍국가 시기인 대략 3세기 초 이전에 하남으로 이주한 사실을 반영하며, 근초고왕대의 천도 기사는 고대 정복국가로의 본격적인 발전에 따라 방어적인 측면을 감안하여 다시금 현재의 하남시 춘궁동 일대로의 천도를 의미한다고 생각된다. 그러면 적어도 286년 이전부터 371년까지 백제 왕실이 거주했던 하남 지역은 어디일까? 이곳이 곧 몽촌토성이 아닌가 생각된다. 그러한 논거로는 달성이나 월성 그리고 이서국성 등과 같은 평지형 구릉(표고 45m 내외)에 자리잡은 토성이 성읍국가의 근거지였던 사실과 몽촌토성이 잘 부합된다는 점이다. 또한 몽촌토성이 백제 초기의 생활 근거지와 밀접한 관련을 가지고 있다는 점에서이다. 즉 3세기경의 취락지인 풍납동토성과 근접했고 석촌동·가락동 등의 초기 백제 고분군 밀집 지대와 직근 거리에 있다는 점에서 몽촌토성을 한강 유역의 백제 성들 가운데서 성읍국가의 근거일 가능성이 가장 크다. 따라서 적어도 3세기 초에서 4세기 후반까지 백제세력의 중심체인 하남위례성은 몽촌토성이었을 것으로 추정된다.[6]

그 이후 몽촌토성을 백제 왕성으로 지목하는 논자들이 급증하였다. 成周 鐸(1984)과 최몽룡·권오영(1985), 1983~1989년까지 서울대학교 박물관의 발굴조사에 근거하여 제출한 朴淳發(1989) 등이 그러한 범주에 속한다.

---

6) 李道學, 「百濟 慰禮文化의 史的 性格」『東大新聞』, 1981.5.12.

3. 풍납동토성에 대한 인식

서울시 송파구 천호동에 소재한 풍납동토성에 대해서는 어떠한 인식을 지니고 있었을까? 1916년도 조사에서 今西龍은 이미 개로왕대에 "烝土築城"한 宮址로서 풍납동토성을 조심스럽게 지목한 바 있다.[7] 이어 今西龍은 "개로왕은 이상의 時勢를 염두에 두지 않고 국력의 피폐도 생각하지 않고 궁성을 보수하여 토목공사를 일으켜 창고를 비우게 되었다. 『삼국사기』에는 이것을 고구려 장수왕의 간첩이었던 僧 道琳이 백제를 貧弱하게 하려는 謀計에 빠진 것으로 기록하고 있지만, 『삼국사기』의 이 기사는 하나의 小說文을 그대로 끼워넣은 것이기 때문에 반드시 믿기에는 부족하다. 백제도 支那 문화의 다대한 수입과 함께 都城의 修飾을 일삼은 것에 지나지 않은 것이다. 이 宮城은 지금 廣州郡內 한강에 沿한 유적인 풍납리토성이라고 생각된다"[8]고 했다. 今西龍은 '小說文'이라는 표현을 빌어 도림 기사의 허구성을 지적하였다. 또 그는 이와 결부된 궁성을 풍납동토성으로 정확하게 지목하였던 것이다. 이렇듯 日帝 강점기 이래로 풍납동토성을 백제 왕성으로 지목하는 견해가 제기되어 왔었다.[9]

그러나 풍납동토성을 백제 왕성으로 지목한 견해는 두계 이병도라는 '大家'의 障壁을 넘지 못하고 말았다. 이병도는 몽촌토성을 발견하기 직전에 간행한 『진단학보』에서 풍납동토성이 백제 때 鎭城인 사성임을 입증하고자 했다. 그는 1925년의 소위 을축년 대홍수 때 노출된 유물을 기반으로 풍납동토성

---

7) 朝鮮總督府, 『大正5年度朝鮮古蹟調査報告』, 1917, 72쪽.

8) 今西龍, 『百濟史硏究』, 近澤書店, 1934, 118~119쪽.

9) 鮎貝房之進, 「百濟古都案內記」 『朝鮮』 234, 1934, 115쪽.
金廷鶴, 『任那と日本』, 小學館, 1977, 249~250쪽.
李亨求, 『서울 風納土城[百濟王城] 實測調査硏究』, 1997.
국립문화재연구소, 『韓國考古學事典』 下, 2001, 1247쪽에서도 풍납동토성을 가리켜 "일제시대부터 하남위례성으로 비정하는 등 주목을 받아 왔다"라고 서술한 바 있다.

=왕성설을 제기했던 점패방지진(『百濟古都案內記』『朝鮮』 234, 1934)의 견해를 공박하는데 본 논문의 초점을 두었던 것이다. 풍납동토성 蛇城說의[10] 핵심은 風納洞土城[바람드리城]과 蛇城[배암城]을 吾相似로 연결시킨 데 있었다. 이는 논거 자체의 취약은 물론이고 수긍하기 어려운 논리였다. 그렇지만 미친 영향은 몹시도 컸다.

이로부터 한 세대가 지난 후인 1964년에 서울대학교 박물관장이었던 金元龍은 풍납동토성을 비록 시굴 형식이기는 하지만 발굴하는 행운을 얻었다. 발굴 결과 그는 풍납동토성의 성격을 "平時에는 많은 一般民이 살고 있었던 半官半民的 邑城이었다고 생각되는 바이다. … 北城은 王都의 北城으로서 여기 風納里土城을 말했을 것이며 阿且山城을 말한 것은 아닐 것이다. 卽 邑城으로서 首都인 南城에 對하여 北城이라고 對稱될 만큼 이 土城은 크고 重要했던 것을 알 수 있는 것이다"[11]라고 하였다. 김원룡은 北城과 南城을 同格의 城으로 파악하지 않았다. 즉 北城은 邑城으로, 南城은 首都 곧 王城으로 파악하였기 때문이다. 아울러 김원룡은 南城의 위치를 지목하지는 않았다. 위의 보고서에서 김원룡이 南城을 몽촌토성으로 비정했다는 항간의 引用은 명백한 虛僞인 것이다. 김원룡은 풍납동토성을 백제 때 사성으로 규정했던 이병도의 견해를 입증하려는 선에서 발굴을 마무리한 것처럼 보인다.

이후 풍납동토성=사성설은 확고한 정설로 굳혀졌다. 아울러 많은 支持者들을 量産하였다. 대표적인 이가 노중국이었다.[12] 물론 1997년부터 본격적으로 시작된 풍납동토성 발굴 이전에도 이 설의 盲點에 대한 지적이 제기된 바 있다.[13] 필자는 위의 論著에서 王城인 河南慰禮城(漢城)은 北城과 南城

---

10) 李丙燾, 「風納里土城과 百濟時代의 蛇城」『韓國古代史研究』, 박영사, 1976, 498~506쪽.

11) 金元龍, 『風納里土城內包含層調査報告』, 서울대학교 박물관, 1967, 9쪽.

12) 노중국, 『백제정치사연구』, 일조각, 1988, 56쪽.

13) 李道學, 「百濟 蛇城의 位置에 對한 再檢討」『韓國學論集』 17, 1990, 5~14쪽.

으로 구성되었고, 北城=풍납동토성, 南城=몽촌토성으로 비정한 바 있다.[14] 필자는 풍납동토성을 분명히 王城으로 지목하였던 것이다. 그럼에도 申熙權은 "그러나 일부에서는 왕이 南城에서 도망치다가 붙잡혀 죽임을 당하기 때문에 南城이 곧 王城이라는 설을 제기하기도 하는데(李道學, 1992; 朴淳發, 1996), 이는 기록상의 문맥에만 치우쳐 보다 큰 상황을 놓친 것이 아닌가라는 생각이 든다"[15]고 했다. 과연 이렇게만 서술했는지 장황하기는 하지만 원문을 다음과 같이 인용해서 확인해 보도록 한다.

그런데 풍납동토성은 몇 가지 측면에서 볼 때 사성과 같은 鎭城으로 단정하기는 어려울 것 같다. 왜냐하면 풍납동토성은 한강유역에서는 가장 규모가 크거니와 왕성인 몽촌토성과는 불과 700m 떨어져 있으며 그 소재지가 석촌동의 왕릉구역과 이웃하고 있는 점을 주목하지 않을 수 없기 때문이다. 아울러 城 안에서 東晉製의 鐎斗 두 점과 紫紺色의 유리옥·白銅鏡·銙帶金具 그리고 금팔찌가 출토되었는데 대체로 宮城用品인 점이다. 이를 충남 부여의 왕궁지에서 銀製鍍金耳飾이 출토된 사례에 비추어 볼 때 그 비중을 암시해주고 있는 것이다. 이러한 점을 유념한다면 풍납동토성은 L에서 시사하는 사성과 같은 군사적인 성격의 진성으로 규정 짓기는 어려워지는 만큼 풍납동토성의 하남위례성설이 제기되기도 하였다. 따라서 풍납동토성은 성 안에서 출토된 유물을 통하여 짐작되듯이 居民用 城이나 鎭城이라기 보다는 오히려 王城의 하나로 간주하는 게 마땅하지 않을까 한다. 왕성이 강변에 위치한 예는 부여의 왕성인 동단산 남성자와, 백제 왕성인 공산성이나 부소산성에서 찾을 수 있기 때문이다. 게다가 한강변에 위치한 풍납동토성의 서북벽은 1925년의 이른바 을축년 대홍수 때 비로소 유

李道學,「百濟 漢城時期의 都城制에 관한 檢討」『韓國上古史學報』9, 1992, 25~48쪽.
李道學,『백제고대국가연구』, 일지사, 1995, 260~291쪽.

14) 현재 필자는 풍납동토성과 몽촌토성을 아울러 南城으로 지목하고 있다. 北城은 한강 이북 북한산성 안의 중흥동고성으로 비정하였다.

15) 申熙權,「百濟 漢城都邑期 都城制에 대한 考古學的 考察」『백제도성의 변천과 연구상의 문제점』, 서경문화사, 2003, 47쪽.

실되었다. 그러므로 풍납동토성은 비록 강변에 소재하였음에도 불구하고 금세기 이전에 홍수 등으로 인하여 유실되거나 浸水되지 않았음을 웅변하여주고 있다. 또 이러한 입지조건이 왕성으로서의 기능을 부정할 만한 근거가 되지 않음을 알려준다.

풍납동토성을 왕성으로 추정하였다. 이는 하남위례성을 몽촌토성으로 비정하는 견해와 상충하는 듯 하지만, 여전히 풍납동토성이 왕궁성의 하나일 가능성을 열어두고자 한다. 왜냐하면『삼국사기』아화왕 즉위년 조에 의하면

　　침류왕의 원자이다. 처음 漢城 別宮에서 태어날 때 신령한 빛이 밤을 비추었다.

라고 하여 別宮 즉, 離宮城의 존재를 시사해 주고 있기 때문이다. 실제 이궁성의 존재는 다음의 기사에서도 뒷받침 된다.

　　N. 이에 이르러 고구려 對盧인 齊于·再曾桀婁·古爾萬年[再曾, 古爾 모두 複姓이다] 등이 군대를 이끌고 와서 北城을 공격하여 7일만에 이를 빼앗고는, 南城으로 옮겨 공격을 하니 성안이 위험에 빠지고 흉흉하였다. 왕이 도망해 나갔는데 고구려 장수 걸루 등이 왕을 보고 말에서 내려 절을 하고 조금 있다가 왕의 얼굴을 향하여 세 번 침을 뱉고 그 죄를 세어 책망하면서 아단성 밑으로 묶어 보내 살해하였다(『三國史記』권25, 蓋鹵王 21년 조).

즉 고구려 군대가 北城을 함락시킨 다음 南城을 함락하여 개로왕을 살해한 것으로 볼 때 南城이 왕성임을 알 수 있다. 그런데 여가서 왕성을 남성으로 표기하였음은, 北城 역시 그와 격이 동일한 왕성의 한 단위로 인식되어졌다고 보겠다. 그렇다고 할 때 남성 즉, 몽촌토성과 근접하였을 북성은, 그로부터 북쪽으로 불과 700m 지점에 소재한 풍납동토성으로 비정되어진다. 아울러 북성과 남성을 합친 게 왕성임을 알 수 있는데, 남성은 왕이 상주하는 궁성이며, 북성은 이궁성으로 보아 좋을 것 같다. 따라서 풍납동토성은 고구려의 침공에 대비하여 축조된 鎭城으로서의 사성이 될 수 없음이 밝혀졌다(原文 註 省略: 필자).[16]

---

16) 李道學,「百濟 漢城時期의 都城制에 관한 檢討」『韓國上古史學報』9, 1992, 37~38쪽.

위의 인용을 놓고 볼 때 申熙權의 주장과 관련한 인용은 정당하지 않음을 알 수 있다. 그런데 1997년부터 활발하게 진행된 풍납동토성 발굴에 따라 여느 城과는 구분되는 특징이 보임에 따라 왕성일 가능성이 높아졌다. 그러자 풍납동토성을 사성으로 간주했던 이들이 왕성설로 슬며시 방향을 틀기 시작했다.

풍납동토성 발굴에 참여했던 申熙權은 "(풍납동토성은) 일제시대부터 '河南慰禮城'으로 비정되는 등 주목을 받아 왔으며"[17]라고 하였다. 그러나 그는 정작 풍납동토성을 사성으로 지목했던 기존 견해에 대해서는 일체 언급이 없다. 풍납동토성을 백제 왕성으로 부각시키면서 의아하게 느끼는 것은 "일제시대부터 '河南慰禮城'으로 비정되는 등 주목을 받아 왔으며"라고 했다면 그렇게 중요한 성을 왜 看過했는지? 더구나 풍납동토성은 발굴까지 했음에도 불구하고 이제야 조명받는 이유가 무엇인지? 바로 그러한 이유를 밝혔어야 마땅했을 것이다. 이는 물어볼 나위 없이 풍납동토성을 사성으로 간주했던 '과거'를 숨기고 싶은데서 연유했다. 풍납동토성을 왕성으로 띄우면서 자신들이 추종했던 기존의 사성설을 지우려고 하니까 민망해진 것이다. 그들은 말이 없지만 결과적으로 풍납동토성이 사성이 아니라는 게 입증되었다.

그러면 그 대안이 되는 蛇城은 어떤 성을 가리키는 것일까? 일제히 풍납동토성을 왕성이라고 방향 선회했던 이들이 갑자기 침묵하고 있다. 사성의 위치를 시사해주는 기록이 "사성의 동쪽에서부터 숭산의 북쪽에 이르기까지 제방을 축조했다"는 개로왕대의 제방 축조 기사이다. 즉 제방의 동쪽 기점이 사성임을 알려준다. 이에 대해 申熙權은 "북쪽의 한강 연안을 따라서 岩寺洞에서 三成洞에 이르는 긴 구간에 堤防的 성격의 土城을 쌓은 것으로 이해되며"[18]라고 하였다. 여기서 제방의 동쪽 기점을 三成洞으로 지목했음에도 三

---

17) 申熙權, 「百濟 漢城都邑期 都城制에 대한 考古學的 考察」 『백제도성의 변천과 연구상의 문제점』, 서경문화사, 2003, 27쪽.

18) 申熙權, 「百濟 漢城都邑期 都城制에 대한 考古學的 考察」 『백제도성의 변천과 연구상

成洞土城의 존재는 물론이고, 사성과의 연관성을 운위하지 않았다. 그러나 전후 문맥을 놓고 볼 때 三成洞土城을 사성으로 간주하고 있음을 가리킨다. 그럼에도 일언반구 언급이 없다. 이는 무엇을 말하는 것일까? 삼성동토성을 사성으로 지목했던 필자의 존재 가치를 알리고 싶지 않아서였을까? 실로 궁금한 사안이 아닐 수 없다.

4. 맺음말

백제의 初都地에 속하는 하남위례성의 위치를 풍납동토성으로 지목하는 견해가 大勢였다. 일본 학자들이 20세기 초기에 이미 언급했던대로 발굴 성과를 통해 척척 맞아들어가는 듯한 인상을 준다. 백제는 한강유역에 도읍하던 시기에 遷都와 還都를 반복했다. 漢城別宮을 비롯한 여러 형태의 궁성들이 과거 廣州郡 관내였던 지금의 송파구나 하남시 일원에 소재했을 것이다. 이와 관련해 외면할 수 없는 천안의 직산 위례성은 高地帶에 소재한 산성이다. 고구려의 오녀산성도 해발 820m의 고지대에 소재했다. 이러한 점에 비추어 볼 때 직산 위례성도 여지를 남겨 둘 필요는 있다. 한성 함락 후 웅진성으로 천도하는 과정에서의 暫住地로서 직산 위례성 기원설이 제기되었었다. 물론 조선 후기에 제기된 이 설은 공감을 얻지는 못했다. 그렇다고 직산 위례성설을 放棄하기 보다는 좀 더 적극적인 해석의 필요성을 느낀다.

어떤 편견을 가지고 豫斷을 하는 일처럼 어리석은 경우는 없을 것이다. 이와 관련해 蛇足을 붙인다면 필자는 과거에 "개로왕대에 왕성을 개축할 때 '烝土築城'[19] 했다고 하였다. 그러한 흔적이 풍납동토성 성벽 발굴 결과 확인되

의 문제점」, 서경문화사, 2003, 53쪽.

19) 『三國史記』 권25, 蓋鹵王 21년 조. "於是 盡發國人 烝土築城 卽於其內作宮室樓閣臺榭 無不壯麗"

있는지 여부와, '烝土築城'의 성격에 대한 논의가 필요할 것 같다"[20]고 문제를 제기한 바 있다. 이 같은 필자의 문제 제기에 답하듯이 최근 '烝土築城'의 성격을 "석회에 물을 부어 소석회를 만드는 과정에서 생기는 열과 수증기를 묘사한 것이라면서, 석회를 섞어서 쌓은 성이 몽촌토성이다"[21]라고 새롭게 구명한 논문이 제출되었다. 이러한 견해의 타당성 여부를 떠나 백제 왕성과 관련한 연구는 차분하게 풀어가는 신중함과 인내심이 필요할 것 같다.

〈出典〉「百濟 漢城都邑期 王城에 대한 所在地 認識 檢證」『山城論誌』 2011-4, 광주문화권협의회, 2011, 23~32쪽.

---

20) 李道學, 「百濟 漢城都邑期 都城制에 관한 몇 가지 檢討」『백제도성의 변천과 연구상의 문제점』, 서경문화사, 2003, 92~93쪽.
21) 심광주, 「漢城百濟의 '烝土築城'에 대한 연구」『鄕土서울』 76, 2011.

제2부

제1장
熊津都城 硏究에 관한 檢討

1. 머리말

　백제가 현재의 서울 지역인 漢城에서 遷都한 熊津城의 都城制에 관해서는 연구 업적이 축적되었다. 그러나 웅진성 천도의 배경과 토착 세력과의 관계 등에 관심이 집중된 감이 없지 않았다. 사실 475년 겨울에 고구려군의 强襲으로 인해 도성인 漢城을 상실한 급박한 상황에서 천도한 웅진성의 내력에 대해서는 정확하게 밝혀진 바 없다. 遷都 以前 웅진성의 상황에 대한 문헌 자료는 물론이고 고고물증도 남아 있지 않다. 그런 관계로 백제 왕실이 공주 지역의 기존 시설에 대한 재활용이나 新築 가능성 與否에 대해서도 명료하게 밝혀진 바 없다.

　이와 더불어 63년간 權府였던 백제 왕궁의 소재지 역시 명료하게 구명되지 않았다. 다만 웅진도성과 연계된 왕궁의 위치에 대해서는 크게 공산성 안에 소재했다는 설과 공산성 바깥에 소재했다는 설로 兩分된 실정이다. 본고에서는 그간 팽팽히 맞섰던 웅진도성 왕궁의 위치를 확정하고자 했다. 아울러 이와 연계된 도성제의 일환인 웅진교의 소재지를 비롯해서 왕궁 소재지 파악의 관건이기도 한 임류각의 위치에 대한 그간의 연구를 검증하려고 한다. 사실 지금까지는 웅진교의 위치를 공주 舊市街地를 東西로 가르는 역할을 하는 제민천에 가설된 것으로 지목해 왔다. 그러나 고구려에서는 이미 5세기 초에 대동강을 연결하는 木橋의 존재가 문헌과 고고물증을 통해 확인되었다. 사비도성에도 백마강에 大橋가 가설된 바 있다. 이 점을 고려할 때 土木橋梁 기술이 입증된 백제의 경우도 웅진교의 위치를 재고할 필요성을 느꼈다. 비록 63년이라는 제한된 기간의 都城이었고, 避難首都로서의 일면을 무시할 수 없다. 그렇지만 웅진도성의 都市體制에 대한 심도 있는 고찰을 통해 그 다음 단계의 도성인 사비도성 태동의 배경과 밑그림이 확인될 수 있다고 본다.

本稿가 지닌 意義에 대해서는 심사평 중 다음과 같은 글이 도움이 된다. 즉 "본 논문은 현재 고대사학계에서 크게 주목받고 있는 웅진시대 백제사 문제를 다루고 있어, 관련 연구에 시사해주는 바가 크다. 저자는 국가권력의 핵심인 도읍의 여러 대표적 건축시설인 교량, 왕궁 등의 위치에 대해, 고고학 및 문헌자료 검토를 토대로, 통설을 비판, 새로운 시각을 제시하였으며, 나아가 웅진시기의 백제 도읍체계를 살피고자 했다"고 평가했다.

2. 웅진교의 架設 장소

漢城 陷落 이후 백제 지배층들은 대거 웅진성으로 옮겨 왔다. 이와 결부지어 백제가 漢城 남부의 여러 지역 가운데 굳이 웅진성으로 천도한 배경을 찾으려는 노력이 뒤따랐다. 공주 수촌리 고분군을 조성했던 토착 세력과의 관련성이 제기되기도 했다. 그렇지만 정작 공산성을 중심한 금강 이남의 舊市街地에서는 천도 이전의 고분이나 고고물증이 명료하게 확인된 바 없었다. 그럼에 따라 토착 세력이 없는 공간에 新都城이 조성된 것처럼 비치게 된 것이다. 그런데 최근에 公山城內 방형 구덩이에서 출토된 훼룡문경과 유리제 다면옥은 발굴자가 보고했던 백제 때 것이 아닌 前漢製로 파악되었다. 그렇다면 이는 늦어도 1세기경에는 공주 지역의 토착 세력과 중국 군현 사이의

교섭을 시사하는 유력한 물증일 수 있다.[1] 만약 이러한 분석이 타당하다면 공산성 일원에서 백제 이전 토착 세력의 존재에 대한 상정이 가능하다. 그러나 이러한 傳世的 携帶品 외에 여전히 묘제를 비롯한 토착 세력의 존재를 암시하는 부동의 시간적·공간적 물증이 제시되지 않은 관계로 한계가 따를 수밖에 없다. 물론 백제가 중앙에서 공산성을 중심한 일원으로 派遣·分封했을 수 있다. 그러나 轉封으로 인한 歸任과 漢城 歸葬에 따라 공산성 인근에 고분이 조성되지 않았을 가능성이다. 이 점에 대해서는 앞으로의 고고물증 확보에 기대할 수밖에 없다고 본다.

백제가 천도한 이후 웅진도성과 관련한 기사를 『삼국사기』에서 뽑아보면 다음과 같다.

a. 477년: 2월에 궁실을 重修하였다(문주왕 3년).

b. 478년: 연신이 고구려로 달아나자 그 처자를 잡아다가 웅진 저자에서 목베었다(삼근왕 2년).

c. 486년: 7월에 궁실을 重修하고, 牛頭城을 쌓았다.

c-1.   10월에 궁 남쪽에서 군사를 大閱하였다(동성왕 8년).

d. 491년: 6월에 웅천의 물이 불어 왕도의 200여 家가 물에 떠내려가고 잠겼다(동성왕 13년).

e. 497년: 6월에 비가 크게 내려 백성들의 가옥이 떠내려가고 무너졌다(동성왕 19년).

f. 498년: 웅진교를 설치했다(동성왕 20년).

g. 500년: 봄에 宮 동쪽에 임류각을 세웠는데 높이가 5丈이었다. 또 못을

---

1) 박순발, 『백제의 도성』, 충남대학교출판부, 2010, 197쪽.

파고 珍奇한 짐승들을 길렀다. 諫臣이 반대의 上疏를 올렸으나 듣지 아니하였고, 또 諫하는 이가 있을까 하여 宮門을 닫아 버렸다. 왕이 左右와 함께 臨流閣에서 宴會를 베풀고 밤새도록 歡樂을 다하였다(동성왕 22년).

　h. 526년: 웅진성을 修葺하였다(성왕 4년).

　동성왕 20년의 웅진교 가설(f)과 관련해 d의 홍수 기사는 도성의 민가가 제민천변에 밀집되었음을 알려준다. 또 협소한 도성 공간을 효율적으로 활용하기 위해 시가지를 관통하는 제민천의 교량 설치가 필요했을 것이라고 한다.[2] 그러한 웅진교는 공주 舊市街地의 남북을 관통하는 제민천에 가설되었다는 추정이다.

　물론 웅진교의 정확한 위치를 지금으로서는 알기 어렵다. 그러나 그 이후 526년에 제민천 서쪽에 大通寺가 창건되는 정황으로 보아 대체로 지금의 대통사지와 가까운 곳에 위치한 것으로 추정하고 있다. 그리고 홍수에 표몰한 민가가 밀집된 곳은 지형적인 여건으로 볼 때 제민천이 금강 본류에 합수되는 지점과 비교적 가까운 저지대일 가능성이 높다. 반면 상대적으로 높은 지

_ 금강을 끼고 입지한 공산성 전경

2)　박순발, 『백제의 도성』, 충남대학교출판부, 2010, 206쪽.

점에는 귀족이나 관부 등이 입지했을 것으로 간주된다. 웅진교 개설 이전에는 아무래도 제민천의 동쪽이 주로 활용되었을 것이다. 그 이후에는 점차 서쪽으로 도성 공간이 확대되었을 것으로 추정했다.[3]

그러면 위의 견해를 검증해 보기로 한다. 첫째, 도성 이름을 붙인 교량인 관계로 '熊津橋'가 지닌 비중과 상징성이 실로 컸음을 헤아릴 수 있다. 공주 舊市街地를 남북으로 가로질러 동서를 구획하는 하천이 제민천이다. 이러한 제민천의 비중을 놓고 본다면 그곳에 가설된 교량 이름을 웅진교라고 일컬었을 법은 하다. 그러나 이러한 추측은 막연한 생각에 불과한 것이므로, 당시의 호칭과 결부지어 살펴 보는 게 필요하다. 도성 이름이기도 한 '웅진'의 범위는 "가을 8월에 왕이 칙사 유인원·웅진도독 부여융과 함께 웅진 취리산에서 맹약을 맺었다"[4]는 기사에서 실마리를 얻을 수 있다. 여기서 '웅진 취리산'은 금강 북안의 우성면 연미산으로 지목된다. 그렇다면 이 '웅진'은 현재 공산성 이남의 公州 舊市街地뿐 아니라 금강 대안에도 미치고 있다.

그리고 웅진은 "5월에 黑龍이 웅진에 나타났다"[5]는 기사에서 보듯이 금강을 끼고 있는 나루 이름으로 등장한다. 이와 관련해 "가을 9월에 黑龍이 漢江에 나타났는데, 잠깐 동안 雲霧가 끼어 캄캄하더니 날아가 버렸다"[6]는 기사에서 보듯이 龍은 江에 나타난다. 그런 만큼 흑룡이 나타난 '웅진' 역시 금강을 끼고 있는 곰나루에서 목격한 일이라고 하겠다. 물론 "개천에서 용 난다"는 말은 있지만 흑룡이 나타난 곳은 제민천이라는 開川이 아니라 금강 곧 熊川이었다. 그런 만큼 웅진교라는 교량 역시 웅진도성과 그 북쪽을 연결하는 곧 남북의 연결 통로로서 가설되었다고 보는 게 합당한 해석이다. 게다가 '웅진 취리산'도 곰나루 對岸의 연미산을 가리키므로 웅진교는 곧 곰나루에 가설

---

3) 박순발, 『백제의 도성』, 충남대학교출판부, 2010, 206쪽.
4) 『三國史記』권6, 文武王 5年 條.
5) 『三國史記』권26, 文周王 3年 條.
6) 『三國史記』권25, 毗有王 29年 條.

_ 공주 구시가지를 東西로 양분하고 있는 제민천과 그 뒤편의 공산성

된 교량으로 추정할 수 있다.

　동성왕은 웅진교를 가설하기에 앞서 재위 8년에 牛頭城을, 12년에 沙峴城과 耳山城을 축성하였다. 웅진교를 가설하던 해에도 동성왕은 沙井城을 축조하는[7] 등 웅진성 방어체제에 심혈을 기울이던 시기였다. 게다가 웅진성을 修葺하면서 역시 沙井柵을 세웠다.[8] 따라서 웅진교 가설은 왕도를 정비하여 통치에 효율을 꾀하기 위한 조치로 파악된다.[9]

　둘째, 498년에 웅진교를 가설한 이후에는 도성 공간이 제민천 서쪽으로 확대되었을 것으로 간주했다. 물론 공산성이 소재한 반경이 웅진도성의 중심 權府가 되는 만큼, 제민천 동쪽이 중심지였음은 재언할 필요도 없다. 그렇지만 이 견해는 수긍하기 어려운 점이 많다. 일단 b의 저자 기사에서 보듯이 웅진도성 조성 시점부터 제민천에 교량이 가설되지 않았다면 도성 운영은 매우

7)　『三國史記』권26, 東城王 20年 條.

8)　『三國史記』권26, 聖王 4年 條.

9)　서정석,『百濟의 城郭』, 학연문화사, 2002, 82쪽.

어렵다. 그런데 웅진에 저자가 확인되고 있다. 시장은 물자와 군중이 운집하는 공간인 만큼 주민들의 유입과 통행에 필요한 교량을 제민천에 가설하는 것이 전제되어야 한다. 그렇지 않다면 여느 도성과는 달리 가뜩이나 협소한 웅진도성에서 물류의 소통은 크나 큰 장애에 봉착하기 때문이다. 그리고 무엇 보다도 왕릉 구역인 송산리에 분묘를 조성하려면 일단 제민천 서쪽을 건너가야 한다. 이때 제민천에 교량이 없다면 運柩 행렬은 불편하기 짝이 없다. 제민천 幅은 너무 협소한 관계로 선박에 의존할 수 있는 것도 아니다.

다음의 〈그림 1〉에서 보듯이 현재 제민천 서쪽 구역에는 墓域이 왕릉 區域인 송산리 고분군과 교촌리 고분군·웅진동 고분군 등 무려 10곳에 이른다. 그런데 반해 제민천 동편은 墓域이 6곳에 불과하다.[10] 더구나 〈그림 1〉에서 보듯이 가장 비중이 큰 묘역인 송산리를 비롯한 왕릉군이 소재한 지역은 제민천 서쪽에 소재하였다. 이 곳에는 477년과 479년에 사망한 문주왕과 삼근왕의 능묘가 각각 소재했을 공산이 크다. 따라서 498년에 웅진교 가설 이후에야 도성 구간이 서쪽으로 확대되었다는 주장은 성립이 어렵다. 498년 훨씬 이전에 이미 제민천 東西를 연결하는 교량이 가설된 것으로 보아야 마땅하기 때문이다.

이러한 맥락에서 볼 때 웅진교는 금강 남북을 연결하는 大橋로 간주된다. 고구려의 경우를 보면 평양성에 大橋를 설치하였다는[11] 기록과 더불어 실제 청호동에서 휴암동 사이의 대동강을 건너는 고구려 때 木橋 유구가 발견되었다. 이 木橋는 안학궁 남문에서 남으로 뻗은 큰 길을 이어주기 위해 가설한 것인데, 길이 375m에 너비 9m에 이르고 있다.[12] 그리고 신라가 668년

---

10) 박순발, 『백제의 도성』, 충남대학교출판부, 2010, 203쪽. '웅진도성 묘역 분포도' 참조.
11) 『三國遺事』 권1, 第十一 實聖王 條.
12) 과학백과사전 종합출판사, 『조선전사 3(고구려사)』, 1991, 136~137쪽. 안병찬, 「새로 발굴한 고구려의 다리」 『력사과학』 1982-3, 46~48쪽.

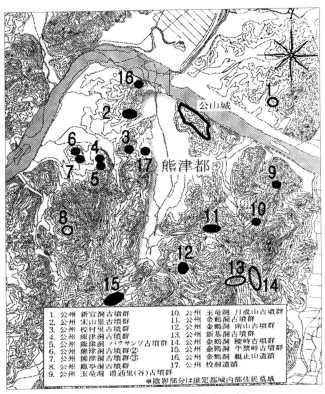

그림 1. 웅진도성 묘역 분포도(박순발, 『백제의 도성』)

에 고구려 평양성을 공격했을 때의 戰功 기사 가운데 "사찬 求律은 사천 싸움에서 다리 아래로 내려가 물을 건너 진격하여 적과 싸워 크게 이겼는데"·"斧壤의 仇紀는 평양 南橋 싸움에서 공이 제일이었으므로"[13]라는 구절에 '사천교'와 '남교'라는 교량의 존재가 확인된다. 사천은 평양 동쪽의 대동강 支流인 합장강으로 비정하고 있다. 이렇듯 고구려에서는 중요한 江 뿐 아니라 支流에도 교량이 가설되었던 것이다. 이처럼 고구려는 王都 주변의 주요한 江마

---

13) 『三國史記』 권6, 文武王 8年 條.

다 교량을 가설함으로써 육지의 도로망과 연계한 원활한 수송 체계를 확립하고자 했다. 이러한 점에 비추어 볼 때 백제의 경우도 웅진도성 주변에 大江을 가로지르는 교량의 架設 가능성이 한층 높아진다.[14]

실제 백제의 교량 건축과 같은 토목기술은 그 유구가 남아 있는 일본의 경우를 통해서 유추된다. 백제의 빼어난 토목기술을 전해주는 교량이 백제인 志羅乎가 세운 山梨縣의 '원교'이다. 화재로 소실되어 지금은 복원된 이 다리는 길이 35m, 너비 4m, 수면까지의 높이 35m인데, 일본의 오래되고 독특한 3대 다리의 하나이자 명승지로서 유명하다. 이 다리는 推古 천황대(593~628)에 놓았다고 하며, 높고 긴 다리를 강 가운데에 기둥을 세우지 않고 놓았다. 이는 현대 교량 기술로도 대단히 어려운 게르버(Gerber)橋 형식이라고 한다. 이처럼 橋脚 없이 양쪽 기슭을 연결시켰음은 백제 토목 기술의 높은 수준을 보여준다.[15] 이와 더불어 백제 회복군들이 熊津江口 즉 금강 하구에서 唐軍과 交戰할 때 기사가 주목된다. 즉 "물이 앞을 막고, 다리가 좁아서 물에 빠지고 전사한 자가 1만여 명이나 되었다"[16]는 기사를 통해 강 폭이 넓은 금강 하구에도 大橋가 가설되었음을 알 수 있다. 이러한 여러 측면에서 비추어 볼 때 웅진교는 금강 남북을 연결하는 橋梁이라고 해야 맞을 것 같다. 웅진교는 동성왕대 고구려와의 전쟁(동성왕 16·17년) 등을 통한 북방 영토 회복과 관련한 금강 이북과 이남간 물류의 원활한 소통에 필요한 교통망의 확

---

14) 大江을 가로지르는 교량의 설치는 水路를 이용한 船舶의 출입에 저해되지 않을까 생각해 볼 수도 있다. 이와 관련해 內蒙古 和林格爾縣 後漢代 고분벽화에 따르면 渭水橋 위에 車馬가 달리고 있다. 다리 아래에는 선박이 통행하고 있다(塔拉 主編, 『中國出土壁畵全集』 3, 科學出版社, 2012, 57쪽). 그리고 동일한 시기의 또 다른 고분벽화인 赴任圖에 따르면 다리 아래에 橋脚을 설치하여 선박이 통과할 수 있게 하였다(塔拉 主編, 『中國出土壁畵全集』 3, 科學出版社, 2012, 50쪽). 따라서 橋梁의 설치가 선박 통행에 지장을 초래하는 것은 아님을 알 수 있다.

15) 李道學, 『살아 있는 백제사』, 휴머니스트, 2003, 722쪽.

16) 『三國史記』 권28, 義慈王 20年 末尾 條.

_ 원교

장 차원에서 가설된 것이다.[17]

3. 臨流閣의 위치

500년(동성왕 22)에 건립한 임류각(g)은 왕궁 위치 파악의 근거로서 활용되었다. 이러한 임류각의 위치에 대해서는 기왕의 추정이 있다. 가령 임류각지를 공산성 바깥에서 찾았던 것이다. 즉 공산성 동편에 솟아 있는 옥녀봉과의 경계선상으로 지목하였다.[18] 그러나 이곳에서 건물지로 추정할만한 곳이 확

---

17) 혹자는 방어선인 금강에 교량을 가설하지 않았을 것으로 보았다. 江을 이러한 방어 논리로만 본다면 평양성 주변을 끼고 있는 대동강이나 합장강 등은 물론이고, 사비성 도읍기에 木橋가 가설되어서는 안 되는 것이다. 그러나 이들 江에 교량이 가설되지 않았던가? 더구나 웅진교 가설 이전에 백제는 신라를 도와 살수원(충북 괴산군 청천) 등지에서 고구려군과 접전하고 있었다. 백제의 북방 영토는 회복 일로에 있었고, 또 신라와 동맹 관계였기에 웅진성이 고구려군의 위협에 놓일 가능성은 없었다. 결국 혹자의 주장은 실증적 근거 제시 없는 '杞憂'임이 드러난다.

18) 輕部慈恩, 『百濟遺跡の硏究』, 吉川弘文館, 1971, 圖面.

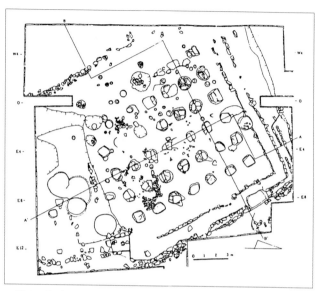

그림 2. 추정 임류각지(서정석, 『百濟의 城郭』)

인되지 않았다. 반면 공산성에서 가장 높은 지역인 광복루 북쪽 광장에서 건
물 기초공사에 사용된 백제 때 敷塼과 '流'字 명문와가 출토되었다. 더구나 높
이가 5丈이나 되는 임류각에서 내려다보면『삼국사기』기록에서 못을 뚫었다
고 하는 기사와 연결될 수 있는 영은사 바깥에 소재한 池塘을 굽어 볼 수 있
다. 그러한 추정 임류각지는 宮의 동편에 소재했다는『삼국사기』기사와도 위
치가 부합된다고 했지만[19] 결국은 장대지로 밝혀졌다.

그런데 임류각지 위치 확인과 관련해 몇 가지 기준을 전제하고 검토할 필
요가 있다. 흔히 제기되어 왔던 그 추정 근거는 공산성 안팎에서 출토된 '流'
字 명문와이다. '流'字 명문와는 공산성의 동남부에 해당하는 外城 밖의 挽阿

輕部慈恩,『百濟美術』寶雲社, 1946, 75쪽.

19) 김영배, 「공주 백제왕궁 및 임류각지 소고」『고고미술』6-3·4호, 1965;『고고미술』
합집호, 下卷, 한국미술사학회, 1969, 55쪽.

樓址와 將臺址 및 추정 임류각지 등에서 출토되었다.[20] 이처럼 '流'字 명문와는 여러 곳에서 출토되었던 만큼 "명문와의 출토는 이곳이 임류각지임을 밝혀주는 결정적인 자료가 아닐 수 없다"[21]라는 주장은 성립이 어렵다. 이와 관련해 "이처럼 '流' 또는 '臨流閣'銘 기와는 서로 다른 위치에서 채집되고 있으므로 그 수습 위치만으로써 임류각지를 비정하는 것은 문제의 소지가 크다. 그럼에도 불구하고 지금까지 알려진 임류각 관련 명문와는 공산성 내부이므로 그러한 명문이 임류각에 葺瓦된 것이라는 전제가 성립된다면, 임류각이 공산성 내에 있었을 가능성은 높다. 웅진기 이전은 물론이고 사비기 이후에도 기와의 소용처를 명문으로 남긴 예는 극히 드문데, 지금으로서는 대통사에 소용되었을 것으로 추정하는 '大通'銘 기와가 유일한 예이다"[22]라고하며 의미를 부여하였다.

위의 인용에서 볼 때 처음에는 공산성 안팎에서 해당 명문와가 출토되었기에 임류각지 비정의 단서가 되기 어렵다고 하였다. 그럼에도 불구하고 "지금까지 알려진 임류각 관련 명문와는 공산성 내부이므로"라고 한 後者의 서술은 박순발 자신이 제기한 "外城 밖의 挽阿樓址" 출토와는 상충하는 모순된 서술이다. 요컨대 해당 명문와는 공산성 外城 위에 축조된 조선시대 건물지인 挽阿樓址에서도 출토되었다.[23] 결국 '流'字 명문와의 출토지는 다양하므로 그 소재지 파악의 관건이 될 수가 없다. 이와 더불어 '流'字 명문와는 백제가 아니라 통일신라시대 것으로 간주될 뿐 아니라 추정 임류각지 역시 백제 때 건축물로 간주하기 어렵다고 한다.[24] 이와 관련해 이남석은 "1980년도에

---

20) 박순발, 『백제의 도성』, 충남대학교출판부, 2010, 209쪽.
21) 공주시지편찬위원회, 『공주시지』下, 2002, 816쪽.
22) 박순발, 『백제의 도성』, 충남대학교출판부, 2010, 209쪽.
23) 沈正輔, 「熊津都城의 構造와 防禦體制에 대하여」『백제 도성의 변천과 연구상의 문제점』, 국립부여문화재연구소, 2002, 81쪽.
24) 박순발, 『백제의 도성』, 충남대학교출판부, 2010, 209~210쪽.

조사된 건물지가 과연 백제의 임류각인가를 재고할 경우, 긍정 혹은 부정할 적극적 증거는 아직 마련하기가 어렵다. 오히려 후대의 유적 조사 결과에 기초하면 그것이 백제시대의 건물지인가에 대한 검토의 여지가 없지 않다. 그러나 조사가 이루어진 1980년도 당시에는 백제시대의 유적을 확인하였다는 점을 인정한 것만으로 나름의 긍정적 효과를 가져왔고, 이로써 이후 공산성에 대한 지속적 관심을 가져올 수 있는 계기가 되었음은 물론이다"[25]라고 하여 임류각지로 추정하는 기왕의 주장에서 한 발 빼는 듯한 서술을 하였다.

아울러 이남석은 동일한 책에서 "유물은 백제시대의 8엽 연화문 수막새 기와를 비롯한 다수의 평기와가 있고, 통일신라시대의 수막새 기와를 비롯하여 고려시대의 청자 제품 등이 있지만 전체적으로 매우 빈약한 것이다. 특히 통일신라시대나 고려시대의 유물은 건물의 고려 문제를 비롯하여 건물의 성격에 보다 깊은 검토를 요구한다. 유구는 건축 기법에서 기단의 조성이 복토가 아닌 지반토를 굴착하여 사용한 점, 적심석 시설이 분명하지 않다는 점, 건물의 규모에 비해서 초석이 매우 조밀하게 배치되었다는 점 등의 특징이 발견된다. 그러나 이것이 백제시대에 어떠한 공간으로 사용되었는지의 문제는 근거 자료인 기와의 명문 자료 해석에 선뜻 동의하기에 어려움이 있으며, 관련 유물의 빈약상도 문제로 남는다"[26]라고 하였다. 이 문구대로라면 그가 기존의 임류각지 추정에서 손을 떼는 듯한 인상을 강하게 심어준다.

더구나 상기한 g 기사에서 보듯이 임류각과 못은 함께 등장하고 있다. 그러므로 兩者는 동일한 장소에 관련된 것으로 파악되고 있다. 즉 "임류각과 연못이 서로 다른 장소에 위치하고 있었다고 하기보다는 임류각에서 연못과 진귀한 짐승들을 관망하면서 즐길 수 있었던 곳으로 이해하는 것이 보다 가까운 해석이 아닐까 한다"[27]라는 추정이 타당하다면, 현재의 추정 임류각지는

25) 이남석, 『공주 공산성』, 공주시·공주대학교 박물관, 2010, 39쪽.
26) 이남석, 『공주 공산성』, 공주시·공주대학교 박물관, 2010, 107~108쪽.
27) 유원재, 『웅진백제사연구』, 주류성, 1997, 133쪽.

더욱 취하기 어려워진다. 반면 임류각이라는 이름과 관련 지어 볼 때 누각은 錦江과 인접해 있어야 한다는 것이다. 동시에 임류각과 떼어놓고 생각할 수 없는 것이 연못의 존재이므로, 연못에 물을 끌어 올 수 있는 지형이어야 한다. 이러한 맥락에서 볼 때 임류각지는 현재의 靈隱寺가 적합하며, 그와 연계된 못은 池塘2로 추정할 수 있다고 했다.[28] 이 견해는 여러 정황에 비추어 볼 때 가능성 있는 추정임은 분명하지만, 일단 영은사가 백제 때로 연원이 소급된다거나 그것을 뒷받침해 주는 물증이 없다는 한계가 있다.

그러면 임류각지 파악의 단서는 없을까? 우선 "宮 동쪽에 臨流閣을 세웠

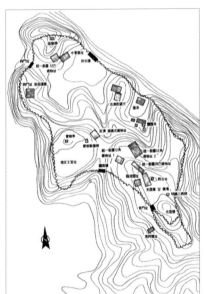

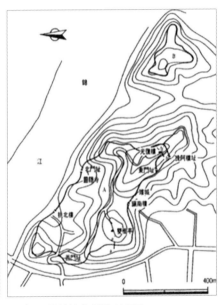

그림 3. 공산성내 유적 분포도　　　　그림 4. 공산성내 유적 분포도
　　(서정석, 『百濟의 城郭』)　　　　　　　(성주탁, 『百濟城址硏究』)

---

28) 沈正輔, 「熊津都城의 構造와 防禦體制에 대하여」 『백제 도성의 변천과 연구상의 문제점』, 국립부여문화재연구소, 2002, 89~91쪽.

는데"라고 하였으므로, '宮'의 동쪽에 임류각이 소재했음을 알려준다. 여기서 宮의 공간적 범위가 문제가 된다. 주지하듯이 宮은 왕이 거처하는 공간을 가리킨다. 그리고 "宮門을 닫아 버렸다"고 하였듯이 '宮門'의 존재가 확인된다. 宮門과 담장으로 둘려진 국왕의 거처가 宮임을 알 수 있다. 그렇다고 할 때 '宮 동쪽'은 宮 內가 아니라 宮 바깥을 가리키는 것이다. 임류각은 기왕의 주장에서 견지했던 왕궁 내부가 아니라 왕궁의 바깥 동쪽에 소재해야 마땅하다. 여기서 공산성은 왕궁의 소재지로 간주하거나 평지 왕궁성의 배후 산성으로 간주하든 간에 현 단계로서는 왕궁의 한 부속 시설임은 부인할 수 없다. 그렇다고 할 때 '宮 동쪽'의 임류각은 공산성 동편에 소재하였을 가능성이다.

그런데 "봄에 宮 동쪽에 臨流閣을 세웠는데 높이가 5丈이었다. 또 못을 파고 珍奇한 짐승들을 길렀다. 諫臣이 반대의 上疏를 올렸으나 듣지 아니하였고, 또 諫하는 이가 있을까 하여 宮門을 닫아 버렸다(g)"는 기사를 주목한 다음과 같은 견해가 제기되었다. 즉 "諫臣의 상소가 두려워 宮門을 닫는 것으로 보아 임류각 역시 왕궁과 더불어 성곽 안에 있었던 것으로 생각된다"[29]고 했다. 물론 이 기사는 자칫 이와 같은 해석을 내리기 쉽다. 그런데 이 기사에 동성왕이 임류각에서 술을 마시면서 흥청거리자 諫臣이 현장에서 上疏를 올린 내용이 아니다. 다시 말해 임류각 현장에서 諫臣이 동성왕에게 上疏를 올린 내용이 아니라는 것이다. 물론 궁문을 닫아걸고 놀았기에 "왕이 左右와 함께 臨流閣에서 宴會를 베풀고 밤새도록 歡樂을 다하였다"는 결과를 빚었을 것이다. 그런데 궁문을 닫아 건 기사는 "밤새도록 歡樂을 다하였다"고 하기 전에 취한 조치였다. 이와 관련해 "諫臣이 반대의 上疏를 올렸으나 듣지 아니하였고, 또 諫하는 者가 있을까 하여"라는 기사를 음미해 보자. 여기서 '上疏'와 더불어 '또 諫하는 者'라고 했으므로, 임류각에서 국왕 연회를 만류하는 일이 잦았음을 알 수 있다. 그런데 諫臣의 上疏나 諫하는 일은 '宮門'이라는 특

---

29) 서정석, 『百濟의 城郭』, 학연문화사, 2002, 61쪽.

정한 공간에서 하였던 같다. 왜냐하면 上疏나 諫하는 신하들의 거처는 궁궐 바깥이었기 때문이다. 따라서 이들이 왕에게 상소할 수 있는 가장 가까운 공간적 통로는 宮門일 수밖에 없다. 이와 관련해 역사적으로 宮門의 역할과 기능을『삼국사기』와『고려사』에서 다음과 같이 일부를 인용해 보았다.

  * 2년 봄 정월에 명령을 내려 말하였다. … 나라 사람들이 사면의 명령을 듣고, 모두 기뻐 소리지르고 손뼉 치며 "신대왕의 덕이 크다"고 하였다. 이전에 명림답부의 난이 있었을 때 차대왕의 태자 鄒安이 도망하여 숨어 있었는데, 새 왕의 사면령을 듣고 궁문에 나아와 아뢰었다(『삼국사기』신대왕 2년 조).

  * 대나마 李純이 일찍이 왕에게 寵愛를 입었는데 하루 아침에 벼슬을 버리고 山에 들어가 여러 번 불렀으나 나오지 않았으며 머리를 깎고 僧侶가 되었다. 뒤에 왕이 風樂을 즐긴다는 말을 듣고 宮門에 나아가 諫하기를, "臣은 듣건대, 桀·紂는 酒色에 빠져 陰蕩한 음악을 그치지 않았으므로 政事가 문란하여져 國家가 敗滅하였다고 합니다. 엎어진 수레가 앞에 있으면 뒷 수레는 경계함이 마땅하니 바라옵건대 대왕께서는 허물을 고치시고 스스로 새롭게 하여 나라의 命運을 長久하게 하소서" 하니, 왕이 듣고 감탄하여 풍악을 정지하였으며, 그를 正室로 불러들여 여러 날 동안 함께 論說하였다(『삼국사기』경덕왕 22년 조).

  * 太僕少卿 金先錫을 遼에 보내어 権場을 罷하기를 요구하였는데, 그 표문에 이르기를 "세 번 仰請하여도 들어주지 않으니 비록 번거롭게 함이 非禮임을 두려워 하나 우리의 원하는 바를 어찌 입을 봉하고 침묵을 지켜 말하지 아니 할 수가 있으리요. 더욱이 옛적에는 貢物을 드리고 글을 올리면 萬姓이 다 곤란한 호소를 通하게 되고 궁문에 부르짖으며 북을 치면 四聰에 登聞함을 막지 않았습니다. 다행히 宸鑑의 지극히 공정하심을 만나니 어찌 백성의 實情을 다시 奏達하지 않으리요(『고려사』선종 5년 9월 조).

  * 乙丑에 讖部議郎인 韓仲熙를 宮門에서 매를 치니 사람들이 그 罪를 알지 못하였는데 이윽고 韓仲熙를 불러 위로하였다(『고려사』충선왕 복위년 9월 조).

  * 丙申에 祿을 頒賜하는데 內竪가 祿을 支給받지 못해 呼訴하거늘 왕이 護軍承信을 시켜 提調 郭之保 黃和尙을 묶어 宮門에서 杖刑하고 承信으로 代替하였

다(『고려사』 충혜왕 후 3년 5월 조).

위에서 인용한 宮門에 관한 기록을 놓고 볼 때, 궁문은 삼국시대 이래로 신하들이 왕에게 諫하는 기능으로 이용되었음을 알 수 있다. 요컨대 궁문 앞은 여론은 물론이고 국왕의 뜻과 의지가 일반 주민들에게 곧바로 전달되는, 즉 국왕과 民을 연결시켜주는 상징성을 지닌 장소로서 기능했다. 『翰苑』에 인용된 『高麗記』에 의하면 고구려에서 大對盧는 3년마다 선임한다고 했다. 만약 그것이 여의치 않으면 귀족들은 각기 실력으로 대결하였다. 이 때 왕은 宮門을 닫아 걸고 스스로를 지키는데 급급한 것으로 기술되었다.[30] 여기서 대대로직이 언제부터 선임되었는지는 且置하고서라도 대대로 선임과 관련한 분쟁이 발생했을 때 왕은 宮門을 닫아 걸고 자신을 지키기에 급급한 무력한 존재로 나타난다. 왕이 宮門을 닫아 걸었다는 것은 宮門 앞에서 그 같은 논의가 있었음을 반증한다. 동시에 宮門 앞 광장은 국가 儀式의 집전을 비롯해서 여론의 결집처이자 왕에게 그것을 전달하는 장소였음을 뜻한다.[31] 따라서 궁문은 역사적으로 民意의 전달 장소였기에 앞의 g에서 보듯이 諫臣의 상소 공간으로 『삼국사기』에 언급되었을 것이다. 다시 말해 위의 上疏 기사는 임류각이 왕궁 안에 소재한 근거가 될 수 없다.[32]

이와 더불어 臨流閣이라는 樓閣이 담고 있는 지형상의 암시를 포착할 수 있다. 臨流閣은 문자 그대로 '흐르는 것을 내려다 보는 閣'인 것이다. 현재의 추정 임류각지는 푹 꺼져 있는 지형에 소재한 관계로 금강이 흐르는 것을 觀

---

30) 『翰苑』 蕃夷部, 高麗 條.

31) 李道學, 「高句麗의 內紛과 內戰」 『高句麗硏究』 24, 2006, 22~25쪽.

32) 혹자는 정치적 論議의 장소는 正殿으로 지목하였다. 그러나 정전은 국왕이 정무를 보는 공간일 뿐이다. 正殿은 諫臣이 상소를 올리는 공간이 된 적은 없다. 비근한 예로 조선시대에 萬人疏를 비롯한 숱한 上疏가 正殿에서 행하여진 적이 있던가? 임진왜란 때의 의병장 조헌이나 한말의 의병장 최익현 역시 광화문 앞에서 상소를 올린 것으로 유명하다. 광화문 앞이 궁문 앞이 아니고 무엇이랴?

照하기에는 적합하지 않아 보인다. 그리고 임류각 건립 기사에 이어 "또 못을 파고 珍奇한 짐승들을 길렀다"라고 하였으므로, 양자는 연관 있는 시설임을 알 수 있다. 그렇다고 할 때 5丈 높이의 임류각은 못을 내려다 보는 위치였을 것이다. 아울러 못에는 진기한 짐승들이 서식하는 상황을 연상할 수 있다. 이와 연관 지어 생각할 수 있는 궁전이 신라의 임해전이다. 임해전은 『동경잡기』에서 "안압지 서쪽에 임해전이 있다"고 하여 안압지 근처에 소재한 殿閣임을 알 수 있다. 그리고 697년에 "임해전에서 群臣에게 연회를 베풀었다"[33]라는 기사가 보인다. 이와 연계된 안압지 즉 月池의 조성을 "2월에 궁내에 못을 파고 山을 모으고 花草를 심고 珍禽과 奇獸를 길렀다"[34]고 하였다. 안압지가 조성되는 674년 무렵에 임해전도 건립되었다고 보아야 한다. 그런데 여기서 臨流閣은 臨海殿과 그 명칭이 연결될 뿐 아니라 못을 파고 진기한 짐승들을 길렀다는 점이 정확히 부합되고 있다. 게다가 그 기능도 임해전에서 연회를 베푼 기록이 자주 보이는 만큼[35] 백제 임류각과도 성격이 일치된다. 그렇다고 할 때 현재 복원된 안압지를 통해 임해전과 월지의 모습을 충분히 상상해 볼 수 있다. 그러면 이와 유사했을 臨流閣의 경우는 어디에 소재하였을까? 일단 臨流閣 자체가 공산성 안에 소재했을 가능성은 없는 것으로 밝힌 바 있다. 더욱이 공산성 안에는 비록 원형 저수지가 소재하고는 있지만 직경이 7.3m에 불과한 소규모인 관계로 진기한 짐승들을 기를만한 공간적 상황을 제공해 주지 못한다. 임류각을 설령 유상곡수와 연계된 누각으로 간주한다고 해도 마찬가지이다. 따라서 臨流閣은 공산성 동쪽 바깥에서 그 소재지를 찾는 게 온당할 것 같다.

---

33) 『三國史記』 권8, 孝昭王 6年 條.
34) 『三國史記』 권7, 文武王 14年 條.
35) 李道學, 「臨海殿」 『한국민족문화대백과사전』 18, 한국정신문화연구원, 1991, 809~810쪽.

4. 王宮의 위치

웅진도성 왕궁의 위치에 대해서는 공산성 내부설과 외부설로 크게 나뉘어진다. 우선 공산성 내부설은 다음과 같다.

   * 안승주·이남석, 『공산성 백제추정왕궁지 발굴조사보고서』, 공주사범대학박물관, 1987.
   * 안승주, 「백제도성 웅진성에 대하여」『백제연구』19, 1988.
   * 유원재, 「웅진도성의 방비체제에 대하여」『충남사학』1, 1986; 『웅진백제사연구』, 주류성, 1997.
   * 서정석, 「백제 웅진도성의 구조에 대한 일고찰」『백제문화』29, 공주대학교 백제문화연구소, 2000; 『百濟의 城郭』, 학연문화사, 2002.

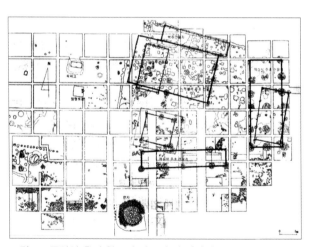

그림 5. 공산성 추정 왕궁지 건물지 및 기타 유구 분포
(박순발, 『백제의 도성』)

백제 왕궁의 위치를 공산성 내부로 지목하는 견해는 대체로 쌍수정 광장으로 비정하고 있다. 이 지역에서 백제 유적의 밀집도가 높다는 것과 건물과 관련 있는 와당 가운데 10판의 대형 수막새 기와의 출토 등을 근거로 내세웠다.[36] 즉 쌍수정 광장에서 확인된 건물은 모두

---

36) 안승주, 「백제도성 웅진성에 대하여」『백제연구』19, 1988, 17~20쪽.

2棟인데, 정면 6칸, 측면 4칸의 제1건물지와 서향하고 있는 남북 5칸, 동서 2칸의 제2건물지를 합쳐 왕궁지로 보고한 것이다. 그런데 반지하식 건물지 곧 굴립식 건물지는 웅진성 천도 이전부터 있었던 것으로 간주했다.

발굴 성과에 힘입어 쌍수정 광장 왕궁설은 문헌 자료의 뒷받침을 받게 되면서 한층 보강되는 듯했다. 즉 "6월에 웅천의 물이 불어 왕도의 200餘 家가 물에 떠내려가고 잠겼다(d)"라는 기사를 근거로, 이러한 대홍수였음에도 불구하고 왕궁에 대한 피해 기사가 없는 것을 볼 때 왕궁의 위치는 침수를 피할 수 있는 高地라는 것이다. 그러한 점에서 왕궁지는 공산성 안의 쌍수정 광장설이 합당하다고 했다. 나아가 "10월에 궁 남쪽에서 군사를 大閱하였다(c-1)"라는 기사는 열병식 장소가 궁 남쪽에 소재하였음을 알려주는데, "남쪽에서 큰 열병식을 거행할 수 있는 장소라면 오늘날의 공산성만이 가능해진다"[37]고 해석했다.

그런데 쌍수정 광장설은 건물지가 정형성을 갖추지 않았다는 한계와 더불어 굴립식 건물지와 적심석 건물지의 조성 시기에 있어서도 해결해야 할 난점이 있다. 굴립주 건물지를 파괴하고 들어선 적심석 건물지의 조성 시점과 관련해 전자는 웅진성 천도와 더불어 축조된 것인데 반해, 후자는 그보다 후대에 축조되었다고 했다. 아울러 건물지의 정형성이 없는 이유를 급박하게 조성된데서 찾으면서[38] 기존 주장의 난점을 해소하고자 하였다.

그럼에도 불구하고 성주탁은 쌍수정 광장 건물지의 문제점을 다음과 같이 지적했다. 첫째, 왕이 상주하면서 정무를 수행하는 왕궁지로서는 너무 협소하다. 정면 6칸, 측면 2칸의 건물로서는 왕실의 주거용으로도 부족하므로, 왕이 政務를 보는 政廳의 존재를 더구나 상정하기 어렵다. 만약 제1건물지가 왕궁이라고 한다면 그 앞에 왕을 배알하는 공간과 건물이 배치되어야 할터이

---

37) 유원재, 「웅진도성의 방비체제에 대하여」『충남사학』1, 1986;『웅진백제사연구』, 주류성, 1997, 137~138쪽.
38) 이남석,『공주 공산성』, 공주시·공주대학교 박물관, 2010, 92·164·168쪽.

_ 쌍수정 광장 건물지와 연못터

지만 그러한 건물이 확인되지 않았다. 西向하고 있는 제2건물지는 제1건물
지의 부속 건물로 추정될 뿐이다. 둘째, 웅진성 시대 63년 동안 단 한차례 있
었던 200餘 家 유실의 홍수 기사를 근거로 정청을 산성내로 비정하는 견해
는 무리이다. 셋째, 공산성 안에서 출토된 유물은 거의 사비성 도읍기의 유
물이며, 추정 임류각지보다 쌍수정 건물지가 더 작기 때문에 왕궁으로 비정
하기 어렵다. 넷째, 쌍수정 건물지는 계단 없이 평지에 조성되었다. 그 위치
가 正門인 진남루를 들어가 좌회전해서 50~60m 이상을 언덕 길로 올라 간
후 다시 우회전해서 정청으로 들어가게 되었을 정도로 규격성이 없다는 것이
다.[39]

　이와 관련해 쌍수정 광장설을 취하면서도 동시에 문제점을 지적하고 있

---

39) 성주탁, 『百濟城址硏究』, 서경문화사, 2002, 65~66쪽.

는 다음과 같은 서정석의 견해가 시사적이다. 첫째, 현재의 공산성은 동벽 735m만 백제 때 축조된 토성이고, 나머지 1,925m의 석성은 朝鮮朝 때 축조되었다. 그러다 보니까 백제시대의 왕궁으로 추정되는 건물지가 조선시대의 城 안에 소재한 셈이 되어 모순이 된다. 따라서 "조선시대에 축성된 석성의 始築時期와 석성과 토성과의 관계가 좀더 분명하게 究明되어야만 쌍수정 앞 건물지가 왕궁지로 인정받을 수 있을 것이다"[40]고 하였다. 둘째, "쌍수정 앞에서 발견된 추정 왕궁지는 단 한 채의 건물로 이루어져 있어 政廳으로는 적합해 보이지 않는다는 사실이다. 또한 규모가 4×6칸에 불과하여 5×6칸 규모의 임류각지보다 오히려 작은 것도 문제가 아닐 수 없다"고 했다. 셋째, "왕궁과 성문이 일직선으로 통하지 않는다는 점이다. 즉, 현재의 추정 왕궁지는 정문인 鎭南樓로 들어가 왼쪽으로 언덕을 오른 다음, 다시 오른쪽으로 돌아야 닿을 수 있는데, 이러한 구조를 하고 있는 왕궁지는 다른 어디에서도 찾아 볼 수 없다"고 하였다. 이런 이유로 인해 "웅진시대 백제 왕성의 위치를 해명하기 위해서는 앞으로 해결해야 할 몇 가지 과제가 남아 있는 것이 사실이지만, 공산성 밖에서는 아직까지 왕궁지로 볼 만한 유적이 발견된 바 없기 때문에 공산성이 왕성이라는 주장을 쉽게 부정할 수 없을 것으로 믿는다"[41]고 결론 지었다. 서정석은 쌍수정 광장 추정 왕궁지를 왕궁지로 수용하기에는 석연찮은 문제점이 있음을 시인했다. 그렇지만 공산성 바깥에서 왕궁지를 찾는 것은 달리 대안이 없기 때문에 쌍수정 광장설을 취한다는 것이다.

그러면 쌍수정 광장설의 문제점을 더 검토해 본다. 쌍수정 광장설은 기본적으로 왕궁은 임류각지 서편에 소재했다는 인식에서 출발한 것이다. 그런데 현재 추정 임류각지는 타당성을 잃었다. 자연 이와 연동된 쌍수정 광장설도 흔들릴 수밖에 없다. 쌍수정 광장의 적심석 건물지는 굴립주 건물지를 파괴하고 중복 형태로 자리하고 있다. 물론 "적심석 사용의 건물지는 그 보다 후

---

40) 서정석, 『百濟의 城郭』, 학연문화사, 2002, 63쪽.
41) 서정석, 『百濟의 城郭』, 학연문화사, 2002, 64쪽.

대에 새롭게 만들어진 것임은 분명하다"[42]고 하며 조성 시기를 밝히지 않았다. 그러나 이남석은 굴립주 건물지가 웅진성 천도 직후에 조성되었다고 주장했다. 그렇다면 477년이나 486년의 왕궁 重修 기사는 굴립주 건물에서 적심석 건물지로의 전환을 가리킬 수 있다. 이 무렵 백제의 왕궁지가 다른 곳에 조성된 것도 아니고 웅진성 도읍기 전 기간에 걸쳐 왕이 이곳에 거처한 것으로 보았다.[43] 이러한 맥락에서 본다면 현재의 적심석 사용 건물지는 백제 때 왕궁지임이 더욱 분명하다. 따라서 여전히 검토 대상에서 비켜나지는 않았다. 그렇다면 아무리 급하게 왕궁을 조성했다고 하더라도 굴립주를 사용한 건물이 제한된 공간에 밀집된 형태로 나타나는 것은 왕궁 企劃으로서는 도저히 이해되지 않는다.

현재의 쌍수정 광장은 왕궁 조성 계획에 의해 건물지가 들어선 것은 아니었다. 굴립주 건물지와 그 후행 양식인 적심석 건물지는 向에 있어서 전혀 연관성이 없다. 그렇기 때문에 양 유구는 백제 때라고 해도 重修 차원의 계기적 연결 보다는 건축물의 성격에 있어서 단절을 상정하는 게 온당한 해석일 것이다. 그러니까 굴립주 사용 건물은 웅진성 천도 이전으로, 적심석 사용 건물은 웅진성 천도 이후로 조성 시기를 설정하는 기존의 견해가 타당하다고 본다. 게다가 이곳을 추정 왕궁지로 비정하기에는 그 밖에도 더 많은 문제점이 제기된다. 우선 "궁 남쪽에서 군사를 大閱하였다"라고 하였다. 이와 같은 大閱은 369에 "11월 漢水 남쪽에서 크게 사열하였는데, 旗幟는 모두 黃色을 사용하였다"[44]라고 하여 보인다. 상당한 병력이 집결할 수 있는 공간이 보장되어야만 大閱은 가능하다. 그런데 〈그림〉 3과 4를 보면 알 수 있듯이 쌍수정 광장에서는 '大閱'할 수 있는 공간이 전혀 없다. 실제 쌍수정 광장은 성벽과 거의 인접해 있다. 그리고 "宮門을 닫아 버렸다"고 하였다. 성문이 아닌

---

42) 이남석, 『공주 공산성』, 공주시·공주대학교 박물관, 2010, 164~166쪽.
43) 이남석, 『공주 공산성』, 공주시·공주대학교 박물관, 2010, 168쪽.
44) 『三國史記』 권24, 近肖古王 24年 條.

궁문인 것이다. 그런데 쌍수정 광장에 담장이 있던가? 담장이 없는 궁은 존재할 수 없는 것이다. 일례로 신라 문무왕대에 "왕이 講武殿 南門에서 弓射를 관람하였다"[45]는 기사에서 '講武殿 南門'의 존재가 확인된다. 지금 발굴 중인 신라 왕성인 경주 월성의 경우 현재 3곳의 담장이 확인되었다. 월성 안의 담장은 발굴 결과에 따라 더욱 늘어날 것이다. 왕궁 담장과 관련한 비근한 예로 경복궁 곳곳에 담장이 둘러쳐져 있지 않던가? 따라서 궁을 圍繞하는 기본 시설인 담장이 없는 쌍수정 광장에는 당초부터 왕궁이 소재할 수 없었다.

웅진성 도읍기에 백제 왕궁이 공산성 안에 소재할 수밖에 없는 이유로 침수 피해를 중심 논거로 거론하였다. 그러나 공산성의 남문 바깥 부지는 공주 舊市街地 일대에서는 지대가 높은 관계로 침수 우려를 불식시키고도 남는다. 사비성 도읍기인 612년(무왕 13)에도 "4월에 궁성의 남문에 벼락이 쳤다. 5월에 큰 물이 져서 人家가 떠 내려 갔다"[46]라고 하여 王都인 듯한 지역의 홍수 피해를 언급하였다. 그렇다고 백제 왕궁이 고지대인 부소산성 안에 소재했다는 근거가 되지는 못한다. 더욱이 개로왕대에 제방을 축조해서 民家가 河流에 무너지는 것을 막고자 하였다.[47] 이때 백성의 家屋만 언급했을 뿐 왕궁에 대한 피해 기록은 없다. 그렇다고 해서 백제 왕성이 평지성인 풍납동토성이 아니라고 말할 수는 없지 않은가? 따라서 공산성 왕궁 소재설의 근거인 침수 피해 운운 식의 주장은 설득력을 잃었다.

그런데 지금까지의 이러한 주장과는 달리 웅진도성의 왕궁을 공산성 외부에서 찾는 견해는 다음과 같다.

* 輕部慈恩, 『百濟遺跡の研究』, 吉川弘文館, 1971.

* 김영배, 「공주 백제 왕궁 및 臨流閣址 소고」『考古美術』6-3·4합집호,

---

45) 『三國史記』 권7, 文武王 17年 條.

46) 『三國史記』 권27, 武王 13年 條.

47) 『三國史記』 권25, 蓋鹵王 21年 條.

1965.

   * 성주탁, 「백제 웅진성과 사비성연구(其一)」『百濟研究』11, 1980; 「백제 웅진성연구 再齪」『백제의 중앙과 지방』, 충남대학교 백제연구소, 1997; 『百濟城址研究』, 서경문화사, 2002.
   * 박순발, 「백제 도성의 변천과 특징」『중산 정덕기박사 화갑기념한국사학논총』, 1996; 『백제의 도성』, 충남대학교 출판부, 2010.

輕部慈恩은 일찍부터 공산성 안에서 가장 높은 광복루의 서남방 토성 밑의 약간 평평한 지대를 왕궁지로 지목하였다. 그렇게 추정한 대상인 이곳 남쪽에서 門址가 확인되고 있고, 서쪽은 本城과 통하는 도로가 개설되어 있다. 현재 공산성의 外城으로 확인된 이곳의 담장은 東西 120m, 南北은 좁아서 70m 정도인데, 그 가운데 上下 2段의 2 구역으로 구분되어 있고, 臺地를 놓고 볼 때 여러 채의 건물이 있었을 것으로 파악하였다. 또 이곳은 현재 玉龍里라고 칭하는 부락 바로 위에 위치하고 있다. 이러한 명칭은 항상 왕궁 앞에 남아 있는 경우가 많다. 小路가 지금도 남아 있는 그 서남편에서 왕궁을 호위하는 武人을 가리키는 '弓杖' 명문와가 출토되었기에 궁정을 衛護하는 병영지로 지적할 수 있다는 것이다. 그리고 공산성의 동편이자 추정 왕궁지인 A의 동편 일대는 골짜기 사이인데, 그 동쪽에 독립된 별도의 구릉이 있고, 東西로부터 절벽과 같은 낭떠러지에 끼어 있는 형상인데, 북쪽은 트여서 금강이 흘러가고 있다. 이곳은 왕궁지로 통하는 B 장소와 곧 통하고, 옥룡리를 지나 C의 남쪽 입구에 이르는 길이 남아 있다. 임류각지와 연결되는 宮苑址가 있었음을 유적이 보여준다. 이 궁원지는 궁 동쪽에 임류각을 건립하고 못을 파고 진기한 짐승들을 길렀다는 기사(g)와 연결된다. 더욱이 L 지점에는 '임류각' 명문와가 출토됨에 따라 임류각지로 확신할 수 있게 되었다고 했다.[48]

---

48) 輕部慈恩, 『百濟遺跡の研究』, 吉川弘文館, 1971, 21~23쪽.

_ 공산성 동편과 옥녀봉 사이의 금강에 접한 편편한 대지. 임류각이 소재했을 가능성이 높다.

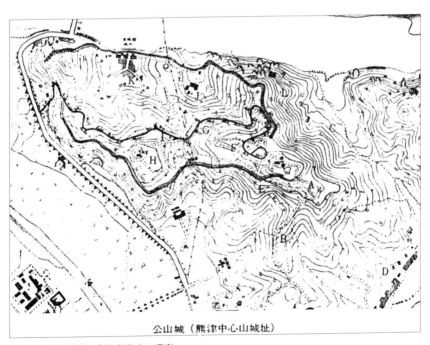

公山城 (熊津中心山城址)

그림 6. 輕部慈恩, 『百濟遺跡の研究』

그 밖에 輕部慈恩은 추정 왕궁지인 A와 그 밑의 宮苑址인 C에서만 '熊津官'·'熊川官'·'官' 등의 고식 기와가 출토되었음을 논거로 삼았다. 그러나 A 지역은 너무 협소한 관계로 왕궁터로서 부적합하다는 지적을 받았다.[49] 반면 공산성 남문 밑의 광활한 공간을 왕궁터로 지목하였다. 그러한 논거를 소개하면 다음과 같다.

> 공주읍에서 공산성으로 올라가는 남문 밑으로 광활한 地帶인데, 主山으로 공산성을 등에 지고 南向으로 版局을 벌리어 그 地廣이 數萬坪에 達하고 있으니 현재 공주읍 산성동의 一部를 占하고 있으며 宮城의 주요 건물지로 추정되는 곳에는 현재 보건소와 糧穀加工組合 金谷煉炭工場 등이 들어 있는 곳이다. 그 중 양곡가공조합이 있는 곳이 중심부를 占하고 있으며 이곳에서 얼마 전에 礎石 2개가 출토된 것을 조사하였는데 백제 특유의 樣式인 方形 화강석 초석으로서 柱座가 없이 매끈하게 다듬어진 것으로 지금까지 공주에서 발견된 백제 礎石 중에서 가장 큰 것이다. 크기로 보아 大建築에 사용하였던 것임을 엿볼 수 있으며 경주 황룡사지에 遺存하는 백제식의 초석과 양식이 같고 크기도 比等하다. 主山을 뒤에 두고 東向하여 광활한 곳에 왕궁을 占하는 것이 고대 왕궁지의 通例일진대 아마도 이 地帶로 추정하는 것이 無理가 아닐까 생각하며 후일의 깊은 考察과 자료의 출현을 바라는 바이다.[50]

김영배는 전통적으로 삼국시대 도성제는 背後에 산성을 끼고 있으며 그 남쪽에 평지 궁성이 조성된다는 상례와 더불어 宏大한 礎石과 광활한 부지의 존재를 입론으로 내세웠다. 실제 사비도성의 경우도 부소산성 안에 왕궁이 있었던 것이 아니다. 곧 왕궁은 부소산성 앞에 소재한 사실이 밝혀졌다는 것이다. 고구려 국내성과 평양성이나 장안성의 경우도 산성 안에는 政廳인 왕궁이 소재하지 않았다. 그러므로 웅진성 도읍기의 백제 왕궁은 공산성 앞에

---

49) 김영배, 「공주 백제 왕궁 및 臨流閣址 소고」『考古美術』6-3·4합집호, 1965, 53쪽.
50) 김영배, 「공주 백제 왕궁 및 臨流閣址 소고」『考古美術』6-3·4합집호, 1965, 54쪽.

서 찾아야 마땅하다는 논리였다. 그러한 왕궁지로는 公州 舊버스터미널에서부터 土城址 앞에 이르는 구간을 후보지로 지목했다.[51] 곧 "… 그러므로 왕궁은 자연히 공산성을 뒤로 끼고 있는 그 남쪽 일대로 보는 게 무리가 없다"[52]는 비정도 동일한 맥락에서 볼 수 있다. 배후의 공산성과 평지 왕궁을 組合하는 해석이기 때문이다. 공산성 南門인 진남루 좌우 지형은 오목하게 들어가서 마치 병풍처럼 둘러싸고 있다. 그런 관계로 이 곳은 거주지로서 입지 환경이 우월하다고 본다.

5. 맺음말

백제 웅진성의 도성제와 관련해 많은 논고가 제출된 바 있다. 그런데 여기서 요점은 왕궁의 위치가 된다. 웅진도성의 홍수 피해 기록을 통해 왕궁은 홍수로부터 안전한 공산성 안에 소재했을 것으로 추정했다. 그러나 한성 도읍기나 사비성 도읍기에도 홍수 기록이 보인다고 왕궁이 고지대에 소재했다는 근거가 되지는 않는다. 그리고 웅진도성의 왕궁 파악의 관건으로서 宮의 동쪽에 건립되었다는 임류각의 위치 파악에 부심하였다. 그 결과 '流'字 銘瓦가 출토된 공산성 안의 특정 건물지를 임류각지로 비정했다. 이와 연동하여 '임류각지'의 서편에서 왕궁을 찾다 보니까 쌍수정 광장이 왕궁지로 지목된 것이다.

지금까지의 연구에서 왕궁의 공산성 내부 소재설은 이러한 점에 근거하고 있을 뿐이었다. 그런데 '流'字 銘瓦는 현재의 추정 임류각지 뿐 아니라 만아루지를 비롯해서 여러 곳에서 출토되었다. 그리고 '流'字 銘瓦는 '臨流'로 推讀해야 하는 한계를 지녔다. 더구나 현재의 추정 임류각지는 통일신라 때 건물

51) 성주탁, 『百濟城址硏究』, 서경문화사, 2002, 65~66쪽.
52) 李道學, 『새로 쓰는 백제사』, 푸른역사, 1997, 415쪽.

지로 드러났을 뿐 아니라 '流'字 銘瓦 역시 백제 때 기와도 아니라고 한다. 따라서 이것에 근거한 임류각지 비정은 더 이상 의미가 없다. 비록 현재 확인은 불가하지만 기실 '臨流閣' 3字가 들어간 온전한 명문와는 공산성 동쪽 바깥에서 출토되었다.

그 밖에 諫臣의 上疏와 관련해 동성왕이 궁문을 닫아걸자 임류각의 위치를 궁 안으로 단정해 왔다. 그러나 궁문은 역사적으로 신하나 백성들이 의견을 전달하는 공간이었기에 궁문을 닫아 건 기사가 나왔을 뿐이다. 이 기사는 더 이상 임류각이 궁성 안에 있었다는 근거가 될 수 없다. 이렇게 되면 왕궁 소재지로서 임류각지에 근거한 쌍수정 광장설은 근거를 잃어버린 것이다. 임류각의 위치 파악은 앞으로의 과제라고 하겠다. 이름 그대로 '臨流'와 부합될 수 있는 곳은 공산성 동쪽 바깥의 금강변이다. 임류각지는 금강이 바라 보이는 이곳의 풍광 수려한 臺地에 입지했을 것으로 보인다. 그리고 임류각은 신라의 임해전 및 月池(안압지)와의 유사성이 보이므로, 이와 관련 지어 조사가 따라야 할 것 같다. 이와 더불어 輕部慈恩의 관련 연구 성과는 충분히 참작할 가치가 있었다.

왕궁지와 관련해 쌍수정 광장의 적심석 건물지는 2棟 밖에 되지 않았다. 그 뿐 아니라 해당 건물지의 공간마저 협소하고 초라한 모습이다. 그런 관계로 이 곳을 왕궁지로 비정하는 데는 일찍부터 의문이 제기되어 왔다. 이러한 문제를 극복하려는 의도에서 적심석 건물지의 선행 구조물인 굴립식 건물지를 웅진성 천도 후의 건물지로 간주했다. 그렇지만 이 곳은 건물이 밀집되어 있을 뿐 아니라 일정한 규제에 의한 整齊性도 찾을 수 없었다. 이것을 가리켜 급하게 조성했던 결과라는 주장은 궁색한 해석으로 간주할 수밖에 없다. 더구나 왕궁 남쪽에서 大閱을 했다고 하지만 쌍수정 광장 남쪽은 공간이 전혀 없는 관계로 왕궁이 아님을 逆으로 증명해 준다. 그 밖에 왕궁이라면 반드시 존재했어야 할 담장과 宮殿 入室과 관련한 階段의 존재도 확인되지 않았다. 결국 왕궁지는 산성과 평지 궁성의 결합 관계를 놓고 볼 때 공산성 남쪽 일원으로 비정할 수밖에 없다. 또 이것이 온당한 해석으로 보인다. 물론 현재 이

곳은 건물이 들어찬 관계로 유물은 확인되지 않았다. 그렇지만 대형 초석의 존재를 비롯한 물증도 이미 확인된 바 있다. 그런 관계로 훗날 발굴이 진행된 다면 그 윤곽이 드러날 것으로 믿어 의심치 않는다.

웅진도성의 정비와 관련해 웅진교라는 교량은 '웅진'의 용례와 대동강을 가로지르는 고구려의 木橋나 백마강에 가설한 사비도성 大橋와 결부지어 架設 필요성을 고려해 보았다. 웅진교는 곰나루에서 그 건너편을 연결하는 木橋로 파악되었다. 이 곳 역시 발굴하면 성과가 있을 것으로 예측된다.

〈出典〉「百濟 熊津城研究에 대한 檢討」『東아시아古代學』23, 동아시아고대학회, 2010, 247~278쪽.

제2장
사비도성 연구의 재검토

1. 머리말

백제는 538년에 사비성으로 천도하였다. 사비성 천도는 475년에 한성 함락으로 인한 63년간의 과도기적인 웅진성 도읍기를 청산하고 雄飛의 나래를 펼칠 수 있는 새 國都의 시대가 열렸음을 뜻한다. 이러한 사비성 도읍기의 전개와 관련해 그간의 쟁점을 중심으로 크게 2개의 주제로 고찰해 보고자 했다.

제1부는 사비성 천도와 관련한 제반 준비 작업을 살피는 일이다. 즉 사비성 천도에 적극 협조한 세력을 구명하는 작업이다. 사비성 도읍기에 8大姓의 首位를 차지하는 沙宅氏를 그와 결부 지어 해석해 왔다. 그러나 이와 관련한 논거를 재검증함으로써 사비성 천도에 직접 영향을 미친 귀족 세력의 존재가 새롭게 구명되어진다.

제2부는 都城의 조성과 관련한 몇 가지 문제를 검증해 보고자 하였다. 첫째 西羅城의 존재 여부에 대한 검증이 된다. 둘째 사비도성 내에서 '定林寺址'가 지닌 위상을 검증하는 한편, 고려시대 때의 寺刹 名으로 알려진 '定林寺'가 과연 맞는 지 여부를 검토하기로 했다. 사실 '定林寺址'는 1942년에 발굴을 시작한 이래 충남대학교에서 1979~1992년까지 6회에 걸쳐 寺域 전체에 대한 조사가 이루어졌다. 최근에는 국립부여문화재연구소에서 2008~2010년

에 걸쳐 전면적인 재조사를 하였다.[1]

본고는 이러한 최근의 발굴 성과에 힘 입어 '정림사'의 조성 시기와 伽藍이 지닌 성격에 대한 재검토를 한 것이다. 물론 이는 그에 앞서 前提된 사비도성의 조성 계획과 遷都 목적을 구명하기 위한 후속 작업의 일환이었다.

2. 사비성 천도를 위한 제반 작업

1) 사비성 천도에 적극 협조한 세력

사비성 천도와 관련해 沙氏 곧 사택씨 세력이 적극 협조한 것으로 지목해 왔다. 沙氏 세력의 지역적 기반이 부여 지방이기 때문이라는 데 근거하였다. 즉 "이 沙氏는 扶餘地域에 기반을 가진 세력으로서 동성왕대에 두각을 나타내었다. … 성왕은 사비지역에 기반을 가진 이 사씨 세력과 연결을 가짐으로써 천도 단행을 뒷받침할 수 있는 배경 세력을 확보할 수 있었던 것으로 보인다"[2]고 했다. 사비성 천도 이후 沙氏 세력들이 상좌평이나 대좌평과 같은 要職을 차지하고 있어서 정치적 비중이 높은 세력으로 부상한 것은 사실이다.[3] 그러나 천도 직전 사비도성 구간인 지금의 부여 읍내는 저습지가 많았다.[4] 그랬기에 사택씨와 같은 강력한 토착 세력이 존재하기 어려웠다. 아울러 사씨의 근거지로 지목했던 「사택지적비」의 '나기성'을 '내지성'으로 읽은 후 부여군 은산면 內地里로 비정하였다.[5] 奈祇城의 '내지'와 內地里의 '내지'를 音相似로 연결시켰던 것이다. 그러나 '내지리'는 1914년에 일제가 행정 구역 개

1) 國立扶餘文化財研究所, 『扶餘 定林寺址』, 2011, 37~38쪽.
2) 盧重國, 『百濟政治史研究』, 일조각, 1988, 166쪽.
3) 梁起錫, 「백제 성왕대의 정치개혁과 그 성격」 『한국고대사연구』 4, 1990, 78~79쪽.
4) 박순발, 『백제의 도성』, 충남대학교출판부, 2010, 228쪽.
5) 洪思俊, 「百濟砂宅智積碑에 대하여」 『歷史學報』 6, 1954, 256쪽.

편시 內垈里와 地境里의 머리 글자를 따서 조합한 里名이므로[6] 역사성이 없다.[7] 더구나 '奈祇城'은 '奈祇城'으로 釋文하는 게 옳으므로 '나기성'이나 '내기성'으로 읽어야 맞다. 따라서 사택씨의 근거지를 부여 일대로 비정하는 견해는 취하기 어렵다.

사택지적비(보물 제1845호)는 1983년 9월 29일 충청남도의 유형문화재 제101호로 지정되었으나, 2014년 12월 31일 대한민국의 보물 제1845호로 승격되었다. 사택지적비는 일본인들이 부여신궁을 건립하기 위해 쌓아놓았던 돌무더기 속에서 1948년에 발견되었다. 비석은 높이 102㎝, 폭 37.9㎝, 두께 29㎝의 화강암으로 되어 있다. 비면은 길이 7㎝인 정방형 선으로 금을 그어, 각 행에 모두 14자씩 4행으로 모두 56자가 새겨져 있다. 문체는 사륙변려체이다. 명문 내용은 다음과 같다.

_ 사택지적비

갑인년(654) 정월 9일 나기성의 사택지적은 몸이 날로 쉽게 가고 달로 돌아오기 어려움을 슬프게 여겨 金을 뚫어 珍堂을 세우고 玉을 다듬어 寶塔을 세우니 외외한 그 慈容은 神光을 토하여 구름을 보내는 듯하고, 아아한 悲狼는 聖明을 머금음으로써 …

甲寅年正月九日奈祇城砂宅智積
慷身日之易往慨體月之難還穿金
以建珍堂鑿玉以立寶塔巍巍慈容
吐神光以送雲莪莪悲狼 含聖明以

6) 한글학회, 『한국지명총람』 4, 충남편(상), 1974, 480쪽.
7) 李道學, 「方位名 夫餘國의 성립에 관한 檢討」 『白山學報』 38, 1991, 16~17쪽, 註 27.

사택씨는 부여 지역이 당초 근거지가 아니었다. 그렇지만 사비도성에 거주한 사실은 응당 확인된다. 이와 물려 있는 木氏는 사비도성에서 왕궁을 제외하고서는 가장 핵심 구간인 中部에 거주하였다. 고구려에서는 '중부'에 해당하는 '內部'를 一名 黃部라고 일컬었다. 또 이곳은 왕실을 배출한 계루부의 거주 공간이었을 정도로[8] 가장 격이 높은 部였다. 중부에 거처하였던 목씨는 웅진성 천도에서도 두각을 나타낸 바 있다. 아울러 목씨는 웅진성 도읍 후반기에 최강의 세력이었던 동시에 사비성 천도에 가장 영향력을 행사했던 세력으로 지목하여 좋을 것 같다. 이와 관련해 한 가지 사례를 들어 본다. 사비성 천도 5년 후인 543년의 群臣 회의에 모두 8명의 官人이 등장한다. 여기서 沙氏는 상좌평 沙宅己婁 1명만 보인다. 반면 木氏는 중좌평 木刕麻那와 하좌평 木尹貴, 그리고 덕솔 木刕昧淳 등 3명이나 등장한다.[9] 3좌평 가운데 2명의 좌평이 木氏일 정도로 得勢하고 있다. 사비성 천도에 가장 가까운 시점의 기록에서 목씨는 그 위세가 훗날의 사씨 보다 앞선다. 이 사실은 사비성 천도에 목씨의 영향력을 웅변하는 증좌로 받아들인다고 해도 무리한 해석은 아닐 것 같다.

2) 사비성으로 천도한 이유와 천도를 기획한 시점

웅진성에서 사비성으로의 천도는 언제부터 계획되었을까? 우선 천도는 민심의 수습과 광범위한 지지 기반 속에서 가능하다는 사실이다. 사비성 천도는 제24대 동성왕대부터 추진되어 그 후반경에는 사비 나성의 축조가 완료되는 등 천도를 위한 제반 여건이 모두 완비되었다는 것이다. 동성왕의 피살은 사비성 천도를 반대하는 웅진성 토착세력 저항의 산물로 이해하였다. 그러나 이러한 견해는 설득력이 부족하다. 동성왕대는 이탈해 간 주민의 흡수,

---

8) 『後漢書』 권85, 동이전 고구려 조. 5部에 관한 章懷太子 註.

9) 『日本書紀』 권19, 欽明 4년 조.

왕권의 확립, 고구려와의 긴박한 전쟁으로 인해 천도를 계획하고 준비할 겨를이 없었다. 오히려 천도는 무녕왕의 성품을 "인자관후하여 민심이 귀부하였다"는 평과 무관하지 않은 것 같다. 민심이 무녕왕에게 귀부할 수밖에 없었던 이유는 그의 치적과 무관하지 않을 것이다. 무녕왕의 치적은 일단 전승을 통한 영역 확장에서 두드러진다. 백제가 망하다시피한 상황을 몸소 체험했던 무녕왕은 무엇보다도 군사력 배양과 실지 회복에 비상하게 힘을 쏟았다.

이러한 성과를 기반으로 '更爲强國'을 선언한 무녕왕대 후반기에 접어들어 사비성 천도가 추진되었다. 백제가 사비성으로 천도하려 한 목적은 일단 국가의 중심축이 남쪽으로 내려옴에 따라 호남평야의 농업생산력을 장악하기에 유리하였다. 사비성이라는 도시 자체가 그 주변에 거대한 농경지를 끼고 있는 관계로 무녕왕대 이래로 추진해 온 농업생산력 증진에 박차를 가할 수 있는 지리적 이점을 지니고 있었다. 그리고 사비성은 웅진성 보다 서해와 가까운 금강 하류에 소재한 만큼 중국대륙이나 일본열도와의 관계가 한층 긴밀해지는 상황에서 외부 세계와의 활발한 접촉이 가능한 입지적 조건을 갖추고 있었다. 이와 관련해 『택지리』에서 "공주 동쪽은 강물이 얕고 여울이 많아서 강의 배가 통하지 못한다. 그러나 부여·은진부터는 바다의 조수와 통하게 되므로 백마강 이하 鎭江 일대까지는 모두 배가 통행할 수 있는 이점이 있다"고 했다. 요컨대 웅진강은 교역로와 歲貢路로 부적절하다는 것이다. 이같은 수로상의 요인은 사비성 천도를 통해 漕運路를 단축시키는 이점이 있었다. 리아시스식 해안을 끼고 있는 백제는 그 지형적 특성상 서해안에서 금강으로 이어지는 조운로의 비중이 클 수밖에 없었다. 웅진성에서 사비성으로의 천도는 조운로를 단축시켜 준다는 경제적 효용성의 문제와 더불어 지방에 대한 통제력 강화라는 측면을 함께 고려했던 것이다.[10]

그러면 사비성 천도는 언제부터 그 작업이 시작되었을까? 이와 관련해 부

---

10) 李道學, 「백제 사비 천도의 재검토」 『동국사학』 39, 2003, 48쪽.

소산성 東門址 발굴조사시 발굴된 '大通銘 印刻瓦의 존재를 거론하고 있다. '大通'은 주지하듯이 梁의 연호로서 그 사용 기간은 527~528년까지였다. 또 大通 연호를 사용하던 기간에 공주에 大通寺가 건립된 적이 있었다는 것이다. 그러나 불과 2년만에 대통사가 창건될 수 없는 일이다. 이때 대통사 창건이 시작되었다고 하자. 그렇더라도

_ '大通'銘 印刻瓦

그 10년경인 538년에 사비성 천도가 단행되는 시점에도 대통사가 완공되지 못했을 가능성이 더욱 높다. 이러한 大通寺址에서 출토된 印刻瓦와 동일한 瓦가 부소산성 동문지에서 남쪽으로 10m 떨어진 성 내부 瓦積層에서 출토된 것이다.[11] 이로 미루어 大通 연호를 사용하던 기간에 부소산성 축조가 단행되었고, 그러한 축조는 사비성 천도의 일환이라는 해석이 가능하다고 보았다.

그런데 인각와에 보이는 '大通'을 연호로 단정하기 어려운 구석이 있다. 인각와의 '大通'이 연호로 사용되었다면, 연대가 銘記되어 있어야 할 것이다. 가령 부소산성에서 출토된 '會昌七年'銘瓦에서도 역시 '七年'이라는 연대가 확인되고 있다.[12] 그러나 '대통'명 인각와에서는 연대가 보이지 않기 때문이다. 더구나 이 무렵에 백제는 연호를 사용하지 않았다.[13] 그리고 통일신라의 '天

---

11) 國立扶餘文化財研究所, 『扶蘇山城—發掘調査中間報告』, 1995, 88~89쪽.

12) 이 銘文의 全文은 '會昌七年丁卯年末印'이다(國立扶餘文化財研究所, 『扶蘇山城—發掘中間報告書Ⅲ』, 1999, 184쪽. 189~197쪽).

13) 李道學, 『백제 사비성시대 연구』, 일지사, 2010, 464쪽.

柱'·'昌林'·'四天王' 등의 명문와는 寺名인 것이다.[14] 고려시대 '王興'이나 강
원도 영월의 '興敎'銘瓦도 이와 동일하다. 따라서 이곳의 '大通'은 연호라기보
다는 大通寺라는 寺名을 가리키는 것으로 보아야 한다. 설령 이러한 추측이
허용되지 않더라도 대통명 인각와를 겨우 2년 불과한 大通 연간에 제작된 것
으로 단정할 수 있는 근거는 어디에도 없다. 부소산성에서 출토된 '大通'銘 瓦
는 2점이 서로 다른 印章으로 찍었음이 확인되었다.[15] 이러한 사실도 부소
산성 출토 '大通'銘 인각와의 제작 상한 연대를 527~528년으로만 단정할 수
없음을 반증한다. 백제 때 대통사가 존재했던 시기에는 이러한 인각와가 계
속 제작될 수 있었기 때문이다. 따라서 부소산성의 始築 시점을 527~528년
으로 간주했던 종전의 추정은 재고를 요한다.[16] '大通'銘 인각와가 출토된 부
소산성은 대통사가 창건되는 527~528년 이후 보다는 그 이전에 축조되었
을 가능성이 더 높다. 遷都 불과 10년 전에 국가의 기반 시설, 그것도 왕궁
과 연계된 부소산성이 축조되지 않았다는 것은 상상하기 어렵기 때문이다.

3. 사비도성의 구조

1) 부소산성

(1) 부소산성 성벽

사비도성과 연계된 부소산성은 백마강에 연접한 표고 106m의 부소산을
따라 계곡을 끼고 축조된 백제 시대의 성벽과 그 안에 축조된 통일신라~조
선시대 성벽으로 구성되었다. 백제 성벽의 길이는 2,495m이며, 성벽 폭은

---

14) 국립중앙박물관, 『문자, 그 이후』, 통천문화사, 2011, 159쪽.
15) 國立扶餘文化財研究所, 『扶蘇山城-發掘中間報告書Ⅲ』, 1999, 238~239쪽.
16) 李道學, 『백제 사비성시대 연구』, 일지사, 2010, 521~522쪽.

5~6m, 높이는 3m 안팎이다. 동문지 부근에서 출토된 '大通'銘瓦의 '大通'은 '중국 梁의 연호(527~529)'가 아니다. 梁의 연호는 527~528년까지이다. 그리고 명문의 '대통'은 연호가 아니라 공주에 소재했던 사찰 명이다. 공주 대통사에 남아 있던 잉여분 기와를 부소산성에서 사용한 흔적이다. 그러니 '대통' 명문을 사비성 천도와 관련한 부소산성 축조 시기로 단정할 수는 없다.

　백제 때 부소산성은 나성과 동일한 판축기법으로 조성하였다. 먼저 土砂가 밀리지 않게 지탱할 나무를 두 줄로 세우고, 그 안쪽에 점질토와 마사토를 번갈아 가며 다져서 축조하였다. 급경사로 인해 바깥쪽 성벽이 밀려내려오는 것을 막기 위해 할석을 이용한 간단한 보축시설로 보강하였다. 중심 토루 안쪽에는 보강용 다짐층을 쌓아 완성했다. 문터는 부소산성의 정문인 남문지와 동문지, 그리고 추정 북문지가 확인되었다. 북문지는 물을 빼는 수구를 겸했던 것으로 보인다.[17] 남문지는 문지 건물과 출입 계단으로 구성되어 있다. 기둥 자리 4개 소가 확인되었다. 출입 계단은 건물 유구 남측으로 바로 이어지며 전체 5단으로 조성되었다. 문지와 성벽의 연접부는 커다란 석재로 마감하였다.[18] 동문지 부근에서 불상 머리 뒤를 장식하던 금동 광배의 頭光이 출토되었다. 두광의 뒷면에는 예리한 도구로 명문이 남아

_ 동문지 출토 금동 광배 두광

17) 부여군, 『백제 사비성의 부활』, 2015, 64쪽.
18) 남문지 현장 안내문.

있다. 불상의 조상자가 승려인 法師임을 알려준다.

(2) 수혈주거지

백제 때 병영으로 사용되었던 수혈주거지가 3기 확인된 바 있다. 이 중 한 변의 길이 4m에 깊이 90cm 안팎인 제3호 주거지 내부에는 온돌이 설치되어 있었다. 그리고 수혈주거지 내부에서는 금으로 만든 봉황장식과 와당 등 많은 유물이 출토되었다. 이 밖에도 부소산성 내부에서는 백제~조선시대에 조성된 건물지 12기, 석축, 저수지, 목책열 등 다양한 유구가 확인되고 있다. 이러한 일련의 발굴 성과를 통해 백제 때 부소산성이 축조된 이래 적어도 1천년 이상 중요한 군사적 거점으로 이용되었음을 알려준다.[19]

(3) 군창터

군창터(충청남도 문화재자료 제109호)의 경우는 1915년 이곳 지하에서 쌀·보리·콩 등의 불에 탄 곡식이 발견됨으로써 군량미를 비축해 두었던 창고터라는 것이 알려지게 되었다. 1981년과 1982년 2차례 발굴 조사를 실시하여 건물터의 규모가 상세히 밝혀졌다. 건물의 배치는 ㅁ자 모양으로 가운데 공간을 두고 동서남북으로 배치하였는데 길이 약 70m, 넓이 약 7m, 땅 속 깊이 약 47cm 정도이다. 지금도 땅을 파 보면 불에 탄 곡식물이 많이 나오고 있어 주변에서 분청사기편이 다량으로 출토되어 조성연대를 고려 말에서 조선 초로 하고 있다.[20] 보고서의 내용을 인용해 보면 다음과 같다. 즉 "조사가 진행되면서 가장 충격적으로 느껴지게 된 것은 이 건물지들이 백제시대의 유적이 아니라는 사실이 판명된 일이었다. … 扶蘇山城 軍倉址에 대한 발굴 결과는 역사 및 고고학계뿐만 아니라 백제 역사에 관심이 있는 일반 대중에게도 적지 않은 실망을 가져온 것으로 생각된다. 이곳에서 발굴된 유적은 근

---

19) 부여군, 『백제 사비성의 부활』, 2015, 56쪽.
20) 부소산성 내 군창지 안내문.

세조선시대 초기에 세워졌던 창고들이 화재로 소실되어 무너져 없어진 폐허였으며 그 유명했던 炭火米도 이 창고 내부에 보관된 곡식들이 불에 타면서 매몰된 것이었다. 백제시대까지 연대가 소급될 수 있는 유구로서는 창고의 바닥 밑에 있는 風化岩盤層에서 약간의 柱穴들이 발견되었을 뿐이다. 출토유물도 근소했으며 탄화미와 철제 자물통 및 소수의 土器들 이외에 백제의 것으로는 蓮花紋瓦當의 파편 몇 조각이 발견되었다. 그러나 건물의 초석들 중에는 백제시대의 초석을 옮겨다 사용한 것이 적지 않았다"[21]고 했다. 그리고 이곳에서는 鄭麟趾(1396~1478)의 창고 건립이나 수리를 지원해 준 사실과 관련한 명문 平瓦가 출토된 바 있다.[22] 따라서 "이곳을 조사하자 백제시대에 조성된 건물지가 발굴되었는데 'ㅁ'자 형식으로 배치된 대형 창고건물의 기단부가 윤곽을 드러냈다"[23]는 서술은 명백히 오류인 것이다.

(4) 서복사지

원래 이름을 알 수 없었기에 '부소산 절터'로 일컫기도 한다. 혹은 부소산 서쪽 중복에 소재했기에 西腹寺址로 이름을 붙였다. 1942년에 처음 발굴한 이래 1980년에 재발굴이 있었다. 이때 중문지·탑지·금당지가 남북 자오선 상에 있는 가람 배치와 정교한 축석 및 판축으로 조성된 기단이 확인되었다. 이 절터는 宮에 소속된 內院 기능의 사찰로 짐작된다. 그런데 목탑과 금당은 확인되었지만 강당이 없는 구조로 밝혀졌다. 절터에서는 연화문 와당·인각와·金銅風鐸·벽화편·소조불상편·치미편·石製東端飾瓦·금동제 과판 등이 출토되었다. 목탑의 심초석 주변에서 수습된 금동제 錡板은 일본 정창원 소

21) 국립부여문화재연구소, 「附錄: 軍倉址發掘調查報告書('81~'82)」『扶蘇山城 發掘調查報告書Ⅴ』, 2003, 392·461쪽.
22) 국립부여문화재연구소, 「附錄: 軍倉址發掘調查報告書('81~'82)」『扶蘇山城 發掘調查報告書Ⅴ』, 2003, 462~463쪽.
23) 부여군, 『백제 사비성의 부활』, 2015, 61쪽.

장품과 동일하다.[24] 벽화편
은 모두 6개의 파편이 수습되
었다. 이 파편은 진흙 바탕에
회칠을 하고 먹으로 그린 새의
일부가 남아 있다. 임강사지
와[25] 미륵사지에서도 벽화편
이 발견된 바 있다.

_ 서복사지에서 출토된 벽화

(5) 사자루와 영일루

부소산에서 가장 높은 대지
인 사자루가 있는 곳은 당초
送月臺가 있었다. 1824년에
임천 군수가 건립했던 임천 관아 정문인 계산루를 1919년에 송월대 터로 옮
기고 사자루라고 하였다. 사자루를 조성하기 위해 지반을 다지다가 鄭智遠
銘 금동석가삼존여래 입상(보물 제95호)이 출토되었다. 겹처마 팔작지붕의 정
면에는 李堈이 쓴 '泗泚樓' 현판이 걸려 있고, 반대편 백가강 쪽으로는 海岡
金圭鎭이 쓴 '白馬長江' 현판이 함께 걸려 있다.

『신증동국여지승람』 부여현 산천 조에서 "扶蘇山 현 북쪽 3리에 있는 鎭山
이다. 동쪽 작은 봉에 비스듬히 올라간 곳을 迎月臺라 부르고, 서쪽 봉을 送
月臺라 이른다"라고 하였다. 그리고 영월대를 노래하면서 "해와 달을 전송하
고자 여기에 대 쌓았건만 / 賓送羲娥此築臺"[26]라고 했다. 홍산 관아의 集鴻
樓를 1904년에 영월대 자리로 옮겨와 迎日樓 현판을 걸었다. 이곳에서는 백
제 때 기와편이 출토되었다. 계룡산 연천봉(739m)에서 솟아오르는 해를 맞이

24) 부여군, 『백제 사비성의 부활』, 2015, 64~65쪽.
25) 부여군, 『백제 사비성의 부활』, 2015, 66쪽.
26) 『錦溪先生文集』 권2, 詩, 次古迹 九絶.

하는 곳이다.

(6) '首府'銘瓦와 '大唐'銘瓦

'首府'銘瓦는 1992년 부소산성 군창지 남측 평탄지 조사에서 1점이 출토된 이래 지금까지 모두 18점이 보고되었다고 한다. 이 중 부여 출토품은 부소산성 군창지 출토 1점 외에 관북리에서 6점이 출토되어 현재 부여에서만 7점이 출토되었다. 그리고 익산 왕궁평성에서 모두 11점이 출토되었다고 한다.[27] 그러나 최근의 연구에 따르면 '首府'銘瓦는 부여에서 부소산성 2점, 관북리 6점하여 모두 8점이 출토되었다. 익산에서는 왕궁평성에서 모두 13점이 출토되었다. 요컨대 '首府'銘瓦는 지금까지 총 21점이 출토된 것이다.[28] 최근 익산토성에서도 '首府'銘瓦가 출토되어 그 숫자는 늘었다.

'首府'銘瓦는 1992년에 부소산성 군창터 남측 臺地 조사시 출토되었다. 반면 전통적인 백제 匠人의 제작 수법과는 다른 '大唐'銘瓦는 1993년에 군창터 정남측 溪谷部를 조사할 때 토광에서 중국제 청자 및 중국제 연화문 수막새편과 함께 출토된 것이다.[29] 더구나 이곳에서는 건물지의 존재가 확인된 바도 없다. 그러

_ 부소산성 출토 '大唐'銘瓦

---

27) 박순발, 「동아시아적 관점에서 본 사비도성」『부여학』3, 2013, 32~33쪽.
28) 김환희, 「百濟 泗沘期 印章瓦의 변천과 제작공정 체계화」, 충남대학교 석사학위논문, 2014, 18쪽.
29) 국립부여문화재연구소, 『扶蘇山城 發掘調査中間報告Ⅱ』, 1997, 92~101쪽.

므로 兩者는 관련성이 없다고 하겠다. 덧붙여서 말한다면 '首府'銘瓦는 "방형 주거지 바로 북편에서 백제 연화문 및 素文 수막새, '午止'銘 인장와 등과 주변에서 함께 출토되었는데 바닥층인 황적갈색의 풍화암반층 직상층에서 출토되었다"[30]고 하였다. 요컨대 백제 印刻瓦와 共伴 출토된 '首府'銘瓦는 중국제 유물과 공반 출토된 '大唐'銘瓦와는 성격이 동일하지 않음을 알 수 있다. 이와 관련해 '大唐'銘瓦의 출토 상황을 다음의 서술을 통해 확인해 보기로 한다.

> 대당명 수막새는 군창터 바로 북편의 풍화암반층의 백제시대 저장고의 기능을 했던 싶은 구덩이 시설 내에서 출토되었다. … 유일하게 이 大唐명 수막새가 유물층의 가장 상층에서 출토되었다. 이 유물층은 이 유물보다 늦은 유물은 출토되지 않았다.[31]

즉 대당명 수막새는 해당 유물층에서 가장 늦은 시기에 해당되는 것이다. 쉽게 말해 대당명 수막새는 기존의 백제 문화층과는 무관함을 알 수 있다. 그리고 '首府'銘瓦는 왕궁평성에서만 지금까지 13점이나 출토되었다.

(7) 삼충사

부소산 입구에서 오른쪽 길로 접어들면 백제 말의 3충신인 성충·흥수·계백의 위패와 영정을 봉안한 三忠祠라는 사당이 건립되어 있다. 이곳은 일제 말기인 1939년에 착공하였으나 완공되지 못했던 扶餘神宮 자리가 된다. 1957년에 건립되었던 삼충사는 1981년에 현재의 모습으로 재건축되었다.[32] 삼충사 뒤편 부소산성 남쪽 성벽 윗편 대지에는 유인원기공비(보물 제21호)가 세워져 있었다. 『세종실록』 지리지 부여현 조에 따르면 "현의 북쪽 산

---

30) 국립부여문화재연구소, 『王宮里 發掘調査中間報告 II』, 1997, 19쪽.
31) 최맹식, 「부소산성의 기와」 『扶蘇山城을 다시 본다』, 주류성, 2006, 318~320쪽.
32) 부여군, 『백제 사비성의 부활』, 2015, 74·78쪽.

언덕에 큰 비가 하나 있는데, 글자가 깎여 없어져서 사실을 상고하기가 어렵다(縣北山阿有一大碑 頹殘字缺事實難考)"고 했다. 부여현의 북쪽 산은 부소산이다. 언덕의 큰 비는 유인원기공비를 가리키고 있다. 徐有榘(1764~1846)는 『扶餘志』를 인용하여 유인원기공비가 "扶蘇山 中臺에 있다"[33]고 했다. 『세종실록』 지리지에서 유인원기공비가 부러지거나 넘어졌다는 기록이 없다.[34] 이와 관련해 秋史가 지은 『해동비고』에 따르면 "右(大의 誤寫; 필자)唐劉仁願紀功碑 在今忠淸道扶餘縣西北三里 距平百濟碑二里 萬歷(曆의 誤寫: 필자) 壬辰之難(亂의 誤寫: 필자) 此碑爲倭所破 只餘一半蹄 在野中 撰書人 姓氏俱闕 或稱褚河南書然"라고 언급하였다. 즉 유인원기공비는 임진왜란 때 倭人들에 의해 파괴되었다는 것이다.

현재 부여박물관 뜰에 세워진 유인원기공비는 원래 장소인 이곳으로 옮기는 게 마땅하다.

2) 관북리 유적

부소산성을 배후 거점으로 하면서 그 전면에 조성되었을 왕궁의 소재지는 어디였을까? 1982년부터 최근까지 부소산 남쪽 기슭의 서편에 해당하는 관북리 유적을 발굴했다. 그렇지만 궁터는 명확하게 확인되지 않았다. 물론 관북리에서 정면 7칸(동서 35m), 측면 4칸(남북 18m)인 650㎡ 규모의 2층 추정 大形 건물지가 확인되었다. 한 변 길이 77cm의 방형 초석 1개가 현재 남아 있다. 그러나 이 건물지는 7세기 이후에 조성되었다.[35] 그러므로 이 건물지

---

33) 『林園十六志』 권5, 東國金石 條.

34) 유인원기공비가 부러진 시기는 알 수 없다. 그렇지만 『扶餘縣邑誌』에 보면 "유인원비는 부소산 中臺에 있는데 부러져서 傷하였고, 剝落되었다"고 했다. 그리고 『忠淸南道邑誌』에는 邑人들의 말을 빌어 百年 前에 '一縣의 宰'가 비석을 가지고 墓道를 설치하려고 몽둥이로 파괴했다는 전승을 수록하고 있다. 『해동비고』에서는 임진왜란 때 왜인들이 파괴했다고 적었다.

35) 박순발, 『백제의 도성』, 충남대학교 출판부, 2010, 274~275쪽.

는 왕궁 기획과는 무관하다. 더욱이 대형 건물지를 태자궁으로 지목하는 견해도 있지만 맞지 않다. 東宮으로 일컬어진 태자궁은 正宮의 동편에 소재해야하기 때문이다. 대형 건물지는 관북리 유적 건물지로서는 西端에 소재하였다. 따라서 兩者는 도저히 연결되지 않는다.

그리고 물을 저장해 두었던 4m 크기의 대형 목곽 수조 2기가 확인되었다. 목곽 수조는 물을 저장하고 정수시키는 기능을 하였다. 수키와 2매를 원통형으로 맞대어 기와 배수관을 만들었다. 이로써 필요한 만큼 물을 사용할 수 있게 한 상수도 시설이 확인되었다. 3호 木槨水槽의 경우 사면 위로부터 유입된 물이 목곽수조 안에 차 올라 배출되는 구조이다. 장방형 구덩이를 파고 설치한 수조는 길이 3.5m, 너비 1.5m 크기의 목재를 결구하여 틀을 만들었다. 導水管路는 전체 길이가 80m 정도로 추정되며 토수기와 2매를 맞대어 기와관을 연결하여 만들었다. T자형 접합부를 두어 물의 일부가 다른 방향으로 흐르게 하였다.[36]

백제의 도로·연못·공방유구·와적기단건물지·과일 씨앗이 남아 있는 지하목곽고와 지하 석곽저장 시설이 드러났다. 이 중 목곽고에 보관되었던 과일은 참외·고수·머루·대래·대추·복숭아·자두·사과 등이다. 참외씨의 경우는 약 1,300개의 참외가 지하목곽고에 보관된 것으로 확인되었다. 도로는 대로와 소로를 남-북간, 동-서간으로 연결시켜 조성했다. 도로의 양측면에는 하수로가 설치되었다. 교차로에는 석재를 가공한 하수로 뚜껑돌을 설치하여 人馬의 통행이 자유롭게 하였다. 게다가 남북대로 東側溝, 남북대로 이전의 목조와 석조 暗渠 배수로가 발견되었다. 이러한 시설은 도성 내의 물을 배수하거나 상수하기 위한 큰 규모의 배수로로 밝혀졌다. 백제의 우수한 도시 기반 시설의 일면을 엿 볼 수 있다.

그리고 연못은 동서 10.6m, 남북 6.2m의 장방형이다. 1~2m 정도의

---

36) 3호 木槨水槽 현장 안내문.

깊이로 땅을 파고 가공된 석재를 5~6단 쌓아서 만들었다. 연못의 북쪽으로 는 기와를 이용하여 만든 수로가 발견되었다. 연못의 북쪽으로는 기와를 이 용하여 연못에 물을 넣는 入水 시설인 수로를 만들었다. 연못 안에서는 연꽃 잎과 줄기를 비롯하여 백제 때 기와·토기·목간·짚신·銀製鍍金耳飾·陶硯· 開元通寶 2점 등이 출토되었다. 그리고 10여 기에 이르는 소형의 금속가공 시설과 폐기용 구덩이·소형 爐·슬래그 도가니 등이 발견되었기에 금속 공방 시설의 존재를 확인할 수 있었다.[37] 그 밖에 샘터에 인접한 동~서 방향 와적 기단 건물지 부근에서 '北舍'명문 대형 甕片이 출토되었다.[38]

그런데 지금까지의 관북리 발굴을 통해 대형 건물 1동은 확인되었지만 政

_ 관북리 대형 건물지

37) 부여군, 『백제 사비성의 부활』, 2015, 32~41쪽.
   국립문화재연구소, 『한국고고학사전 上』, 2001, 522쪽.
38) 국립문화재연구소, 『한국고고학사전 上』, 2001, 523쪽.

廳의 존재는 드러나지 않았다. 이와 관련해 조선시대 官衙 건물 중 수령이 정무를 보는 공간이 東軒인 점을 유의해야 한다. 마찬 가지로 북으로 산을 등지고 동서로 길게 배치된 공간에서는 역시 동편에 正宮이 소재한다. 정궁은 왕궁 후문과 연결되는 부소산성 정문인 남문의 남쪽 자오선상에 배치되었을 것이다. 이것이 포인트가 된다. 이곳은 현재 부여여고 남쪽 방향과 그 동편에 해당된다. 비록 이곳은 트렌치 조사에서 성토층이 확인되지 않았다고 하여 부정하기도 한다. 그러나 지대석과 御井을 비롯한 많은 초석의 존재와 직경 1m가 넘는 대형 초석의 존재마저 묻힐 수는 없을 것 같다.[39] 관북리는 정궁의 서편이라 과일 목곽과 같은 저장 공간으로는 적격이다. 조선시대에도 관아의 서편에 사직단과 같은 陰氣와 관련된 시설이 조성되었다. 오랫동안 미궁에 싸였던 왕궁터는 이렇게 지목되어진다. 그 동편 구역에서 당나라 군대가 새긴 명문 石槽와 일명 御井이 소재한 이유가 있는 것이다.

한편 왕궁지로서 '구아리 정방형 구획'을 지목하기도 한다.[40] 그러나 왕궁지였기에 정방형 구획이 나타나는 것은 아니다. 史書에 보듯이 사비도성은 5部-5巷으로 짜여져 바둑판 모양으로 구획되었다. 사비도성 내부는 정방형 구획이었다. 따라서 條坊制의 흔적은 도성의 존재를 나타내는 근거이기는 하지만 왕궁지의 準據가 되지는 않는다. 혹은 관북리보다 훨씬 남쪽에 왕궁지가 소재했을 것으로 지목하기도 한다.[41] 그러나 아무런 물증 제시가 없다. 더욱이 관북리를 포함한 왕궁 추정 지역에는 왕궁을 에워싸고 있어야 할 담장 즉 궁성벽이 없다는 것이다. 이 점은 관북리 유적 왕궁설의 결정적 약점이 된다. 이러한 관북리 유적의 한계를 직시하고 제기된 견해가 부소산성 안

---

39) 홍재선, 「백제 사비성 연구-유물, 유적을 중심으로」, 동국대학교 대학원 사학과 석사학위 청구논문, 1981, 54~55쪽.

40) 이병호, 「부여 정림사지의 창건 배경과 도성내 위상」『백제와 금강』, 서경문화사, 2007, 84~88쪽.

41) 박순발, 『백제의 도성』, 충남대학교 출판부, 2010, 274~275쪽.

에 왕궁이 소재했다는 견해이다.[42] 이 견해의 핵심은『翰苑』에서 백제 왕성의 규모인 '方一里半'은 4방으로 했을 때 2,700m가 된다. 이는 부소산성 둘레 2,495m와 근사하다는 데 있다. 이와 더불어 주목되는 근거들을 그 밖에도 제기하였다. 사실 고구려 왕성인 환도산성 안에 왕궁이 확인된 바 있다.[43]『한원』의 경우는 '백제 왕성'을 부소산성으로만 국한시킨 것으로 보인다. 부소산성과 연계된 남쪽의 왕궁 일대를 포함시키지 않은 때문으로 해석된다. 즉 왕성의 범위를 배후 산성으로만 국한시킨 결과라고 하겠다. 이 밖에 사비도성 안에 왕성이 없었을 수도 있다는 주장도 있다. 그렇지만 이러한 주장은 유례와 근거가 없다.

부소산 남록에서 남북 방향으로 적어도 '정림사지' 부근까지는 뻗었을 것으로 보이는 폭 8.9m의 南北大路가 개설되어 있었다. 그 주변에는 215× 85m 정도의 장방형의 구획으로 공간이 구분되어 있었다고 한다. 시가지에서 대로와 장방형 구획이 확인되었음은, 질서정연한 도시구획인 條坊制의 시행 가능성을 높여준다. 이와 관련해 사비 나성의 존재를 의식하지 않을 수 없다.

4. 都城의 조성과 관련한 몇 가지 문제

1) 사비 나성의 현상

나성은 부소산성을 기점으로하여 그 동쪽으로 뻗어내려 가칭 青山城을 경유하여 석목리에 이르는 북나성이 조성되었다. 그리고 능산리의 서쪽 산을

---

42) 서정석,『백제의 성곽』, 학연문화사, 2002, 119~127쪽.
43) 고구려 도성 運用에 대해서는 다음의 논문이 최근의 것이다. 참고하면 도움이 될 것 같다.
李道學,『三國史記』의 高句麗 王城 記事 檢證『한국고대연구』79, 2015, 135~172쪽.

타고 내려 필서봉을 경유하여 백마강에 이르는 동나성이 존재한다. 또 부소산의 서쪽 기슭에서 뻗어내려 백마강을 따라 구아리·구교리·동남리를 거쳐 군수리에 이르는 서나성의 존재이다. 백마강을 따라 조성된 이 같은 서나성이 존재하였기에 사비도성을 일컬어 지리서 등에서 '반월성'이라고 한 게 아닐까? '城末' 곧 '성끝'이라는 지명도 서나성의 존재를 분명히 암시해 준다. 그밖에 논란이 제기되는 궁남지에서 동쪽으로 이어져 중정리에 이르는 남나성의 존재도 거론된다. 이러한 나성은 북나성과 동나성을 먼저 축조하였고, 서나성과 남나성이 그때그때 필요에 따라 축조되었을 것으로 간주하지만 따르기 어렵다. 도시 그것도 왕도 전체를 둘러싼 성벽인 나성은, 일정한 도시기획에 의해 일관되게 축조된다. 그때그때 형편에 따라 쌓아지는 대상은 아닌 것이다. 자연 제방이 많은 부여 땅에는, 천연의 해자 역할을 하는 제방이 있는 구간에는 구태여 성벽을 축조하지 않아도 될 것이다. 그러나 왕도의 위용을 과시하는 한편, 여타 도시와의 가시적인 차별 차원에서라도 나성의 존재는 필요했을 법하다. 그러니 기본적으로 면적을 요하는 나성을 일부 구간에만 쌓는 일은, 의미가 없다. 어느 시기와 지역에서 왕도의 일부 구간에만 축조된 나성이 있었던가? 그런 형태로 사비도성의 성벽을 설정한다면 차라리 遮斷城으로 일컬어야 마땅하다.

나성은 산의 능선이나 평지를 통과하며 축조되었는데, 성벽 안쪽으로는 흙을 다져 성토한 뒤 할석을 채워넣고 가장 바깥 부분은 잘 치석된 장대석으로 마감하는 방식을 채택하였다. 성벽의 바깥쪽으로는 급경사로 다듬은 다음 2m 높이까지의 외부에 석축을 쌓고 그 이상은 자연 상태로 두거나 또는 지형에 따라 성벽 높이까지 토축으로 쌓았던 것으로 파악된다.[44]

나성의 축조 시기에 관해서는 여러 견해가 있었다. 그러나 동나성에 거의 인접하여 조영된 능산리 절터의 창건 연대가 567년으로 밝혀짐에 따라 자연

---

44) 부여군, 『백제 사비성의 부활』, 2015, 192쪽.

나성의 축조 시기도 그 이전으로 올라가게 되었다. 538년의 천도를 전후해서 시가지를 에워싼 나성이 축조된 것으로 보인다. 나성은 동나성의 일부 구간에 적심석이 보이지만 기본적으로 한켜한켜 흙을 다져 판축법으로 축조한 토성이다. 판축법은 성벽이 될 부분의 양쪽에 나무 기둥을 세우고 판목을 고정시켜 틀을 만든 뒤에 그 안에 서로 다른 종류의 흙을 교대로 넣고 다져주는 기법이다.

부소산성을 軸으로 나성이 에워싸고 있는 구간이 사비도성이다. 사비도성은 上·前·中·下·後라는 5개의 部로 구획되어 있었다. 각 부 밑에는 5개의 巷이 존재하였다. 부에는 500명의 병력이 주둔하고 있었는데, 사비도성의 인구는 '萬家'라고 하였으므로, 5만 명에 상당한다. 사비도성 내에 5부 5항제가 시행되었음은 '前部 …'명문 기와나 部 사이의 구획을 표시한 '上部前部自此以△△△'명문 標石을 통해서 헤아려진다. 궁남지에서 출토된 '西部後巷

_ 동나성 성벽

명문의 목간은 다른 정보를 알려준다. 사비도성 내의 5부를 상·전·중·하·후부 뿐만 아니라 동·서·중·남·북부로도 일컬었다는 사실이다.

동나성 성돌에서는 '扶土'·'弓土'·'白虎口虎'와 같은 명문이 확인되었다.

2) 西羅城의 존재에 대한 검증

백제는 都城 조성과 관련해 도시 전체를 에워싸는 羅城을 기획하였다. 이와 관련해 백제가 모델로 삼은 도성에 대한 논의가 분분했다. 대략 중국 洛陽城이나 建康城을 지목하는 견해가 일반화되었다. 그러나 평지에 조성된 낙양성이나 건강성과는 달리 사비성은 야산을 끼고 있는 등 입지 조건 자체가 닮지 않았다. 중국 都城을 모델로 삼았다고 하더라도 그 재현에는 한계가 따를 수밖에 없다. 따라서 모델에 대한 그 원용 여부는 쉽게 분별하기 어렵다. 이와 관련해 중국 도성에 대한 見聞과 백제 자체의 자연지형에 기반을 둔 독자적 도성 기획 가능성을 열어 두어야 한다.

백제는 5세기 후반 개로왕대에 궁궐과 왕릉에 대한 대대적인 改修 토목공사를 단행한 바 있다. 이때 사성(삼성동토성)에서부터 숭산(검단산)에 이르는 한강 연변에 대한 제방 조성 경험을 지녔다.[45] 즉 都城制에 대한 기술적 힘을 보유한 상태라는 것이다. 사비성 천도 무렵 백제는 한성 도읍기의 도성제를 발전시키고 과도기적인 웅진도성 체제의 극복이 懸案이었다. 사비도성은 한성이나 웅진성 도읍기와 동일하게 江邊 都城制였다. 이러한 입지 조건에서의 도성 기획은 1차적으로 江水의 범람에 대한 대비였을 것이다. 개로왕대의 제방 축조는 한강의 범람이 원인이었다. 『삼국사기』에 따르면 웅진성 도읍기에도 다음과 같이 금강의 범람이 확인되고 있다.

* 웅천의 물이 불어 왕도의 200여 家가 물에 떠내려가고 잠겼다(동성왕 13

---

45) 李道學, 「百濟 蛇城의 位置에 대한 再檢討」 『韓國學論集』 17, 1990; 『백제고대국가
   연구』, 일지사, 1995, 280~285쪽.

년 6월).

    * 비가 크게 내려 백성들의 가옥이 떠내려가고 무너졌다(동성왕 19년 6월).

  위와 같은 금강의 범람을 사비성 천도의 한 요인으로 지목하기도 한다.[46] 강의 범람으로 인한 민가의 유실과 같은 피해는 한성 도읍기에도 겪었던 바이다. 또 그 대책으로 제방을 축조한 바 있다. 따라서 백제가 사비도성의 기획에서 1차적으로 고려해야 할 점은 백마강의 범람으로 인한 홍수 피해를 막는 일이었을 것이다. 곧 백마강변에 접한 사비도성의 서편 구역에 대한 제방의 조성을 논의했을 법하다. 결국 사비도성의 나성 구간에서 西羅城 조성은 도성의 位格 高揚과 더불어 堤防 기능 때문에라도 필수 요건이었다.

  물론 西羅城의 흔적이 현재 확인되지 않았으므로 축조되지 않았다는 주장도 있다. 東羅城은 비교적 잘 보전되어 있기에 이와 대비하여 그렇게 단정하는 것 같다. 그러나 이 문제는 現象만으로 단정할 수 없는 측면도 고려해야 한다. 왜냐하면 東羅城은 산지대를 끼고

그림 1. 사비 나성 도면(박순발, 『백제의 도성』, 2010)

---

46) 尹武炳, 「百濟王都 泗沘城研究」『學術院論文集』33輯(人文社會科學篇), 1994, 92쪽.
    沈正輔, 「百濟 泗沘都城의 築造時期에 대하여」『사비도성과 백제의 성곽』, 2000, 93쪽.

있는 구간만 잘 보전되어 있기 때문이다. 論山 가는 국도 변을 가로지르는 평지로 이어졌던 성벽 구간은 남아 있지 않다. 북나성 평지 구간도 외형상으로는 확인되지 않는다. 그렇지만 동나성과 북나성의 평지 구간은 당초부터 조성된 게 분명한 것이다. 이와 동일한 표고상에서 검증한다면 지금은 존재하지 않더라도 서나성벽이 당초에는 조성되었을 가능성을 고려해야 한다. 더구나 서나성벽은 백마강을 끼고 있을 뿐 아니라 개활지에 조성된 관계로 침식 가능성이 동나성 평지 구간보다 심할 수밖에 없다. 따라서 서나성벽은 동나성 평지 구간보다 훨씬 일찍 훼손되었을 가능성도 상정해야 한다.

이와 더불어 현재까지 서나성에 대한 조사에 대해서도 재검증이 필요하게 되었다. 지금까지는 군수리 일대의 제방에 대한 단면절개 조사를 비롯하여 부소산 산록 부근, 구교리 일대의 堤內 충적지, KBS 송신탑 부근의 현 水防堤 부근, 군수제에서 연결되는 堤內 충적지 부분 등 모두 5구간에 대한 '간단한 굴토 조사'를 실시하였다. 그리고 현재 백마강변을 따라 조성된 守防堤는 1950년대에 조성된 것으로서 나성과는 관련 없는 게 드러났다. 물론 이러한 조사 구간에서는 나성 흔적이 확인되지 않았다.[47] 그렇지만 서나성이 일직선 상으로 축조된 것도 아닐뿐더러 "현재의 조사만으로 완전히 '서나성은 없다'는 결론을 짓기는 어렵다고 사려됨"이라는 평가가 제기되었다. 즉 기존의 서나성 예상 구간 외에 여러 지점에 대한 지형 전문가의 자문을 통해 보완조사가 진행된 후에 서나성의 존재 유무에 대한 최종적인 판단이 가능할 것으로 판단하였다.[48] 요컨대 서나성의 예상 통과 지점에 대한 그간의 劃定이 온당하지 않았을 가능성이다. 그럼에 따라 이에 대한 전면적인 재검토가 필요해졌다. 나아가 지금까지의 조사 지점을 통한 서나성 존재 여부는 그 의미가 退

---

47) 성정용, 「泗沘 羅城 調査 成果」『부여나성 대토론회/ 부여나성 있다, 없다』, (재)부여군문화재보존센터, 2012, 1~9쪽.

48) 류기정, 「서나성 추정구역 발굴조사 성과」『부여나성 대토론회/ 부여나성 있다, 없다』, (재)부여군문화재보존센터, 2012, 41쪽.

色되었다.

이와 더불어 江 자체가 해자 역할을 하는 관계로 西羅城 구간에 굳이 築城할 필요가 없다는 주장에 대한 검증이다. 이 경우는 羅城의 방어 기능만 고려했을 뿐 도성의 位格이나 堤防 기능에는 생각이 미치지 못한데서 비롯된 발상인 것이다. 대동강변에 조성된 고구려의 長安城도 江岸의 南壁이 조성되어 있다. 漢晉 낙양성은 南壁이 남아 있지 않지만 그것은 洛河의 開道로 유실되었을 뿐이다.[49] 궁성과 내성 및 외곽성으로 구성된 北魏 낙양성은 남외곽성의 至近 남쪽을 東西로 흐르는 洛河가 있다. 그럼에도 남외곽 성벽이 조성

_ 수당대 낙양성. 바깥으로 해자를 돌렸다.

49) 국립문화재연구소, 『중국고대도성조사보고서』, 2005, 109쪽.
　이와 관련해 漢晉 낙양성 남벽이 '존재하지 않았을 가능성'과 같은 막연한 추측을 논거로 삼는 것은 타당하지 않다.

되었듯이50) 하천으로 인해 성벽이 축조되지 않은 都城은 없다. 북위 낙양성의 경우는 성벽이 존재함에도 불구하고 해자를 돌렸다.51) 鄴城의 경우도 이와 동일하였다. 그러했을 정도로 都城 방어에는 만전을 기하였던 것이다. 게다가 쌓다가 만 羅城은 어디에도 존재하지 않는다.52) 만약 이러한 경우라면 羅城이기 보다는 遮斷城으로 호칭하는 게 합당할 것이다. 혹자는 서나성과 남나성의 존재를 인정하지 않으면서도 '羅城'이나 '郭'이라는 호칭을 사용하고 있다. 이는 어불성설인 것이다.

구드래조각 공원 남서쪽에서 백마강을 마주보며 위치한 사찰인 향교밭사지와 구교리사지가 주목된다. 이 사실은 향교밭사지와 구교리사지 서편 강변에 西羅城의 소재 가능성을 높여준다. 아무런 제방 시설 없이 강변에 사찰이 홀로 들어서기는 어렵기 때문이다. 더구나 과거에는 백마강 水路 幅이 지금보다 더 좁았다고 한다.53) 그러므로 서나성이 백마강변으로 훨씬 근접했을 수 있다. 그럴 가능성은 구드래 지점의 현 제방 바깥 둔치에서 백제 당시 건물지와 경작지면이 확인된 데서도 헤아릴 수 있다.54) 요컨대 서나성은 지

---

50) 국립문화재연구소, 『중국고대도성조사보고서』, 2005, 111쪽. 112쪽.
51) 가와카쓰 요시오 著·임대희 譯, 『중국의 역사-위진남북조』, 혜안, 2004, 375쪽.
52) 이는 공사 중단하다가 완결 짓는 경우도 당초 도성 기획에 담겨 있었기 때문에 가능했던 것이다. 점진적으로 羅城 즉 郭을 축조한 경우도 그것을 완성 짓는 과정이라고 보아야 한다. 이러한 경우는 백마강 때문에 당초부터 서나성을 축조하지 않았다는 것과는 사례가 다르다. 혹자처럼 비교되지 않는 사례를 비교한다면 어불성설인 것이다.
53) 부여군 문화재보존센터, 『고도 부여의 미래를 그리다』, 2011, 182쪽.
『通典』에 따르면 웅천의 넓은 곳은 300步나 된다고 했다. 唐에서 1步는 5尺을 가리킨다. 1尺은 31.1cm이므로, 1步는 1.55m이다. 300步는 466.5m가 된다. 그런데 금강 하구의 넓은 곳은 현재 1.7km에 이르고 있다. 하구언에 의한 형질 변경을 감안하더라도 3분의 1로 강폭이 줄었다고 가정해 보자. 구드래 나루에서 백마강 폭은 현재 250m 정도이다. 그러므로 백제 때 이곳 강폭은 100m 전후였을 가능성을 고려해야 한다.
54) 박순발, 『백제의 도성』, 충남대학교 출판부, 2010, 258쪽.
박순발은 이 주장을 서나성의 존재를 부정하는 근거로 이용하고 있다. 그러나 오히

금까지 조사한 구간과는 달리 백마강변에 근접했을 가능성도 고려해야 한다.[55] 실제 기존의 서나성 구간을 발굴한 성정용도 서나성이 존재했다면 백마강 쪽에 훨씬 근접해야 한다는 소견을 제시한 바 있다.[56] 결국 한강에 연한 풍납동토성의 서쪽 성벽처럼 서나성도 백마강에 인접한 관계로 유실된 것으로 보인다.

地理書에서는 일관되게 半月城의 존재를 언급하였다. 동일한 표고상에 놓여 있을 때 形狀 탐지가 가능한 것이다. 그런데 동나성은 산지대를 끼고 있는 구간이 주종을 이루고 있다. 이로 인한 標高 差의 顯著함 때문에 당초부터 '반월성'을 云謂하기는 어렵다. 게다가 東羅城은 그 형태가 半月도 아니다. 경주의 반월성처럼 江이나 川을 끼고 있는 半月 地形으로 인해 '반월성'이라는 俗稱이 생겨나는 것이다. 이와 관련해 무려 530여 년 前의 扶餘 지역 地理 環境을 전하는 『신증동국여지승람』의 기사를 주목해 본다. 왜냐하면 半千年이라는 장구한 시간의 경과로 인한 지형 변화를 염두에 둘 때, 구체적으로

려 그것을 인정할 수 있는 근거로서 더욱 유효한 확인이라고 본다.

55) 이에 대해서는 沈正輔가 "서나성은 백마강을 따라 이어지는 낮은 구릉 위에 축조되어 있으며(沈正輔, 「百濟 泗沘都城의 城郭 築造時期에 대한 考察」 『考古歷史學志』 11·12合集, 1996, 77쪽)"라고 한 바 있다. 沈正輔는 서나성의 존재에 대해 沈正輔, 「古代扶餘의 歷史考古學的 檢討」 『부여의 어제와 오늘, 그리고 내일』 제1회 한국전통문화학교 문화재관리학술세미나, 2001, 11쪽에서 다시금 거론했다.
혹자는 "1978년 실측조사 결과 제방보다도 훨씬 안쪽에 지나가고 있음이 발표되었으며(2012) 지금도 통과선이 확인되고 국가 사적으로 지정되어 있다"고 했다. 이러한 견해가 맞다면 서나성 存否를 둘러싸고 논쟁이 제기되거나 서나성 不存說이 대세를 이루기는 어려웠을 것이다. 필자 역시 서나성의 존재를 입증하고자 본고를 작성한 것으로써 혹자의 주장처럼 서나성의 존재에 대해서는 입장이 동일하다. 그러나 1978년 실측조사가 공감을 얻지 못하였기에 서나성 存否說이 힘을 얻은 게 아닐가? 필자가 본고를 작성한 까닭도 여기에 있다. 더욱이 제방보다도 훨씬 안쪽으로 나성이 통과했다면 나성 바깥 백마강변에 어떻게 백제 때 사찰이 조성될 수 있었을까? 이러한 맥락에서 보더라도 제방 안쪽으로의 나성 통과설은 문제가 있다.

56) 성정용, 「泗沘 羅城 調査 成果」 『부여나성 대토론회/ 부여나성 있다, 없다』, (재)부여군문화재보존센터, 2012, 4쪽.

묘사한 地形 기록 자체는 몹시 중요한 증언이기 때문이다. 이에 의하면 "半月城: 石築으로 城의 둘레가 1萬 3千 6尺이니,[57] 곧 옛 백제의 都城이다. 扶蘇山을 껴안은 두 머리가 백마강에 이르렀는데, 형태가 半月과 같은 까닭에 이름이 생겼다. 縣治가 그 안에 있다"[58]고 하였다. 여기서 부소산 左右로 성벽이 이어져야만 '껴안은[抱]'이라는 서술이 맞게 된다. 그리고 '두 머리가 백마

---

57) 1萬 3千 6尺은 세종대 영조척 31.24cm로 환산한다면 4,063m에 이른다. 그런데 박순발은 현재 확인된 북나성 0.9km 동나성 5.4km로서 총 6.3km인데, 이 수치는 『신증동국여지승람』에서 나성의 둘레인 1萬 3千 6尺과 대체로 일치한다고 했다(박순발, 『백제의 도성』, 충남대학교 출판부, 2010, 258쪽). 이러한 박순발의 수치는 "『경국대전』의 표백척의 1척이 0.468m로 환산되므로, 6.086km가 된다(박순발, 『백제의 도성』, 충남대학교 출판부, 2010, 255쪽)"라고 한데서 비롯되었다. 그런데 이 보다는 1척이 44.75cm인 五禮尺을 『신증동국여지승람』에서 확인 가능한 城에 적용해 보자. 우선 온달성 즉 城山古城의 경우 오례척을 적용했을 때 681.54m가 된다. 『經國大典』의 布帛尺은 1척이 46.73cm로 알려져 있다. 이것을 적용하면 711.69m가 된다. 실제 온달성의 둘레는 683m이다. 보은 삼년산성(烏頂山城)의 경우 3,699척이다. 오례척을 여기에 적용했을 때 1,655m이다. 『경국대전』의 布帛尺을 적용하면 1,729m가 된다. 삼년산성의 실제 둘레는 1,683m이다. 이로 볼 때 오례척을 기준했을 가능성이 높아졌다. 그런데 문제는 2km가 넘는 거대 성의 경우에도 적용되는 지 여부이다. 경주 富山城의 경우 3,600척으로 알려져 있다. 오례척을 적용했을 때 1.6km이다. 그러나 부산성의 실제 둘레는 9.4km이므로 전혀 맞지 않다. 관문성의 경우는 6,799척이다. 이 경우는 3km가 된다. 그런데 관문성의 長城은 무려 12km에 이른다. 관문성 長城의 동쪽 山頂에 소재한 신대리성은 1.8km이다. 어느 경우를 적용해도 關門城의 길이는 맞지 않다. 다만 신대리성의 경우 영조척으로 환산한다면 2.12km가 된다. 이 숫치는 어느 정도 근사해진다. 그렇다고 하더라도 부여나성 둘레 1萬 3千 6尺은 앞서 언급한 영조척은 물론이고, 五禮尺上으로도 5.8km에 불과하다. 현재 남아 있는 나성의 길이 보다도 짧은 것이다. 『經國大典』의 布帛尺을 적용하더라도 부여나성은 6km에 불과하다. 모두 현재 남아 있는 나성 성벽보다도 짧다. 시간이 흐를수록 유실되고 훼손될 수밖에 없는 이치를 놓고 본다면 현재 남아 있는 나성 길이는 530여 년 전 기록보다는 짧아야 합당하다. 그럼에도 오히려 그 반대였다. 이는 『新增東國輿地勝覽』 기록이 정확한 숫자가 아님을 알려준다. 즉 2km가 넘는 거대 城의 경우는 정확한 숫자가 아닌 것이다. 따라서 『新增東國輿地勝覽』에 적혀 있는 부여나성의 길이에 의미를 부여하기는 어렵다.

58) 『新增東國輿地勝覽』 권18, 扶餘縣 古蹟 條.

강에 이르렀다'는 것은 扶蘇山 左右로 축조된 東·西羅城의 최종 구간을 가리킨다. 아울러 이 구절은 浸蝕 지대에 소재한 남나성이 그 이전에 이미 훼손되었음을 암시한다.

> 요새지로 도읍 옮겨 웅장하게 성 쌓았는데 / 遷都據險壯城池
> 완동들이 허물어 버릴 줄을 어찌 알았으랴 / 忍見頑童自壞時
> 튼튼하던 철옹성도 깨진 기와와 같았거늘 / 鐵瓮堅城同瓦解
> 부질없이 반월만이 쓰러진 비석 비추누나 / 空留半月照頹碑
>
> 위는 半月城이다.[59]

위의 詩에서 黃俊良(1517~1563)은 반월성의 존재를 읊조렸다. 그가 지은 일련의 詩들은 부소산과 낙화암, 그리고 고란사와 '정림사탑'을 대상으로 하였다. 이러한 맥락과 동선상에서 볼 때 위의 반월성은 백마강변의 서나성을 대상으로 한 게 분명하다. 서나성의 존재가 확인되는 것이다. 위의 시구에 보이는 '頹碑' 즉 쓰러진 비석은 『신증동국여지승람』에서 부여현 서쪽 2里에 소재했다는 소정방비일 수 있다. 이러한 반월성의 존재는 南孝溫(1454~1492)의 「扶餘懷古」下에서 "半月城邊皆戰場"라고 하여 보인다. 아마도 이 구절이 현전하는 부여 반월성에 관한 가장 오래된 기록일 수 있다.

비록 서나성의 존재를 부정하는 글이지만 "··· 부소산성의 성벽과 연결되는 서나성의 일부 흔적은 확인되었다. 부소산 西麓寺址와 인접한 북편 능선이 그것이다. 이 능선은 백마강에 바로 접한 능선과 사이에 깊고 좁은 계곡을 사이에 두고 있다. 이 계곡의 남단부 즉, 서록사지 북쪽 능선의 하단부에서는 성석으로 보이는 석재들이 사면에 박힌 채 노출된 곳이 있어 나성의 존재

---

59) 『錦溪先生文集』권2, 詩, 次古迹 九絶. "遷都據險壯城池 忍見頑童自壞時 鐵瓮堅城同瓦解 空留半月照頹碑 右半月城"

_ 부소산 半月樓에서 바라본 백마강을 끼고 있었을 서나성 구간

를 확인시켜주고 있다"[60]고 했다. 박순발은 북나성은 0.9km이고, 서나성은 0.4km라고 했다.[61] 어쨌든 이로써도 서나성의 존재를 인정한 것이 되었다.[62] 요컨대 530여 년 전에 目擊된 "부소산을 껴안은" 한 軸으로서 서나성

---

60) 박순발, 「사비도성의 구조」『사비도성과 백제의 성곽』, 서경문화사, 2000, 43쪽.

61) 박순발, 「사비도성의 구조」『사비도성과 백제의 성곽』, 서경문화사, 2000, 30쪽.

62) 최근에는 박순발은 "필자는 1999년도 나성 각 지점에 대한 답사 결과를 토대로 부소산성 서쪽에서 구드레로 이어지는 일부 구간의 나성 존재를 상정한 바 있으나, 이 부분에 대해서는 정밀한 시굴조사의 필요성이 남아 있다. 이 지점에서 나성의 흔적이 확인된다면 서나성은 부소산성과 연결되는 일부에만 존재하는 것이 되겠지만, 이를 제외하고 현재까지 확인된 사비나성의 …(박순발, 『백제의 도성』, 충남대학교 출판부, 2010, 258쪽)"라고 하며, 과거에 구체적으로 근거까지 제시한 견해를 스스로 접고 있다. 그렇다고 기존 自說을 부정하는 근거가 있는 것도 아니다. 현재 와서 자신이 西羅城說을 전면 부정하는 상황에서 逆으로 西羅城說의 근거로 이용되는 기존 自說을 폐기하려는 의도에서 기인한 궁색한 주장일 뿐이다. 박순발은 西羅城은 물론이고 南羅城의 존재까지도 인정했던 바였다(박순발, 「百濟 都城의 變遷과 特徵」『重

의 뿌리가 확인되었다. 이 사실은 서나성의 본체와 연결되는 성벽이 필시 존재했다고 보아야 사리에 맞다. 따라서 西羅城 不存說은 차후 밀도 있는 재검증이 필요할 것 같다. 한편 西羅城 구간에 남아 있는 '城末'이라는 지명은 西羅城의 존재를 암시하는 것만은 아니다. 이미 오래 전에 서나성벽이 많이 훼실되어 城末이 아닌 구간이 '城末'이 된 것으로 보인다. 이러한 맥락에서 볼때 저습지를 통과했을 남나성은 『동국여지승람』 편찬 훨씬 이전에 죄다 훼실된 것으로 판단할 수 있다.

끝으로 612년(무왕 13) 5월에 "큰 물이 나서 人家가 漂沒되었다"는 『삼국사기』 기사를 음미해 보자. 이 기사가 사비도성의 홍수를 가리키고, 서나성이 존재하지 않았고, 구아리에 왕궁이 소재했다고 하자. 그렇다면 '漂沒人家'가 아니라 담장과 서나성벽도 없는 王宮 漂沒 기록이 보여야 하지 않을까? 이로써도 관북리와 그 남쪽 구아리 왕궁설은 설득력을 잃었다. 제방 역할을 하는 서나성이 존재했음에도 불구하고 '大水'로 인해 성벽을 훼실하고 물난리가 난 것이다. 서나성의 존재 가능성은 역으로 이러한 홍수 사태를 통해서도 반증된다고 보아야 할 것 같다.

참고로 羅城인 고구려 長安城의 사례를 제시해 본다. 612년에 隋將 來護兒가 船團을 거느리고 패수 즉 대동강으로 진입하여 長安城의 南壁을 넘어 상륙한 바 있다.[63] 이처럼 江은 방어용 해자라기 보다는 敵의 侵攻路로 變容되기도 한다. 그랬기에 백제 말에 성충과 흥수가 기벌포 즉 금강 하구를 막으라고 하지 않았던가? 만약 사비도성에서 서나성을 축조하지 않았다고 하자. 이는 마치 敵으로 하여금 어서 들어오라고 大門을 활짝 열어 놓은 것과 진배 없다. 따라서 이러한 정황에 비추어 보더라도 서나성 不存說은 타당하지 않다.

山鄭德基博士華甲紀念韓國史學論叢』, 1996, 127쪽). 그런데 이제 와서는 자신의 입장을 하나씩 하나씩 계속 철회하는 흥미로운 현상을 보여주고 있다.

63) 『三國史記』 권20, 영양왕 23년 조.

3) '靑山城' 유적에 대한 문제

부여 靑山城(사적 제59호; 충남 부여군 부여읍 쌍북리 6번지)은 면적 18,691㎡로서 1963년 1월 21일에 국가사적으로 지정되었다. 문화재청 홈페이지에 등재된 청산성에 대한 설명은 다음과 같다.

> 부소산 동쪽 500m 지점의 낮은 구릉 위에 있는 백제 산성으로, 흙으로 쌓아만든 산성이다. 백제 무왕 6년(605)에 사비에서 웅진으로 통하는 길목을 지키기 위하여 나성과 함께 쌓았다. 외성의 북쪽 성벽은 나성과 연결되어 있어, 나성의 취약점을 보강하고 방어력을 높이기 위한 것으로 보인다. 하나의 독립된 산성이라기보다는 백제의 수도 사비를 보호하기 위해 부소산성과 연결하여 쌓았던 보조산성으로 보인다. 약 300m 정도의 내성과 500m 정도의 외성으로 이루어진 2중 구조의 산성으로 보이지만, 내성은 거의 남아있지 않다. 산봉우리를 빙 둘러쌓은 테뫼식 산성으로, 동북쪽 성벽의 윤곽이 비교적 잘 남아 있다. 성안 서부와 북부에 당시의 건물터로 보이는 곳이 남아있다.

위의 인용에 보이는 무왕 6년(605)에 축조한 성은 『삼국사기』에서 "(무왕) 6년 2월에 角山城을 쌓았다"는 각산성을 지목했음을 알 수 있다. 즉 角山城이 청산성이라는 것이다. 아울러 "나성과 함께 쌓았다"는 구절을 놓고 볼 때 나성 역시 605년에 축조된 것으로 인식했다. 여기서 나성은 성왕대의 사비성 천도와 관련지어 538년에는 완공되었다고 보는 게 정설이다. 청산성을 605년에 축조된 각산성으로 비정한데다가, 청산성의 기능을 나성의 보조산성으로 지목했다. 그러다 보니까 逆으로 사비나성의 축조 시기가 605년으로 내려잡게 되었다. 舊說이 버젓이 남아 있는 것이다.

그러면 위의 사실을 검증해 본다. 먼저 청산성의 각산성 비정의 타당성 여부이다. 이와 관련해 『삼국사기』의 다음 기사를 인용해 보았다.

> 여름 4월 19일에 군사를 돌이켰는데, 大幢과 誓幢이 먼저 가고 下州의 군사

는 맨 뒤에 가게 되었다. 賓骨壤에 이르러 백제의 군사를 만나 서로 싸웠지만 패하여 물러났다. 죽은 사람은 비록 적었으나 兵器와 짐수레를 잃어버린 것이 매우 많았다. 上州와 郎幢은 角山에서 적을 만났으나 진격하여 이기고, 드디어 백제의 진지에 들어가서 2천 명의 목을 베었다(『삼국사기』 권5, 태종무열왕 8년 조).

위의 인용에 보이는 角山은 지금의 전라북도 정읍시 부근의 지명으로 추정하는 견해도 있다.[64] 이와 더불어 각산성은 임실군 관촌면 오원천 양편 기슭에 뿔처럼 솟아 있는 세 군데의 산성, 즉 대리산성과 배뫼산성 및 방현리산성으로 지목하기도 한다.[65] 이러한 맥락에서 본다면 각산성을 사비도성 나성의 보조산성을 가리킨다고 보기는 어렵다. 더욱이 사비도성의 羅城 축조 기록은 없는데 반해, 그 보조산성 축조를 특별히 기록에 남긴다는 것도 자연스럽지 않다. 이 보다 더 큰 근원적인 문제점은 오늘 발표자인 박순발 선생의 글에서도 "이로써, 청산성의 존재는 소멸되었지만"라고 한데 있다. 현재 청산성은 독립된 산성이 아닌 것으로 밝혀졌다. 따라서 청산성을 각산성으로 비정한다는 자체가 이제는 무의미하게 되었다.

그러면 '청산성' 유적에 대한 '院落' 용어의 사용을 檢證해 보자. 이와 관련해 다음의 인용을 살펴 보도록 한다.

청산지구 원락유적의 성격 파악을 위해 입지적 특성, 선행 유적의 시기와 성격, 사비기 발견 주거 혹은 거주용 건물지의 축조기법과 규모상에 보이는 계층성, 사비기 백제 원락들의 종류와 성격 등을 중심으로 검토하였다. 이러한 전제적 검토를 통해 본 유적은 군사적 성격이 농후하다는 점을 알게 되었다. 방호성이 높은 원락의 구조와 중심 건물지의 위상, 중국제 수입품을 포함한 출토유

---

64) 정구복 외, 『역주 삼국사기』 3 주석편(상), 한국정신문화연구원, 1997, 191쪽, 註 260.
65) 전영래, 『백촌강에서 대야성까지』, 신아출판사, 1996, 119쪽.

물, 그리고 와당으로 장식된 기와를 사용한 점 등의 고고자료와 함께 사비기 도성 편제와 관련한 문헌사료와 종합해 보면, 본 유적은 도성을 수비하는 5부 분속의 병력을 통령하였던 달솔급 고위 장령(將領)의 관부일 가능성이 높은 것으로 추정된다. 이러한 추정이 가능하다면 본 유적이 가지는 학술적 …(박순발 선생).66)

위의 인용을 보면 청산지구 원락유적은 "군사적 성격이 농후하다는 점을 알게 되었다. 방호성이 높은 원락의 구조와 …"라고 서술했다. 즉 원락을 군사적 성격이 농후하다고 했다. 그러면 院落은 과연 군사적 성격의 건축물을 가리키는 것일까? 다음은 원락에 대한 사전적 정의와 더불어 용례들이다.

　* 신기철·신용철,『새우리말 큰사전』, 삼성출판사, 1980: ① 굉장히 큰 집 ② 울안에 따로 떨어져 있는 정원이나 부속 건물
　* 한자사전: ① 울안에 따로 막아 놓은 정원(庭園)이나 부속(附屬) 건물(建物) ② 굉장히 큰 집
　* 중국어사전: 院落[yuànluò] 발음듣기 뜰. 정원
　* 민중서림,『漢韓大字典』: 울을 두른 집

　* 芳草池塘多好友 飛花院落屬殘春(꽃다운 풀 우거진 못에는 벗을 삼을 것이 많고, 꽃잎 날리는 안뜰은 봄이 저물어 가는구나)〈李道宰 題光州宣化堂〉(『한시어사전』, 국학자료원, 2007)

　* 황하문명의 발원지 산시성 … 살아있는 역사의 '지상박물관'
　이가대원은 산시성 원청(運城)시 완룽(萬榮)현에 위치해있다. 청대부터 중화민국 초기까지 진상 최고 부호로 이름을 날렸던 리쯔융(李子用)의 저택으로 현재 국가 4A급 관광지로 지정돼있다. 사합원(四合院) 형태로 정갈하고 깔끔한,

---

66) 李道學,「'사비도성의 청산성에 대한 제문제' 토론문」, 백제고도문화재단, 2015. 10.30.

아름다운 정원과 탁트인 하늘까지 거상의 가세와 위상이 고스란히 느껴지는 그 야말로 대저택이다. 원래는 원락(院落, 울타리를 두른 안뜰) 20개, 방 280칸, 총 건축면적이 10만㎡ 이상에 달했지만 현재는 11개 원락과 146칸의 방만 남 아있다(『아주경제』 2015.10.8.).

* 정원이 있는(院落式) 기와방(瓦房)은 바이족(白族) 및 나시족(納西族)의 가 옥이 가장 대표적인데, 두 민족의 건축 양식은 거의 비슷하다. 운남성의 산간 평지에 거주하는 바이족은 대개 흙과 목재 또는 석재와 목재로 만든 와방(瓦房) 에 거주하는데, 일반적으로 폐쇄된 '원락(院落 : '마당' 또는 '정원'이라는 뜻)'을 하나의 단위로 짓는다. '원락'의 유형은 '일방일랑(一坊一廊)', '양방일이(兩坊一 耳)', '삼방일조벽(三坊一照壁)' 및 '사합오천정(四合五天井)' 등으로 나눈다(정재 남, 『중국의 소수민족』, 살림, 2008).

* 歌管樓臺聲寂寂(노래하고 거문고 타던 누대에는 소리가 고요하고) 鞦韆遪院 落夜沈沈(그네 타던 뜰에는 밤이 깊어지네) …

위의 인용에서 알 수 있듯이 원락은 '울타리를 두른 안뜰'이나 '정원' 정도의 의미였음을 알 수 있다. 그렇다면 청산지구 원락유적을 일컬어 "군사적 성격 이 농후하다는 점을 알게 되었다"라는 성격 규정은 타당하기 어렵다. 게다가 북나성과 동나성이 만나는 모서리에 소재한 '청산성'은 기본적으로 군사적 성 격을 지녔음은 부인할 수 없다. '군사적 성격' 운운은 너무나 당연한 해석인 것이다. 오히려 "중국제 수입품을 포함 한 출토유물, 그리고 와당으로 장식된 기와 를 사용한"라고 한 사 실에 의미를 부여해 볼

_ 청산성 지구 출토 연화문 전돌과 와당

필요가 있다. 眺望圈이 좋은 이곳에서 풍취를 즐겼고, 그랬기에 '중국제 수입품'과 '장식된 기와'와 같은 奢侈製가 남겨질 수 있지 않았을까?

5. '定林寺址'

1) '정림사지'와 北魏 永寧寺와의 관계, 그리고 '정림사지 양식'의 등장

'정림사지'는 조선총독부박물관에 의해 1942년부터 3년간 조사가 이루어진 바 있다. 그리고 충남대학교 박물관을 중심으로 1979년부터 1992년까지 6차례의 본격적인 조사가 있었다. 최종적으로는 2008년부터 2009년까지 국립부여문화재연구소에서 발굴하였다.

발굴을 통해 몇 가지 사실이 새롭게 확인되었다. 즉 '정림사지'의 사역은 북동에서 남서로 경사진 자연지형을 이용하여 높은 북동쪽은 깎고, 낮은 서남쪽은 성토하여 조성하였던 것으로 밝혀졌다. '정림사지'는 남북 자오선상에 2개의 방형 연못·중문·석탑·금당·강당지가 일직선으로 배치되었다. 그리고 건물들을 회랑이 감싸고 있는 형태였다. 여기서 석축 배수로와 강당지 좌우에 별도의 건물지(左右 僧房으로 추정)가 확인되었다. 이 건물지 남쪽으로 와적기단 회랑이 배치된 구조로 드러났다. 그 밖에 와적기단의 강당지와 회랑지를 새롭게 확인하였다. 돌이나 흙이라는 재료 외에 와편을 이용하여 기단을 쌓은 瓦積基壇은 관북리·금성산 건물지·왕흥사지·군수리사지에서 나타나고 있다.[67] 그리고 '정림사지'에서는 椽木瓦와 삼족토기, 여러 종류의 도용들이 출토되었다.

기와를 이용하여 기단 외장을 구축한 와적기단은 백제의 독특한 건물 축조

---

67) 부여군, 『백제 사비성의 부활』, 2015, 98~101쪽.

방식으로 알려져 있다. 현재까지 부여와 익산지역에서 확인된 와적기단 건물지는 10개 유적, 28棟이다.[68]

백제는 東아시아에서 佛敎가 크게 興隆한 나라였다. 백제는 고구려 보다 비록 10여 년 늦게 불교가 公認되었지만, 印度에서 佛經을 直輸入하여 譯經했을 정도로 나름대로의 긍지와 자부심이 컸다. 게다가 백제는 倭에 불교를 전래해 주었다. 그리고 백제 왕실은 佛舍利에 대한 독점적인 점유와 분여를 통해 부처와 동격의 위상을 확보하고자 했다. 사비성 천도를 단행한 성왕은 불교를 국가 이데올로기로 이용하고자 크게 흥륭시켰다. 불교는 왕권을 강화할 수 있는 이데올로기였기에 성왕은 많은 사찰을 도성 안에 창건했다.[69] 나성으로 둘러싸인 사비도성 구역 안에서만 부소산사지·석목리사지·쌍북리사지·구교리사지·학리사지·관음사지·향교밭사지·정림사지·군수리사지·가탑리사지·천왕사지 등을 헤아릴 수 있다.[70] 중국 史書에서 백제에 "寺塔이 매우 많았다"[71]고 한 것은 사비도성을 이루는 건조물로서 사찰의 비중이 지대했음을 웅변해 준다. 시가지 한복판에 사찰과 탑들이 별처럼 총총히 박히고 기러기처럼 늘어선 광경을 연상하는 일은 어렵지 않을 것 같다.

이 많은 사찰 가운데 '定林寺址'는 사비도성의 한 복판에 소재하였다. 이로 볼 때 '정림사지'는 기획된 사찰 區間이었을 가능성을 높여준다. 條坊制가 실시된 사비도성 한 복판에 소재하고 있다는 것은 '정림사지' 구역이 천도 때 이미 설정되었을 가능성을 제기해 주었다.[72] 그러나 '정림사지' 부지의 사찰 창

---

68) 김혜정, 「백제 사비기 와적 기단 건물지 검토」『지방사와 지방문화』14, 2011, 97쪽.
69) 백제를 비롯한 불교와 왕권과의 관계는 李道學, 「古代 東아시아 佛敎와 王權」『충청학과 충청문화』13, 충청남도역사문화연구원, 2011, 45~65쪽을 참조하기 바란다.
70) 국립부여박물관, 『백제 가람에 담긴 불교문화』, 2009, 49쪽.
71) 『周書』권94, 異域上, 백제 조.
72) 논자들이 일반적으로 사용하는 사비도성의 條坊制는 部와 그 밑의 구획인 巷으로 구분한데서 비롯되었다. 이러한 용어 사용은 坊墻 有無와는 무관한 것이다.

건 이전 토층에서 백제 삼족토기와 蓋杯 등이 출토되었다.[73] 이 사실은 사비
도성 기획과 더불어 '정림사'가 창건되지 않았음을 뜻한다. 그런 만큼 541년
에 백제가 梁에 요청한 기술자들의 지원으로 정림사가 창건되었다는[74] 견해
는 설득력을 잃었다. 왜냐하면 최근의 발굴 성과와 고고지자기 測定 결과를
토대로 한 보고서에서 '정림사'는 7세기대 조성으로 추정되었기 때문이다.[75]
그럼에 따라 梁 武帝의 內諾에 따른 정림사 寺名 使用說과 538년 천도 이전
의 기본적인 그 외곽 完成說은 의미를 잃었다. 결국 李炳鎬가 '정림사지'가 낙
양 영녕사나 남경 동태사처럼 왕궁의 남쪽에 일정한 계획에 의해 배치된 사
찰이며, 위덕왕이 出家修道하고자 한 사찰이며, 성왕의 왕권 강화에 수반하
는 기념비적이라는 평가 역시 의미를 잃었다. 李炳鎬 스스로 "이상의 검토는
사비시기 왕궁의 위치나 크기, 정림사지 사역 등을 전혀 알 수 없는 상태에서
진행된 추론의 연속이었기 때문에 향후 발굴조사를 통해 수정·보완이 불가
피한 위험성을 안고 있다"[76]는 말이 현실이 되고 말았다.

사비도성에는 時期 幅이 존재하더라도 東·西·南·北·中의 5部와 연관된
國刹이 소재했을 가능성이다. 그렇다면 '정림사지'가 중심 寺域이었을 것으
로 보인다. 이와 엮어져 '정림사'의 창건 모델이 되었을 것으로 보이는 사찰
로서 北魏 永寧寺를 거론한다. 영녕사는 낙양성 복판에 자리잡고 있었고, 황
궁 남쪽에 소재하였다. 그리고 '정림사지'와 동일한 1塔 1金堂式을 따랐기 때
문이다. 그런데 北魏는 493년에 낙양성 조영을 시작하여 495년에 완공했다

---

73) 國立扶餘文化財研究所, 『扶餘 定林寺址』, 2011, 317쪽.

74) 李炳鎬, 「부여 정림사지 출토 소조상의 제작 시기와 계통」 『美術資料』 74, 2006, 53쪽.
李炳鎬, 「扶餘 定林寺址式 伽藍配置의 展開와 日本의 初期寺院」 『百濟研究』 54,
2011, 123쪽.

75) 國立文化財研究所, 『扶餘 定林寺址』, 2011, 321쪽.

76) 李炳鎬, 「부여 정림사지의 창건 배경과 도성 내 위상」 『백제와 금강』, 서경문화사,
2007, 97쪽.

_ '정림사지'

고 한다.[77] 게다가 北魏는 501년에 낙양성에 대한 대규모 修築을 단행했다. 518년에는 성안의 불교 사원이 모두 500寺에 이르렀다고 한다.[78] 이렇게 볼 때 516년에 창건된 영녕사는 낙양성 기획과는 무관함을 알 수 있다. 실제 영녕사는 靈太后 胡氏가 세운 원찰에 불과하였기 때문이다.[79] 이와 마찬가지로 7세기대에 조성된 '정림사' 역시 사비도성 기획과는 직접 연관이 없는 것으로 드러났다.[80] 게다가 영녕사는 목탑 뒤편에 금당이 소재하였지만, '정림

77) 김희선, 『동아시아 도성제와 고구려 장안성』, 지식산업사, 2010, 23쪽.
78) 가와카쓰 요시오 · 임대희 譯, 『중국의 역사』, 혜안, 2004, 383쪽.
79) 『洛陽伽藍記』 권1, 城內, 영녕사 조.
80) 혹자는 "조방제의 중심지에 해당하는 정림사지 터를 상당히 오랫동안 공터로 남겨 놓았을까 하는 의문을 해소시켜야 한다"고 했지만, 필자 역시 당초에는 그런 생각을 하

_ 영녕사지 출토 도용

사지'는 금당 뒤편에 강당이 또 자리 잡았다. 영녕사에서 北回廊 중앙에 강당지를 추정하기도 하지만 그러한 사례는 없다. 이곳에는 北門이 소재하였기 때문이다. 『낙양가람기』에 따르면 "北門은 하나의 통로만 있고, 위로 門樓가 없어서 오두문과 비슷하였다"[81]고 했다. 그리고 영녕사에서는 東西 回廊에서 門址가 확인된다.[82] 그렇지만 '정림사지'에서는 이것이 확인되지 않았다. 오히려 '정림사지'에서는 동·서 회랑과 잇대어 승방이 각각 설치되었다. 그리고 강당 뒤편에 북승방이 소재하였다.[83] 이렇게 볼 때 兩者는 가람 배치에서 차이가 크다.

였다. 하지만 사찰 창건 이전의 유구로서는 원형노지·와열유구·장방형 소성유구가 확인되었다(國立扶餘文化財硏究所, 『扶餘 定林寺址』, 2011, 77~79쪽). 게다가 考古地磁氣 測定에 의해 사찰의 창건 시기가 7세기대로 내려왔으므로 이에 準하여 새로운 가능성을 상정할 수밖에 없었다. 혹자는 고고지자기 측정만 가지고 논하는 것은 위험하다고 했다. 그렇다면 고고지자기 측정의 오류 사례를 먼저 제시한 후에 논의를 하는 게 방법론상 맞지 않을까 싶다.

81) 『洛陽伽藍記』 권1, 城內, 영녕사 조.
82) 영녕사의 가람 배치는 梁正錫, 「新羅 皇龍寺·北魏 永寧寺 그리고 日本 大官大寺」 『韓國史學報』 9, 2000, 13쪽을 참조하기 바란다.
83) 國立扶餘文化財硏究所, 『扶餘 定林寺址』, 2011, 83쪽.

탑→금당→강당이 南北 子午線上에 배치된 가람 구조는 '정림사지'와 군
수리사지, 능사를 비롯한 백제 가람의 대표 양식이었다. 불사리가 봉안된 塔
과 불상이 모셔진 금당, 부처의 말씀을 講說하는 강당이 남북 일직선상에 배
치된 구조는 王卽佛을 표방한 당시 백제 왕권의 존재 양태와 무관하지 않아
보인다. 국왕을 축으로 한 강력한 일원적인 왕권을 상징하는 가람 구조로서
'정림사지 양식'이 탄생한 것으로 보인다. 물론 '정림사지 양식'은 부여 지역
최초의 사찰터인 용정리사지에서 출발하였지만, 대표적인 가람인 관계로 그
러한 이름을 붙일 수 있다.

　왜국에 전파된 백제계 가람인 飛鳥寺의 경우에는 '정림사지 양식'이 나타나
지 않는다. 그렇기 때문에 '정림사지 양식'은 백제 왕권과 관련한 특유의 가람
양식으로 해석된다. 즉 용정리사지와 왕실 원찰인 능사와 寺格이 높은 군수
리사지 등에서나 보이는 양식인 것이다. 일본열도 최초의 官立 寺刹인 四天

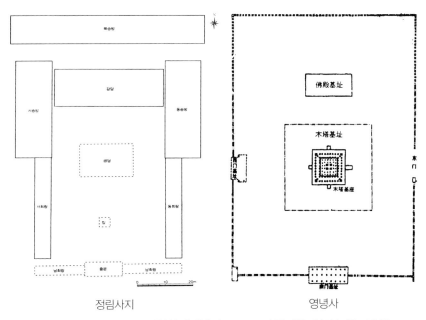

정림사지　　　　　　　영녕사

그림 2. 국립부여문화재연구소, 『扶餘 定林寺址』, 2011 / 양정석, 앞의 논문, 2000

王寺에서는 '정림사지 양식'이 나타난다. 주지하듯이 四天王寺의 창건은 聖德太子의 誓願과 백제의 지원에서 유래하였다. 四天王寺는 결국 왜국에 불교가 뿌리를 내리는 획기적인 轉機가 된 상징성이 큰 사찰이었다.[84] 이러한 특별한 이유로 인해 백제 왕권을 상징하는 가람 양식이 왜국에 직접 등장한 것으로 보인다.

그런데 꽉 짜여진 도성제하에서 일정한 面積을 필요하는 사찰 조성의 임의성은 현실적으로 어려웠을 법하다. 이 경우는 귀족의 宅地를 사찰화하는 방법을 상정할 수 있다. 그리고 몰수한 귀족의 저택을 사찰로 전환하는 경우도 고려할 수 있게 된다. 위덕왕대에 백마강 北岸에 왕흥사가 창건된 이유도 기실은 도성 내에 더 이상의 사찰 부지가 존재하지 않았기 때문일 수 있다. 이와 맞물려 사택지적비에 보이는 귀족들의 氏寺는 도성 바깥에도 소재했을 것이다.

한편 '정림사지' 5층탑의 건립 시점을 백제 멸망 직후로 간주하는 견해가 제기되었다. 이는 몹시 중요한 사안인 관계로 검증을 要한다고 하겠다. 관련 구절을 인용하면 다음과 같다.

> … 적어도 백제 창건 금당 기단성토가 삭평되고 겨우 30cm 정도만 남아 있는 곳에 적심석을 배치한 고려 초 금당지의 기단상면과 동일면에 백제 시대의 석탑이 놓여 있을 수는 없기 때문이다. 그러면 이 석탑은 고려 초에 금당과 함께 세운 것일까? 문제는 석탑에 새겨진 소정방의 紀功 비문이다. 660년 백제를 멸망한 공적이 새겨진 석탑이 고려 초의 것일 수는 없기 때문이다. … 따라서 석탑은 백제 멸망 직후에 세워졌다고 보아야만 토층도의 상황과 모순되지 않는다. 다시 말하면, 정림사 석탑은 백제 멸망 직후 기존의 목탑을 비롯하여 사역 내부의 중심 건물을 허물고 그 기단부도 삭평하여 연지 부근의 저지대에 성토한 다

---

84) 이에 대해서는 李道學, 「古代 東아시아 佛敎와 王權」『충청학과 충청문화』13, 충청남도역사문화연구원, 2011, 51~53쪽을 참조하기 바란다.

음 이전의 목탑이 있던 자리에 새로 석탑을 만들어 세운 것이다. 이 때 백제는 멸망한 소정방의 전공을 새긴 것이다. 그러므로 7세기 중엽에 만들어진 정림사 석탑의 양식적 위치가 639년에 창건된 미륵사 석탑에 비해 늦은 것은 너무나 당연하다.[85]

쉽게 말하면 박순발은 토층을 놓고 볼 때 5층탑은 고려시대에 건립된 것이어야 하지만, 塔身에 새겨진 唐人들의 명문이 걸림돌이 된 만큼, 兩者를 절충하여 '백제 멸망 직후에 세워졌다'고 한다. '백제 멸망 직후에 세워졌다'면 명문이 새겨진 660년 8월 15일 이전에 건립된 것이다. 백제는 660년 7월 19일에 항복했다. 이러한 주장대로라면 1개월이 채 되지 않은 시점에서 5층탑이 건립되어야 한다. 만약 그랬다면 戰亂으로 인한 國亡이라는 비상시국에 무슨 목적으로 탑을 건립했는지가 敷衍되어야 한다. 박순발은 5층탑 건립이 그렇게도 시급할 수밖에 없는 이유를 제시했어야 할 것이다.

2) '定林寺'는 高麗時代 寺刹 名인가?

'定林寺'라는 寺名은 1942년에 현재의 '정림사지'를 발굴 조사하면서 강당터에서 출토된 기와편에 적힌 '大平八年戊辰定林寺大藏當草'라는 명문에서 비롯되었다. 그런데 '定林寺'는 '大(太)平八年' 즉 1028년(고려 현종 19) 연대가 적힌 명문와에 보이는 寺名일 뿐이다. 백제 당시의 寺名은 알 수 없었고, 고려시대 銘文瓦의 성격 자체도 명확하게 구명하지 못했다. 사실 본 명문와가 출토된 장소는 비로자나불좌상이 봉안된 고려 때 금당지였다. 따라서 지금의 '정림사지'가 고려시대 때도 '정림사'로 일컬어졌는지 여부는 명확하지 않다.[86] 그럼에도 "고려시대에 이 절이 定林寺로 불렸으며 大藏殿이라는 전각

---

85) 박순발, 『백제의 도성』, 충남대학교 출판부, 2010, 283~284쪽.

86) 李道學, 「定林寺址 五層塔 碑銘과 그 작성 배경」 『백제 사비성시대 연구』, 일지사, 2010, 301쪽, 註 18.

이 있었음을 말해주는 것이라 하겠다"[87]고 단정했다. 최근의 발굴 성과를 담은 보고서에서도 "(이 명문와를 통해) 고려시대에는 사찰의 명칭이 '정림사'였다는 것을 확인할 수 있었다"[88]고 확정 짓는 언급을 하였다. 나아가 前者는 고려시대 寺名이 백제 당시까지 소급될 수 있다는 전제하에 南朝 建康의 定林寺를 의식한 명칭이 백제 정림사였다고 했다.[89] 聖德太子가 건립한 일본 飛鳥의 定林寺도 존재하는 것을 볼 때 定林寺라는 寺名은 백제 때까지 충분히 소급될 수 있다는 것이다.[90]

그러면 이 문제를 검증해 보도록 한다. 먼저 '大平八年戊辰定林寺大藏當草'라는 명문의 '大藏'은 '大藏經'의 준말이다.[91] 이는 唐나라 杜荀鶴의 '題護國

_ '定林寺'銘瓦

---

87) 李炳鎬,「부여 정림사지 출토 소조상의 제작 시기와 계통」『美術資料』74, 2006, 51쪽.

88) 國立扶餘文化財硏究所,『扶餘 定林寺址』, 2011, 322쪽.

89) 박순발도 이와 동일한 견해를 제기하였다(박순발,『백제의 도성』, 충남대학교 출판부, 2010, 218쪽).

90) 李炳鎬,「부여 정림사지 출토 소조상의 제작 시기와 계통」『美術資料』74, 2006, 52~53쪽.

91) 단국대학교 동양학연구소,『漢韓大辭典』3, 2000, 886쪽.
　　이와는 달리 대장전의 존재를 처음 언급한 이가 藤澤一夫였다(藤澤一夫,「古代寺院の遺構に見る韓日の關係」『アジア文化』8-2호, 1971, 53쪽).

大師塔詩' 등을 근거로 삼았다. 그리고 '當'은 '맡다'·'받다'·'대하다' 등의 뜻
을 지녔다.[92] '草'는 '새'로 불려야 하는데, 우리 나라에서는 '기와'를 의미하는
문자로 사용되어 왔다고 한다.[93] 그렇다면 '定林寺大藏當草'는 '定林寺 大藏
經을 맡은 기와'라는 의미가 된다.[94] 大藏經이 봉안된 大藏殿에[95] 이는 기와
라는 用處를 나타내는 문자인 것이다. 그런데 옛말에 '풀[草]'을 '새'라고 한다.
'새'는 지붕을 이는 띠를 가리킨다.[96] 그렇다면 '大藏當草'는 大藏經을 맡은
건물 지붕을 이는 띠와 같은 기와라는 의미로 받아들여진다. 문제는 현재 '定
林寺址'에 大藏殿의 소재 與否가 된다.[97] 최근의 발굴 성과에 따른 확정된 伽

---

92) 단국대학교 동양학연구소, 『漢韓大辭典』 9, 2000, 894쪽.

93) 尹武炳, 「扶餘 定林寺址 發掘記」 『佛敎美術』 10, 1991, 39쪽.

94) '當'을 '堂'의 誤字로 간주하기도 한다(李炳鎬, 「부여 정림사지 출토 소조상의 제작 시
기와 계통」 『美術資料』 74, 2006, 51쪽). 그러나 "신라 말 내지 고려 초의 '千佛當草'
銘瓦가 많이 있는 것을 보면(文明大, 「聖住寺 三千佛殿址 제1차 발굴-聖住寺址 제2
차 조사」 『佛敎美術』 2, 1974, 28~29쪽; 『한국의 불상조각』 2, 예경, 2003, 357
쪽)"라고 하였다. 따라서 '當'이 '堂'의 誤字일 수는 없다.

95) 혹자는 대장전에 대해 "불교사전에 의하면 대장경을 보관하는 불교사찰 건물로서 보
통 비로자나불이나 석가모니불이 안치되므로 사실과 다른 주장이다"고 했다. 그러나
다음에서 보듯이 이러한 주장은 거짓이다. 즉 "大藏殿 : 대장경을 보관하는 사찰 전
각을 일컬음"(吉祥 編著, 『佛敎大辭典』 上, 弘法院, 2003, 462쪽)이라고 했다. 그리
고 伽山佛敎大辭典에서는 "大藏殿 : 대장경 책을 봉안한 法寶殿을 말함. 사찰과 장소
에 따라 대장전 또는 법보전이라고 일컫는다. 法寶는 곧 법신이므로 住持三寶를 모
신 대웅전보다 더 중요하다 하여 해인사나 송광사 등 대개의 사찰에는 법보전이나 說
法殿이 佛殿 위에 모셔 짓고 있다(伽山佛敎文化硏究院, 『伽山佛敎大辭典』 4, 伽山佛
敎文化硏究院 出版部, 2001, 630쪽)"라고 하였다. 한편 한국불교대사전편찬위원
회, 『한국불교대사전』, 보련각, 1982에서는 '대장전' 항목이 없다. 그 밖에 慈怡, 『佛
光大辭典』(佛光出版社, 1989)이나 世界聖典刊行協會, 『(望月)佛敎大辭典』(2000)을
비롯하여 織田得能, 『織田佛敎大辭典』(1969)에도 혹자가 인용한 그러한 글귀는 없
다. 그러니 혹자가 읽은 '불교사전'은 어떤 책인지 제시하기 바란다.

96) 이희승, 『국어대사전』, 민중서림, 2000, 1943쪽.

97) 대장전이 소재했던 사찰로서는 김제 金山寺와 예천의 龍門寺, 합천의 해인사 등에서
확인된다.

藍 配置인 '정림사지 유구 복원도'에는 大藏殿의 존재가 확인되지 않았다.[98]

더구나 동일한 명문와(이후 '명문와'로 略記한다)는 강당지 뿐 아니라 북승방지·강당 북쪽 와적기단 외곽의 흙갈색사질점토층·동승방지·강당지 서편 와적기단건물지 외곽 등에서도 출토되었다.[99] 이는 명문와의 출토지가 지닌 의미가 없어졌음을 뜻한다. 게다가 명문와는 "부소산성내 발굴 조사에서도 수집(십?: 필자)점 출토 사례가 있어"[100]라고 하였다. 실제 보고서에서도 부소산성에서 '大平八年'명문와가 출토된 사실이 확인되었다.[101] 부소산성과 더불어 '… 林寺大藏當'라는 동일한 명문와가 관북리 유적에서도 출토되었다.[102] 그리고 석목리에서도 동일한 명문 기와가 출토된 바 있다. 특히 부소산성에서 출토된 고려시대 기와를 언급하면서 "이 명문기와는 부여읍 내에 있는 백제시대에 초창된 정림사지 내에서 출토되어 현재 定林寺라고 명명된 사찰터에서도 출토된 바 있다. 여기서 알 수 있는 바와 같이 동일한 요지에서 생산된 기와는 필요에 의하여 여러 곳으로 동시에 공급되었음을 알 수 있다"[103]는 의미 부여까지 제기되었다.[104]

---

98) 國立扶餘文化財研究所, 『扶餘 定林寺址』, 2011, 83쪽.

99) 國立扶餘文化財研究所, 『扶餘 定林寺址』, 2011, 169~174쪽.

100) 최맹식, 「백제 유적 발굴과 그 성과」『建築歷史研究』22, 2000, 101쪽.

101) 國立扶餘文化財研究所, 『扶蘇山城 發掘調查中間報告Ⅱ』, 1997, 218쪽. 644쪽.
國立扶餘文化財研究所, 『부소산성 발굴조사보고서Ⅴ』, 2003, 222쪽.

102) 國立扶餘文化財研究所, 『扶餘 官北里 百濟遺蹟發掘報告Ⅳ-2008年調查區域』, 2009, 142쪽.
國立扶餘文化財研究所, 『扶餘 官北里 遺蹟發掘報告Ⅴ-2001~2007년 調查區域 統一新羅時代以後遺蹟篇-』『扶餘 定林寺址』, 2011, 44~45쪽.

103) 최맹식, 「부소산성의 기와」『扶蘇山城을 다시 본다』, 주류성, 2006, 334~335쪽.

104) 부소산성과 관북리에서 출토된 명문와에 대해 "그러나 이들 유적에서 출토된 유물들은 지표조사에서 수습되었고, 수 점에 지나지 않기 때문에 큰 문제는 없을 것으로 생각된다"고 하면서 정림사 寺名을 고수하는 입장을 제기하기도 했다(이병호, 「부여 정림사지 출토 소조상의 제작 시기와 계통」『美術資料』74, 2006, 53쪽, 註98). 그러나 이와는 달리 해당 명문와는 "이 명문 기와는 암기와로서 두 편이 출

요컨대 '大平八年'銘瓦가 '정림사지'뿐 아니라 부소산성이나 관북리 유적과 석목리에서도 출토되었다. 이 사실은 현재의 '정림사지'가 고려시대 때의 '정림사지'가 아님을 확정 짓고 있다. 따라서 "강당은 고려시대에 와서 백제시대 건물지 위에 대장전을 세워 재건하고 석불 좌상을 안치하였기 때문에 …"[105] 라거나 "고려시대에 와서 외롭게 서 있는 석탑 북편에 대장전을 재건하고 석불을 안치함으로써"[106]라는 서술은 더 이상 타당하지 않게 되었다. 대장전에 석불을 안치했다고 했지만, 大藏經이 안치되어 있어야 한다. 최초의 명문와 출토지가 더 이상 대장전의 위치를 말해주는 근거가 될 수 없었다. 더구나 대장전에 어떻게 석불이 안치될 수 있을까? 이는 逆으로 석불이 안치된 공간이 대장전이 아님을 반증해준다.[107] 실제 본 명문와는 '정림사지' 여러 곳에서

토되었다. 출토 위치는 마 지구 성벽내 정상부 직하인 지표하 100~210cm 지점의 황갈색 사질토층으로서 성벽을 구성하는 다짐층에서 출토되었다(國立扶餘文化財研究所, 『扶蘇山城 發掘調査中間報告Ⅱ』, 1997, 218쪽)"고 했다. 그리고 관북리 출토 명문와에 대해서도 "주초건물이 폐기된 다음 형성된 남북 담장 기초와 동서 석렬이 확인된다. … 이 석렬 북편에 기와가 지붕에서 무너져 내린 것처럼 쌓여 있는데 여기에 정림사명 기와와 청자가 포함되어 있었다(國立扶餘文化財研究所, 『扶餘 官北里 遺蹟發掘報告Ⅴ-2001~2007년 調査區域 統一新羅時代以後遺蹟篇-』, 2011, 44~45쪽)"고 하였다. 즉 부소산성과 관북리 출토 명문와는 이병호가 말하는 지표조사 수습품이 아닌 것이다.

105) 國立扶餘文化財研究所, 『百濟廢寺址學術調査報告書』, 2008, 107쪽.

106) 國立扶餘文化財研究所, 『百濟廢寺址學術調査報告書』, 2008, 108쪽.

107) 혹자는 "정림사지 발굴에서 대장전이 확인되지 않았다고 했으나, 발굴조사에서 건물 평면만으로는 그 건물의 성격을 단정하기 어렵기 때문에 그러한 것으로 보아야 할 것임. 조사결과가 결코 대장전이 없다는 단정에 사용되기는 어려움"이라고 했다. 이러한 주장은 어떻게든 기존 정림사지 주장을 지키려는 强辯으로 밖에는 해석되지 않는다. 혹자의 주장대로 발굴 圖面을 제외한다면 무엇을 가지고 대장전의 존재를 인정해야 하는가? 정림사명 기와가 다른 지역에서 출토되지 않았다면 이러한 주장은 일견 가능할 수도 있다. 그러나 모두 4 유적에서 출토되고 있는 관계로 당초에 본 명문 기와가 사용처로서 '정림사지'는 재고해야 마땅하다. 더구나 '정림사지'에서도 여러 건물지에서 본 명문 기와가 출토되고 있으므로 대장전과 관련한 정합성을 이미 상실하지 않았던가?

출토되었다. 이 역시 '정림사지'에 대장전이 존재하지 않았다는 반증이 된다. 나아가 본 명문와의 당초 소용처가 '정림사지'가 아님을 가리킨다. 이와 더불어 간과할 수 없는 것은 '정림사지'에 고려시대 때 기와를 공급하기 위한 가마가 설치된 사실이다.[108] 그럼에도 이곳에서 '定林寺'銘瓦 단 한 점도 출토된 바 없다. 이 사실은 다른 곳에서 잉여분의 '定林寺'銘瓦가 공급되었음을 뜻한다. 따라서 '定林寺址'의 寺名이 '定林寺'가 될 수 없다는 사실이 밝혀졌다.

참고로 고유섭은 "무릇 이 탑의 소속 寺院名을 밝힐 수가 없다. …『삼국사기』권28 의자왕 20년 조에 보이는 '白石寺'라는 것이 한번 고려되는 바이나 證徵이 없다"[109]고 했다. 어쨌든 정림사지가 현재의 부여군 관내에 소재했을 가능성은 높다. 그리고 부소산성에서 출토된 고려시대의 명문와를 통해 '沙尒寺'의 존재가 확인된다.[110] 이 사실은 부여 지역에서는 고려시대에도 여전히 많은 사찰들이 운영되었음을 시사해 준다.

6. 공덕사

조선시대 부여 縣治를 중심으로 할 때 그 서쪽에 있었던 사찰로는 향교밭사지와 구교리사지를 지목할 수 있다. 이곳은 부소산 밑에 소재한 절터가 된다. 이 절터의 기원이 백제 때로 소급된다면 중요한 역할을 했을 가능성을 제기해준다. 이와 관련해 다음 기사를 본다.

혹 餘州라고도 말하는 것은, 郡의 서쪽에 있는 資福寺 高座의 위에 수놓은 휘장이 있는데 그 수놓은 글에 말하기를, "統和 15년 정유 5월 일 餘州 功德大寺

108) 國立扶餘文化財研究所, 『扶餘 定林寺址』, 2011, 129쪽. 337쪽.
109) 高裕燮, 「扶餘 定林寺址 石塔(平濟塔)」『고유섭전집 1』, 동방문화사, 1993, 261~262쪽.
110) 최맹식, 「부소산성의 기와」『扶蘇山城을 다시 본다』, 주류성, 2006, 336~337쪽.

繡帳이다"라고 하였으며 또 옛날에는 河南에 林州刺史를 두었는데 그때 圖籍 중에 餘州라는 두 글자가 있었으니 林州는 지금의 佳林郡이고 餘州는 지금의 부여군이다.[111]

위에서 餘州는 부여군을 가리킨다. 扶餘郡治 서쪽에 소재한 資福寺 高座 위의 휘장에 적힌 '統和 15년' 글귀는 997년 당시 功德大寺가 소재했음을 알려준다. 功德大寺의 기원은 알 수 없다. 그런데 왕흥사나 미륵사를 비롯한 백제 때 사찰들이 적어도 고려시대까지 寺名이 내려오는 경우가 적지 않았다. 따라서 功德大寺도 백제 때 寺名일 가능성을 상정해 보아야 한다. 이와 관련해 사비성 도읍기 22 官府 가운데 '功德部'를 상기해 본다. 사찰을 관장했던 功德部에 功德寺가 소재했을 수 있다. 백제 전국 사찰을 주관하는 大刹이었기에 功德大寺로 命名했을 가능성이다. 이와 관련해 부소산성과 왕궁평성에서 각각 출토된 '功'銘 印刻瓦의 존재가 주목을 요한다.[112] 이와 더불어 '功德'銘 토기들은 왕궁평성과 미륵사지에서도 각각 출토되었다.[113] 익산 왕궁평성에서 출토된 기와의 '大官大寺'·'大官寺'명문은 官寺를 관장하는 功德部 기능을 상정해준다. 비록 '官宮寺'·'大官宮寺'銘瓦가 통일신라 것이라고 하자.[114] 그렇더라도 이러한 銘瓦는 부여 功德大寺와 마찬가지로 백제 때 정서를 반영할 수 있다. 이곳에서 출토된 '王宮寺'銘 통일신라 瓦도 백제 때 왕궁의 존재를 기억시켜준다. 그러한 왕성인 왕궁평성 내에 功德部가 소재한 것은 당연하다.

---

111) 『三國遺事』 권2, 紀異, 南扶餘·前百濟·北扶餘 條. "或稱餘州者 郡西資福寺高座之上有繡帳焉 其繡文曰 統和十五年丁酉五月日餘州控功德大寺繡帳 又昔者河南置林州刺史 其時圖籍之內有餘州二字 林州今佳林郡也 餘州今之扶餘郡也"
112) 국립부여문화재연구소, 『扶蘇山城發掘調査中間報告Ⅱ』, 1997, 204쪽.
    국립부여문화재연구소, 『王宮里Ⅵ』, 2008, 432쪽.
113) 국립부여문화재연구소, 『王宮里發掘調査中間報告Ⅲ』, 2001, 467·609쪽.
114) 국립부여문화재연구소, 『王宮里發掘調査中間報告Ⅱ』, 1997, 317쪽.

7. 맺음말

사비성 천도에 주도적으로 협조한 세력은 沙宅氏가 아니라 木氏였을 가능성을 제기하였다. 천도 시점과 관련해 부소산성에서 출토된 '大通'銘瓦는 연호가 아님을 밝혔다. 더구나 백제에서는 이 무렵 연호를 사용하지 않았기 때문이다. 따라서 '大通'銘瓦가 사비성 천도 시점을 암시해 주는 자료가 될 수 없었다.

사비도성의 區劃과 관련해 쟁점이 되고 있는 게 西羅城의 존재 여부였다. 한성 도읍기부터 홍수의 범람으로 인한 제방 축조의 경험을 지닌 국가가 백제였다. 백마강에 접할 수밖에 없는 西羅城은 제방의 역할과 더불어 도성의 완결성을 가져다 주는 사안이었다. 530여 년 前의 扶餘 지역 地形을『신증동국여지승람』에서 "扶蘇山을 껴안은 두 머리가 백마강에 이르렀다"는 '半月城' 기사는 西羅城의 존재를 결정적으로 뒷받침해 주었다. 결국 서나성은 한강에 연한 풍납동토성의 西壁처럼 백마강에 유실된 것으로 보인다.

사비도성의 중앙에 소재한 '정림사지'는 北魏 낙양성의 영녕사에 견주어 왔다. 그러나 兩者는 입지 조건도 동일하지 않을뿐더러 가람 배치 양식도 일치하지 않았다. 따라서 '정림사지'가 영녕사의 영향을 받았으리라는 추측은 근거 없음을 밝혔다. '정림사지'에 보이는 1塔-1금당-1講堂 式의 가람 배치는 백제 특유의 양식으로 구명했다. 동시에 이러한 가람 양식은 백제 왕실과 깊은 관련을 맺고 있는 사찰에서만 나타난다는 것을 확인했다. 南北 子午線上에 一列로 부처 관련 시설이 배치된 가람 구조는 王卽佛 사상과 관련 된 것으로 파악하였다. 佛과 동격의 위상을 확보하고자 한 백제 왕을 頂點으로 한 강력한 왕권의 표상이기도 했다.

그리고 '定林寺址'로 命名하게 된 근거인 '大平八年'銘瓦는 최초의 발굴처인 '정림사지' 강당지 외의 敷地에서도 散在하여 있었다. 더구나 최종 발굴 결과 '정림사지'에서는 銘文에 보이는 大藏殿의 존재가 확인되지 않았다. 부소산성과 관북리 유적에서도 이와 동일한 銘文瓦가 출토되었다. 그리고 '定林寺址'

에서는 이곳 사찰에 공급하기 위한 목적의 기와 가마까지 설치되었다. 그럼
에도 이곳에서 본 銘文瓦는 단 한 점도 출토된 바 없다. 다른 지역에서 생산
하여 남은 본 명문와를 ‘定林寺址’를 비롯한 부여 지역 4곳에 공급한 것이 된
다. 따라서 지금까지의 ‘정림사지’ 비정은 타당하지 않음을 밝혔다. 다만, 실
제 ‘정림사지’는 부여 지역 관내에 소재했던 것으로 추측할 수 있었다.

요컨대 최근의 발굴 성과에 따르면 ‘정림사지’는 7세기대에 창건된 것으로
드러났다. 사비도성 기획과 관련해 조성된 사찰은 아닌 것으로 밝혀졌다. 그
리고 ‘定林寺址’의 寺刹 名은 백제나 고려시대 때도 定林寺는 아닌 것으로 구
명되었다. 앞으로 규명해야 할 과제로 남겨졌다.

<出典>「百濟 泗沘都城과 ‘定林寺’」『白山學報』94, 2012, 107~136쪽.

제3장
사비도성의 編制와 海外 交流

1. 머리말

일찍이 六堂 최남선은 삼국이 각축하였던 한반도의 特長을 일러 "海陸接境에 處하야 陸利가 海利를 兼하야 밧난 것이라"[1]면서 '海陸文化의 最上處'임을 갈파하였다. 六堂은 '해륙문화'라는 용어를 최초로 사용한 것이다. 그러한 海陸文化에 속한 백제는 지금의 서울 일원인 漢城에 도읍하였지만 475년 고구려군의 강습으로 인해 熊津城으로 천도하였다. 그로부터 63년 후 백제는 사비성으로 다시금 천도했다. 그런데 세 곳의 백제 왕성을 놓고 볼 때 한 가지 공통점을 발견하게 된다. 한성의 王宮城인 풍납동토성과 공주 공산성이나 부여 부소산성과 연계된 왕궁성은 한결같이 江邊에 소재하였다. 江은 방어적인 해자 역할도 하지만 응당 江水의 범람에 대한 대비도 필요한 것이다. 이처럼 양면성을 지닌 江과 엮어져 백제 도성이 조성되었다.[2] 그렇다면 여기에는

---

1) 최남선, 「海上大韓史(六)」『소년』 1909~1910 ; 『六堂 崔南善全集』 5, 역락, 2003, 37·45쪽.

2) 윤명철은 한성백제의 도성을 한강과 연계된 풍납동토성과 하남시 일대로 각각 비정하면서 도시의 성격을 河港都市라고 했다(尹明喆, 『해양역사상과 항구도시들』, 학연문화사, 2012, 228~229쪽). 한편 윤명철은 최근에 한성과 사비성을 '江海都市'로

어떤 企劃 의도가 담겼다고 보는 게 온당한 해석일 것이다. 곧 水系의 이용을 통한 대외 교류의 활성화를 비롯하여 경제적 富의 집중을 용이하게 하는 利 點이 있었다. 그랬기에 급박한 위기적 상황에서 백제가 천도한 웅진성이지만 이러한 원칙에서 벗어나지 않은 것 같다. 따라서 웅진성으로 천도한 배경이 새롭게 구명되어진다.

사비도성은 5部-5巷에 의한 정돈된 도시 구획을 자랑하고 있다. 그런데 궁성이 北端에 소재한 사비도성의 편제 형태를 비롯한 몇 가지 요소는 선비 족이 세운 北魏 洛陽城과의 유사성이 잡히고 있다. 어쩌면 사비도성 企劃이 낙양성의 영향을 받았을 가능성도 있지만 군사형국가라는 양국 간의 동질성 에 기인한 공통 분모도 상정해 보고자 한다. 이와 더불어 본고의 중심 주제는 백제가 사비도성에 도읍한 이후 과연 意圖에 걸맞게끔 왕성한 해외교류가 진 행되었는지를 검증해 보고자 하였다. 이와 관련해 國際都市로서 사비도성의 位格을 웅변해주는 외국인의 거주 사실을 문헌 뿐 아니라 東南아시아人 도용 과 같은 물질 자료를 통해서도 입증하고자 했다. 나아가 이러한 사실 자체가 백제의 천하관과 긴밀히 엮여져 있다는 점을 구명하려고 한다. 이와 덧붙여 져 백제 使人이 곤륜 史臣을 해척한 사건이 지닌 의미를 海洋信仰과 결부지 어 근거 자료를 한층 보완해서 살펴 보고자 했다. 이러한 작업을 통해 백제가 당초 企劃한대로 사비도성이 國際都市로서 기능했는지 여부가 구명될 것으 로 본다.

지목하였고, 웅진성은 河港都市라고 하였다. "河港都市는 내륙 한가운데를 흐르는 큰 강의 옆에 생성된 항구도시이다. 江海都市는 강과 바다가 만나는 접점에 생성된 도시로서 내륙도시이면서 항구의 기능을 하였다"고 정의하였다(尹明喆, 『해양사 연구 방법론』, 학연문화사, 2012, 161~162쪽). 그는 삼한 78국의 상당수를 '나루국 가'로 간주하면서, 灣이나 나루와 포구에서 정치와 경제적으로 성장한 도시국가라고 했다(尹明喆, 위의 책, 161쪽). 이는 확실히 都市의 성립과 포구의 기능을 연계시킨 주목할만한 견해라고 하겠다.

2. 漢城의 입지 조건과 웅진성 천도 배경

사비도성의 입지적인 조건을 살피기에 앞서 역대 백제 왕성의 조건을 먼저
살피는 게 좋을 것 같다. 백제의 건국지인 서울 지역에서 권력 거점의 軸인
왕성을 慰禮城이라고 하였다. 『삼국사기』에서는 '河南慰禮城'에 대한 기록이
보이고 있다.[3] 이로 미루어 응당 하북위례성도 존재했을 것으로 판단하여 왔
다. 그렇다면 그 기준인 '河' 곧 한강 이북에 처음 도읍했다가 한강 이남으로
천도했다고 보아야 순리일 것 같다. 그런데 현재까지는 하북위례성의 소재지
를 명확하게 밝히지 못하였다. 반면 하남위례성의 소재지는 일찍부터 풍납동
토성을 지목한 견해가 있어 왔다.[4] 즉 위례성의 소재지와 관련해 "이 강 남쪽
의 땅은 북쪽으로는 漢水를 띠처럼 띠고 있고, 동쪽으로는 높은 산을 의지하
였으며, 남쪽으로는 비옥한 벌판을 바라보고, 서쪽으로는 큰 바다에 막혔으
니 이렇게 하늘이 내려 준 험준함과 지세의 이점[天險地利]은 얻기 어려운 형
세입니다. 여기에 도읍을 세우는 것이 또한 좋지 않겠습니까?"[5]라고 한 수도
의 입지 조건에 풍납동토성이 부합된다는 견해가 제기된 바 있다. 아울러 풍
납토성은 말갈의 침략을 막기에 유리한 한강의 天塹을 國防에 이용하고 있
음을 역설했다.[6]

특히 1925년의 소위 乙丑年 대홍수를 겪고 난 후 풍납동토성 지표상에 노
출된 유물들의 비중을 놓고 볼 때 왕성일 가능성이 높다고 했다.[7] 그럼에도

---

3) 『三國史記』 권23, 시조왕 즉위년 조.
4) 朝鮮總督府, 『大正5年度朝鮮古蹟調査報告』, 1917, 72쪽.
5) 『三國史記』 권23, 시조왕 즉위년 조.
6) 大原利武, 「朝鮮歷史地理」 『朝鮮史講座-一般史』, 조선총독부, 1924, 53쪽.
7) 鮎貝房之進, 「百濟古都案內記」 『朝鮮』 234, 1934, 115쪽.
   이러한 基調는 中村春壽, 『日韓古代都市計劃』, 六興出版社, 1978, 62쪽에까지 이어
   져 왔다.

이에 대한 반론이 이병도에 의해 제기되었다.[8] 이병도는 王城이 臨水한다면 입지 조건으로서 대단히 불리하다는 관념을 지녔다. 반면 "山岳을 背景으로 하거나 혹은 丘陵에 依據함이 普通이니, 三國의 例를 들면, 高句麗의 國內城(通溝) 平壤城, 百濟後期의 都城인 熊津城(公州) 泗沘城(扶餘) 新羅의 月城(慶州) 등이 다 그러한 條件을 갖추고 있다"고 하면서 산악과 구릉을 입지 조건으로 삼았다. 그러나 그가 제시한 국내성은 西壁이 압록강의 지류인 통구하와 접하여 있다. 평양성 곧 장안성은 대동강과 접했다. 웅진성과 사비성은 금강 변에 소재하였다. 신라의 반월성은 문천 가에 소재했다. 요컨대 이병도가 열거한 왕성들의 입지 조건은 한결같이 하천을 끼고 있음을 발견하게 된다. 이러한 맥락에서 본다면 한강변에 소재한 풍납동토성이야 말로 오히려 왕성으로서 적합한 조건을 지녔음을 알 수 있다. 더구나 풍납동토성은 배후에 구릉지 토성인 몽촌토성과 엮어져 있지 않은가? 따라서 풍납동토성이 입지 조건상 왕성과 무관하다는 주장은 터무니없다는 사실이 드러난다. 오히려 王城의 입지 조건은 하천변이라는 공통점을 찾을 수 있게 된다. 현재까지 밝혀진 바에 따르면 백제나 고구려의 기원이 되는 夫餘 王城의 경우도 송화강변에 소재한 南城子인 것이다.[9] 어김없이 하천을 끼고서 국가의 심장부라고 할 수 있는 왕성이 소재하였다.

그러면 왕성이 하천에 소재해서 얻을 수 있는 이점은 무엇일까? 우선 水路의 이익을 장악할 수 있다는 것이다. 소통과 유통, 그리고 교류의 수단인 하천변에 입지한 관계로 水路의 管掌에 유리하였다. 경제는 물론이고 군사적으로도 기민하게 대처할 수 있는 利點이 분명 존재한 것이다. 그러한 점에서 풍

---

8) 李丙燾, 「廣州 風納里土城과 百濟時代의 虵城」『震檀學報』 10, 1939; 『韓國古代史研究』, 박영사, 1976, 502~503쪽.

9) 武國勛, 「夫餘王城新考」『黑龍江文物叢刊』 1983-4; 武國勛 著·李道學 譯, 「부여왕성신고-전기부여왕성의 발견」『우리문화』, 전국문화원연합회, 1989, 10·11월호, 30~36·64~69쪽; 『고대문화산책』, 서문문화사, 1999, 275~300쪽.

납동토성은 장대한 外觀에 걸맞게끔 국가 심장부로서 기능을 했던 權府로서 손색이 없다.

475년 겨울에 고구려군의 기습적인 공격으로 백제는 한성을 상실하고 웅진성으로 천도하였다. 백제가 자국 내에서 웅진성을 천도지로 지목한 이유에 대해서는 북으로 금강과 접하였고, 동쪽으로는 계룡산을 끼고 있는 관계로 방어에 유리하다는 점을 부각시키고 있다. 그러나 본질적으로 웅진성 역시 水系와 관련한 王城의 입지 조건에 부합한다. 이러한 맥락에서 볼 때 백제는 한성 함락으로 인해 경황없는 상황이기는 하였다. 그렇지만 백제는 왕성의 입지 조건에 근거하여 천도지를 물색했음을 알 수 있다. 백제는 水系로서 금강의 존재를 주목하였던 것 같다. 금강을 거슬러 올라가면 지금의 전라북도 奧地인 진안에 이르지만 육로를 이용해 섬진강 수계와 만난다. 그러한 금강과 섬진강을 연결시킨다면 활 모양의 형세이다. 곧 백제의 영향력이 섬진강 하구까지 용이하게 미칠 수 있게 된다.

한성 함락으로 인한 고구려의 군사적 위협으로 인해 백제는 그 어느 때보다도 고립에서 탈출하는 일이 급선무였다. 그러기 위해서는 대외교류에 유리한 입지 조건을 갖춘 곳을 왕성으로 삼을 수밖에 없었을 것이다. 웅진성은 對中國과 對倭 交流 및 금강 상류를 이용하여 加羅 지역에도 영향력을 미칠 수 있는 곳으로서 부적합하지 않았다. 백제 왕실은 경황이 없는 상황이기는 하지만 대외 교류에 용이한 곳을 새 國都로 지목했음을 알 수 있다. 그런데 문주왕대에 劉宋에 사신을 보냈지만 해상에서 고구려 수군의 해상통제로 인해

_ 백마강을 끼고 있는 부여 부소산성

돌아오고 말았다.[10] 당시의 실정으로 보아 백제는 서해의 制海權 마저 고구려 수군에 위협받음으로써 국제적으로 고립에 빠질 위험조차 내포하고 있었다. 그랬을 정도로 백제가 사활을 건 현안은 국제적 고립에서 탈출하여 국가를 부흥시키는 일이었다. 그러한 소임을 달성할 수 있는 지역이 새로운 국도가 될 수밖에 없었을 것이다. 백제 왕실은 당면한 고구려 방어는 물론이고 국가부흥을 위한 대안을 외교적 노력에서 찾았다. 그러한 역할을 하는 곳으로서 웅진성이 적합하다는 판단을 세웠음을 뜻한다.

3. 企劃 都城 사비성

1) 사비성으로의 천도 배경

웅진성에서 사비성으로 천도하게 된 이유는 무엇이었을까? 지금까지 몇 가지 견해가 제기된 바 있다. 첫째는 지리적 여건을 참작하지 않을 수 없다. 사비성 지역인 현재의 부여 땅은 백마강이 북으로부터 서쪽까지 반달처럼 휘감겨져 흐르는 형세이다. 동쪽으로는 계룡산과 대둔산으로 이어져 있는 산맥이 자연적인 성벽을 이루고 있다. 또한 서쪽으로는 서해를 향해 흐르고 있는 금강을 통하여 중국이나 일본열도를 왕래할 수 있는 수로 교통상의 요지였다. 남으로는 곡창 지대인 호남평야를 끼고 있어서 왕권 강화와 대외전쟁을 수행하는 데 필요한 경제적 기반을 확보할 수 있는 곳이었다. 사비성은 넓은 평야를 끼고 있을 뿐 아니라 天險하지는 않지만 그 외곽에 축성을 통해서 얼마든지 방어력을 높일 수 있는 利點이 존재하였다.[11] 요컨대 이러한 요인들이 사비성 천도에 주효하게 작용한 것은 분명하지만, 그 본질은 아닐 수 있다.

---

10) 『三國史記』 권26, 문주왕 2년 조.
11) 徐程錫, 『百濟의 城郭-熊津 泗沘時代를 中心으로』, 학연문화사, 2002, 109~111쪽.

그러면 백제의 國都 3곳이 지닌 입지상의 공통점에 착목해 본다. 漢城인 풍납동토성은 한강변, 왕궁의 배후 산성인 공산성과 부소산성은 모두 금강변에 소재하였다.[12] 이는 백제가 國都 選定에서 大江의 江邊을 일차적 입지 조건으로 삼았음을 가리킨다. 王城이 江邊에 소재하였다는 것은 水路의 이용에 왕실의 깊은 관심 투사를 뜻한다. 이 사실은 누누이 언급되고 있듯이 대외교류의 활성화에 박차를 가하는 모습으로 비칠 수 있다. 그러나 이 점만으로는 금강을 공유하는 웅진성에서 사비성으로의 천도 사유가 되기는 어렵다. 이와 관련해 『택리지』의 "공주 동쪽은 강물이 얕고 여울이 많아서 강의 배가 통하지 못한다. 그러나 扶餘·恩津부터는 바다의 潮水와 통하게 되므로 백마강 이하 鎭江 일대까지는 모두 배가 통행할 수 있는 이점이 있다"[13]는 기사가 의미심장하다. 실제 고려 말에 쳐들어 온 왜구들이 부여군 홍산 일대에서 下船하여 침략한데도 이러한 요인이 작용했을 것으로 보인다. 그러면 이와 관련해 다음의 기사를 살펴보자.

　　* 倭가 扶餘·定山·鴻山에 침입하고 또 倭船 130척이 金海와 義昌에 침입하였다.[14]

　　* 倭가 西州에 침입하고 又 扶餘·定山·雲梯(南原: 譯者)·高山·儒城 등의 縣에 침입하고 드디어 鷄龍山에 들어가니 婦女와 어린아이가 賊을 피하여 산에 오른 자가 많이 죽고 약탈을 당했는데 楊廣道元帥 金斯革이 쳐서 이를 敗走시켰다. 倭가 靑陽·新豊·鴻山을 노략질하고 달아났다.[15]

---

12) 부소산 밑의 나루를 문헌에서는 古省津이라고 했다. 고성진은 구드래 나루의 '구드래'와 동일한 의미로 보겠다. 일단 '고'와 '구'는 音似하다. 그리고 '省'은 '던다' 즉 '덜어낸다'는 뜻이다. 그렇다고 할 때 고성진의 '고'는 구드래의 '구'의 音借이고, '드래'의 訓借가 '省'인 것이다.

13) 『擇里志』 生利篇.

14) 『高麗史』 권133, 신우 3년 11월 조.

15) 『高麗史』 권134, 신우 6년 7월 조.

* 倭가 林(林川: 譯者)·韓(韓山: 譯者)·西(舒川: 譯者) 3州 및 鴻山縣에 침입하여 노략질하거늘 都巡問使 王承寶가 더불어 싸우다가 敗戰하였다.[16]

* 내가 즉위한 뒤로부터는 倭賊이 더욱 방종하여 백성의 多難함이 전날보다 심하거늘 그대가 몸소 먼저 賊에 나아가서 賊을 鴻山에서 깨뜨리고 배를 西海에 불태워 賊을 꺾고 위엄을 세워 향하는 바에 당할 賊이 없었다.[17]

위의 기사를 보면 고려 말에 침략해 온 왜구들이 금강 하류쪽인 홍산이나 부여 방면에서 상륙하고 있음을 알 수 있다. 倭船이 부여를 통과하여 공주까지는 진출하지 못하였다. 그 이유는 왜구들이 몰고 온 바다 배가 수심이 얕은 백마강 동쪽으로 금강을 거슬러 나가지 못함을 알려준다. 앞에서 언급한 『擇里志』의 기록과 부합하는 것이다. 그러니 웅진성에서 사비성으로의 천도 배경도 대외교류의 활성화라는 점에서 찾을 수 있다. 실제 60년 정도만 잘라 보자. 그렇더라도 웅진성 도읍기 때보다도 사비성 도읍기 때 중국대륙이나 일본열도와의 교류가 훨씬 빈번하였다. 이와 더불어 看過할 수 없는 게 漕運路의 중요성이다. 북위 효문제가 平城에서 낙양으로 천도한 배경 중의 하나가 漕運路를 통한 "四方之運을 通하고자 한다"[18]였다. 그런데 공주 지역을 관통하는 웅진강은 조운로와 歲貢路로 부적절하다는 것이다. 반면 금강 하류쪽에 소재하여 바다 배가 들어오는 사비성으로 천도하면 漕運路를 단축시키는 이점이 있다. 리아시스식 해안을 끼고 있는 백제는 그 지형적 특성상 서해안에서 금강으로 이어지는 조운로의 비중이 클 수밖에 없었다. 웅진성에서 사비성으로의 천도는 조운로를 단축시켜 준다는 경제적 효용성의 문제와 더불어 지방에 대한 통제력 강화라는 측면을 함께 고려했던 것 같다.[19]

---

16) 『高麗史』 권136, 신우 13년 10월 조.
17) 『高麗史』 권113, 최영전.
18) 『資治通鑑』 권140, 建武 2년 조.
19) 李道學, 「사비 천도에 대한 재검토」 『東國史學』 39, 2003; 『백제 사비성시대 연구』,

그러나 사비성 천도 배경을 이 점에서 멈춰서는 안될 것 같다. 사비성이 소재한 부여 지역은 海水와 江水의 合流 地點이라는 점을 유의해야 한다. 주지하듯이 錦江은 현재 행정 구역으로는 전라북도→충청북도→충청남도→전라북도라는 3개 道를 통과하는 하천이다. 그러한 錦江은 상류로 거슬러 올라가면 전라북도 진안까지 이른다. 이곳에서 남원으로 진출하여 전라남도 곡성에 이르게 되면 섬진강과 만나게 된다. 백제가 금강 수계에 대한 적극적인 이용을 간과하지 않은 것 같다. 백제는 바다 배가 들어오는 내륙수로인 금강의 하류쪽으로 천도하여 중국과 일본열도와의 활발한 교류를 추진할 수 있게 하였다. 이와 더불어 백제는 현재의 전라북도 산간 지대인 장수나 남원과 임실 일대로 진출하고 있는 대가야 세력의 西進을 차단하기 위한 목적으로 왜와의 관계를 안정적으로 유지할 필요가 있었다. 그러기 위해서는 금강 상류와 섬진강 상류를 연결 짓는 거대한 內陸 戰略水路 벨트의 확보가 필요하였다. 전라남도 곡성에 소재한 谷那 鐵場과도 연계된 섬진강 하구에 소재한 對倭 交易港인 多沙津의 이용은 중요한 비중을 지녔던 것이다.[20]

백제는 국도에서 일본열도로 이어지는 항로와 관련해 서남해안 연안 항해를 하면서 맞닥뜨리는 島嶼들의 돌출부를 피하려다가 풍파에 직면하여 船上에 적재한 물품들이 물에 젖거나 파괴되는 피해가 적지 않았다. 이로 인해 백제는 國都로부터 水路를 이용해서 남쪽으로 내려 온 후에 남해안에 소재한 항구를 이용해서 出航하는 게 유리하다는 판단을 하였다. 이러한 선상에서 성왕은 利害가 부딪치는 대가라를 제압하고 지금의 경상남도 하동에 소재한 다사진을 안정적으로 확보하고자 했다.[21] 그럼으로써 479년에 최초로 독자적으로 사신을 南齊에 파견한 대가라가 이용한 것으로 보이는 多沙津에 대한

일지사, 2010, 523쪽.

20) 李道學, 「谷那鐵場과 百濟」『東아시아고대학』 25, 2011, 90~95쪽.

21) 『日本書紀』 권17, 繼體 23년 3월 조.

독점 지배라는 전략적 측면을 고려했을 것 같다. 즉 백제에서 왜로 파견되는 선박의 안전이 보장될 수 있었다. 결국 성왕은 遷都를 통해 任那諸國의 맹주인 대가라를 제압하는 동시에 힘을 과시하는 계기로 삼고자 했다. 요컨대 백제가 사비성으로 천도하게 된 주된 배경은 내륙수로의 적극적인 이용을 통한 對外交流, 즉 對中國 交流의 활성화였다. 그런 한편, 금강과 섬진강으로 이어지는 兩大 내륙수로를 연결시켜 대가라의 西進을 차단하는 동시에 對倭交流의 안정적 기반을 구축하고자 한 데 있었다.

이와 관련해 國都의 조건으로서 식량과 식수의 충분한 공급, 방어상의 문제, 타지역과의 교통 문제, 상공업 중심지의 존재 등이 고려된다.[22] 이러한 국도의 조건은 중국 지형에만 적용될 수는 없다. 백제 건국설화에 보이는 國都 選定 설화에서 "이 강 남쪽의 땅은 북쪽으로는 漢水를 띠처럼 띠고 있고, 동쪽으로는 높은 산을 의지하였으며, 남쪽으로는 비옥한 벌판을 바라보고, 서쪽으로는 큰 바다에 막혔으니 이렇게 하늘이 내려 준 험준함과 지세의 이점[天險地利]은 얻기 어려운 형세입니다. 여기에 도읍을 세우는 것이 또한 좋지 않겠습니까?"라고 하였다. 즉 중국 도성에서 云謂되는 國都의 입지 조건이 망라되어 있다. 사비도성의 입지 선정에는 여러 가지 정치적 고려도 게재되었겠지만 본질적으로는 백제가 설정한 도성의 조건에서 벗어날 수는 없었을 것이다. 사비도성은 백마강이라는 천연 해자를 통해 방어상의 문제를 해결하고자 했다. 그리고 他地域과의 교통 문제는 상공업 중심지 문제와 연계된 것인데, 금강이라는 內陸水路가 해소해 주고 있다. 백제 건국설화에도 나오듯이 國都에 공급할 수 있는 곡물의 생산지인 곡창 지대가 인접해 있어야 한다. 사비도성은 백마강 북편에 구룡평야라는 유수한 농경지를 끼고 있기 때문에 그러한 문제도 해소된다.

---

22) 박한제, 『박한제 교수의 중국 역사 기행 3』, 사계절, 2003, 293쪽.

2) 국제도시로서의 사비도성

사비도성은 금강이라는 내륙 수로를 끼고 있을 뿐 아니라 바다 배가 드나들 수 있다. 사비도성은 해외 진출에도 유리한 입지에 조성되었다. 그러면 사비도성이 과연 백제의 해외 진출에 도움이 되었는지 살펴보도록 한다.

선사시대 이래로 한반도 지역은 오키나와를 매개로 동남아시아 세계와 직·간접으로 교류하고 있었다. 5세기 후반경에 접어들어 백제는 탐라 즉 제주도를 정치적으로 복속시킨 후에 북큐슈와 오키나와 및 남중국의 福州를 잇는 항로를 확보하였다. 백제는 탐라를 장악함에 따라 그간 고구려가 장악하여 北魏에 조공품으로 보냈던 珂를 확보했다. 이 무렵 한반도의 西南海岸 航路에 대한 支配權을 둘러싼 경쟁에서 백제가 고구려를 제쳤던 것이다. 이러한 배경 속에서 백제는 항로를 東南아시아 세계로 延長할 수 있었다. 6세기대에 접어들어 僧侶 겸익이 中印度 즉 中天竺까지 항해하여 梵本의 佛經을 가져 왔다. 이러한 大航海는 단순한 求道의 열정만 가지고 되는 일이 아니었다. 백제로부터 인도와 인도차이나半島에 이르는 거대한 바닷길이 열려 있고, 造船術이 뒷받침되었기에 가능했다.[23]

백제 왕족인 흑치상지의 祖先들이 黑齒에 分封될 수 있는 토대가 구축되었던 것이다. 黑齒의 위치는 명백히 지금의 필리핀 群島임은 숱한 문헌 자료를 통해 입증된다. 필리핀 북부 지역에서 확인된 蒙古斑點의 존재가 무엇을 말하겠는가?[24] 그럼에도 흑치의 소재지를 필리핀으로 지목하는 견해에 반대하는 주장이 있다. 즉 黑齒의 소재지를 禮山으로 지목한 견해가 있지만 고증상의 문제점은 너무도 많았다.[25] 흑치=예산설의 핵심 근거는 지금의 예산군

---

23) 李道學, 『백제 사비성시대 연구』, 일지사, 2010, 291쪽.

24) 2012년 11월 6일에 서울에서 만난 필리핀 Santo Tomas 대학 교수 박정현이 그러한 사실을 제보해 주었다.

25) 이에 대해서는 李道學, 『백제 사비성시대 연구』, 일지사, 2010, 274~275쪽에서 詳論하였다.

예산읍을 백제 때 烏山이라고 한 사실에 두고 있다. 즉 烏山은 '검은山'이므로 黑齒와 연관이 있다는 것이다. 이 문제를 보완해서 검증해 본다. 백제 때 烏山은 통일신라 경덕왕대를 전후해서 孤山으로 지명이 바뀌었다. 그리고 고려 초에는 현재의 禮山 지명이 생겨났다. 여기서 경덕왕대를 전후해서 행정지명을 바꿀 때는 종전에 사용한 지명의 音을 漢譯하는 형식이 많다. 그러니 '烏山'을 '외山'으로 읽었기에 '외로울' 孤字를 넣어서 孤山으로 지명을 바꾼 것임을 알 수 있다. 혹자의 주장처럼 결코 烏山을 '검은 山'과 관련짓지 않았음을 알게 된다. 烏山을 '검은 山'과 관련지었다면 '黑山'으로 고쳤어야 마땅하다.[26] 실제 경상북도 안동의 군자 마을에 소재한 烏川을 '검은 내'가 아니라 '외내'로 읽고 있다. 이것만 보더라도 烏山은 '외山'으로 읽었기에 孤山으로 바뀐 사실이 다시금 확인된다. 따라서 烏山=黑山이라는 心證에 근거한 막연한 黑齒=禮山說은 근거를 완전히 상실했다. 그랬기에 앞으로는 이 件을 재론해서는 안될 것 같다.

그리고 『일본서기』에 따르면 백제가 지금의 캄보디아인 扶南國과 交易한 사실이 확인된다. 백제가 543년(성왕 21)에 지금의 캄보디아를 가리키는 부남국과 교류한 기사가 있다. 즉 "가을 9월에 백제 聖明王이 前部 奈率 眞牟貴文과 護德 己州己婁와 더불어 物部 施德 麻奇牟 등을 보내어 와서 扶南 財物과 奴 2口를 바쳤다"[27]라고 하였다. 혹자는 백제가 543년에 왜에 보낸 부남의 재물은 중국의 양을 통해서 입수했을 것으로 추측하였다. 그러나 부남국이 梁에 마지막으로 조공한 시점이 539년이었다. 백제는 534년과 541년에 梁에 조공하였다. 이때 梁은 백제측이 요구한 『涅槃經』을 비롯한 佛敎 經典과 毛詩博士 및 工匠과 畵工 등을 내려주었다. 그렇지만 백제가 扶南의 財物이라고 할 수 있는 물품을 梁에서 얻었다는 증거는 없다. 또 그러한 물품이나

---

26) 李道學, 『백제 사비성시대 연구』, 일지사, 2010, 274쪽.
27) 『日本書紀』 권19, 欽明 4년 조. "秋九月 百濟聖明王遣前部奈率眞牟貴文·護德己州己婁與物部施德麻奇牟等 來獻扶南財物與奴二口"

奴를 백제가 梁에 요구하지도 않았다. 혹자의 주장대로라면 부남국이 양에 마지막으로 조공한 539년부터 2년 후인 541년에 백제가 梁에 조공하면서 2년 전에 扶南으로부터 받은 물품을 재분배받아야 한다. 그리고 다시금 2년 후인 543년에 백제로부터 倭에 분배되는 삼중분배 형식이라야 된다. 그러나 539년부터 543년까지의 4년이라는 시간적 경과와 더불어, 부남→梁→백제→倭라는 3단계의 복잡한 분배 과정을 거치면서 전달될 수 있었을지는 지극히 회의적이다. 부남에서 梁에 조공한 시점으로부터 2년이 경과했음에도 상당한 잉여품이 중국 황실에 존재했어야한다는 전제가 뒤따라야만 한다. 게다가 그것을 백제가 요구했고 또 받았다면 앞서 언급한 經典 등에 관한 기록처럼 보여야 하지만 보이지 않는다. 따라서 扶南의 재물과 奴는 백제인들이 부남국을 직접 찾았을 때 확보가 가능한 資産임이 분명해진다.[28]

그리고 백제는 '使人'이라는 공식 사절을 동남아시아 諸國의 일원인 곤륜과 접촉시킨 사실이 포착되었다.[29] 이렇듯 백제는 필리핀 群島를 통과해 그보다 훨씬 원거리에 소재한 인도차이나半島 諸國들과 교류하였다.[30] 백제가 東南아시아 諸國과 교류한 사실은 물증을 통해서도 밝혀진다. 가령

_ 푸켓박물관 타와치이 학예관의 인터뷰 장면

28) 李道學, 『백제 사비성시대 연구』, 일지사, 2010, 546~547쪽.
29) 『日本書紀』 권24, 皇極 원년 2월 조.
30) 이와 관련해 TJB TV 백제기획에서 푸켓박물관 타와치이 학예관이 "비록 작은 수이지만 태국 일부 지역에서는 한국식 도자기가 발견되고 있습니다(2012.11.12. 오후 8시 뉴스)"라는 증언이 중요한 참고 자료가 된다. 필리핀 박물관에서는 우리 나라 삼국시대 토기가 전시된 바 있다.

무녕왕릉에서 출토된 황색의 유리 구슬을 인도-퍼시픽 유리라고 한다. 이 유리의 납 성분은 현지 조사 결과 태국 송토 납광산이 원산지로 밝혀졌다. 그리고 무녕왕릉에서 출토된 소다 유리는 印度나 스마투라를 비롯한 동남아시아 지역에서 확인된다고 한다.[31] 아울러 백제가 남방 조류인 鸚鵡를 倭에 선물한 바 있다.[32] 혹자는 鸚鵡는 중국을 통해 백제로 전해진 것으로 추측하기도 한다. 그러나 세계 최대의 영역을 자랑하는 元帝國의 관리가 14세기 전반에 작성한 견문에서도 "새 가운데 공작과 비취새와 앵무새는 중국에 없는 것이다"[33]고 斷言했다. 그러니 6~7세기 상황에서 백제가 중국을 통해서 앵무를 얻었을 가능성은 없다. 貞元 연간(785~805)에 신라가 당에 공작을 바치자 德宗이 邊鸞으로 하여금 그리게 하였다.[34] 중국인들이 궁중에서라도 孔雀을 접하는 일이 있었다면 신라가 조공하지 않았을 것이다. 세계국가의 首長인 唐帝도 名畵家를 동원해 공작을 그리게까지 하지는 않았을 게 분명하다. 따라서 신라의 조공품인 공작은 중국에서 수입한 게 아니었다. 이는 독자적 교역의 산물이라는 사실이 명백해진다. 백제의 남방산 물자의 所持도 중국과는 무관한 경로를 통해 입수했음을 뜻한다. 의자왕이 후지와라노 가마다리에게 선물한 廚子에 들어있는 무소의 뿔[犀角]도[35] 동일한 맥락에서 살필 수 있다. 게다가 백제금동대향로에 보이는 猩猩은 적은 숫자이지만 캄보디아에 서식하였다.[36] 캄보디아를 비롯한 東南아시아에서는 백제금동대향로에 보이는 鰐魚의 서식지였다.

의자왕이 倭의 權臣에게 선물한 목화자단기국의 紫檀木은 원산지가 스리

<hr>

31) MBC,「네트워크 특선, 무령왕의 꿈 갱위강국」, 2011.12.30(오후 2시 5분~3시).
32)『日本書紀』권26, 齊明 2년 조.
33) 周達觀 著·전자불전·문화재콘텐츠연구소 篇,『진랍풍토기』, 백산자료원, 2007, 87쪽.
34) 朱景玄,『唐朝名畵錄』妙品中 五人 邊鸞.
35) 사카에하라 토와오 著·이병호 譯,『정창원문서입문』, 태학사, 2012, 91쪽.
36) 周達觀 著·전자불전·문화재콘텐츠연구소 篇,『진랍풍토기』, 백산자료원, 2007, 88쪽.

_ '정림사지' 출토 곱슬머리 도용과 흑인 도용

랑카이며, 바둑돌은 象牙였고, 모서리에 그려진 여러 匹의 雙峰駱駝는 원산지가 몽골이었다. 백제금동대향로에 보이는 봇짐을 지고 코끼리에 올라탄 사내의 모습은 백제와 東南아시아 諸國間 교류의 一端을 躍如하게 보여주고 있다. 더구나 코끼리상은 아프리카 産이 아니라 동남아시아 産으로 밝혀졌다. 實景 코끼리상으로 드러난 것이다. 이와 관련해 '정림사지'에서[37] 출토된 陶俑 가운데 2개의 곱슬머리 頭像이 주목된다.[38] 물론 이러한 陶俑은 북위 낙양 영녕사지에서도 출토된 바 있다. 그랬기에 北魏나 南朝 梁의 기술자가 백제에 와서 제작해 준 것으로 추측하기도 한다. 그러나 '정림사지'의 조성 연대는 고고지자기 측정 결과 7세기대로 드러났다.[39] 따라서 北魏나 梁의 기술자와 연계시켜서 陶俑의 제작 배경을 云謂할 수 없게 된다. 더구나 영녕사지 등에서 곱슬머리 頭像 陶俑이 출토된 사례가 있던가? 「양직공도」에 등장하는

---

37) 李道學, 「泗沘城 遷都와 都城 企劃, 그리고 '定林寺'」 『정림사복원 국제학술심포지엄」, 부여군문화재보존센터, 2012.6.13, 189~194쪽.
38) 국립부여박물관, 『백제인의 얼굴, 백제를 만나다」, 2012, 160~161쪽.
39) 國立扶餘文化財研究所, 『扶餘 官北里 遺蹟發掘報告Ⅴ-2001~2007년 調査區域 統一新羅時代以後遺蹟篇-」, 2011, 321쪽.

使臣圖와 맞추어 볼 때 곱슬머리 頭像의 주인공은 西域人이기 보다는 동남아시아인이 분명하다. 특히 「王會圖」에서 지금의 印度人을 가리키는 中天竺人과 北天竺人은 陶俑처럼 곱슬머리에 수염도 없다.『구당서』南蠻傳에서도 "林邑 以南부터는 모두 곱슬 머리에 신체는 새카만데"[40]라고 하였다. 더욱이 백제 사찰터에서 확인된 도용인 것이다. 그리고 백제가 불경을 얻어 왔던 불교 발상지가 天竺이 아닌가? 그러니 '정림사지' 출토 곱슬머리 頭像은 백제와 동남아시아 지역 간 교류의 산물일 수 있다.

3) 사비도성의 편제와 천하관

백제는 東南아시아 諸國 뿐 아니라 沙漠 乾燥 地帶인 몽골과도 교류했을 정도로[41] 그 활동 반경과 무대는 가위 현대인의 상상을 뛰어 넘었다. 이것이 야 말로 국제화된 백제의 활동 공간이요, 또 그러한 풍토 속에서 국제적인 문화가 조성된 것이다. 다양한 외국인들이 거주하였고, 東아시아 世界 物流의 結集處로서 百濟의 威容은 이렇게 하여 갖추어졌다.

『수서』백제 조에 보면 "(그 나라 사람들에는) 신라·고구려·왜인 등이 섞여 있으며, 또한 중국인도 있다"[42]고 했다. 이 기사를 과거에는 백제의 개방적인 풍토를 가리키는 문자 정도로만 해석하였다. 그런데, 이 기사는 중국인의 見聞이라고 할 때 백제 國都에서 외국인의 존재가 분명하게 認知되었음을 가리킨다. 일회성으로 방문한 중국 사신이 식별 가능할 정도의 認知였다고 한다면, 외국인들의 개별적인 거주라기보다는 집단적인 거주를 암시해주는 단서가 될 수도 있다. 이와 관련해 부여에서는 他國系 유물의 출토가 나타난다는 사실이다. 가령 부여군 용정리절터와 부여초등학교 부지에서 고구려계 연

---

40)『舊唐書』권197, 南蠻傳.
41)『日本書紀』권22, 推古 7년 조.
　　『日本書紀』권26, 齊明 3년 조.
42)『隋書』권81, 동이전 백제 조.

화문 와당이 출토된 바 있다. 고구려계의 暗文土器는 궁남지와 나성·송국리·능산리절터에서 확인되었다.[43] 손가락 끝의 押捺文을 기와 끝에 並列시키는 암막새는 집안이나 평양 등지의 고구려 절터에서 출토되고 있다. 그러한 암막새는 부여 군수리 절터에서도 확인되었다.[44] 가탑리를 비롯한 羅城 내부 다수 지점에서 고구려계 토기가 출토되고 있다.[45] 이렇듯 고구려계 유물이 사비도성 구간에서 자주 확인되었다. 이는 단순히 고구려 문화의 영향으로만 간주할 수 없는 성격을 지녔다. 오히려 고구려 주민의 이주와 결부 지어 살피는 게 적합할 것 같다.[46] 이와 관련해 1995년에 국립부여문화재연구소가 갈수기를 이용하여 가칭 궁남지의[47] 연못 바닥을 발굴·조사하는 과정에서 출토된 한 점의 木簡이 주목된다. 이 목간의 명문은 다음과 같다.

西部後巷巳達巳斯丁依活△△後部
歸人中口四小口二邁羅城法利源水田五形 (앞면)

西△△部夷 (뒷면)

사비도성에 거주하는 주민 가운데 '歸人'과 '部夷'의 존재가 확인된다. 이들

---

43) 金鍾萬, 『사비시대 백제토기 연구』, 서경문화사, 2004, 275쪽.
44) 齋藤忠, 『古代朝鮮文化と日本』, 東京大學出版會, 1981, 53쪽.
45) 충청남도역사문화연구원, 『유적 유물로 본 백제(Ⅰ)』, 2008, 108쪽.
46) 부여 지역에서 출토된 유물 가운데 왜계나 신라 및 중국계 유물에 대한 면밀한 정리가 필요해진다. 일례로 부소산 사자루 자리에서 출토된 鄭智遠銘 불상은 현재 남경시박물관 소장품과 유사하다. 光背銘에 보이는 鄭智遠이나 그 妻인 趙思가 백제에 거주하는 중국인일 가능성도 제기된다. 실제 중국계나 왜계 백제인의 존재는 확인된 바 있다.
47) 현재의 궁남지가 백제 때 궁남지가 아님은 李道學, 『백제 사비성시대 연구』, 일지사, 2010, 530~532쪽을 참조하기 바란다.

은 당초 백제인이 아닌 다른 국적의 주민을 가리키는 것은 분명하다.[48] 어쨌든 이들이 도성에 거주한 사실이 확인된다. 동시에 '夷'라는 호칭을 통해서 백제 중심 천하관의 확립을 시사받을 수 있다.[49] 이러한 맥락에서 본다면 '歸人'은 "인구 추쇄나 귀농 조처 등에 따라 다시 돌아온 사람"[50]이기 보다는 大王權에 歸依한 者라는 해석이 가능하다.[51] 「광개토왕릉비문」에 보이는 '歸王'

---

48) 李鎔賢, 「扶餘 宮南池 出土 木簡의 年代와 性格」 『宮南池發掘調査報告書1』, 國立扶餘文化財研究所, 1999, 323~326쪽.
  양기석, 「동아시아의 디오게네스 백제인」 『한가위 별책−백제 깨어나다』, 한겨레신문사, 2010.

49) 백제의 천하관에 대해서는 李道學, 『백제 한성·웅진성시대 연구』, 일지사, 2010, 188~202쪽을 참조하기 바란다. 그런데 '部夷'가 백제 중심의 중화사상과 관련 있음은 李鎔賢, 「扶餘 宮南池 出土 木簡의 年代와 性格」 『宮南池發掘調査報告書1』, 國立扶餘文化財研究所, 1999, 334쪽에 보인다.
  이와 관련해 노중국은 '근초고왕은 이 침미다례 세력을 '南蠻'으로 불렀다. 남만이란 표현은 중국의 사이관을 차용한 것으로서 백제가 주변 세력들을 이적시하는 천하관을 가지고 있었음을 보여주는 것이다(노중국, 『백제의 대외교섭과 교류』, 지식산업사, 2012, 455쪽)"고 했다.
  그러나 이러한 견해는 李道學의 다음 서술에서 이미 보인다. "그런데 백제가 영역적 지배가 아니라 貢納的 지배의 대상으로 설정한 영산강 유역의 忱彌多禮를 '南蠻'으로 일컫고 있음은 주목되는 사실이다. '南蠻'이라는 표현은 史書 編纂時의 인식이 일차적으로 반영된 것이지만, 그와 같이 불려진 세력이 백제에 복속되지 않은채 馬韓經略 이후에도 존속한 것을 생각할 때, 四夷의 중심에 자리잡았다는 천하관과 관련짓는 게 가능하다. 즉, 백제는 중화적인 천하관을 빌어 노령산맥 이남의 마한 잔여 세력을 南蠻이라는 멸칭으로 일컬은 것이다. 이러한 사실은 백제가 南蠻뿐 아니라 여타의 四方的 夷名도 설정하여 그 중심에 군림한다는 인식을 지녔음을 알려주는 동시에 自國 중심의 사방관념에서 주변 국가를 저급하게 취급함으로써 우월성을 내세우는 천하관의 발로라고 하겠다(李道學, 『백제고대국가연구』, 일지사, 1995, 244~245쪽)."

50) 노중국, 『백제 사회사상사』, 지식산업사, 2010, 224쪽.

51) 이러한 해석은 이미 李鎔賢, 「扶餘 宮南池 出土 木簡의 年代와 性格」 『宮南池發掘調査報告書1』, 國立扶餘文化財研究所, 1999, 325쪽에서 "백제왕의 王化에 歸附한 사람"이라고 하여 보인다. 그리고 歸人의 유형에 대해서는 朴賢淑, 「宮南池 出土 百濟 木簡과 王都 五部制」 『韓國史研究』 92, 1996, 16~17쪽이 참고된다.

등의 용례를 놓고 볼 때 이와 같은 해석이 무난할 것 같다. 즉 '歸王'은『孟子』離婁 上에서 "백성들이 仁한 곳으로 돌아온다(民之歸仁也)"라는 구절처럼 대왕권에 대한 歸順者라는 의미가 담겼기 때문이다.[52] 이와 관련해 진시황이 戰國의 各國을 쳐부술 때마다 그 궁실을 모방하여 咸陽의 북쪽 산기슭에 궁궐을 지었던 사례가 상기된다. 즉 秦이 통합한 六國宮을 건립한 것이다. 동시에 六國에서 포로로 잡아들인 궁인과 기물을 두었다. 이들 궁전은 楚宮이나 衛宮 같이 제후국의 國名으로 명명했다.[53] 이와 마찬 가지로 백제도 주변국 형태를 재현하기 위한 목적으로 고구려·신라·중국·왜국의 주민들을 집단으로 거주하게 했을 수 있다. 특히 중국이나 왜국 주민의 경우는 亡命者 중심이었을 것이다. 고구려나 신라인의 경우는 망명자에 전쟁 포로들이 덧붙여졌을 수 있다. 그렇다면 백제 천하관 속의 주민 편제로서, 백제왕이 천하를 통치한다는 관념을 발현시킬 수 있는 것이다. 부여 능산리에서 출토된 목간에 따르면 "… 次如逢悍猪耳其身者如黑也 …"[54]라는 문구가 확인된다. 이 구절에 대해서는 "누구를 만났는데, 돼지 귀에 그 몸은 검었다"로 해석하고 있다. 그렇다면 백제 영역 내 黑人의 존재가 상정된다. 이러한 黑人의 존재 역시 백제와 동남아시아간 교류의 산물이자 천하관의 表象인 것이다.

이와 더불어 사비도성의 編制를 살펴보도록 한다.『北史』에 보면 사비도성의 구조를 다음과 같이 묘사했다.

> 都城에는 1萬戶가 거주하고 5部로 나뉘었는데, 上部·前部·中部·下部·後部가 있으며, 部에는 5巷이 있어 士와 庶人이 거주한다. 部마다 병사 5백명씩을 통솔한다.[55]

52) 李道學,「廣開土王陵碑文의 思想的 背景」『고구려 광개토왕릉비문 연구』, 서경문화사, 2006, 225쪽.
53) 張分田 著·이제훈 譯,『진시황평전』, 글항아리, 2011, 829~830쪽.
54) 국립부여박물관,『百濟 木簡』, 2008, 27쪽.
55)『北史』권94, 동이전 백제 조.

여타 기록과 맞추어 볼 때 사비도성 왕궁 전면에는 內官部와 外官部에 속한 모두 22개의 관부가 존재했던 관청이 자리잡고 있었다. 왕궁과 행정관청이 있던 자리의 전면부터는 일반 주민들이 거주하는 공간이었다. 이 곳은 5개의 部로 구획되어 있었다. 上部·前部·中部·下部·後部가 그것이다. 部는 다시 5개 巷으로 세분되어 구획되었는데, 귀족들과 평민층이 함께 거주했다. 사비도성 내에 5部 5巷制가 시행되었음은 '前部…'銘 기와나 部 사이의 구획을 표시한 '上部前部自此以△△△'銘 標石을 통해서 헤아려진다. 그런데 궁남지에서 출토된 '西部後巷'銘 木簡은 다른 정보를 알려준다. 사비도성 내의 5部를 上·前·中·下·後部 뿐만 아니라 東·西·中·南·北部로도 일컬었다는 사실이다. 그리고 部마다 500명의 병사가 주둔했으므로, 모두 2,500명의 병력이 5部에 배치되었다. 또 군대가 주둔하는 병영이 존재했음을 알 수 있다. 부여 읍내에 남아 있는 '軍守里'와 같은 지명들이 그러한 사실을 함축해준다.

사비도성은 羅城으로 둘러싸인 내부에 바둑판 모양의 시가지 구획이 이루어졌던 것이다. 5部로 구획된 各部에는 5개씩의 巷이 설정되었으므로 모두 25개의 巷이 소재했다. 나성에는 城門이 설치되어 있고, 또 開閉 時刻이 있게 마련이다. 도성인 羅城 안으로의 출입에는 일정한 규제가 작동하고 있음을 알 수 있다. 그리고 條坊에 의한 25개의 巷이라는 구획은 一絲不亂한 정돈된 거주를 가리킨다. 이러한 구조는 도성 내의 주민 통제가 용이함을 뜻한다.

그런데 중요한 사실은 사비도성은 중국 都城 經營史上 파격적이었다는 北魏 洛陽城과의 유사성이 잡힌다. 이 사실은 사비도성의 모델을 구명할 수 있는 중요한 단서가 된다. 兩者間의 그러한 유사성은 다음과 같이 확인된다. 첫째, 사비도성 내의 各部에 500명의 병사가 주둔하였다. 이는 北魏 洛陽城에서 羽林軍으로 하여금 여러 坊巷의 사찰을 담당하게 한 사례를 연상시킨다. 곧 軍管區的 성격을 지닌 군사형국가의 모습에 걸맞다.[56] 둘째, 왕궁 뒤편의 부소산에는 산성이 축조되어 있다. 이곳이 곧 後苑으로서 苑囿이자 근위군이 주둔하는 공간이기도 했다. 부소산 동편의 벌판은 習戰과 閱武場으로서 적격이었다. 유사시의 탈출과 관련해 사비도성의 왕궁은 백마강과 접해 있기 때문에 더할 나위 없는 장소였다. 실제 백제 멸망 당시 사비성의 의자왕이 웅진성으로 피신한 것도 금강 수계 이용 가능성을 제기해 준다. 이와 마찬 가지로 북위 낙양성도 궁성 구역이 도성의 最北端에 소재하였다. 그 뒤편으로 완만한 구릉 지대인 북망산이 펼쳐져 있다. 이러한 낙양성의 입지 조건은 궁성이 도성 한복판에 소재한다면 유사시 탈출하는데 곤란한 까닭에 두었다. 즉 궁성이 한 귀퉁이에 위치해야 유리한데서 찾고 있다. 그리고 궁성과 연이어 근위군이 주둔하는 장소가 마련되어야 하는데, 이것이 바로 後苑이 된다.[57] 이러한 북위 낙양성의 궁성 배치는 사비도성의 궁성 구조와 부합한다. 셋째, 사비도성에는 외국인들이 거주하였다. 더욱이 적성국가인 고구려나 신라인들도 사비도성에 거주하고 있었다. 北魏의 경우도 중원을 정복해가는 과정에서 舊敵國民들을 대량으로 수도나 京畿 지방으로 강제 사민시켰다. 이들에 대한 통제의 成敗 여하가 국가의 존망과 직결될 수밖에 없었다. 그런 관계로 조방제를 통해 이들을 일정한 구역에 거주하여 감독하고 관리하게 했다.[58] 北魏에서 말하는 '四夷降附者'의 경우에서처럼[59] 사비도성 내의 '歸人'이나 '部夷'의 경우도 분명 통제 대상이었을 것이다.

---

56) 박한제, 『박한제 교수의 중국 역사 기행 3』, 사계절, 2003, 313쪽에서 北魏가 '군사국가'라고 했다.
    백제는 국가의 체제가 전쟁의 승리를 위해 짜여졌으며, 지방조직은 軍管區的 성격을 지녔다. 그러므로 백제역시 군사형국가에 속한다.
57) 박한제, 『박한제 교수의 중국 역사 기행 3』, 사계절, 2003, 307~310쪽.
58) 박한제, 『박한제 교수의 중국 역사 기행 3』, 사계절, 2003, 312~313쪽.
59) 北魏 낙양성에서 이들의 거처인 四夷里는 葉驍軍, 『中國都城發展史』, 陝西人民出版社, 1989, 147쪽에 수록된 '洛陽外廓示意圖'에 보인다.

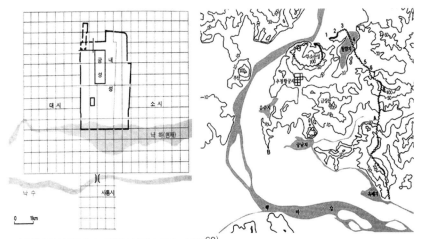

_ 북위 낙양성(左)과 사비도성에 보이는 궁성[60]

　지금까지의 검토를 통해 사비도성은 북위 낙양성과 外形의 문제가 아니라 구조적으로 유사함을 알 수 있었다. 문제는 백제가 낙양성을 도성 기획과 관련한 모델로 삼았는지 여부이다. 백제가 낙양성을 참고했을 가능성은 분명 존재하지만, 兩者가 군사형국가라는 특성상 정서적으로 서로 공유하는 바도 있었을 것이다.

4. 해척 사건을 통해 본 백제와 東南아시아 諸國과의 교류

　백제는 6세기 중엽 부남국 뿐 아니라 여타 동남아시아 諸國과도 교류한 것으로 보인다. 이는 비록 편린에 불과하지만 7세기대에 백제와 崑崙이 교류한 사실이 다음의 기사에서 포착되기 때문이다.

---

60) 박한제, 『박한제 교수의 중국 역사 기행 3』, 사계절, 2003, 292쪽.
　　부여군, 『부여역사유적지구 가이드북Ⅲ 부여나성지구』, 2010, 35쪽.

또 백제 使人이 崑崙 사신을 바다 속에 던져버렸다.[61]

위의 기사만으로는 백제 使人이 곤륜 사신을 水葬시킨 장소는 불확실하다. 그러나 곤륜은 『구당서』南蠻傳에 "林邑 以南부터는 모두 곱슬머리에 신체는 새카만데 통상적으로 곤륜이라고 부른다"[62]고 하여 보인다. 崑崙은 지금의 남베트남·캄보디아·타이·미얀마·남부 말레이半島 등을 일괄한 동남아시아 지역에 대한 호칭이었다.[63] 여기서 중요한 사실은 백제 使人이 곤륜 사신을 바다 속에 밀어넣어 죽인 배경이다. 이와 관련해 항해를 하면서 乘船人을 해척하는 사건을 다음과 같이 뽑아 보았다.

　a. 뒤에 寶育을 追尊하여 國祖 元德大王이라 하고 그의 딸 辰義를 貞和王后라고 하였다. 作帝建이 어려서 총명하여 지혜롭고 용맹하였다. 나이 5,6세에 어머니에게 묻기를 "나의 아버지는 누구입니까?"라고 하자 어머니는 "唐나라 사람이다"라고만 말하였다. 대개 그 이름을 알지 못하는 까닭에서였다. 성장함에 이르러 재주는 六藝를 겸하였으며 글씨와 활쏘기에 더욱 絶妙하였다. 나이 16세가 되자 어머니는 아버지가 남겨 준 활과 화살을 주니 作帝建이 크게 기뻐하여 이를 쏘니 백발백중인지라 세상 사람들이 神弓이라 일렀다. 이에 아버지를 찾아 뵙고자 상선을 타고 항해하다가 바다 가운데 이르니 구름과 안개가 끼어 어두컴컴하여져 배가 3일 동안을 나아가지 못하였다. 배안의 사람이 점을 쳐 보고 말하기를 "마땅히 高麗人을 제거하여야 한다"라고 하였다[閔漬의 編年에는 혹은 말하기를, 신라의 金良貞이 사신으로 唐 나라에 들어갈 적에 그 배에 몸을 의탁하였는데 김양정이 꿈을 꾸니 백발노인이 말하기를, "고려인을 떼어놓으면 순풍을 얻을 수 있을 것이라"고 하였다 하였음]. 作帝建이 활과 화살을 잡고 스

---

61) 『日本書紀』권24, 皇極 원년 2월 조. "去年十一月 大佐平智積卒 百濟使人擲崑崙使於
　　海裏"
62) 『舊唐書』권197, 南蠻傳. "自林邑以南 皆卷髮黑身 通號爲崑崙"
63) G.Codes 著·山本智敎 譯, 『東南アシ"ア文化史』, 大藏出版, 1989, 32~33쪽.

스로 바다에 몸을 던졌는데 밑에 바위돌이 있어 그 위에 섰더니 안개가 개이고 순풍이 불어 배는 나는 듯이 가버렸다고 했다.[64]

b. 이때에 阿湌 良貝는 왕의 막내아들이었다. 당나라에 사신으로 갈 때에 백제의 해적이 津島에서 길을 막는다는 말을 듣고, 弓手 쉰 명을 뽑아서 그를 따르게 했다. 배가 鵠島[우리말로는 骨大島라 한다]에 대니 풍랑이 크게 일어났으므로 열흘 이상이나 묵게 되었다. 公은 이를 근심하여 사람을 시켜 이 일을 점치게 하였다. "섬에 神池가 있으니 그곳에 제사지내는 것이 좋겠습니다." 이에 못 위에서 제물을 차려놓으니 못 물이 한 길 남짓이나 높이 치솟았다. 그날 밤 꿈에 한 노인이 나타나 공에게 말했다. "활 잘 쏘는 이 한 사람을 이 섬 안에 남겨두면 순풍을 얻을 수 있을 것입니다." 공은 꿈을 깨어 그 일을 좌우 사람들에게 물었다. "누구를 남겨두면 좋겠는가?" 여러 사람들이 대답했다. "나뭇조각 50쪽에 저희들 이름을 각각 써서 물속에 가라앉게 함으로써 제비를 뽑아야 할 것입니다." 공은 그 말에 따랐다. 군사 중에 居陀知란 사람이 있었는데, 그의 이름이 물속에 가라앉았다. 그 사람을 남겨두니 순풍이 문득 일어나 배는 지체없이 잘 갔다. 거타지는 근심에 잠겨 섬에 서 있으니 갑자기 한 노인이 못 속으로부터 나와 말했다. "나는 서쪽 바다의 신이다. 매양 한 중이 해 뜰 때면 하늘에서 내려와 다라니 주문을 외우고 이 못을 세 번 돌면 우리 부부와 자손들이 모두 물 위에 뜨게 되는데, 중은 내 자손의 간장을 빼먹곤 하오. 이제 우리 부부와 딸 하나만 남았소. 내일 아침에 또 반드시 올 것이니 그대는 중을 활로 쏘아주시오."[65]

c. 2년 夏 5월, 丙寅朔 戊辰에 高麗 使人이 越海의 對岸에 정박하였다. 선박이 파괴되어 溺死하는 자가 많았다. 조정에서는 자주 길을 잃는 것을 의심하여 향응을 베풀지 않고 돌려 보냈다. 吉備海部 直難波에게 명령하여 고려 사신을 보내게 하였다.

---

64) 『高麗史』권1, 高麗世系 條.
65) 『三國遺事』권2, 紀異, 진성여대왕 거타지 條.

秋 7월 乙丑朔에 越海의 해안에서 難波와 高麗 使臣 등이 같이 의논하여 送使 難波의 船人 大嶋 首磐日과 狹丘首間狹을 고려 사신의 배에 태우게 하고, 高麗 2인은 送使의 선박에 태웠다. 이와 같이 바꿔 타서 사고 발생에 대비하였다. 함께 출발하여 몇 리 떨어진 곳에 이르렀다. 송사 難波 는 풍랑을 겁내어 고려의 2인을 잡아 바다에 집어 던졌다. 8월 甲午朔 丁未, 송사 難波는 돌아와 서 복명하여 "바다 속에 큰 고래가 나타나서 배와 노를 삼켰습니다. 難波들은 고래가 배를 삼키는 것이 두려워 바다에 들어가지 못하였습니다"고 말하였다. 천황이 이 말을 듣고, 그것이 거짓말임 을 알았다. 官의 잡역에 사역시키고 고향에 돌아가지 못하게 하였다.

3년 夏 5월 庚申朔 甲子 고려 사신이 越의 해안에 정박하였다. 秋 7월 己未 朔 戊寅에 고려 사신이 京에 와서 상주하여 "臣 등은 지난 해 送使를 따라 나라에 돌아 왔습니다. 신 등이 먼저 신의 나 라에 돌아갔습니다. … 그러나 送使의 배는 지금까지 돌아오지 않았습니다. 고로 사신과 더불어 磐 日들을 보내어 臣들의 사신이 오지 않는 까닭을 물으셨습니다"라고 하였다.[66]

d. 乙亥에 左兵衛 正七位下 板振鎌束이 渤海로부터 이르렀는데, 바다에 사람을 던졌기에 審問하고 조사해서 下獄시켰다. 8년의 亂으로 獄에 죄수들이 가득 차 있었다. 인하여 그 居住를 近江으로 옮겼다. 처음 王新福이 本蕃으로 돌아가려고 하였는데, 駕船이 부스러지고 물러서 送使 判官 平群 虫麻呂 등이 그 완전하지 못한 것을 염려하여 官에 아뢰어 머무르게 요청하였다. 이에 史生 이상 모두 그 가는 것을 중지하였다. 선박을 수리하자 使人 鎌束을 곧 船師로 삼았다. 新福 등을 보내는 일을 맡기고 돌아오는 날 우리 學生 高內弓과 그 妻 高氏 및 아들 廣成·綠兒 1인·乳母 1인 아울러 入唐 學問僧 戒融·優婆塞 1인이 발해로부터 서로 따라서 조정에 돌아왔다. 海中에서 바람을 만났는데, 가는 방향이 혼미해져서 柂師水手가 파도에 빠져 죽었다. 그때에 鎌束이 의논하기를 "異邦의 婦女가 지금 船上에 있다. 또 이 優婆塞는 衆人과 다르다. 한번에 몇 알을 먹는데도 날이 지나도 주리지 않는다. 풍랑과 표류하는 재난은 반드시 이 자

66) 『日本書紀』 권20, 敏達 2年 5月, 7月 條. 3年 5月 條.

로 말미암지 않았다고 할 수 없다." 이에 水手로 하여금 內弓의 妻와 綠兒·乳母·優婆塞 4인을 취하여 들어 가지고 바다에 던졌다. 風勢가 오히려 맹렬하여 漂流하기 10여 일째 隱岐國에 도착하였다.[67]

e. 여러 婆羅門이 의논하여 말하기를, 이곳에 沙門이 타고 앉았기에 우리에게 이득이 되지 않아 이것(풍랑: 譯者)을 당한 것이다. 이에 마땅히 比丘를 海島 邊에 내려 두도록 하자. 한 사람 때문에 우리들이 위험에 빠질 수는 없지 않은가?[68]

f. 本國의 여자가 일찍이 倭賊에게 사로잡혔다가 姙娠을 하였는데, 이때에 이르러 같은 배로 오게 되었다. 배 가운데서 모두 말하기를 "孕婦는 배가 가는 데에 꺼리는 바인데, 오늘의 惡風은 이 여자를 태웠기 때문이다"고 하면서 그녀를 바다에 던지고자 하였으나 申叔舟가 홀로 말하기를 "남을 죽여서 살기를 구하는 것은 참을 수 없는 바이다"고 했다. 얼마 있지 아니하여 바람이 자게 되어서 일행이 모두 무사하였다.[69]

위에서 인용한 a와 b를 통해 항해 중에 선박이 나가지 못하는 사건이 발생하였다. c에서는 해척의 동기로서 "풍랑을 겁내어"라고 했다. 모두 항해 중인 선박이 사고로 인해 선체나 인명과 화물 따위에 피해를 입게 되는 재난인 海難 때문이었다. 그런데 기습적 海擲인 c를 제외하고는 占을 친 후 승선인 가운데 한 사람을 海擲시키는 게 常例였음을 알 수 있다. 海擲되는 대상은 작제건의 사례가 시사한다. 作帝建이 父를 만나러 商船을 타고 唐으로 가던 중 기상 악화로 배가 사흘 동안 나가지 못하였다. 그때 뱃사람들이 占을 친 후 '高麗人'을 내려 놓고 가야한다고 했다. 여기서 海擲 대상인 '高麗人'은 이질적인 사람임을 암시하고 있다. c에서 海擲당한 '고려 2인' 역시 송환 임무를 맡

---

67) 『續日本紀』 권24, 天平寶字 10月 乙亥 條.
68) 『佛國記』(文淵閣四庫全書, 第593冊, 臺灣 商務印書館, 632쪽).
69) 『成宗實錄』 권56, 6년 6月 戊戌 條.

아서 항해를 주관한 倭人들에게는 분명히 이방인이었다. 그리고 d의 경우는 763년에 日本 船舶이 해척에서 귀국하는 도중에 遭難되었다. 그러자 이들은 遭難의 원인을 異邦의 婦女子와 優婆塞 등이 乘船한 탓으로 돌려 4人을 바다에 던져 죽인 것이다. 이 역시 항해상에서 발생한 異邦人 제거에 속한다. e의 경우도 동일한 사례임은 두 말할 나위 없다. f에 등장하는 孕婦는 不淨한 사례에 속한다.

그러면 海難 중에 이방인들은 왜 제거된 것일까? 전통적으로 不淨이나 怪奇한 것은 海難의 原因으로 말해져 왔다.[70] 이러한 맥락에서 본다면 백제 使人들이 崑崙 사신을 海擲시킨 이유가 구명되어 진다. 즉 백제가 동남아시아 諸國과 교섭할 때 崑崙使를 乘船시켜 歸國하다가 遭難당하자 넝큼 '異邦人'들을 水葬시켰을 가능성이다. 이러한 추론은 지금까지의 정황과 결부 지어 본다면 일반인이 아닌 '百濟使人'의 船舶이 동남아시아 諸國에 공식적으로 닿았음을 뜻한다. 水葬 사건은 백제 海域이거나 백제 선박이 미치는 공간에서 발생한 게 분명하다. 더욱이 곤륜 사신들을 수장한 곳을 '바닷속[海裏]'이라고 한 데서 海洋的인 분위기를 느낄 수 있다. 요컨대 이는 백제와 곤륜 즉 동남아시아 諸國과의 교류 없이는 발생할 수 없는 사건이다. 혹은 이 사건을 일본열도 海域에서 백제 사신이 곤륜 사신을 살해한 것으로 추측할 수도 있다. 그러나 이는 전혀 타당하지 않다. 799년에 小船을 타고 漂着한 단 1명의 곤륜인과 그 이듬 해에 綿種을 가져 온 곤륜인에 관한 기록이 일본 史書에서 처음으로 눈에 띈다. 그런 만큼 곤륜 사신 水葬 사건의 공간적 배경은 일본열도와는 무관하다. 799년 이전에는 일본열도에 崑崙人이 얼씬도 하지 않았기 때문이다.[71]

---

70) 大林太良, 『邪馬臺國』, 中公新書, 1977, 50~51쪽.

71) 李道學, 「백제의 동남아시아 交流論은 妄想인가?」 『慶州史學』 30, 2009; 『백제 사비 성시대 연구』, 일지사, 2010, 284~285쪽.

5. 맺음말

백제 도성은 江邊에 소재하였다는 공통점을 지녔다. 소통과 유통, 그리고 교류의 수단인 하천변에 입지한 관계로 水路의 管掌에 유리하였다. 경제는 물론이고 군사적으로도 기민하게 대처할 수 있는 利點이 분명 존재한 것이다. 바로 이러한 强點으로 인해 풍납동토성과 공산성이나 부소산성 일원의 王城은 江邊에 조성되었음을 알 수 있다.

백제 건국기의 國都選定 說話는 백제인들의 도성 입지에 대한 안목과 기준을 제시해 준다. 이러한 기준은 백제인들이 기습적인 한성 함락으로 경황이 없었을 것 같지만, 새 국도를 물색할 때도 예외가 되지는 않았다. 웅진성은 북쪽으로 금강이 접해 있다. 그런 관계로 시급한 고구려의 침공을 막는 천연해자 기능을 중시한 게 새 國都 選定 이유인 것처럼 운위되었다. 그러나 금강 水系를 이용한 전라북도 奧地에 이르는 내륙 지역에 대한 영향력의 행사와 더불어, 어느 때 보다도 긴요한 對中國·對倭 交流를 염두에 둔 입지 선정이었다.

이러한 立地 線上에서 계획하여 조성한 도시인 사비성으로의 천도가 단행되었다. 바닷배가 출입할 수 있는 사비성으로 천도함에 따라 對中國·對倭 교류의 활성화에 박차를 가할 수 있었다. 백제는 금강이라는 內陸水路를 이용하여 전라북도 내륙까지 진출하였다. 그런 다음, 섬진강 수계와 연결지어 남해안 방면을 경유하여 일본열도로의 航進이 가능했다. 백제가 사활을 걸다시피한 對中國 교류의 활성화라는 측면과 對倭 교류를 위한 안전한 항로의 개척이라는 측면에서 보자. 서해와 내륙수계를 가장 요긴하게 활용할 수 있는 입지 조건을 갖춘 곳이 사비성이었다. 백제의 사비성 천도 요인으로는 海外交流의 활성화라는 목적이 지대했음을 알 수 있다.

백제는 사비성 천도와 더불어 도성은 모두 25개의 巷으로 구획하였다. 이러한 巷으로의 구획은 北魏의 사례에서 보듯이 주민 통제에 목적이 있었다. 실제 사비도성 各部에 주둔한 군대 역시 북위 낙양성의 근위병 배치와 유사하였다. 그리고 사비도성 안에는 외국인들이 거주하는 巷이 존재했던 것으로 보인다. 고구려와 신라인들이 거주하는 巷도 존재했던 것이다. 궁남지 목간에 적힌 '歸人'이나 '部夷'의 존재는 北魏 洛陽城의 降附者 거처의 존재를 상기시킨다. 宮城이 最北端에 소재한 점에서도 사비도성과 북위 낙양성은 일치하고 있다. 도성의 복판에 소재한 것보다는 江邊에 가깝거나 귀퉁이 쯤에 소재한 것이 유사시 탈출에 용이한 입지 조건이었다. 백제 멸망 당시 의자왕의 웅진성 탈출도 이와 무관하지 않을 것 같다. 요컨대 백제 사비도성과 북위 낙양성간의 편제상 유사성은 막연한 영향관계를 설정하기 보다는 상호 군사형국가의 國都라는 점에서 부합되는 측면도 상정해 볼 수 있다.

'정림사지'에서 출토된 2개의 곱슬머리 陶俑을 통해서 백제와 동남아시아 지역 간의 교류를 읽을 수 있다. 더구나 사비도성 내에 외국인들로 구성된 巷의 존재는 백제왕이 천하를 통치한다는 천하관의 산물로 해석할 수밖에 없었다. 끝으로 백제 使人이 崑崙 史臣을 해척시킨 사건은 더 많은 관련 자료를 뽑아서 해석해 보았다. 그 결과 海難 時 '異邦人'을 水葬시키는 해양신앙의 산물임이 명백해졌다. 나아가 백제가 東南아시아 지역과 교류한 자료가 추가된 것이다. 결국 백제는 사비성 천도를 통해 국제국가이자 국제도시로서의 威容을 확보했음을 알 수 있었다.

〈出典〉「百濟 泗沘都城의 編制와 海外 交流」『東아시아 古代學』30, 동아시아고대학회, 2013, 231~267쪽.

제3부

제1장
王城으로서 益山 왕궁평성 檢證

1. 머리말

전라북도 益山 지역에서 다량의 청동유물이 출토됨에 따라 청동기시대의 중요한 문화권으로 일찍부터 주목을 받아 왔다.[1] 그리고 이곳은 後朝鮮 準王의 南來地로서 전설과 기록이 함께 전한다. 그러나 이는 어디까지나 후대 문헌이나 전설인 관계로 크게 주목을 요하지는 못하였다. 그러한 익산 지역이 역사의 전면에 크게 부각된 것은 백제와 관련해서였다. 백제 무왕대의 천도지로서 익산 지역이 등장하기 때문이다. 익산을 백제 王都로 지목할 수 있었던 배경은 1953년 日本 京都의 靑蓮院에서 10세기경에 편찬된 『관세음응험기』를 발견하면서부터였다. 그 후 1970년에는 일본 京都大學 敎授였던 牧田諦亮이 『觀世音應驗記』에 대한 註釋과 연구서로서 『六朝古逸觀世音應驗記の研究』를 출간하면서 그 말미에 백제 관련 자료 2건을 소개하였다. 즉, '百濟沙門發正'條와 '百濟武廣王'條였다. 이 중 후자가 무왕대 익산 천도 기록이었다.

---

1) 최완규, 「고대 익산과 왕궁성」 『익산 왕궁리유적, 발굴 20년 성과와 의의』, 주류성, 2009, 269쪽.

『관세음응험기』의 익산 천도 기록은『삼국사기』와『삼국유사』를 비롯해서 地理誌에 이르기까지 기존의 익산 관련 문헌들을 광범위하게 일대 재점검하는 계기가 되었다. 그와 맞물려 1970년대 이래 활발하게 진행된 彌勒寺址와 王宮坪城 및 雙陵 등의 익산 지역 백제 유적 발굴은 한층 힘을 얻었다. 동시에 그러한 발굴 성과는 익산 천도 기록을 검증하는 기제로 작용하였다.[2]

본고에서는 문헌 기록과 고고학적 자료에 대한 분석을 통해 익산 천도를 中核으로 하는 이 곳의 백제 都城 與否를 검증하고자 했다. 다시 말해 지금까지의 발굴 조사 성과와 古都 익산에 관한 기록과의 부합 여부를 확인하는데 목적을 두었다. 그럼으로써 백제 王都로서 익산 지역이 지닌 역사적 위상을 합당하게 부여하고자 한다. 이와 더불어 익산천도 부정론과 관련한 지금까지의 견해도 면밀하게 검토하여, 그 부당성을 짚어 보았다.

2. 王都로서의 익산 관련 기사 검증

1)『觀世音應驗記』의 분석

익산이 백제 王都였음을 알려주는 가장 중요하면서도 결정적인 기록은『觀世音應驗記』였다. 書名대로 관세음보살의 應驗에 관한 神異한 기록을 집성한 이 책은 부처의 징험을 두루 알리려는 布敎 목적에서 편찬하였다. 그런 만큼 귀를 솔깃하게 하는 神異한 내용이 담겨 질 수밖에 없다.

『觀世音應驗記』의 관련 내용을 줄거리에 따라 다음과 같이 3단락으로 구분해 보았다.

---

2) 익산 천도와 관련한 선구적인 업적으로는 다음의 논고를 꼽을 수 있다.
　　黃壽永,「百濟 帝釋寺址의 硏究」『百濟硏究』4, 1973, 9~16쪽.
　　金三龍,「百濟의 益山 遷都와 그 文化的 性格」『馬韓百濟文化』2, 1977, 19~23쪽.

a. 백제 무광왕이 枳慕蜜地로 천도하고 새로 精舍를 조영했다(百濟武廣王遷都枳慕蜜地 新營精舍).

b. 정관 13년 기해가 되는 해 겨울 11월에 하늘에서 큰 벼락과 비가 내려 드디어 帝釋精舍가 재해를 입어 佛堂과 7층 浮圖 내지는 廊房이 일체 모두 타버렸다(以貞觀十三年歲次己亥冬十一月 天大雷雨 遂災帝釋精舍 佛堂七級浮圖 乃至廊房 一皆燒盡).

c. 塔 밑의 초석 안에는 종종의 七寶가 있었다. 역시 불사리 채색의 수정병 또 구리로 만든 종이에 금강반야경을 적어놓은 寫經과 이들을 담은 木漆函이 있었다. 초석을 열고보니 모두 다 불타 없어지고 오직 불사리병과 금강반야칠함만이 그대로 남아 있었다. 수정병은 안팎이 모두 보이지만 뚜껑이 역시 움직이지 않았다. 사리는 모두 없어져 나간 곳을 몰랐다. 수정병을 가지고 大王에게 돌아가자 대왕이 法師를 청하여 참회한 직후에 병을 열어서 보니 불사리 6개가 모두 병 안에 갖추어져 있었는데, 밖에서도 이것을 모두 볼 수 있었다. 이에 대왕 및 여러 궁인들의 신심이 배가하였다. 공양을 올리고는 다시금 절을 지어 (사리를) 봉안하였다(塔下礎石中 有種種七寶 亦有佛舍利 睬水精瓶又以銅作紙寫金剛波若經 貯以木漆函 發礎石開視 悉皆燒盡 唯佛舍利瓶與波若經漆函如故水精瓶內外徹見 蓋亦不動 而舍利悉無 知所出 將瓶以歸大王 大王請法師 發卽懺悔 開瓶視之 佛舍利六箇俱在處內瓶 自外視之 六箇悉見 於是 大王及諸宮人倍加敬信 發卽供養 更造寺貯焉).

위의 내용의 핵심은 정관 13년(639)에 제석정사가 火災를 입었음에도 불구하고 기적이 일어 났다는 데 있다. 즉, 제석정사 목탑 밑의 초석에 장치되었던 종종의 七寶와 불사리 및 동판 금강반야경 중 오직 불사리병과 반야경을 넣었던 漆函만이 그대로 남아 재난을 모면했다는 應驗 기사가 되겠다. 이러한 應驗 기사와 관련해 사건의 시간적·공간적 배경을 설명할 목적으로 冒頭에 무왕대의 천도 기사가 수록되었다. 요컨대 극히 자연스럽게 무왕대의 익산 천도에 관한 내용이 따라들어 온 셈이다. 그런 만큼 일종의 묻어 들어온,

어느 일면에서는 助役에 불과한 천도 기록의 신뢰성이 높을 수 밖에 없다. 왜냐하면 이 구절의 초점은 어디까지나 應驗이었다. 그런 만큼 '應驗'에서 비껴나 있는 천도 기사야 말로 과장이나 윤색과는 거리가 멀기 때문이다.

그러면 관련 문구를 분석해 보도록 하자. 우선 위의 인용을 보면 천도의 주체로서 武廣王이 보인다. 무광왕은 기존 사서에서는 보이지 않는 왕호이다. 그런데 B에서 '貞觀十三年(639)'이라는 연대가 보이므로 무광왕은 일단 무왕(재위: 600~641년)과 연관지을 수 있다. 그러나 이 시점은 재석정사에 화재가 난 시기를 알려줄 뿐 천도를 단행한 무광왕대의 사건이라는 근거는 되지 못한다. 천도는 그 이전에 있었기 때문이다.

지모밀지 천도를 단행한 무광왕과 유사한 왕호가 『삼국유사』 무왕 조에 보이는 무강왕이다. 무왕 조 割註에서 "古本에는 武康이라고 하였으나 잘못이다. 백제에는 武康王이 없다"[3]라고 하였다. 그러나 『삼국유사』 王曆에서는 "第三十武王 或云武康"라고 하여, 무왕을 무강왕으로 표기했다. 그러므로 무강왕이 무왕을 가리킴을 알 수 있다. 그렇지만 武康王이 곧 武廣王을 가리킨다고 볼 직접적인 근거는 없다. 오히려 시호인 武康王은 25대 武寧王과 동일한 의미를 지녔다고 한다. 그러므로 무강왕을 무녕왕으로 간주하기도 했다.[4] 그러나 이 역시 무강왕이 무녕왕을 가리킨다는 결정적인 근거가 되기도 어렵다. 일단 武廣王의 '廣'은 저명한 고구려의 정복군주인 廣開土王의 시호에 보이듯이 영토 확장 치적이 있는 왕의 시호로서 합당한 文字이다. 그렇다고 할 때 무광왕 시호는 무녕왕이나 무왕의 치적에 함께 부합된다. 아울러 광개토왕의 공식 시호인 '國岡上廣開土境平安好太王'에 등장하는 '平安'은 '康'이 포함된 '무강왕' 시호와도 연결된다. 따라서 무광왕이나 무강왕 공히 무녕왕이나 무왕의 치적과 관련된 시호로서는 무리가 없다. 다만 兩者는 서로 발음이 흡사한 만큼, 무광왕을 무강왕으로 표기하였을 수는 있다. 그런데 b에 보

<hr />

3) 『三國遺事』 권2, 紀異 무왕 조. "古本作武康非也 百濟無武康"
4) 李丙燾, 「薯童說話에 대한 新考察」『韓國古代史研究』, 박영사, 1976, 549쪽.

이는 제석정사가 소실된 '貞觀十三年(639)'이라는 연대는 시점상 무왕과는 연결이 가능하다. 그러나 이 시점은 時間 落差 幅이 큰 무녕왕(재위: 501~523년)과의 연결은 어렵다. 제석정사의 창건은 무강왕대의 천도와 연계된 산물이었기 때문이다. 무왕대에 제석정사가 소실되었다면 그로부터 무려 100년 전인 무녕왕대의 천도를 군이 언급할 이유가 없었다고 보여진다.

그러면 무광왕대의 천도지 枳慕蜜地는 어디인가? 지모밀지는 그 音이 백제 멸망 후 唐이 백제 故地에 설치한 9州 중 魯山州에 속한 支牟縣의 支牟와 연결된다. 魯山州의 首縣인 魯山縣은 지금의 전라북도 익산 함열면과 웅포면 일대를 가리킨다.[5] 그런 만큼 支牟縣 또한 그와 인접한 지역에 소재했음은 분명하다. 魯山州 반경인 지금의 전라북도 일원에서 '支牟' 혹은 '只馬馬知'라고 했던[6] 지명과 音似한 익산 금마면과 왕궁면 일대를 가리키는 '金馬渚'가 있다.[7] 지마마지는 말할 것도 없고, 金馬渚 즉 '김마저' 역시 구개음화에 따르면 '짐마저'로 발음한다. 이들 지명 모두 枳慕蜜地와 音이 연결된다.

그런데 이와 같은 지금까지의 지명 비정의 토대 위에 지명 자체가 지닌 의미에 대한 해석을 제기해 볼 수 있다. 이와 관련해 枳慕蜜地의 地名語尾格인 '地'를 주목한다. 여기서 '地'는 고유지명 전체의 일부이기 보다는 특정 지명만을 가리키는 文字일 수 있다. 왜냐하면 '枳慕蜜地'의 '枳慕'만으로도 '支牟縣'의 '支牟'와 곧바로 연결되기 때문이다. 물론 枳慕蜜地는 '只馬馬知'와 4음절이 모두 연결되므로 同音異記임을 알 수 있다. 그럼에도 遷都地로서 枳慕蜜地의 '地'는 只馬馬知의 '知'와 同音이지만 특별한 의미를 염두에 둔 文字選擇으로 보인다. 즉, 특정 地名의 地名語尾로서, 앞의 고유 지명을 받아 '△△地域'이라는 의미를 '地'로써 나타내려고 했던 것 같다.

---

5) 李道學, 「熊津都督府의 支配政策과 對日本政策」, 『白山學報』 34, 1987; 『백제 사비성 시대 연구』, 일지사, 2010, 399~402쪽.
6) 『三國史記』 권37, 地理志 4.
7) 『三國史記』 권37, 地理志 3.

그렇다고 할 때 支牟縣의 '支牟'와 연결되는 지모밀지의 '枳慕' 다음 글자인 '蜜'字 역시 일정한 의미가 담겼을 가능성이다. 이러한 맥락에서 볼 때 地名語根格인 '枳慕'를 제외한 地名語尾格인 '蜜地'는 字意上 樂土나 福地를 연상시킨다.[8] 더구나 무왕이 미륵신앙과 관련한 장대한 포부를 품고 천도한 곳이 익산이었다. 그런 만큼 고유지명을 新天地 개념의 '枳慕樂土'의 뜻을 담아 표기한 것으로 보인다. 이와 관련해 『金剛般若波羅蜜經』 등의 經典에 보이는 波羅蜜은 到彼岸 즉 理想境에 들어가는 것을 말한다. 바로 그러한 波羅蜜의 '蜜'字를 사용한 것은 단순한 音寫라기 보다는 의미심장한 文字 선택으로 보아야 한다. 이와 연계된 '慕'字는 樂土를 '그리워한다'는 의미이다. 그러므로 枳慕蜜地는 '그리워한 樂土'의 뜻이기도 하다. 게다가 '枳'字는 중국의 남방 지역에서 서식하는 탱자나무를 가리킨다.[9] 그러니 '枳'字에는 익산은 탱자나무가 자라는 따뜻한 남방 지역이라는 포근한 이미지가 스며 있다. 이는 황량함이나 춥거나 차가운 인상과는 대척되는 신왕도에 대한 기대와 설렘을 유발

---

8) '枳慕蜜地'라는 백제 지명을 중국인이 소리 나는대로 적어놓았을 가능성이다. 그러나 이것은 應驗과 관련한 일련의 줄거리를 백제인이 自國語로 말한 것을 중국인이 알아 듣고 적어놓을 수 있는 사안은 아니다. 起承轉結이 완벽한 백제인의 應驗 관련 문장을 중국인이 轉寫한 것으로 간주해야 맞다. 왜냐하면 이는 중국 사신이 백제 王都를 방문한 후 聽取해서 적어놓은 단 하나의 고유 호칭인 '居拔城'과는 성격이 틀리기 때문이다.

9) 이와 관련해 서울대학교 동양사학과 교수 閔斗基가 김철준과 더불어 1969년 5월 3일에 왕궁평성을 답사한 직후에 이곳의 정경을 노래한 '五月風景'이라는 詩가 눈길을 끈다. 이 싯구에서 "탱자나무 울타리에 하얀 수줍음이 피었다"라는 구절의 왕궁평성 '탱자나무'는 枳慕蜜地의 '枳'가 '탱자나무'를 가리킨다는 점에서 묘한 느낌을 준다. 참고로 이 사안은 "서울대 문리대 사학과의 답사여행에 지도교수로서 따라갔다. 고 김철준 교수와 함께였는데 이때(5.3) 盆山 王宮寺 古塔을 보면서 느낀 바를 읊은 시 한편을 오래된 노트쪽에서 발견하였다(閔斗基, 『한 송이 들꽃과 만날 때』, 지식산업사, 1997, 270쪽)"라고 적혀 있다. 이 글은 당초 1992년에 작성된 「閔斗基自編年譜略」에 수록된 글이었다. 여기서 閔斗基는 적어도 1992년에 '王宮寺'의 존재를 거명하였다. 王宮寺는 훗날 발굴로 드러난 銘文瓦를 통해 그 실체가 확인된 바 있다. 이 點 역시 妙한 느낌이 들어 添記한다.

하는 文字임이 분명하다. 그렇다고 할 때 지모밀지에는 중국이 원산지라 상상으로 그려질 뿐인 '탱자나무 자라는 그리워하는 樂土'라는 의미가 담긴 것이다. 이렇듯 枳慕蜜地 地名에는 무왕이 천도한 新王都에 대한 메시아 신앙 즉 이상향적인 염원이 담겼다. 실제 익산 왕궁은 풍수지리적으로도 매우 이상적인 조건을 갖춘 明堂에 조성되었다고 한다.[10]

그러면 무왕이 익산으로 천도한 시기는 언제일까? b에서 "貞觀十三年歲次己亥"를 근거로 해서 정관 13년인 639년으로 간주하기도 했다. 그러나 정관 13년은 지모밀지로 천도한 후 새로 지은 帝釋精舍가 火災를 당한 시점을 가리킨다. 그러므로 지모밀지 천도는 최소한 정관 13년(639) 이전에 단행되었다. 문제는 『觀世音應驗記』의 천도 기사에 대한 검증이다. 그런데 다음과 같은 몇 가지 점에서 『觀世音應驗記』의 신뢰도가 입증되었다. 첫째, 帝釋精舍의 존재가 王城인 왕궁평성 인근에서 확인되었다.[11] 둘째, 제석사지 인근에서 확인된 불탄 塑造像을 비롯한 폐기장의 존재는 639년의 帝釋精舍 火災가 사실임을 입증해준다.[12]

_ 제석사지 폐기장 출토 악귀상

10) 최완규, 「고대 익산과 왕궁성」『익산 왕궁리유적, 발굴 20년 성과와 의의』, 주류성, 2009, 295쪽.
11) 黃壽永, 「百濟 帝釋寺址의 硏究」『百濟硏究』 4, 1973, 9~16쪽.
12) 익산시·마한백제문화연구소, 『'익산역사유적지구' 세계문화유산 등재추진사업기초조사연구』, 2008, 102쪽.

셋째, 왕궁평 오층석탑에서 나온 사리구 등이 c의 내용과 부합된다는 사실과[13] 더불어, 角筆로 새긴 금강경의 무왕대 제작 가능성이 제기되었다.[14] 요컨대 사리 內函의 문양 비교 분석을 토대로 사리함의 제작 시기는 7세기 전반경으로 고찰된다.

그리고 미륵사지 서탑 사리장엄 중 사리병 표면의 魚子文과 연화문이 왕궁평성탑 사리함 문양과 동일한 것으로 밝혀졌다고 한다.[15] 결국 이는 제석정사 火災 후 수습된 불사리 등이 그 뒤 어떤 연유로 인근의 왕궁평성 오층석탑으로 옮겨졌음을 가리킨다. 넷째, 『觀世音應驗記』는 중국에서 편찬된 책이지만, 그 당시 중국에서는 사용하지 않는 '大王'號를 언급했다. 大王 號는 미륵사지 西塔 「사리봉안기」에서 무왕을 가리켜 '大王 陛下'라고 한데서도 실제 백제 왕호임이 확인되었다.[16] 다섯째, c의 異蹟은 "사리는 모두 없어져 나간 곳을 몰랐다. 수정병을 가지고 大王에게 돌아가자 대왕이 法師를 청하여 참회한 직후에 병을 열어서 보니 불사리 6개가 모두 병 안에 갖추어져 있는데, 밖에서도 이것을 모두 볼 수 있었다"라고 한 현상은 왕흥사 목탑 조성에

---

13) 黃壽永, 「百濟 帝釋寺址의 研究」『百濟研究』 4, 1973; 「百濟 帝釋寺址의 研究」『益山의 先史와 古代文化』, 2003, 361쪽에서 "왕궁평 내 유물과 제석사 목탑 안의 사리 등 그 방식이 매우 유사하다"라고 한 바 있다. 洪潤植, 2003, 「益山 地方 百濟佛敎文化 遺蹟의 性格」『益山의 先史와 古代文化』, 마한백제문화연구소·익산시, 2003, 500~501쪽에서도 "『관세음응험기』에 나타난 신앙 유물과 왕궁리 오층석탑의 해체복원시 발견되어진 신앙 유물은 동경판이 금동경판이란 점만이 다르고 모두 같다는데 주목할 필요가 있다"라고 언급한 바 있다.

14) 宋日基, 「益山 王宮塔 出土 '百濟 金紙角筆金剛寫經'의 研究」『益山文化圈研究의 成果와 課題』, 원광대학교 마한백제문화연구소, 2003, 133~148쪽; 「益山 王宮塔 出土 '百濟 金紙角筆金剛寫經'의 研究」『馬韓·百濟文化』 16, 2004, 168~169쪽.

15) 金三龍, 「익산 문화론에서의 왕궁리 유적의 위치」『익산 왕궁리유적, 발굴 20년 성과와 의의』, 주류성, 2009, 20쪽.

16) 李道學, 「彌勒寺址 西塔 〈舍利奉安記〉의 分析」『白山學報』 83, 2009; 『백제 사비성 시대 연구』, 일지사, 2010, 117쪽.

사리 2매가 3매로의 分顆와 기본적으로 동일한 성격이다.[17] 그러므로 수정 병의 사리가 없어진 일화를 일컬어 과장된 기록으로 간주할 수는 없다. 여섯째, c에 보이는 '金剛波若經'의 '波'字를 '般'字의 誤記로 간주해 왔다. 그러나 돈황에서 발견된 535년에 작성된 金剛經造成記에서 '金剛波若經'의 '波'字 표기를 발견했다. 따라서『觀世音應驗記』기사의 신뢰도가 다시금 확인되었다. 그리고 沙門 發正 條와는 달리 무광왕 조에서는 誤脫字가 거의 나오지 않았다. 이러한 점에서도『觀世音應驗記』는 신뢰할 만한 사료적 가치를 지닌 것으로 판단되었다.[18]

이상과 같은 다각적인 검증을 통해『觀世音應驗記』에 적힌 천도 기사의 신빙성은 입증된다. 그럼에도『관세음응험기』의 사료 가치에 대한 의문이 다음과 같이 제기된 바 있기에 검토해 본다.

첫째, 백제는 연호를 사용하지 않았는데, '梁天監中'이나 '貞觀十三年'과 같은 중국 연호가 보인다. 그런 관계로『관세음응험기』의 백제 관련 기사는 통일신라기에 採錄된 것으로 단정했다. 또 이러한 선상에서 '遷都' 기사도 통일신라인의 誤謬로 규정하였다. 그러나『관세음응험기』의 백제 관련 기사는 著者인 중국인이 채록한 내용이었다. 그런 만큼 自國 讀者를 위해서라도 당초 '璋王四十年'式으로 쓰여졌을 紀年을 중국 연호로 換算해서 '貞觀十三年'으로 알렸을 것이다. 더구나 앞에서 언급한 金剛般若經에 대한『관세음응험기』의 '波'字 표기 역시 중국과 활발하게 교류했던 백제 당대의 산물로 밝혀졌다. 따라서 이 역시 통일신라인에 의한 채록 가능성을 희박하게 한다.

둘째,『관세음응험기』기록을 신뢰한다면, 미륵사지 서탑 「사리봉안기」와 서로 결부지어 검증해 보아야 한다. 그렇다면 639년 11월에 미륵사가 완

---

17) 李道學,「王興寺址 舍利器 銘文 分析을 통해 본 百濟 威德王代의 政治와 佛敎」『韓國 史硏究』142, 2009;『백제 사비성시대 연구』, 일지사, 2010, 61쪽.

18) 宋日基,「京都 靑蓮院藏 觀世音應驗記 所收 百濟 記事의 檢討」『書誌學硏究』30, 2005, 138~148쪽.

공되었기에 이때까지는 익산이 천도지였어야 마땅하다. 이러한 흐름에서는 630년의 사비궁 중수와 무왕의 웅진성 移住에 대한 해석이 걸린다고 했다. 그러나 『관세음응험기』와 「사리봉안기」의 기록은 미륵사가 완공될 때까지 무왕이 익산에 常住한 증거가 될 수는 없다. 그리고 미륵사 서탑의 사리 봉안이 미륵사 전체의 완공을 뜻하지도 않는다. 게다가 무왕은 그로부터 불과 2년만에 사망했기 때문에 미륵사의 완공을 보지 못했을 수도 있다. 따라서 무왕이 미륵사가 완공될 때까지 익산 왕도에 거주했어야 한다는 前提 내지 당위성에는 큰 의미가 없다. 그런 만큼 이와 연계된 사비궁 중수와 무왕의 웅진성 移住는 거론할 動力을 잃게 된다.

2) 王都로서의 익산 관련 기사

『觀世音應驗記』의 천도 기사를 통해 익산이 백제 때 왕도였음을 검토하게 되었다. 또 그 사실을 확인하는 일대 轉機이자 起爆製 역할을 했다. 그런데 『觀世音應驗記』에서만 익산 왕도 기록을 남긴 것만은 아니었다. 다음과 같은 점에서도 익산이 왕도였을 가능성은 확인되었다.

첫째, 익산 왕궁면에는 '王宮'·'宮坪' 등의 지명이 전하고 있다. 물론 이러한 지명들이 익산 王都說의 직접적인 근거가 되기는 어렵지만 傍證임은 분명하다. 게다가 이들 지명은 단순 자연지명이 아니었다. 유서 깊은 전승에 근거한 '王都'라는 구체적인 실체를 지녔다는 것이다.

둘째, 후백제 진훤왕이 全州로 천도하면서 "백제는 나라를 金馬山에서 개국하여 600餘 年이 되었다"[19]라고 하며 금마산 곧 익산이 開國地임을 천명했다. 이는 진훤왕이 光州에서 全州로 천도한 명분을 설명하는 구절이다. 즉, 開國地 바로 남쪽에 새로운 왕도를 조성하여 천도한 사실을 천명했다. 그는 후백제 정권의 정당성과 정통성을 開國地로 간주한 익산 지역에서 찾았

---

19) 『三國史記』 권50, 甄萱傳.

_ 왕궁평성과 그 안의 오층탑

다. 물론 백제가 익산에서 개국하지는 않았지만, 현실적으로 漢城 지역을 장악할 수 없는 상황에서 金馬山 開國說 闡明에는 최소한의 어떤 정치적 단초를 짐작할 수 있다. 익산이 백제 王都가 아니었다면 이러한 말은 감히 내세울 수 없었을 것이기 때문이다. 진훤왕의 익산 開國說은 이곳이 최소한 백제의 王都였던 사실을 실마리로 했다는 판단이 든다. 이와 유사한 사례가 있기 때문이다. 즉, 고려 말 李穀(1298~1351)의 七言古詩 「扶餘懷古」에 보면 "온조왕이 東明家에서 태어나 부소산 밑으로 옮겨와 나라를 세웠다"[20]라고 했다. 여기서 온조가 고구려 땅에서 부소산 밑으로 옮겨와 개국했다는 구절은 물론 사실은 아니다. 주지하듯이 온조는 한강유역에서 건국하였다. 그러나 이 詩

---

20) 『稼亭集』 권14, 「扶餘懷古」; 『東文選』 권6, 七言古詩, 「扶餘懷古」. "溫王生自東明家 扶蘇山下徙立國"

에서 '立國'했다는 '扶蘇山下'는 백제 왕도였던 사비성의 왕궁 일대를 가리킨다. 이곳은 백제 開國地는 아니지만 王都 안의 王宮터였다. 이러한 맥락에서 볼 때 金馬山 開國說 역시 익산이 최소한 왕도였음을 웅변하는 實例가 아닐 수 없다.

진훤왕은 922년에 익산 미륵사에서 '開塔'을 한 바 있다.[21] 이때의 '開塔'은 종전에 운위되고 있던 重修나 補修 문제가 아니라 사리신앙의 효과를 극대화하기 위한 정치적 조치였다.[22] 이러한 미륵사 개탑 儀式은 백제의 '金馬山 開國'과 무관하지 않는 것 같다. 이를테면 開闢의 미륵신앙과 결부지어, 백제 말기의 왕도였던 익산의 정치적 由緒를 백제 開國 때로 소급시키려는 정치적 복선을 생각하게 한다. 어쨌든 미륵사 開塔은 익산이 백제 때 왕도였음을 반영하는 동시에 이곳이 지닌 정치적 위상을 암시해준다.

셋째, 부소산성과 왕궁평성 및 익산토성에서만 출토된 印刻瓦의 명문 '首府'는[23] "一國의 君主의 居所 및 중앙정부가 있는 都會·首都"[24]의 뜻이다. 백제 기와 '首府'명문은 익산이 백제의 왕도임을 가리키는 결정적인 근거가 된다.[25] 실제 왕궁평성에서는 正殿으로 추정되는 대형 건물지 곧 궁성의 존

---

21) 李能和 主幹,『朝鮮佛敎叢報』, 三十本山聯合事務所, 1917, 23~26쪽. "越三年 就 金山寺義靜律師戒壇受具於是 龍德二年夏 特被彌勒寺開塔之恩 仍赴禪雲山選佛之場"; 한국역사연구회,「葛陽寺惠居國師碑」『譯註 羅末麗初金石文(上)』, 혜안, 1996, 342~343쪽; 한국역사연구회,『譯註 羅末麗初金石文(下)』, 혜안, 1996, 459~460쪽.

22) 李道學,「백제의 불교 수용 배경과 위덕왕대의 불교」『백제 사비성시대연구』, 일지사, 2010, 88쪽.

23) 국립부여문화재연구소,『王宮里 發掘調査中間報告Ⅱ』, 1997, 316쪽.

24) 諸橋轍次,『大漢和辭典』12, 大修館書店, 1986, 442쪽.

25) 혹자는 비록 私席이기는 하지만 부소산성 출토 '首府'銘瓦를 '大唐'銘瓦와 연결지어 唐의 熊津都督府를 가리키는 것이라고 주장했다. 쉽게 말해 '首府'銘瓦가 중국제일 것이라는 주장이다. 그러나 '首府'銘瓦는 1992년에 군창터 남측 臺地 조사시 출토되었다. 반면 전통적인 백제 匠人의 제작 수법과는 다른 '大唐'銘瓦는 1993년에 군창터 정남측 溪谷部를 조사할 때 토광에서 중국제 청자 및 중국제 연화문 수막새편과 함께 출토된 것이다(국립부여문화재연구소,『王宮里 發掘調査中間報告Ⅱ』, 1997, 92~

재가 확인되었다.[26)

넷째, 『삼국유사』에 보이는 다음과 같은 미륵사 창건 연기설화를 통해 익산이 王都임을 암시받을 수 있다.

> d. 하루는 왕이 부인과 함께 師子寺에 행차하고자 하여 龍華山 밑의 큰 못가에 이르렀다. 못 가운데서 彌勒三尊이 출현하므로 수레를 멈추고 敬拜하였다. 부인이 왕에게 이르기를 "모름지기 이 땅에 大伽藍을 창건하는 게 진실로 소원입니다"고 하였다. 왕이 허락하고는 知命에게 가서 못을 메울 일을 묻자, 神力으로 하룻밤에 산을 무너뜨려 못을 메워 평지를 만들었다. 그리고는 彌勒三會의 형상을 본받아 殿·塔·廊廡를 각각 3곳에 창건하고는 이름을 彌勒寺라고 하니 진평왕이 百工을 보내어 도와주었다. 지금도 그 절이 남아 있다.[27)

위의 기사는 무왕과 그 왕비가 미륵사를 창건하게 된 내력을 적어 놓았다. 그렇지만 그 창건 시기는 알 수 없고, 여타 문헌에서도 언급된 바 없다. 더욱

101쪽). 그러므로 兩者는 관련성이 없다. 덧붙여서 말한다면 '首府'銘瓦는 "방형 주거지 바로 북편에서 백제 연화문 및 素文 수막새, '午止'銘 인장와 등과 주변에서 함께 출토되었는데 바닥층인 황적갈색의 풍화암반층 직상층에서 출토되었다(국립부여문화재연구소, 『王宮里 發掘調査中間報告 II』, 1997, 19쪽)"고 하였다. 요컨대 백제 印刻瓦와 共伴 출토된 '首府'銘瓦는 중국제 유물과 공반 출토된 '大唐'銘瓦와는 성격이 동일하지 않음을 알 수 있다. 더구나 '首府'銘瓦는 왕궁평성에서 다수 출토되었다. 或者의 주장대로라면 왕궁평성에도 唐軍이 주둔했어야 한다. 그러나 이것은 사실이 아니기 때문에 或者의 소견은 터무니 없는 주장임을 알 수 있다. 참고로 '首府'銘瓦는 부소산성에서는 단 1점만 출토되었을 뿐이다. 즉, "또 인장와 중에는 '首府'銘 인장와가 출토되었는데 이 명문은 지금까지 부여 都城인 부소산성에서 1점이 확인되었을 뿐이었다(국립부여문화재연구소, 『王宮里 發掘調査中間報告 II』, 1997, 316쪽)"고 했다. 아울러 양자가 동일한 銘文瓦임은 국립부여문화재연구소, 『王宮里 發掘調査中間報告 II』, 1997, 133~134쪽과 525쪽의 사진을 대조해 보면 알 것이다.

26) 익산시·마한백제문화연구소, 『'익산역사유적지구' 세계문화유산 등재추진사업기초조사연구』, 2008, 101쪽.

27) 『三國遺事』 권2, 紀異, 武王 條.

이 미륵사지 서탑 「사리봉안기」에 보이는 사탁씨 왕후의 존재로 인해 미륵사 창건연기설화는 허구로 지목되기도 했다. 그러나 그 부당성은 이미 지적된 바 있다.[28] 오히려 백제 기와편들이 출토되는 師子寺의 존재는[29] 설화의 사실성을 함축해준다.

이와 더불어 분명한 것은 무왕의 익산 師子寺 행차가 처음은 아니라는 정황이다. 만약 무왕의 居所가 사비성이었다면 원거리의 사자사에, 그것도 왕비와 함께 행차하는 일은 쉽지는 않았을 법하다. 이러한 정황에 비추어 볼 때 미륵사 창건 이전에 무왕은 익산에 이미 도읍하고 있었다고 보인다. 그렇지 않다면 도읍지에서 원거리인 익산 땅에, 그것도 공주나 부여 지역에도 없는 거대한 사찰을 조영해야할 당위성이 엿보이지 않는다. 더구나 궁성이 먼저 조영된 후에 사찰 등의 부대 시설이 들어서는 게 순리이기 때문이다. 이 사실은 곧 필자가 제기한 무왕 전기의 익산 천도 견해를 뒷받침해 준다.[30] 실제 궁성인 왕궁평성 유적이 미륵사지보다 선행 유적으로 밝혀졌다.[31] 게다가 미륵사지 서탑 「사리봉안기」를 통해 미륵사는 639년 이후에 완공된 사실이 밝혀졌다. 여전히 왕궁평성 유적이 미륵사보다 앞서 조성되었음을 알 수 있다.

다섯째, 『삼국사기』를 통해 보면 백제 왕은 적어도 630년(무왕 31)부터 638년(무왕 39)까지 사비성에 도읍한 게 분명하다. 이와 관련해 무왕 31년의 다음과 같은 기사가 유의된다.

> e. 2월에 사비의 宮을 重修하였고, 왕이 웅진성에 행차하였다. 여름에 한발

28) 李道學, 「彌勒寺址 西塔 〈舍利奉安記〉의 分析」 『白山學報』 83, 2009; 『백제 사비성 시대 연구』, 일지사, 2010, 112쪽.
29) 金善基, 「益山地域 百濟寺址研究」, 동아대학교 박사학위청구논문, 2009, 97쪽.
30) 李道學, 「百濟 武王代 益山 遷都說의 檢討」 『益山文化圈研究의 成果와 課題』, 원광대학교 마한백제문화연구소, 2003, 89~90쪽.
31) 이병호, 「百濟 泗沘時期의 都城과 地方都市」 『지방사와 지방문화』 6-1, 2003, 71쪽.

이 들어 사비의 役을 停止하고 7월에 왕은 웅진으로부터 돌아왔다.[32]

종전에는 무왕이 익산 천도를 추진했다면 e의 기사처럼 사비궁 중수가 필
요했겠냐며 반문했다. 즉 e의 기사를 익산 천도 의사가 없었다는 논거로 이
용하였다. 그러나 이 기사는 왕이 웅진성으로 행차한 후 사비궁을 중수한 게
아니다. 사비궁을 중수하고 있을 때 웅진성에 행차한 것이다. 이 점 주목해
야 한다. 왜냐하면 집을 수리하려면 먼저 이사하는 게 순리이기 때문이다. 이
사실은 사비성과 웅진성 간에는 국왕 居所로서 공간상의 계기적인 연결이 없
었음을 뜻한다. 그러므로 무왕은 사비궁 중수 이전에 제3의 장소에 있다가
웅진성에 행차한 것으로 볼 수 있다. 사비성의 왕궁을 重修하다가 停止한 상
태에서 다시 사비성으로 돌아 올 수는 없기 때문이다. 그렇다면 무왕이 泗沘
의 役을 정지하고 웅진성에서 돌아온 제3의 장소는 익산이 될 수밖에 없다.

이러한 추측을 무왕 즉위 전기에 익산으로 천도했으리라는 추정과 결부지
어 다시금 음미해 보자. 그러면 위의 기사는 還都 작업의 일환으로 사비궁 重
修가 이루어졌다고 보아야 한다. 이때 무왕은 익산에서 사비궁 중수 작업 督
勵次 사비성에서 가까운 웅진성으로 행차한 것이다. 즉위 전반기에 익산으
로 천도한 무왕은 630년에 사비궁을 중수한 후 還都하려고 했다. 그런데 한
발로 인해 泗沘의 役을 停止한 상황, 즉 사비궁 重修가 완료되지도 않았는데
무왕이 사비성으로 還都할 수는 없었을 것이다. 그러므로 7월에 무왕이 "웅
진으로부터 돌아왔다"고 한 곳은 사비성이 될 수 없다. 무왕이 돌아온 곳은
당초의 출발지였던 익산으로 간주하는 게 온당하다.[33] 이와 더불어 王都 이
름을 굳이 붙이지 않아도 됨에도 불구하고 '泗沘之宮'이나 '泗沘之役'으로 표
현하였다. 이 사실은 逆으로 무왕 31년 당시에 백제 왕도는 사비가 아니라는

---

32) 『三國史記』 권27, 무왕 31년 조.
33) 李道學, 「百濟 武王代 益山 遷都說의 檢討」『益山文化圈研究의 成果와 課題』, 원광대
학교 마한백제문화연구소, 2003; 『백제 사비성시대연구』, 일지사, 2010, 149쪽.

반증이 된다.[34] 그렇다고 할 때 당시 무왕은 사비성이 아닌 익산 지역에 도읍했음을 알 수 있다. 그리고 무왕이 사비성으로 還都한 시기는 사비궁 중수가 완료되는 630년 7월 이후부터 631년 사이로 지목할 수 있다.[35]

여섯째, 백제는 사비성 도읍기에 "그 왕이 거처하는 곳은 東·西 兩城이다"[36]고 했을 정도로 2곳의 도성체제였다. 과거에는 東城을 웅진성으로 간주했었지만[37] 특별한 근거도 없었다. 당시 웅진성은 5方城 가운데 하나인 북방성에 포함되어 있었다. 그런 만큼 웅진성은 도성을 가리키는 '東·西 兩城'에는 포함되지 않는다.[38] 이와 관련해 부여 동쪽도 아닌 남쪽의 논산에 5方城 가운데 東方城이 소재한 사례를 헤아려 볼 때 오히려 익산을 東城으로 지목하는 게 합당하다. 이러한 『구당서』 기록은 무왕 사망 직후 唐에서 파견한 조문 사절의 견문을 토대로 하였다. 그러므로 '東·西 兩城' 기사는 무왕대 부여와 익산의 2곳 都城體制를 가리킨다고 본다. 이 역시 익산이 왕도였음을 알리는 기록이다.[39] '2곳 도성체제'와 관련해 唐의 東都(洛陽)와 西都(西安) 운

---

34) 최완규, 「고대 익산과 왕궁성」『익산 왕궁리유적, 발굴 20년 성과와 의의』, 주류성, 2009, 291~292쪽.

35) 혹자는 639년에 미륵사 서탑에 사리가 봉안되는 것을 볼 때 익산에서 부여로의 재천 도설은 타당성을 잃었다고 했다. 그러나 수십년간의 工期가 소요되었을 미륵사의 완공 시점 자체가 遷都 여부를 가늠해 주는 尺度가 될 수는 없다. 그리고 무왕의 사비성으로의 還都는 재천도라기 보다는 부여와 익산이라는 2개 都城體制 운영의 일환이었다. 그런 만큼 이 기사는 익산 천도 부정론의 근거가 되기는 더욱 어렵다.

36) 『舊唐書』 권199, 東夷傳, 百濟 條.

37) 今西龍, 『百濟史研究』, 近澤書店, 1934, 298쪽.

38) 김주성은 '東·西 兩城을 공주와 익산으로 각각 지목했다(金周成, 「7세기 각종 자료에 보이는 익산의 위상」『익산왕궁리유적』, 국립부여문화재연구소, 2009, 250쪽).

39) 李道學, 「百濟 武王代 益山 遷都說의 檢討」『益山文化圈 研究의 成果와 課題』, 마한백제문화연구소 설립30주년기념 제16회국제학술회의, 2003.5.23, 91쪽. 이 논문 동일한 쪽에서 "무왕은 즉위 전반기에 자신의 세력 근거지였던 익산을 王都로 삼았다. 그렇다고 사비성을 舊都로 만든 것은 아니었다. 익산의 금마저와 부여의 사비성, 이 2개의 都會를 모두 왕도로 하는 도성체제를 유지한 것으로 보인다. 전통적으로

영이나 제정러시아에서 모스크바와 상트 페테르부르크를 번갈아 수도로 삼았던 사례를 상기할 수 있다.

일곱째, 唐軍의 백제 도성 공격과 관련해 등장하는 '眞都城'을 假都城의 상대적인 표현으로 간주한다면[40] 부여와 익산이라는 2곳의 도성체제를 상정할 수 있다. 실제 이와 관련해 소정방이 "내가 7월 10일에 백제 남쪽에 이르러 대왕의 군대와 만나서 義慈都城을 깨뜨리고자 한다"[41]라고 한 '義慈都城'

백제의 王城은 兩城체제였다. 한성 도읍기에는 南·北城體制였고, 사비성 도읍기에는 "其王所居有東西兩城"이라고 하였듯이 東·西 兩城體制였다. 여기서 東·西 兩城은 舊都인 웅진성과 新都인 사비성으로 지목되고 있다. 그런데 웅진성은 성왕대에 方-郡-城制가 시행됨에 따라 北方城으로 기능하였다. 웅진성은 5方 가운데 北方의 행정 거점성이 된 것이다. 그럼에 따라 웅진성은 사비성 도읍기 백제 왕성의 한 단위에서는 벗어나게 되었다고 본다. 대신 웅진성에 이어 왕성의 기능을 담당했던 곳이 別都로 기록된 익산이었던 것 같다"라고 서술하였다.

필자가 처음으로 제기한 '2곳의 王都' 즉 複都說은 李道學, 「百濟 武王代 益山 遷都說의 再解釋」『馬韓百濟文化』16, 2004, 96~97쪽을 비롯해 李道學, 『살아 있는 백제사』, 휴머니스트, 2003, 241~242쪽에서도 줄곧 견지되었다. 그런데 최근 田中俊明은 이와 관련해 "백제의 복도·부도제의 존재여부에 대해 필자는 먼저 복도일 가능성이 있는 후보로 '東西兩城'을 언급하고자 한다. 동서양성을 기록한 사서로서 『舊唐書』百濟國傳은 '그 왕이 거주하고 있는 곳에 동서양성이 있다'고 하였고, 『新唐書』百濟傳도 '王, 東西二城에 있다'고 했다. 그 위치에 대해 이전에는 당시의 수도였던 사비(부여)와 그 전의 수도였던 웅진(공주)으로 파악하려는 견해가 많았다. 그러나 웅진은 五方의 하나이기 때문에 중복해서 표기하는 것은 이상하다. 그 대신 최근에는 부여와 익산으로 비정하는 견해가 유력해졌다. 부여에서 익산을 바라보면 익산은 남남동이기 때문에 정확히 '동서'라고는 할 수 없지만 공주도 동북에 위치하고 있기 때문에 그것에 비해 익산설이 타당하지 않다고는 할 수 없다(「百濟의 複都·副都와 동아시아」『2010세계대백제전 국제학술회의』, 2010, 259쪽)"라고 하였다. 그러나 이러한 田中俊明의 주장은 이미 필자가 7년 前에 제기한 내용에 불과하다. 또 필자는 氏에게 해당 논문을 준 바도 있다. 그럼에도 氏의 주장을 新說이라고 報道하는 이해할 수 없는 해괴한 일도 있었다.

40) 金周成, 「7세기 각종 자료에 보이는 익산의 위상」『익산왕궁리유적』, 국립부여문화재연구소, 2009, 249~250쪽.

41) 『三國史記』권5, 태종무열왕 7년 조.

도 근거가 된다. '百濟都城'이라고 하면 될 것을 군이 '義慈都城'으로 표현하였다. 이는 의자왕이 거처하는 '眞都城'을 공격 목표로 삼았음을 뜻하는 동시에 도성의 존재가 2 곳임을 가리킨다고 볼 수 있다.

여덟째, 익산을 '別都'라고 하였다.[42] 別都는 副首都의 뜻을 담고 있다. 그런데 別都 역시 기본적으로는 왕도에 속한 것이다. 別都는 王都와 더불어 首都의 한 軸을 담당하기도 하지만, 과거의 王都를 別都로 설정한 경우를 상정할 수 있다. 이 경우는 고구려의 사례가 도움이 된다. 고구려는 평양성 천도후에 3京制를 운영하였는데, 舊都였던 국내성은 別都가 되었다.[43] 익산이 왕도가 아니라 別都로 기록에 남게 된 배경도, 국왕이 사비성으로 還都함에 따라 舊都로 인식된 결과였을 것이다.

아홉째, 백제 멸망기 凶兆에 대한 기사가 부여와 익산에서 각각 다음과 같이 동일하게 확인된다.

f. 봄 2월에 王都의 우물 물이 핏빛이 되었다.[44]

g. 6월에 大官寺의 우물 물이 피가 되었고, 金馬郡 땅에 피가 흘러 그 넓이가 다섯 步가 되었다. 왕이 돌아가셨다.[45]

위의 기사에서 f는 백제의 멸망을 암시하고 있다. g는 신라 태종무열왕의 사망을 암시하는 문구이다. 그리고 g의 '大官寺井'은 『金馬志』에서 왕궁탑 북쪽 2步 지점에 소재했다는 王宮井을[46] 가리킨다고 본다. 이들 모두 우물 물

---

42) 『大東地志』 권11, 益山 沿革 條. "本百濟今麻只 武康王時築城 置別都 稱金馬渚"

43) 『周書』 권49, 列傳 高麗 條.

44) 『三國史記』 권28, 의자왕 20년 조.

45) 『三國史記』 권5, 태종무열왕 8년 조.

46) 『金馬志』 上, 古蹟 條.

이 핏빛이 됨으로써 凶兆를 알려준다.[47] 곧 동일한 현상에 의한 국가의 몰락과 국왕의 사망을 알리고 있다.[48] 여기서 일단 외형상으로는 두 지역 모두 동급임을 암시해준다. 익산이 부여와 동급일 수 있는 이유는 사비도성 함락이후가 된다. 이때는 王都인 사비도성이 羅·唐軍에 점령당하였고, 주류성이 백제의 새로운 王城으로 구심 역할을 하기 전이었다. 이 시점에서는 익산 금마가 왕도로서 대표성을 지녔다고 보아야 한다. 2곳 도성 체제의 한 軸을 이루었던 익산이 왕도 位相을 갖는 것은 지극히 자연스러운 일이었다. 그랬기에 익산 땅을 배경으로 凶兆 기사가 나올 수 있었을 것이다. 이러한 맥락에서 볼 때 후백제 진훤왕이 "백제는 나라를 金馬山에서 개국하여 600餘 年이 되었다"라고 한 구절에서 '600餘 年'이 지닌 의미를 새롭게 발견할 수 있다. 즉, 백제 말기에도 '일관되게' 익산이 王都였음을 염두에 둔 言辭라고 본다.

3. 宮南池의 소재지 검증

익산 王都說을 뒷받침하는 근거로서 가칭 宮南池에 대한 위치를 검증해 보고자 한다. 백제에서 왕궁 기획과 관련한 못[池] 조성에 관한 기록이 보인다. 이 가운데 다음 h의 '宮南池'의 조성 기록은 의심 없이 사비도성과 관련지어

---

47) 왕궁이나 왕도의 우물이 지닌 상징성과 관련해 일본 도성이었던 藤原京과 관련한 '藤原宮御井歌'라는 詩歌가 『萬葉集』에 전한다. 이에 의하면 "이 눈부신 산들에 둘러싸여 있는 궁전의 물이야말로 끊이지 않고 영구하게 쏟아지기를 바란다. 궁정 우물의 참 샘물이여(고용환·강용자, 『萬葉集』, 지식을만드는지식, 2009, 28쪽)"라고 했다. 그러한 御井 곧 王都의 井이 핏빛이 되었다는 것은 국가의 몰락을 암시하는 조짐이라고 하겠다.

48) 金周成은 "무열왕이 백제를 멸망시켜 삼국통일의 서막을 열었기 때문에 그의 업적을 부각시키기 위하여 익산과 관련된 기사를 사망의 상징 기사로 채택하지 않았을까라고 짐작할 수밖에 없다(金周成, 「7세기 각종 자료에 보이는 익산의 위상」 『익산왕궁리 유적』, 국립부여문화재연구소, 2009, 248쪽)"라고 하였다.

왔다. 그러면 궁남지의 위치와 관련해『삼국사기』에 보이는 백제의 못 조성 기록을 모두 언급하면서 살펴보고자 한다.

> h. 3월에 宮 남쪽에 못을 팠다. 물을 20여 리에서 당겼고, 네 언덕에는 버드나무를 심고, 수중에는 섬을 쌓았는데 방장선산을 본 땄다(무왕 35년 조).

> i. 임류각을 宮 동쪽에 세웠는데, 높이가 5丈이었다. 또 못을 파서 기이한 새들을 길렀다(동성왕 22년 조).

> j. 5월에 궁 남쪽 못에서 불이 났다(비유왕 21년 조).

사비성 도읍기인 무왕 35년의 宮南池 조성과 관련해 백제에서의 못 조성 사례를 참조해 본다. 일단 궁 남쪽과 동쪽에 못이 소재하였음을 알 수 있다. 웅진기에 못에다가 "기이한 새들을 길렀다"는 것은 중국에서 그러한 사례가 보인다. 즉『左傳』에 보면 "臺와 榭가 언덕과 못에 있었는데 … 珍異한 물건들을 모아서 보고 즐기는데 힘 썼다(哀公 원년)"고 했다. 宮南池의 方丈仙山은 渤海에 있다는 蓬萊 方丈 瀛洲와 같은 三神山의 한 곳이다. 이 같은 방장선산의 조성은 漢代 建章宮 북쪽에 큰 못을 조성하여 그 가운데에 만든 4개 산 중의 방장산에서 유래하고 있다.[49]

宮南池는 20여 리에서 물을 끌어 왔음을 알 수 있다. 못의 조성과 관련해 계곡 물을 끌어들이는 경우가 많다. 그러나 자연 조건이 그러하지 않을 경우에는 江水를 끌어오는 경우도 있다. 가령 燕宮 遺址의 易水의 한 물줄기가 동쪽으로 나와 金臺 방죽으로 들어간다고 했다.[50] 江水가 金臺 못에 흘러 들어옴을 말해준다. 이처럼 강수를 끌어들여서 못을 만들고 봉래산을 조성하는 사례는 秦代에 이미 보인다. 즉 "진시황이 長安에 도읍하여 渭水를 당겨 못을

---

49)『漢書』권25, 郊祀志 下.

50)『水經注』易水.

만들고 쌓아서 봉래산과 영주산을 삼았다"51)고 하였다. 한무제의 경우 "무제가 上林을 넓혀 … 昆明池를 뚫어 滇水와 河水를 모방하고 建章 … 泰液을 지었다. 海水가 주위를 흐르는 방장 영주 봉래를 모방하였다"52)고 했다. 昆明池의 제방에는 버드나무[柳杞]를 심었다고 한다.53)

宮南池는 진시황이 渭水를 당겨 못을 만들었듯이 江水를 끌어들여 조성했을 가능성이다. 못 가운데 조성한 섬을 방장선산에 비긴 것도 중국의 사례를 빌어와 이상향을 만든 것이다. 궁남지 못가에 버드나무를 심은 것은 昆明池의 사례와 동일하다. 그리고 궁남지는 方池였다. 이는 天圓地方 사상에 근거한 것으로 보인다. 그렇다고 할 때 궁남지는 바닷물 속에 방장선산이 솟아 있는 仙境을 연상시켰을 것이다. 나아가 "8월에 望海樓에서 群臣들에게 잔치를 베풀어 주었다(무왕 37년)"는 기사의 望海樓의 '海'는 궁남지의 池水를 가리키고, 樓는 그 가에 조성된 것일 게다.

그러면 궁남지는 어디에 소재하였을까? 이 기사의 전후에는 왕흥사와 사비하에 관한 기사가 보인다. 관련 기사를 인용하면 다음과 같다.

　　k. 2월에 사비의 宮을 중수하였고, 왕이 웅진성에 행차하였다. 여름에 한발이 들어 泗沘의 役을 정지하고 7월에 왕은 웅진으로부터 이르렀다(무왕 31년).

　　l. 왕이 生草原에서 사냥을 하였다(무왕 33년).

　　m. 2월에 왕흥사가 이룩되었는데 그 절은 물에 임하여 짓고, 채색 등을 장엄하고 화려하게 꾸몄다. 왕은 늘 배를 타고 절로 들어가서 향을 피웠다. 3월에는 宮 남쪽에 못을 팠다. 물을 20여 리에서 당겼고, 네 언덕에는 버드나무를 심고, 수중에는 섬을 쌓았는데 방장선산을 본 땄다(무왕 35년).

---

51)『史記』권6, 진시황본기.
52)『漢書』권87, 揚雄傳.
53)『文選』권2, 西京賦.

n. 泗沘河의 북쪽 포구에서 연회를 베풀고 놀았다. 이 포구의 양쪽 언덕에 기이한 바위와 怪石을 세우고 그 사이에 기이한 꽃과 이상한 풀을 심었는데, 마치 한 폭의 그림 같았다. 왕은 술을 마시고 흥이 극도에 이르러 북을 치고 거문고를 뜯으며 스스로 노래를 부르고 신하들은 번갈아 춤을 추니, 이때 사람들은 그곳을 大王浦라고 말하였다(무왕 37년).

o. 3월에 왕은 妃嬪과 더불어 큰 못에 배를 띄우고 놀았다(무왕 39년).

위의 인용에 등장하는 지명들은 모두 사비도성에 소재하였다. 그러므로 궁남지는 응당 사비도성에 소재하여야 마땅할 것이다. 현재의 궁남지(사적 제135호)는 동서로 길쭉한 부정형을 이루고 있었으며, 水面積은 대략 30,000여 평에 달했던 것으로 전한다. 그러나 이곳에서는 백제 때의 농경 유적이, 그 인근에서는 우물과 같은 생활 유적이 확인되어 궁남지가 아닐 가능성이 제기되고 있다.

지난 세기의 갈수기 때 궁남지를 발굴해 보았다. 그런데 護岸의 존재를 파악할 수 없었다. 물론 이것만을 가지고서 궁남지의 여부를 말하기는 어려울 것이다. 보다 분명한 사실은 궁남지의 기준이 되는 '宮'을 의식야 한다. 그렇다면 宮에서 멀지 않은 '궁남지'가 위치해야 맞다. 부소산 밑을 왕궁터라고 한다면 지금의 궁남지에 이르기까지에는 '정림사

_ 부여 궁남지

_ 익산 마룡지

지'도 있고 숱한 건물과 현장을 통과해야 한다. 현재의 궁남지는 사비도성의 거의 남쪽 끝에 소재하였다. 이러한 못을 과연 궁남지라고 일컬을 수 있겠는가? 아주 쉬운 예를 든다면 오히려 "정림사의 남쪽에 못을 팠다"고 기술하는 게 보다 정직한 기록이 아니겠는가? 상식적으로 생각해 볼 문제가 아닐까.

요컨대 궁남지는 왕궁에서 가까운 거리에 소재한 못이었다. 그런데 지금의 궁남지는 왕궁 추정지에서 너무 떨어져 있다. 게다가 왕궁과 궁남지 사이에는 소위 정림사지를 비롯한 절터와 여러 관청을 비롯한 건물들이 자리잡았다. 그런 관계로 이 못을 궁성 남쪽 못이라고 일컫기는 어렵지 않겠는가? 무왕대에 궁남지를 조성했다면 기존의 시가지가 확보된 구역에서는 더 이상 못을 조성할만한 공간이 없다. 웅진성에서도 그러하였듯이 왕궁 남쪽은 사열 등을 하는 공간으로 남아 있었다. 이 곳에다가 못을 조성한 게 아닐까.[54]

사비성으로 천도한지 1백년이 가까운 634년(무왕 35)의 시점에 계획 도시인 사비도성 안에 공터가 있을만한 곳은 이러한 부지 밖에는 없다. 현재의 궁

54) 李道學, 「해상왕국 대백제와 백제 왕도 扶餘」『백제 사비성시대 연구』, 일지사, 2010, 531~532쪽.

남지도 갈수기 때 파 보아서 알겠지만 농경 유적과 더불어 우물과 같은 생활 유적이 근방에서 확인되지 않았던가? 게다가 수레바퀴 자국이 남아 있는 조성 당시 道路 幅이 10m 안팎에 이르는 道路의 존재가 확인되었다. 이 道路의 幅과 방향에 비추어 볼 때 관북리 유적의 도로와 동일한 계획 하에서 이루어진 시설로 밝혀졌다.[55]

문제는 궁남지 조성에 필요한 水源을 "물을 20여 리에서 당겼고"라고 하였듯이 원거리에서 끌어왔다는 것이다. 궁남지 조성에 필요한 水源의 공급 방식은 산골짜기의 물이나 江水 양단간의 하나임은 분명하다. 이와 관련해 당시 사비도성은 나성으로 에워싸인 도시라는 것이다. 바로 도성 안의 궁 남쪽에 못을 판다면 羅城 안의 水源인 산과 연계시켜 볼 수 있다. 이 경우 부소산과 금성산을 연상할 수 있겠지만 못 조성에 필요한 수원으로서는 협소한 산들이다. 그러나 무엇보다 중요한 사실은 사비도성 외곽에 백마강이 있는데, 굳이 山水를 끌어들일 필요는 없다는 것이다. 실제 江水를 끌어당겨 못을 조성한 사례가 확인된 바 있다.

문제는 사비도성 안의 궁 남쪽에 못을 조성한다고 할 때 어느 곳을 지목하든간에 백마강에서 5km를 넘지 못한다는 것이다. 백마강에서 사비도성의 동쪽 끝은 4.5km에 불과하다. 게다가 지금의 궁남지는 백마강에서 3km 밖에 떨어져 있지 않다. 그렇다면 漢里나 唐里에 상관없이 궁남지의 소재지는 재고할 여지를 제공해 준다. 반면 익산 왕궁평성은 만경강에서 9km 떨어져 있다. 이 경우 왕궁평성 남쪽에 못을 조성하였고, 그 밑의 江水에서 물을 끌어들여 인공 못을 조성했다면 기록과 어긋나지 않는다.

지금까지의 검토를 통해 익산이 왕도였음을 암시하는 傍證 資料를 무려 10개나 추가할 수 있었다. 이러한 기록들은 『觀世音應驗記』의 천도 기사와 어긋나지 않았다.

---

55) 국립부여문화재연구소, 『宮南池』, 2001, 412쪽.

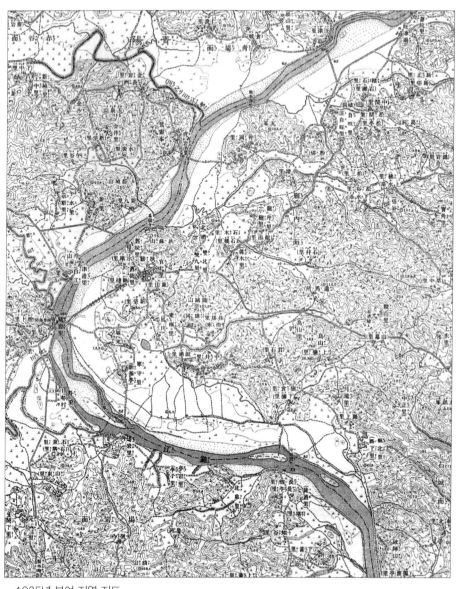

_ 1925년 부여 지역 지도

_ 1925년 익산 왕궁면 일대 지도

4. 왕궁평성의 寺院化에 대한 검토

왕궁평성에는 주지하듯이 5층석탑이 세워져 있다. 그러니 왕궁평성이 사찰로 기능했을 것으로 추측하는 게 가능해진다. 문제는 그것의 寺院化 시점이다. 궁성이 사찰로 바뀐 시점을 무왕대로 상정하는 경우도 있지만 의자왕대로 간주하는 경우가 많다. 더구나 '大官宮寺'·'官宮寺'·'大官官寺'·'王宮寺' 등의 銘文瓦도 그러한 사실을 뒷받침하는 근거로 받아들여졌다. 이와 더불어 신라 태종무열왕의 사망과 관련한 조짐에 보이는 大官寺의 井水 기록이야 말로 사원화를 알려주는 명확한 문헌 근거가 될 수도 있다. 그렇지만 이 점에 대해서도 전면적인 검증이 필요할 듯 싶다.

일단 대관사가 백제 때 조성되었다면 '大官寺' 관련 銘文瓦가 왕궁평성에서 출토되었을 법한데 일체 없다는 것이다. 현재 출토된 '대관사' 類의 명문와는 모두 통일신라 때 제작되었다.[56] 그리고 g에 보이는 661년의 대관사 井水 관련 기사에 잇대어 등장하는 '金馬郡'은 8세기대에야 '郡' 단위로 편제되

---

56) 미륵사지유물전시관, 『전북의 옛 절터 출토 유물』, 2005, 24쪽.
이와 관련해 "또한 왕궁리에서 [上 ▯ 大官]銘瓦와 함께 [官寺], [官宮寺] 등이 새겨진 銘文瓦들이 발견되어 이 유적이 일반적인 건물지는 아니었음을 알 수 있다[註72] 國立扶餘文化財研究所, 『王宮里 發掘中間報告 V』, 2006]. 왕궁리 유적이 있었던 곳에 官司 또는 그와 유사한 건물이 있었을 가능성을 보여주는 것이다. 익산이 가지는 이러한 중요성으로 인해 후대에 이 지역이 遷都地나 都邑地 등으로 誤記되었을 가능성은 충분하다. 도읍이나 천도라는 기록과 무왕과 익산의 관계를 볼 때 이 때 만들어졌던 왕궁리의 건물들은 아마도 離宮의 성격을 가지는 건물이었을 가능성이 크다. 무왕은 왕궁리에 이궁을 둠으로써 자신의 오랜 세력 기반인 익산의 위상을 공고히 하고자 했던 것이 아닌가 생각한다(장미애, 「무왕의 세력기반으로서 익산의 위상과 의미」 『한국고대사연구』 60, 2010, 187쪽)"는 견해가 있다. 그런데 장미애가 인용한 國立扶餘文化財研究所, 『王宮里 發掘中間報告 V』, 2006에서는 '上 ▯ 大官'銘瓦가 출토되었다는 언급이 없을뿐더러 '官宮寺' 등의 銘文瓦는 통일신라 때 瓦로 밝혀졌다. 그러므로 이것에 기초한 장미애의 해석은 의미를 잃은 셈이다. 그 뿐 아니라 離宮은 본문 뒷장에서 사례를 언급하겠지만 別莊으로 사용되었으므로, '위상을 공고히 하는' 정치적인 목적과는 관련이 없다.

었다.[57] 660년 7월에 백제가 멸망한 이후에는 백제 지역의 모든 행정 조직은 붕괴된 상황이었다. 이 기간 동안의『삼국사기』지명 관련 기록을 살펴보면 한결같이 郡이나 縣이 아닌 '城'으로 표기하였다. 그러므로 g의 '금마군'의 '郡'은 통일신라 때의 행정단위를 기준해서 소급·적용했을 가능성이다. 이러한 맥락에서 볼 때 통일신라 초기의 명문와에 보이는 '금마저성'은 분명히 '금마군' 이전 단계의 행정 호칭임을 알 수 있다. 이것을 뒷받침하는 근거가 통일신라 '金馬渚郡 彌力寺'명문와[58]에 보이는 '郡'이다. 반면 그 직전인 670년(문무왕 10)에 "왕은 그들을 나라 서쪽 金馬渚에 살게 하였다"[59]라는 기사의 '금마저' 지명에서는 '郡'이라는 행정단위가 보이지 않는다. 그런 만큼『삼국사기』태종무열왕 8년 조, 즉 661년 6월에 보이는 g의 '금마군'은 백제 때 행정 지명이 될 수 없다. 통일신라인들이 역사를 기록할 때 '지금의 금마군'이라는 개념으로 사용한 것으로 받아들일 수 있다.

아울러 금마군과 연계된 '대관사 우물'은 통일신라 때 대관사가 들어선 왕궁평성 우물로 재해석된다. 이러한 추정이 타당하다면 백제 말기에 왕궁평성이 사찰로 성격이 轉變했다는 기존 주장은 따르기 어렵게 된다. 더구나 왕궁의 사찰화는 설령 '陵寺'라고 하더라도 海東曾子라는 명성에 걸맞게끔 유교적 이념을 실천했을 의자왕의 行步로서는 부적절해 보인다. 이와 더불어 왕궁평 탑의 유물이『관세음응험기』의 내용과 닮은 관계로 兩者를 연관 짓는 사안을 검토해 보자. 일단 639년에 불탄 제석정사를 다시 세웠다고 한다.[60] 그러한 제석정사 塔藏 유물은 시간상으로 볼 때 백제 멸망 이후 왕궁평성에 대관사라는 사찰이 조성된 후에 이 곳으로 옮겨졌을 가능성이다. 이러한 맥락에서 볼 때 661년의 대관사 우물 기사는 기실 왕궁평성 우물 기사였다. 그러나 백

---

57)『新增東國輿地勝覽』권33, 益山郡, 建置沿革 條.
58) 國立扶餘文化財研究所,『彌勒寺遺蹟發掘調査報告書Ⅱ』, 1996, 240쪽.
59)『三國史記』권6, 문무왕 10년 조.
60) 金善基,「益山地域 百濟寺址研究」, 동아대학교 박사학위청구논문, 2009, 122~123쪽.

제 왕궁의 존재는 망한 백제를 상기시킬 뿐 아니라, 백제를 멸망시킨 태종무열왕의 사망에 부정적인 연상 기제가 될 수 있었다. 이런 이유로 태종무열왕의 사망과 관련해 부득불 현존 통일신라의 사찰인 대관사의 이름을 취해 기록한 것으로 보인다.

대관사가 통일신라 때 조성된 사찰임은 고고학적인 측면에서도 검증이 된다. 일단 왕궁평성의 공간 활용의 변천 양상을 놓고 볼 때 3단계에서 궁성에서 사찰로 이행되었다고 한다. 그런데 사찰 중심 건물을 둘러싸고 있는 회랑의 존재가 확인되지 않았다. 그러한 3단계의 상한은 백제 말, 그 하한은 안승의 보덕국(AD.670~684)으로 설정할 수 있다고 했다. 그러면서 "따라서 안승의 보덕국이 해체된 이후에 익산 왕궁성은 궁성으로 활용되지 않았고 사찰 중심으로 운영되었을 것으로 판단된다"[61]고 했다. 즉, 왕궁평성 5층석탑의 조성 시기를 4단계의 통일신라 때로 간주하였다.[62] 발굴 성과에 대한 이 같은 소견이 타당하다면 왕궁평성의 사원화 시기는 통일신라 때로 지목하는 것이 맞다. 塔이 없는 寺院은 상상할 수도 없을뿐더러 백제와 연관시킬만한 木塔의 존재도 설정하지 못한 상황이다. 그러니 이러한 건축물을 사원이라고 할 수는 없다. 설령 목탑의 존재를 상정하더라도, 왕궁평성 寺刹 부지의 기단 판축토 내부에서 백제 기와편만이 확인된다고 하여 백제 말경의 사찰 조영 근거로 삼기는 어렵다. 이는 백제 멸망 후 신라가 사찰을 처음 조성할 때 나타날 수 있는 현상이기 때문이다.

더구나 최근에는 목탑지로 추정하는 축기부 판축층이 장방형(東西 길이 16.85m×南北 幅 12.7m)의 형태를 보이고 있다는 점을 들어 塔址가 아닐 가능성이 제기되고 있다. 오히려 판축층과 접해 북쪽에서 나타난 건물지로 판

---

61) 전용호, 「왕궁리유적의 최근 발굴성과」『익산 왕궁리유적』, 國立扶餘文化財硏究所, 2009, 54쪽.
62) 전용호, 「왕궁리유적의 최근 발굴성과」『익산 왕궁리유적』, 國立扶餘文化財硏究所, 2009, 54쪽.

단되는 유구(건물지3)가 塔址일 가능성이 제기되었다.[63] 그렇다면 지금의 5층석탑은 후백제 멸망과 관련한 傳承대로 裨補 풍수적인 기능에 건립 의미를 부여할 수도 있다. 어쨌든 왕궁평성의 사찰은 통일신라 때 조성된 것으로 드러났다. 따라서 백제 때 大官寺라는 사찰은 조성되지도 않았을뿐 더러, 그에 근거한 궁성의 사원화 견해는 논거와 근거를 함께 잃었다.

5. 王都 由緒로서의 '後朝鮮' 傳承

1) 馬韓 目支國의 位置

익산 지역은 한반도내 청동기 문화의 중심지로서 주목을 받아 왔다. 그랬기에 이곳은 마한 54개 국 가운데 중심국의 위치에 있었던 것으로 추정해 왔다. 이와 관련한 익산 지역 마한의 분묘 문화에 대해서는 일정한 연구 성과가 드러났다.[64] 더불어 마한의 맹주인 목지국의 소재지에 대해서는 숱한 논의가 있었다. 필자는 "… 청동기 문화의 기반을 지닌 유서 깊은 지역이어야만 할 것이다. 이러한 기준에서 볼 때 목지국은 교통의 요충지인 천안에서 가까운 木村部曲이 소재한 충청남도 牙山 일대가 적합하지 않을까 생각된다"[65]라고 하였다. 목지국 아산 소재설을 최초로 제기했던 것이다. 그럼에도 천안·아산설이라고 하여 뭉뚱거리며 누구의 創案인지는 알 수 없게끔 넘어가는 경향이 있다. 마치 KTX 천안·아산 驛名을 연상시키는 것이다. 이럴 바에야 차라리 다시금 검토하는 게 낫겠다는 생각이 들었다. 그 과정에서 목지국 아

63) 國立扶餘文化財研究所, 『王宮里Ⅵ』, 2008, 423쪽. 446쪽.
64) 이에 대해서는 최완규, 「고대 익산과 왕궁성」『익산 왕궁리 유적-발굴 20년 성과와 의의』, 주류성, 2009, 269~273쪽을 참조하기 바란다.
65) 李道學, 「새로운 모색을 위한 점검, 목지국 연구의 현단계」『마한사의 새로운 인식』, 충남대학교 백제연구소, 1997; 『마한사연구』, 충남대학교 출판부, 1998, 121쪽.

산설은 재고되어야 한다고 보았다. 이는『삼국사기』시조왕기의 "王出獵獲神鹿 以送馬韓(10년 조), 遣使馬韓告遷都(13년 조), 王作熊川柵 馬韓王遣使責讓曰…(24년 조), 王曰 馬韓漸弱 上下離心…(26년 조), 馬韓遂滅(27년 조), 馬韓舊將周勤據牛谷城叛(34년 조)"라는 마한 즉 목지국의 쇠퇴와 멸망 과정을 통해서 명백해진다. 즉 시조왕 24년 조에 보이는 熊川柵은 백제 영토가 웅천인 금강까지 영토가 확장되었음을 뜻한다. 그러한 웅천은 시조왕 13년 조에 다음과 같이 南界로 나타나고 있다.

> 8월에 마한에 사신을 보내어 천도를 고하고 疆場을 획정하였는데, 북은 패하에 이르고, 남은 熊川에 限하고, 서는 대해에 이르고, 동은 주양에 極하였다(13년 8월 조).

두계 이병도는 위의 熊川을 안성천으로 비정하였다. 그러나 熊川은 안성천이 아니라 지금의 금강을 가리킨다.『삼국사기』동성왕 13년 조의 "6월에 웅천의 물이 넘쳐서 서울의 2백여 호가 표몰되었다"라고 한 기사의 熊川은 錦江이 분명하기 때문이다. 그럼에도 동일한『삼국사기』에 보이는 熊川의 비정을 달리한 이유는 무엇일까? 두계가 '진한 백제'와 마한과의 界線으로 지목한 熊川柵의 熊川을 안성천으로 설정한 것은 목지국 진왕의 소재지를 稷山으로 비정한데서 말미암았다. 熊川이 금강이라면 마한의 맹주인 목지국은 금강 이남에 소재했어야 한다. 그렇게 된다면 두계 자신이 득의에 차서 비정한 직산=목지국설이 자동으로 무너지게 된다.

이러한 난점을 해소하기 위해 두계는 안성 孔道面의 '공도'라는 지명이 '고무(곰)'에서 유래했다는 착상을 하였다. 그리고 '熊橋里'라는 지명과 더불어 軍門里津(군문이 나루)도 '곰'과 관련 있다고 판단한 것이다. 그러나 이러한 자료는 직접적인 근거가 될 수는 없다. 어디까지나 耳懸鈴鼻懸鈴일 수도 있는 방증에 불과할 따름이다. 熊[곰] 관련 지명은 두계 말마따나 "拜熊族인 우리 古代人들은 熊을 神聖視하여 種族의 記號는 물론, 그들이 가서 사는 곳의 名山

과 大川에도 흔히 그러한 이름을 붙였던 것이다. 그래서 古來로 우리 나라 地名中에 '고마'·'고무'·'고미'·'곰'·'개마'·'감'·'검' 혹은 이를 意譯한 '熊'字가 들어 있는 지명이 많다는 사실은 周知하는 바이다"[66]고 하였다. 두계가 自認했을 정도로 '熊[곰]' 관련 지명은 전국적으로 많이 깔려 있다. 그럼에도 정작 중요한 안성천을 웅천으로 일컬은 적이 없었다. 그리고 두계는 웅천=금강 기록을 뛰어넘을 만한 자료 제시를 하지 못했다.[67]

그렇다고 할 때 목지국은 웅천인 금강 이남에 소재해야 한다. 이러한 점에서 볼 때 목지국 아산설은 결정적인 취약점을 지녔다. 목지국의 소재지는 공주 이남 어느 곳으로 다시금 비정해야 한다.

2) '後朝鮮' 準王의 南來地 전승

익산 지역에는 소위 '後朝鮮' 準王의 南來地로서의 전승이 많다. 이 점 확실히 주목을 요하는 현상이다. 馬韓=金馬郡說과 더불어 관련 기사를 摘出해 보면 다음과 같다.

> * … 41代孫으로 이름은 準인데 다른 사람에게 나라를 빼앗기고 백성도 떠나니 928년 동안 다스린 것인데, 기자의 유풍이 찬연히 전하였다. 準은 곧 金馬郡으로 옮겨 거주해서 도읍을 세워서 또 다시 임금이 되었다.[68]

> * 金馬郡은 본래 마한국[後朝鮮의 箕準이 衛滿의 亂을 피해 바다를 건너 남쪽으로 韓地에 이르러 開國하고 마한이라고 하였다]으로 백제 시조 온조왕이 이를 병합했다. 그 후로부터 금마저라고 하였는데, 신라 경덕왕이 지금 이름으로 고쳤다. … [諺傳에 箕準이 처음 쌓았기 때문에 箕準城이라고도 한다] 또 後朝鮮의 武康王 및 妃의 무덤이 있다[俗號를 末通大王陵이라 하는데 혹은 백제 武王의 小名을 薯童이라 한

---

66) 李丙燾, 「目支國의 位置와 그 地理」『韓國古代史研究』, 博英社, 1976, 248쪽.
67) 李道學, 「李丙燾 韓國古代史 研究의 '實證性' 檢證」『白山學報』98, 2014, 134~135쪽.
68) 『帝王韻紀』권下, 後朝鮮紀.

다].[69]

　* …도둑이 金馬郡에 있는 韓祖 武康王의 陵을 파내다가 잡혀…[70]

　* 본래 馬韓國이었는데, 後朝鮮王 箕準이 衛滿의 난리를 피하여 바다로 해서 서쪽으로 내려와 韓의 땅에 이르러 나라를 세우고 馬韓이라 하였다.[71]

　* …可憐하구나 金馬 武康王…[72]

　* 본래 마한 武康王이 도읍한 곳이다. 궁터와 王墓가 지금도 남아 있다. 후조선왕 箕準이 燕人 衛滿에게 쫓겨난 바 되어 바다를 건너 남쪽의 龍華山에 도읍하였다. 산에는 石城이 있는데, 粉堞이 어제와 같다. … 옛 도읍의 遺風이 있다.[73]

　* 본래 마한국이다[箕子의 41世孫인 조선왕 箕準이 위만의 亂을 피하여 평양으로부터 바다를 건너 남쪽의 韓地에 이르러 國號를 마한이라고 하고 50여 국을 통할하여 200년간 전해져왔다].[74]

　* 본래 마한국 後朝鮮[檀君은 前朝鮮이며, 箕子는 후조선이다]王 箕準은 기자의 41세손이다. 위만의 亂을 피하여 바다를 건너 남쪽의 韓地에 이르렀다. 이내 開國하여 마한이라고 하였다. 백제 시조 온조왕대에 이르러 이곳을 병합하였다. 그 후로부터 금마저라고 이름하였다.[75]

　위에서 인용한 내용을 살펴보면 익산 지역 유래의 序幕을 후조선의 준왕이 남래하여 정착한 전승에서 찾았다. 이러한 전승은『삼국지』에서 "侯인 準이 이미 참람되이 왕을 칭하고 燕의 亡人 위만에게 공격을 받아 빼앗기자 그 左

---

69)『高麗史』권57, 地理 2, 全羅道 金馬郡 條.

70)『高麗史』권124, 鄭方吉傳.

71)『세종실록』지리지, 益山郡 條.

72)『佔畢齋集』권21, 詩, 益山 彌勒寺 石浮屠. "可憐金馬武康王"

73)『陽谷先生集』권14, 記, 益山東軒重新記.

74)『東國輿地志』全羅道 益山郡 條.

75)『金馬志』上, 邑號 金馬 益州 益山 條.

214 ─ 백제 도성 연구

右 宮人들을 이끌고 바다로 달아나 韓地에 거주하면서 스스로 韓王이라 이름 하였다"[76]라고 한 기록에 덧붙여진 것이다. 順菴은 '후조선의 준왕' 즉, 마한 의 무강왕에 대해 "살펴 보건대 여기서 말하는 武康은 곧 武王의 잘못이다"[77] 라고 명쾌하게 정리했다. 요컨대 後朝鮮의 箕準은 後朝鮮이나 韓祖와 결부 짓는 武康王과 동일 인물을 가리키지만, 기실 무강왕은『삼국유사』에 적혀 있 듯이 백제 무왕을 뜻한다. 그런 만큼 익산 지역에서 준왕과 관련한 전승은 대 부분 백제 무왕의 사적이 소급·적용된 産物로 짐작할 수 있다.

여기서 "본래 마한 武康王이 도읍한 곳이다. 궁터와 王墓가 지금도 남아 있다"[78]는 곳은 왕궁평성과 쌍릉을 각각 가리킨다. 그러한 後朝鮮의 武康王 陵은 기실 쌍릉의 주인공인 무왕릉을 가리키고 있다. 이렇듯 백제 왕도였던 익산은 백제 이후 본래의 성격을 잃고 다른 이름으로 塗色되는 현상을 目睹 하게 된다. 이러한 사례는 만주 集安 지역의 광개토왕릉비나 장군총 및 태왕 릉을 후대의 대금황제비나 대금황제릉으로 오인한 사례와도 유사하다.[79] 물 론 익산 지역은 고조선 유민의 南來地일 가능성을 배제할 수 없다. 그러나 준 왕이 築城했기에 箕準城으로 전한다거나, 그와 연관된 왕궁과 왕릉은 죄다 馬韓, 그것도 무강왕의 사적과 엮여져 있다. 이렇듯 준왕의 남래지와 관련된 왕도설이나 그 밖의 전승은 익산이 백제 때 왕도였던데서 逆으로 投射시켜 준왕과 연계시켜 운위되었다. 이 역시 익산이 백제 왕도였던 데서 단초를 얻 었음은 분명하다.

이와 관련해 光州本『千字文』에서 '王'에 대한 訓讀이 '긔ᄌ'라는 점을 상기 할 수 있다. 즉 익산 지역에 전승되는 準王 南來定着說話의 단초로서는 쌍릉

76)『三國志』권30, 東夷傳 韓 條.
77)『東史綱目』附錄 上卷 上, 考異 武康王.
78)『陽谷先生集』권14, 記, 益山東軒重新記.
79) 李道學,「광개토대왕릉비를 세운 목적은 무엇일까?」『다시 보는 고구려사』, 고구려연 구재단, 2004, 207쪽.

의 대왕릉이나 소왕릉을 '긔ᄌᆞᆨ陵' 곧 '왕릉'으로 일컬었다. 그런데 긔ᄌᆞᆨ에서 箕子의 후손이라는 箕準을 연상하는 과정에서 준왕 유적지의 태동 가능성이다. 이를테면 백제의 '왕릉'이나 '왕궁성'이 준왕에게 附會된 것이라는 데 있다.

6. 益山 王都 反對論의 문제점

1) 離宮說 · 未完의 王都說 등에 대한 검증

익산 王都論과는 견해를 달리하여 別宮說 · 離宮說 · 行宮說 · 別都說 · 未完의 王都說(천도 계획설) 등이 제기되었다.[80] 이러한 5가지 견해는 본고의 논지 전개 과정에서 자동 소멸될 것으로 보인다. 먼저 別宮의 성격을 살펴 보기 위해 『삼국사기』의 관련 기사를 다음과 같이 摘出해 보았다.

* 가을 7월에 鶻川에 別宮을 지었다(유리명왕 3년 조).

* 가을 7월에 豆谷에 별궁을 지었다(유리명왕 29년 조).

* 가을 7월에 왕은 두곡으로 행차하였다. 겨울 10월에 두곡의 별궁에서 죽었다. 두곡의 東原에 장사지내고 왕호를 유리명왕이라고 하였다(유리명왕 37년 조).

* 그리고 왕위를 물려주고 별궁으로 물러나, 태조대왕이라고 칭하였다(태조대왕 94년 조).

* 3월에 태조대왕이 별궁에서 죽었다(차대왕 20년 조).

* 처음 漢城의 別宮에서 태어났을 때 신비로운 광채가 밤에 비치었다(아화왕 즉위년 조)

* 그때 신라왕은 부인과 궁녀를 데리고 포석정에 놀러 나와 술을 마시고 즐

---

80) 최완규의 분류에 의하면 행궁설 혹은 이궁설은 유원재 · 박순발 · 박현숙이고, 별도설은 이병도이며, 미완의 왕도설은 노중국 · 김수태라고 한다(최완규, 「고대 익산과 왕궁성」 『익산 왕궁리유적, 발굴 20년 성과와 의의』, 주류성, 2009, 278쪽).

기고 있었는데 적병이 이르자 낭패하여 어찌할 바를 몰랐다. [왕은] 부인을 데리고 성 남쪽의 별궁으로 돌아왔고 여러 시종하던 신료와 궁녀·악사들은 모두 침략군에 잡혔다(진훤전).

위에서 보듯이 한국 고대사에서 별궁의 용례를 살폈다. 별궁은 本宮의 상대적인 호칭으로서 왕이 常住하는 본궁이 소재한 都城 반경에 조성되었음을 알 수 있다. 이러한 맥락에서 본다면 익산은 부여의 사비도성 반경에서는 遠距離이기 때문에 별궁이 될 수는 없다. 이와 더불어 離宮說도 함께 검증하기 위해 다음과 같이 인용해 보았다.[81]

p. [開成] 4년 정월 19일에 군사가 대구에 이르니, (민애)왕이 군사로써 항거하므로 이를 역습하여 이기니 왕의 군사가 패하여 달아나고 생포하고 죽인 자의 수를 능히 셀 수 없었다. 이때 왕이 허겁지겁 離宮으로 도망해 들어갔는데, 군사들이 찾아 살해하였다.[82]

---

81) 박순발은 소위 익산 이궁에 대해 다음과 같은 언급을 한 바 있다. 즉 "위덕왕대의 이궁이 익산에 있었으므로 당연히 왕의 행차가 잦았을 것이고, 그러한 과정에서 무왕이 익산지역에서 태어났을 것이다. 어린 시절을 익산에서 보낸 무왕은 즉위 후 ⋯ 익산 이궁의 서쪽 부분을 사찰로 개조하는 조치를 단행하였을 것이다. 왕권이 확고해지는 639년 무렵 제석사가 불타버린 것을 계기로 새롭게 미륵사를 창건하였다. 이처럼 그의 출생지에 대한 애착은 마침내 왕릉도 익산 쌍릉에 조성하게 된 배경이었을 것이다 (박순발, 『백제의 도성』, 충남대학교출판부, 2010, 324쪽)"라고 하였다. 그런데 이러한 박순발의 주장은 많은 문제점을 내포하고 있다. 일단 위덕왕대 익산 이궁 조성의 근거에 대한 검증은 차치하더라도, 위덕왕의 잦은 이궁 행차가 그의 조카인 법왕의 아들인 무왕의 출생과 어떤 관련이 있는지 전혀 언급이 없다. 게다가 이는 혈통이나 시간상으로도 전혀 연결이 되지 않는 관계로 납득할 수도 없는 비약에 불과하다. 그리고 이궁의 서쪽 부분을 무왕이 사찰로 개조했다는 명확한 근거도 없을뿐더러 "639년 무렵 제석사가 불타버린 것을 계기로 새롭게 미륵사를 창건하였다"는 주장은 터무니 없다. 639년 11월의 제석사 화재 이전인 그해 1월에 미륵사 西塔에 사리가 봉안되었기 때문에 兩者는 시점상 서로 연결이 되지 않기 때문이다.

82) 『三國史記』권44, 金陽傳.

q. 이때 왕은 서쪽 교외 큰 나무 밑에 있었는데, 좌우 측근들이 모두 흩어지고 혼자 남아 어찌할 바를 모르다가 月遊宅으로 달려 들어갔으나 군사들이 찾아내어 죽였다.[83]

위에 보이는 p와 q는 민애왕이 살해된 동일한 사건을 기록한 것이다. 여기서 신라 도성과 그 주변에 산재한 35 金入宅 가운데 한 곳인 月遊宅을 '離宮'이라고 하였다. 離宮 역시 도성의 공간적 범주에서 크게 벗어나지 않았음을 알 수 있다. 더욱이 월유댁이라는 別莊을 이궁이라고 한 것을 볼 때 그 성격을 헤아릴 수 있다. 그러므로 "문제의 '동서양성'을 사비와 익산으로 비정하는 것은 타당하다고 할 수 있다. 그러나 그것은 왕의 거처 즉 왕궁이 2개소에 있었다는 것이기 때문에 동서왕도가 아닌 사비왕궁과 익산이궁이라고 해도 무방할 것이다"[84]라고 한 '이궁' 주장 역시 부당함이 드러났다.

이제는 행궁설을 검토해 보자. 왕이 임시로 거처한 공간인 行宮은 숱하게 많다. 사냥터에서 백제 진사왕이 유숙했던 구원행궁의 경우 "왕이 狗原에서 사냥하였는데 열흘이 지나도 돌아오지 않았다. 11월에 狗原行宮에서 죽었다"[85]라고 하여 보인다. 이처럼 왕이 일시 머무는 공간도 기본적으로 행궁이 된다. 그러한 행궁으로 간주하기에는 익산은 정치적 비중이나 고고물증이 엄연한 王都 규모였다.

그러면 別都說을 검증해 보자. 고구려 별도였던 국원성(충주)이나 남평양성(서울 북부)에서는[86] 익산 만한 규모의 고고물증이나 문헌 근거가 뒷받침되지 않는다. 통일신라 5小京의 경우도 모든 면에서 익산과는 감히 비교가 될 수

83) 『三國史記』 권10, 민애왕 2년 조.
84) 田中俊明, 「百濟의 複都·副都와 동아시아」 『2010세계대백제전 국제학술회의』, 2010, 262쪽.
85) 『三國史記』 권25, 진사왕 8년 조.
86) 李道學, 『고구려 광개토왕릉비문 연구』, 서경문화사, 2006, 394쪽.

없다. 대표적인 고구려 별도 유적으로 운위되는 황해도 재령 곧 신원군 장수산성 일원의 경우에도 왕릉급 고분이나 國刹이 존재하던가?

마지막으로 천도계획설 즉 '미완의 王都說'은 낭만적이기는 하지만 역시 수긍하기 어렵다. 이 견해대로라면 왕궁평성은 왕궁이 될 뻔하다가 못 되었으므로 일종의 空洞 상태로 남겨져야한다. 그러나 이곳에서는 생활 유구 뿐 아니라, 일상에서 사용했던 그것도 가장 격이 높은 유물들이 남아 있다. 왕궁평성이 실제 왕성으로 기능했음을 웅변해주는 근거들이다. 미완의 왕도라면 '짓다만 王都'라는 왕궁평성 안에서 출토된 중국제 백자와 청자를 비롯한 수입 진귀품은 누가 사용했다는 것인가? 최고급품을 사용하는 이들이 거처했던 공간은 왕과 왕족을 제외하고는 생각하기 어렵지 않은가?

2) 익산 천도 부정론에 대한 검증

익산 천도론에 대한 부정적인 주장에 대한 반론을 다음과 같이 서술해 보았다.

첫째, 《삼국사기》에 익산 천도 기록이 없으므로 따르기 어렵다.〉遷都는 국가적으로 중대한 사건이므로 기록이 남겨지지 않을 리 없다고 한다. 一見 그럴듯한 주장이다. 그러나 『삼국사기』는 기본적으로 『조선왕조실록』과는 달리 기사의 輕重에 상관없이 많은 사건들이 무더기로 누락된 불완전한 사료이다. 일례로 『삼국사기』 근초고왕기는 재위 3~20년까지의 무려 18년간과, 개로왕기는 그 원년~13년까지 기사가 송두리째 누락되었다. 비록 그다지 중요하지도 않은 신라 성덕왕대에 미륵사에 벼락이 때린[87] 기사는 있지만, 정작 엄청난 국력을 기울인 무왕대의 미륵사 창건은 물론이고, 「광개토왕릉비문」의 전쟁 기사까지도 『삼국사기』에는 일체 보이지 않는다. 이러한 논리라면 『삼국사기』에 보이지 않는 무왕대 미륵사 창건도 부정해야만 한다. 그러므로

---

87) 『三國史記』 권8, 성덕왕 18년 조.

『삼국사기』에 登載 여부가 사실의 실재를 가늠해 주는 잣대가 될 수 없음을 알 수 있다.

둘째, 〈무왕대에 천도와 환도를 반복할 수 있느냐?〉 근초고왕대인 371년에 북한산으로 천도했지만, 「광개토왕릉비문」에 의하면 396년에 고구려군이 백제 왕성을 공격할 때 한강인 아리수를 건넜다. 이 사실은 적어도 396년 이전에 한강 이북에서 한강 이남으로 환도했음을 알려준다.[88] 불과 20년 남짓 동안에 백제는 천도와 환도를 반복했다. 이처럼 동란기의 천도라는 것은 주변 정세에 따라 가파르게 유동성을 띠었으므로 평화 시기와는 성격이 다르다. 더구나 백제는 전통적으로 2곳의 왕성을 유지하는 체제였다. 사비성과 금마저라는 2곳의 도성체제였다면, 환도에 따른 부담은 크지 않았을 수 있다. 그러므로 후대의 천도 개념으로 판단해서는 안될 것 같다.

셋째, 〈익산 천도 배경이 밝혀지지 않았다.〉 고구려의 평양성 천도는 국가적으로 막중한 일대 사건이었음에도 불구하고 『삼국사기』에는 "移都平壤"이라는 단 4字에 불과하다. 평양성 천도 배경이라든지 그것과 관련한 기사는 『삼국사기』에 일체 보이지 않는다. 게다가 익산 천도의 배경이 구명되지 않았다는 주장은 정작 천도 자체를 인정하지도 않으면서 그러한 주장을 하는 것은 語不成說이다. 익산 천도 사실이 밝혀지는 현시점에서는 미륵신앙에 의한 강력한 왕권을 軸으로 해서 귀족 세력을 재편하려고 했다는 기존의 견해가 설득력을 얻게 된다. 익산 천도의 배경이 밝혀지지 않은 게 아니라 이미 지금까지 제기된 견해만 가지고서도 충분한 해답이 나왔다.[89]

넷째, 〈익산이 왕도였다면 왕궁평성 주변에서 부여처럼 條坊制가 확인되어야 한다.〉 이 점은 왕궁평성 주변의 도시 유구에 대한 발굴 조사가 미치지 못했기 때문에 단정할 수 없다. 게다가 조방제는 도성의 충분 조건은 되지

---

88) 李道學, 『백제고대국가연구』, 일지사, 1995, 273쪽.
89) 이에 대한 최근의 정리로는 최완규, 「고대 익산과 왕궁성」『익산 왕궁리유적, 발굴 20년 성과와 의의』, 주류성, 2009, 288쪽을 참조하기 바란다.

_ 왕궁평성 출토 도가니와 금세공품들

만, 필요 조건은 아니다. 그런데 왕도였던 부여와 익산 위주로 5부명 인각와
가 집중적으로 출토되는 경향이 있다. 여기서 인각와의 '5부'가 부여만을 가
리킨다고 단정할 수 없다. 그러므로 익산 역시 5부제에 의한 조방제 실시 가
능성을 배제하기 어렵다. 요컨대 조방제 여부로써 천도설 부정론에 무게를
실을 수는 없다. 한편 현재의 왕궁유적전시관 부지에서 유구가 확인되지 않
았다고 한다. 그런 관계로 왕궁평성 주변에 시가지 유적이 없다는 것이다.
그렇지만 왕궁유적전시관 부지는 왕궁평성 正門인 南門 즉 宮門 앞에 해당한
다. 이 곳은 전통적으로 廣場인 관계로 유구가 나타날 수 없다. 宮門 앞 廣場
은 閱兵場이나 국가 儀式의 집전을 비롯해서 여론의 결집처이자 왕에게 그것
을 전달하는 장소였기 때문이다.[90] 반면 왕궁평성에서 직선거리로 1.3km

---

90) 李道學, 「高句麗의 內紛과 內戰」『高句麗研究』 24, 2006, 22~25쪽.

떨어진 곳에 소재한 백제 때 '왕궁리 우물'의 존재는[91] 생활 유적으로서 의미가 있다. 즉, 주거 시설과 관련한 도시 유구의 片鱗을 엿보여 준다.

다섯째, 〈왕궁평에서 궁터 유적이 확인되지 않았다.〉 만약 이러한 이유로 인해 왕궁평성의 왕궁 가능성을 부정한다면 공주나 부여에서도 궁터가 확인되었는지 묻고 싶다. 당연히 이들 지역에서는 아직까지 궁터가 확인되지 않았지만 王都임을 부정하지 않는다. 그러나 왕궁평성은 왕궁이나 최고 통치자의 성으로서의 위상이 확인되었다.[92] 게다가 최근에는 왕궁평성이 왕궁 유적으로 공식 확인되었고, 실제 正殿으로 추정되는 궁궐 유적이 발굴되었다.[93]

혹자는 부여 관북리 유적과 배후 산성인 부소산성과 같은 도성 구조가 익산에는 없다고 했다. 그런데 왕궁평성 서북 3.5km 지점에 소재한 익산토성에서 '수부'명문 기와가 2017년에 출토되었다. 익산토성이 배후 산성 역할을 하고 있는 왕성의 한 단위로 밝혀졌다. 이곳에서도 부여 관북리나 부소산성에서처럼 동일한 '北舍'명문 토기가 출토되었다. 그리고 왕궁평성 바깥에 도시 시설이 확인되지 않았다고 주장한다. 왕궁평성 바깥을 발굴이라도 해 보고 그런 말을 하는지 되묻고 싶다.

여섯째, 〈무왕의 능이 익산에 소재한 것은 조선 정조의 능이 수원에 소재한 것과 같으므로, 천도 근거가 될 수 없다.〉 정조의 수원 화성 건설은 기본적으로 천도와 무관한 신도시 건설일 뿐이다. 그리고 정조가 비극적으로 죽임을 당한 사도세자의 능을 수원으로 移葬한 것은, 음모와 모략의 도시인 한

---

91) 이신효, 「왕궁리 우물 유적」『湖南考古學報』15, 2002, 83~100쪽.

92) 김용민, 「益山 王宮城의 造營과 空間區劃에 대한 考察」『古代都市와 王權』, 충남대학교 백제연구소, 2005, 256쪽.

93) 2010년 12월 9일의 '익산역사유적지구 세계유산등재추진 국제학술회의' 토론에서 최연식은 "왕궁평은 조망하기 좋아 왕이 즐기기 위한 곳이 아니냐"고 했다. 그런데 이같은 慰樂空間이 되려면 왕궁평성 주변에 江이 있고, 풍광이 수려해야 한다. 오히려 웅진의 臨流閣과 사비성의 궁남지가 위락 공간으로서는 適格이다. 따라서 최연식의 주장은 수긍하기 어렵다.

양에서 편안한 땅으로 멀찌감치 탈출시킨다는 의식에서 비롯되었다. 그랬기에 정조 자신도 그 아버지 유택 곁에 나란히 묻힌 것이므로, 왕릉 조성 배경이 쌍릉과는 사뭇 다르다.[94]

　일곱째, 〈익산은 백제의 중요 거점인 5方이 아닌 37郡의 하나인 금마저군에 속했으므로, 익산 천도 가능성은 타당하지 않다.〉 얼핏 그럴듯해 보이지만 그러면 백제의 '분명한' 왕도였던 사비도성의 경우를 살펴보자. 『삼국사기』에 따르면 "도읍을 사비로 옮겼다[一名 所夫里라고 한다]"[95]라고 하여 도읍지를 所夫里라고도 하였다. 그러한 所夫里를 『삼국사기』는 "扶餘郡은 본래 백제 所夫里郡이었다"[96]고 했다. 백제 왕도였던 泗沘城 곧 所夫里를 '郡'으로 기록하였다. 신도시 개발 형태로 조성된 王都인 사비성도 '5方이 아닌 37郡'의 하나로 기록된 것이다. 반면 公州의 경우는 "熊州: 본래 백제 舊都이다"[97]라고하여 國都였음을 명시하였다. 그러면 사비성도 백제의 國都가 아니라는 것인가? 게다가 익산을 가리키는 '金馬渚郡' 지명은 "백제 시조 온조왕이 이 곳을 병합해서 이후부터 金馬渚라고 하였고, 신라 신문왕이 金馬郡으로 고쳤다(建置沿革 條). … 지금 살펴 보니 온조가 마한을 병합한 후에 그 땅을 일컬어 金馬渚라고 하였으나 金馬山 또는 金馬郡이라고 칭하지는 않았다(古蹟 條)"[98]라고 하였다. 익산 금마 지역은 백제 때 金馬'郡'이 아니었다. 金馬渚가 '金馬郡'이 된 것은 백제 멸망 이후인 8세기대 일이었다.

　여덟째, 〈익산은 위태로운 변경이므로 王都로서 부적합하다.〉 이러한 주장은 무왕대 신라의 알야산성 공격을 염두에 둔 것 같다. 즉, 적군의 공격을 받을 수 있는 변경에 어떻게 왕도를 存置할 수 있느냐는 논리이다. 그러나 변

---

94) 이상의 서술은 李道學, 『백제 사비성시대 연구』, 일지사, 2010, 151~153쪽의 내용을 보완한 것이다.
95) 『三國史記』 권26, 聖王 16년 조.
96) 『三國史記』 권36, 地理 3.
97) 『三國史記』 권36, 地理 3.
98) 『新增東國輿地勝覽』 권33, 益山郡.

경이니까 왕도가 될 수 없다는 주장은 수긍하기 어렵다. 한반도의 동남 모서리에 치우쳐 있는 신라 왕도 慶州는 國初부터 끊임없이 바다를 이용한 倭寇의 침공을 받는 邊境이었다. 문무왕의 遺言에도 나올 정도로 倭는 신라의 크나 큰 憂患이었다. 그럼에도 불구하고 慶州는 搖之不動의 新羅 千年王都였다. 백제는 사비성 도읍기에 웅천성 즉 웅진성이 고구려군의 침공을 받은 바 있다. 현재 대한민국 수도인 서울의 경우 휴전선에서 불과 40km 밖에 떨어져 있지 않은 변경이지만, 세계 10위권에 드는 경제 거점으로서의 역할까지 하고 있다. 익산은 설령 '위태로운 변경'이라고 하더라도 逆으로 생각하면 오히려 진출과 팽창의 거점이라는 말이 된다. 따라서 '위태로운 변경'이기 때문에 왕도가 될 수 없다는 주장은 수긍하기 어렵다.

지금까지 거론한 익산 王都 反對論과는 달리 익산이 백제 왕도였음은 고고학적으로도 입증이 된다. 우선 무왕이 王都로 삼았던 익산의 왕궁평성은 당시의 궁성 유적으로 추정되어왔다.[99] 즉, 익산에는 왕도로서의 기본 조건인 왕궁 유적인 왕궁평성, 왕실 사찰인 제석사, 지배 이데올로기의 표상인 미륵사와 왕릉인 雙陵의 존재가[100] 완벽하게 확인되었다. 익산의 쌍릉은 익산 천도를 단행했던 무왕과 선화왕비의 능으로 지목하는 데 이견이 없다.[101] 그리고 왕궁평성에서는 희소 가치가 대단히 높은 중국 六朝時代의 瓷器가 출토되었다. 지금까지 육조시대의 瓷器는 석촌동 고분·풍납동토성·무녕왕릉과 같이 왕릉이나 왕성에서만 출토되었다. 그러므로 왕궁평유적의 성격과 그 중요도를 가늠해 볼 수 있다. 이 가운데 靑瓷蓮瓣文六耳瓶片은 중국에서도 출토

---

99) 金三龍, 「百濟의 益山 遷都와 그 文化的 性格」『馬韓百濟文化』2, 1977, 11~16쪽.

100) 익산 雙陵이 무왕과 왕비의 陵임은 다음의 기사에 보이는 一說에 근거한다. 『高麗史』 권57, 地理志, 金馬郡 條. "又有後朝鮮武康王及妃陵[俗號末通大王陵 一云 百濟武王 小名薯童]"

101) 李南奭, 『百濟墓制의 研究』, 서경문화사, 2002, 271~273쪽.
崔完奎, 「益山 雙陵의 再檢討」『益山의 先史와 古代文化』, 마한백제문화연구소·익산시, 2003, 331~347쪽.

사례가 드물 뿐 아니라 한반도에서는 유일한 출토 사례이다. 그 밖에 부소산성과 왕궁평에서만 출토된 전 달린 토기는 희귀성과 정교한 제작 기법에 비추어 볼 때 왕실 관련 유적에서의 사용 가능성이 높다고 한다.[102]

게다가 왕궁평성에서 출토되는 백제 토기는 국가가 관장하는 가마에서 구워 부여 및 왕궁평성으로 동시에 공급되었을 가능성까지 제기되고 있다.[103] 그 밖에 왕궁평성에서는 도가니에 부착된 金 슬랙이 확인되었다.[104] 왕궁평성에서 발굴된 水路를 따라 깔린 金箔은 흐르는 물이 은은한 빛을 내도록 하는데 쓰였다고 한다. 왕궁평성에서 출토된 금도가니 · 유리도가니 · 청자 · 백자 · 유리구슬 · 金小環 · 金絲의 존재는[105] 金 · 銀 · 琉璃와 같은 귀금속을 취급하는 시설이 갖추어져 있었다.[106] 이는 그것을 일차적으로 공급받았던 대상이 왕궁평성에 거주했음을 뜻한다. 요컨대 왕궁평성의 격이 대단히 높았음을 시사하는 단적인 例가 된다. 이 같은 일급 유물과 시설들이 집중된 왕궁평성은 실제 운용되었던 왕성임을 웅변해준다.[107]

7. 맺음말

일본 京都의 한 사찰에서 우연히 발견된 『관세음응험기』라는 佛書는 백제 무왕대의 천도 사실을 알려 주었다. 무왕이 미륵신앙과 관련한 장대한 이상

102) 崔孟植, 「益山 王宮遺蹟의 性格」 『益山의 先史와 古代文化』, 마한백제문화연구소 · 익산시, 2003, 395~396쪽.

103) 國立文化財研究所, 『韓國考古學事典(下)』, 2001, 905쪽.

104) 崔孟植, 「益山 王宮遺蹟의 性格」 『益山의 先史와 古代文化』, 마한백제문화연구소 · 익산시, 2003, 397쪽.

105) 國立扶餘文化財硏究所, 『익산 왕궁리 발굴중간보고IV』, 2002, 268~290쪽.

106) 國立扶餘文化財硏究所, 『익산 왕궁리 발굴중간보고IV』, 2002, 290쪽.

107) 李道學, 『백제 사비성시대 연구』, 일지사, 2010, 146쪽.

을 구현하기 위해 천도한 곳을 지모밀지라고 기록하였다. '枳慕'의 地名語尾格인 '蜜地'는 字意上 樂土나 福地 개념을 연상시킨다. 즉, 고유지명을 新天地 개념의 '枳慕樂土'의 뜻을 담아 표기한 것이다. 여기에다가 '慕'字가 지닌 의미를 덧붙인다면 '그리워한 樂土'의 뜻이 된다. 아울러 '枳'字에는 중국이 원산지인 남방의 따뜻한 지역에 서식하는 탱자나무를 연상시킴으로써 남방 천도에 대한 기대감을 자아내고 있다. 그런 만큼 枳慕蜜地 지명 표기에는 익산 新王都에 대한 이상향으로서의 염원이 담겨 있음을 발견했다.

『觀世音應驗記』 기록을 軸으로 하여 익산이 王都였던 기록을 샅샅이 찾아보았다. 그 결과 『삼국사기』에도 백제 무왕이 익산을 王都로 삼았던 중요한 端緒가 숨겨져 있음을 발견하였다. 후백제 진훤왕이 백제가 金馬山에서 '開國'했다는 기록과 『大東地志』의 '別都' 기록 역시 익산이 王都였음을 시사하는 기록으로 해석할 수 있었다. 이러한 맥락에서 『구당서』의 "그 왕이 거처하는 곳은 東·西 兩城이다"는 기사를 주목했다. 그 결과 백제 王都가 2곳에 소재했음을 뜻하는 文句로 밝혔다. 무왕대 백제 왕도는 사비성과 금마저라는 2곳의 都城體制였던 것이다. 백제가 漢城에 도읍하던 시기에도 王城은 '南·北' 兩城體制였다. 바로 그러한 전통을 계승하여 백제 무왕은 2곳의 도성체제로 국가를 운영한 사실을 밝혔다. 이와 관련해 제정러시아에서 모스크바와 상트 페테르부르크를 번갈아 수도로 삼았던 사례를 연상할 수 있다. 唐의 東都(洛陽)와 西都(西安)의 경우도 유사한 사례에 해당한다. 필자는 사비도성과 익산 도성은 2개의 王都로서 대등하게 기능하였음을 구명하였다. 그러한 결정적인 또 하나의 근거가 宮南池의 소재지가 된다. 현재 부여 읍에 소재한 假稱 '宮南池'는 백제 때 궁남지가 아닌 것으로 밝혀졌다.

무왕은 20餘 里 바깥에서 물을 끌어 당겨 인공 못을 조성하였다. 그런데 사비도성에서는 백마강을 끌어당긴다고 할 때 4km 남짓 밖에 되지 않는다. 오히려 익산 왕궁평성의 남쪽에 못을 조성한다고 한다면 '20餘 里' 引水가 가능해진다. 『삼국사기』를 보면 前後 사비도성 구역 기사 속에서 궁남지 조성 기록이 등장하고 있다. 이 사실은 익산 도성이 사비도성과 더불어 일체를 이루었음을 뜻하는 반증이기도 한다. 필자가 새롭게 밝힌 내용이 된다. 이렇게 하여 익산 도성설은 이제 不動의 位相을 확보한 것이다.

한편 왕궁평성은 의자왕대에 寺院으로 기능이 바뀌었다는 주장의 문제점을 문헌과 고고물증에 대한 검증을 통해 摘示하였다. 왕궁평성 추정 목탑지의 경우도 그 위치를 다른 곳으로 비정할 수 있는 근거가 마련되었다. 大官寺는 통일신라 때 조성된 사실을 밝혔다. 반면 백제 때 왕궁평성 안에 사찰이 조성된 명료한 근거를 찾기는 어려웠다. 백제를 멸망시킨 신라 태종무열왕의 사망과 관련된 대관사 우물 기록은 기실 백제 왕궁평 궁성과 관련 있었다. 그러나 이는 태종무열왕에 대한 부정적인 聯想의 기제가 될 수 있었다. 그런 이유로 통일신라의 사찰인 대관사 이름을 취해 기록한 것으로 파악되었다.

그리고 익산과 관련해 백제의 別宮說 · 離宮說 · 行宮說 · 別都說 · 미완의 王都說(천도 계획설) 등을 검증한 결과 諸說의 오류를 죄다 밝힐 수 있었다. 이밖에 익산 지역에 전해져 온 後朝鮮 準王의 南來地와 관련한 전승도 기실 백제 王都였던데서 遡及 · 投射된 逆傳承임을 밝혔다. 光州本『千字文』에서 '王'에 대한 訓讀인 '긔즈'에서 비롯하여 雙陵의 大王陵 등을 '긔즈 陵'으로 일컬었던 것 같다. 여기서 箕子의 후손이라는 準王과 관련된 유적의 創出과 南來地 전승이 결합하여졌다. 이 사실 또한 왕도로서 익산이 지닌 由緖와 역사적 비중을 逆으로 일깨워준다.

결국 記錄과 物的 자료에 대한 입체적인 交叉確認을 통해 익산 지역은 백제의 王都였다는 진정성이 입증되었다.

〈出典〉「古都 益山의 眞正性에 관한 多角的 分析」『馬韓百濟文化』19, 원광대학교 마한백제문화연구소, 2010, 95~123쪽; 「백제사 속의 익산에 대한 재조명」『마한백제문화』25, 2015.6, 93~112쪽.

제2장
백제 마지막 王城 周留城과
白江戰鬪의 位置

1. 머리말

663년 8월 白江口에서 발생한 白江戰鬪는 백제-왜가 신라-唐과 격돌한 大戰이었다. 이 전투에서 백제-왜가 패함에 따라 백제의 전통적 우방인 倭의 힘을 빌어 무력으로써 국권을 회복하려는 운동은 실패하고 말았다. 신라의 입장에서는 백제와 연계하여 한반도에 등장한 倭 세력을 신라사에서 영구 퇴출시킨 전투였다. 이러한 백강전투는 한국사보다는 일본사에서 의미가 더욱 크게 부여되었다. 이는 다음의 인용을 통해서 알 수 있다. 일본 문헌에서는 白江을 白村江으로 표기하였다.

> * 白村江의 敗戰: 조선반도에서는 백제·고구려·신라의 대립이 격화되었다. 그래서 신라는 당과 결속하였고, 660년에 당과 신라의 연합군은 백제를 함락시켰다. 원래 백제의 高官 귀실복신은 일본에 있던 왕자 풍장왕의 귀국과 일본군의 구원을 구하고자 했다. 이에 대하여 국내에서 불안정한 상태에 있었던 中大兄皇子는 백제 구원을 명분으로 출병을 결행하는 일로써 한꺼번에 해결하고자 하였다. 그리하여 阿曇比羅夫·上毛野稚子·阿倍比羅夫 등이 이끄는 大軍을 파견하고, 齊明天皇은 몸소 九州의 땅(朝倉宮)으로 나갔다. 그러나 천황은 病死하

고, 백제군의 內紛이 발생하여 外征軍의 사기는 저하되었다. 이것에 편승하여 唐軍은 663년 大軍을 파견하여, 8월 27~28일 錦江河口의 白村江의 전투에서 일본군을 깨뜨렸다. 이렇게 하여 일본의 백제부흥의 기도가 실패 뿐만 아니라, 조선반도와의 교류의 발판도 완전히 상실했다. 이 패배로 인해 신정부의 의도는 무너졌고, 사태는 전혀 용이하게 전개되지도 않았다. 더욱이 신라는 이후에도 唐과 결탁하여 고구려를 멸망시키고(668), 조선반도를 통일했다(676).[1]

   * 한편 조선반도에서는 신라가 통일로 나아가기 위하여 唐과 연결하여 660 년에 백제를 멸망시켰다. 백제에서는 그 후에도 豪族이 군대를 모아 唐과 신라 에 저항하였고, 일본에도 구원을 요청하였기에, 朝廷은 백제에 군대를 보냈다. 그러나 663년 白村江의 전투에서 唐·新羅軍에 패하여 조선반도에서 일본의 지 위는 완전히 상실되었다. 고구려도 668년에 멸망하여, 조선반도는 신라에 의 해 통일되었다.[2]

   신라의 입장에서 볼 때 백강전투는 이후 倭 세력이 한반도에 다시금 얼씬 거리지 못하게 한 획기였다. 일본의 입장에서 백강 패전은 그들의 지론인 한 반도 諸國에 대한 영향력을 상실하게 된 轉機가 되었다. 백강전투에 대한 일 본측의 의미 부여를 수용할 이유는 없다. 다만 그 만큼 중요한 전투로 인식한 것은 분명하다. 문제는 이처럼 중요한 전투가 벌어졌던 역사적 현장인 白江 口의 위치에 대해서는 異見이 보인다. 대표적인 논자 중심으로 이를 다음과 같은 도표로 정리해 보았다.

---

1) 山本西郎·上田正昭·井上滿郎, 『解明新日本史』, 文英堂, 1983, 49~50쪽.
2) "白村江: '白村江'은 『日本書紀』의 표현이며, '하쿠스키노에'라고 읽는다. 중국의 『舊唐 書』, 『新唐書』에는 '白江', 朝鮮의 史書 『三國史記』에는 '白沙'라고 하며, 오늘 날 錦江 下流로 말해진다. 역사 용어는 역사를 이해하기 위한 끈이지만, '하쿠스키노에'는 事 件에서 半世紀 이후에 편찬된 『日本書紀』에서 제시한 地名이기 때문에 현재의 교과서 표기로 落着된 것이다." 五味文彦·鳥海靖 編, 『もういちど讀む山川日本史』, 山川出 版社, 2010, 30쪽.

白江	주장자
錦江	津田左右吉(1913)/ 池內宏(1934)/ 輕部慈恩(1971)/ 李丙燾(1977)/ 鈴木治(1972)/ 沈正輔(1983)/ 盧重國(2003)
東津江	小田省吾(1927)/ 今西龍(1934)/ 孫晋泰(1948)/ 全榮來(1976)/ 李道學(1997)/ 徐程錫(2002)/ 李鍾學(2003)
扶安 斗浦川	盧道陽(1979)
安城 白石浦	金在鵬(1980)
牙山灣	朴性興(1994)

_ 백강의 위치에 대한 諸 見解[3]

주류성은 국가회복운동기의 백제 王城이었다. 이는 "賊將이 州柔에 와서 그 王城을 에워쌌다(a)"·"周留城은 백제의 소굴로서(l)"라는 기사와 더불어 避城 천도 직전의 왕성으로서 州柔(u)가 보이기 때문이다. 분명한 것은 663 년에 신라와 唐의 水軍은 白江에서 陸軍과 합세하여 周留城을 공격했다(l).[4] 이로 볼 때 백제 왕성인 주류성의 위치는 白江 근방임을 알 수 있다. 더욱이 "周留城 함락의 원인은 백강의 패전에 있다고 할 수 있다"[5]고 하였다. 이렇듯 백강의 위치 파악은 주류성의 위치 확인을 넘어 전쟁의 환경을 살피는데 빼놓을 수 없는 사안이었다.

백강의 위치는 주류성 비정의 關鍵이었다. 그런 만큼 본고에서는 사료를 놓고 면밀하게 검토하여 663년 8월 백강전투의 현장을 지목하고자 한다. 이

---

3) 이에 대한 학설사적인 정리는 다음의 논고를 참조하기 바란다.
   卞麟錫, 「白江口戰爭과 百濟·倭 관계」, 한울아카데미, 1994, 56~64쪽.
   沈正輔, 「白江에 대한 研究現況과 問題點」 『백제 부흥운동과 백강전쟁』, 서천군, 2003, 78~83쪽.
   李鍾學, 「주류성·백강의 위치 비정에 관하여-군사학적 연구방법에 의한 고찰」 『軍史』 52, 2003; 『동북아시아의 전쟁과 평화』, 충남대학교출판문화원, 2016, 200~208쪽.
4) 『舊唐書』 권199 上, 동이전 百濟 조.
5) 津田左右吉, 「百濟戰役地理考」 『朝鮮歷史地理』 1, 1913, 169쪽; 『津田左右吉全集』 11, 岩波書店, 1975, 172~173쪽.

와 관련해 白江의 지명이동 가능성을 열어두고 접근하고자 했다. 지금까지의 연구에서는 백강의 위치를 고정불변으로 여겼다. 그랬기에 자신들의 논지에 부합되는 기사만 선택하여 밀고나가는 경향을 보였다. 그러다 보니 주류성과 백강 위치 비정론은 팽팽하게 평행선을 달릴 수밖에 없었다. 그런데 발굴 결과 주류성=건지산성설은 붕괴되었다.[6] 그러자 재빠르게 주류성=扶安의 위금암산성설에 붙는 논자도 나왔다. 문제는 그 논자가 백강의 위치를 여전히 금강으로 간주했다는 것이다.[7] 이는 모순일 뿐 아니라 王城 移轉과 관련한 地名觀에 대한 이해 부족으로 여겨졌다.

이러한 문제점을 포착한 본고에서는 王城 移轉과 관련한 지명 이동 사례를 摘示했다. 그럼으로써 停滯된 듯한 지금까지 백강 위치 논의에서의 돌파구를 찾고자 했다. 나아가 주류성의 소재지도 보다 설득력 있게 밝혀질 것으로 보인다. 물론 혹자는 백강 위치에 관한 현재 연구로는 모두가 동의하는 결과를 도출하기는 불가능하다고 단언했다. '불가능'이라고 단언하기 보다는 연구자들의 유연한 자세가 일차적으로 긴요하지 않을까 싶다. 자신의 기존 입장만 고수한다면 '외면'이 되는 한편, 믿고 싶은 것만 믿으려는 데 불과하기 때문이다. 직설적으로 말한다면 '무승부'처럼 비치는 지금 상태가 유지되기를 바라는 속내가 읽혀진다.

敷衍이기는 하지만 본고에서 검토하는 사안은 白江의 위치이다. 백제 멸망

---

6) 건지산성은 고려시대에 축조된 城으로 밝혀졌다. 그럼에도 꿋꿋하게 주류성=건지산성설을 고수하는 이도 있다. 설령 여타 山城에서 '周留城銘文瓦'가 출토되더라도 수긍하지 않을 것만 같다.

7) 노중국, 『백제부흥운동사』, 일조각, 2003, 194쪽.
노중국은 「百濟 滅亡後 復興軍의 復興戰爭 研究」『歷史의 再照明』, 소화, 1995, 41쪽에서 주류성=건지산성설을 취했다. 그는 앞의 책, 255쪽, 사진 설명문을 "부안의 원효굴(복신굴로 추정됨)(부안문화원 제공)"이라고 하였다. 그러나 복신굴과 원효굴 즉 元曉房은 별개의 窟室이다. 원효방은 복신굴에서 더 올라와 울금바위 정상 쪽에서 좌측 벼랑 사잇길로 올라가야 한다. 현장 답사가 왜 필요한지를 일깨워주는 사례인 것이다.

이전 시점의 기사만 보면 백강은 지금의 錦江을 가리킨다. 분석 없이도 이것은 누구나 확인할 수 있다. 문제는 663년 가을에 발생한 東아시아 國際戰의 장소였던 백강 역시 금강인지 여부이다. 이 사안에 대해서는 평면적인 이해에서 벗어나야 한다. 여러 사례와 전쟁 환경을 고려하여 분석해야만 정확한 위치 비정에 근접할 수 있다. 小田省吾 이래로 기존의 금강설에 의문을 제기한 데는 그럴만한 이유가 있었기 때문이다. 그럼에도 기존의 백강=금강설 논자들은 백제인들이 스스로 기록을 남기지 못한 白江口 전투 이후와 그 이전의 백강 위치를 동일시하였다.

본고에서는 白江에 관한 기록을 검증하여 白江口 전투 이전과 이후에는 위치상의 차이가 있음을 밝히고자 했다. 백강의 위치가 변동되었다면 그러한 사례를 지명 移轉이라는 역사적 사례에서 찾으려고 하였다. 요컨대 이러한 작업은 백제의 마지막 王城인 주류성의 위치 확정에도 크게 기여할 것으로 본다.

2. 白江의 위치 비정

1) 『日本書紀』에 보이는 백강 전투 기사

백강의 위치는 주류성 비정의 관건이 된다. 이와 관련해 백강과 웅진강 및 기벌포가 동일한 江에 속한 지 여부는 검증이 필요하다. 주지하듯이 동아시아 역사상 국제전의 성격을 지닌 백강전투에 대해서는 숱한 연구가 있었다. 이와 관련한 사료는 국제전에 걸맞게 한국과 중국 그리고 일본 문헌에서도 교차 확인된다. 특히 백강전투와 그 현장에 대해서는 다음과 같은 『日本書紀』 기사가 가장 상세하다.

a. 가을 8월, 壬午가 초하루인 달의 갑오(13일)에 신라는 백제 왕이 자기의 良將을 목 베었기에 곧바로 백제에 들어가 먼저 주유를 빼앗으려고 도모하였다.

이에 백제는 적의 계략을 알고서 여러 장수에게 말하기를 "지금 듣자하니 대일본국의 구원 장수인 廬原君臣가 용사 1만여 명을 거느리고 바다를 건너오고 있다. 바라건대 여러 장수들은 미리 도모함이 있기를 바란다. 나는 스스로 白村에 가서 기다리고 있다가 접대하고자 한다"라고 말하였다. 무술(17일), 賊將이 州柔에 와서 그 王城을 에워쌌다. 大唐의 장군이 전선 170척을 이끌고 白村江에 진을 쳤다. 무신(27일), 일본의 수군 중 처음에 온 자와 대당의 수군이 合戰하였다. 일본이 불리해서 물러났다. 대당은 진을 굳게 하여 지켰다. 기유(28일), 일본의 여러 장수들과 백제 왕이 氣象을 보지 않고 서로 말하기를 '우리가 먼저 공격하면 저들은 스스로 물러갈 것이다'라고 하였다. 다시 일본이, 대오가 난잡한 중군의 병졸을 이끌고 진을 굳건히 한 대당의 군사를 쳤다. 대당은 즉시 좌우에서 선박을 내어 협격하였다. 눈깜짝할 사이에 관군이 잇따라 패배하였는데, 물속에 떨어져 익사한 자가 많았다. 뱃머리와 고물을 돌릴 수가 없었다. 朴市田來津은 하늘을 우러러 맹세하고 이를 갈고는 수십 인을 죽이고는 마침내 전사하였다. …8)

b. 9월 신해가 초하루인 정사(7일), 백제의 주유성이 비로소 당에 함락되었다. 이 때 나라 사람이 서로 '주유가 항복하였다. 일을 어떻게 할 수 없다. 백제의 이름은 오늘로 끊어졌다. 조상의 분묘가 있는 곳을 어찌 다시 갈 수가 있겠는가. 다만 弖禮城에 가서 일본의 장군들을 만나 사건의 기밀한 바를 의논하자'라고 말하였다. 드디어 본래 枕服岐城에 있는 처자들을 가르쳐 나라를 떠날 생각을 알리게 하였다. 신유(11일)에는, 牟弖를 출발, 계해(13일)에는 저례에 이르렀다. 갑술(24일)에 일본의 水軍 및 좌평 餘自信·달솔 木素貴子·谷那晋首·憶禮福留는 국민들과 함께 저례성에 이르렀다. 이튿날 배가 떠나서 처음으로 일본으로 향하였다.9)

위의 a에 따르면 "신라는 백제 왕이 자기의 良將을 목 베었기에 곧바로 백

---

8) 『日本書紀』권27, 天智 2년 8월 조.
9) 『日本書紀』권27, 天智 2년 9월 조.

제에 들어가 먼저 주유를 빼앗으려고 도모하였다"고 했듯이 내분을 틈타 기
습적으로 백제 왕성인 주유 즉 주류성을 공격하려고 했다는 것이다. 이때 왜
군은 盧原君臣이 이끄는 1만 병력이 출동했다. 이들을 영접하기 위해 백제
풍왕은 미리 白村에 가서 기다렸다. 8월 17일에 신라군이 주류성을 포위하
였다. 이와 동시에 唐은 전선 170척을 이끌고 白村江에 진을 쳤다고 한다.
이들은 8월 27일에 왜 수군의 선발 부대와 격돌했다. 왜군은 사세가 불리하
자 일단 물러섰다. 28일에 백제 왕과 왜장들은 기상을 제대로 살피지 않은채
唐 船團으로 돌격했다. 그 결과 백제와 왜의 참담한 패전으로 종결되었다.

2) 백강의 위치

백강은 일본측 문헌에서 白村江으로 표기되었다. 백촌강을 '백마을江'으로
訓讀한 후 白馬江을 가리키는 것으로 단정하기도 한다.[10] 주지하듯이 백마
강은 현재 금강 하류를 가리킨다. 구체적으로 말한다면 부여 천정대에서 반
조원리에 이르는 금강 구간을 지칭한다. 이러한 백마강이 고대의 백강을 가
리키는 지는 별개의 사안이다. 그러므로 사료 자체에 대한 엄정한 분석을 통
해 고대의 백강이 지금의 어느 강인지를 究明해야 한다. 이와 더불어 王城을
사비성에서 주류성으로 이전한 후의 백강 위치도 검증해야 하는 것이다. 地
名 이동 가능성을 열어 두어야 하기 때문이다. 이에 대해서는 後述하면서, 다
음의 기사를 보자.

> c. 武寧王의 이름은 斯摩[혹은 隆이라고도 한다]이며 모대왕의 둘째아들이다.
> 키가 여덟 자나 되고 용모가 그림 같고 성품이 인자하고 관후하여 민심이 그에
> 게 돌아갔다. 모대왕이 왕위에 오른 지 23년 만에 세상을 떠나자 뒤를 이어 왕
> 위에 올랐다. 봄 정월에 좌평 백가가 가림성에 웅거하여 배반하므로 왕은 군사

---

10) 丹齋申采浩先生紀念事業會, 『改訂版 丹齋申采浩全集』 上卷, 螢雪出版社, 1987,
338쪽.

를 거느리고 우두성에 이르러 한솔 解明에게 명하여 이를 치니, 백가가 나와서 항복하므로 그를 목베어 白江에 던졌다.[11]

위의 c를 통해 백가의 시신이 던져진 백강은 가림성(부여군 임천면) 반경에서 찾을 수 있다. 백강은 부여 지역을 통과하는 금강 구간이 분명하다. 물론 이 때의 백강이 금강 전체를 가리키는지는 명확하지 않다. 이와 관련해 다음의 기사를 주목해 본다.

> d. 13년(491) 여름 6월에 웅천의 물이 넘쳐 서울의 2백여 호를 떠내려 보내 거나 가라앉혔다.[12]

위의 d를 보면 웅진성에 도읍하고 있던 시기의 금강에 대한 호칭으로 웅 천이 보인다. 이때 금강 전 구간이 웅천이었는지는 불분명하다. 분명한 것은 웅천이 설령 일부 구간에 국한되었다고 하자. 그렇더라도 c와 d에서 보듯이 금강을 백강이나 웅천으로 일컬었다는 것이다. 그러면 다음의 기사를 보자.

> e. 8월에 사신을 마한으로 보내어 도읍 옮길 일을 알리고 마침내 국경을 그 어서 정했는데 북쪽은 浿河에 이르고 남쪽은 熊川까지 가고 서쪽은 큰바다에 접 하고 동쪽은 走壤에 이르렀다.[13]

위의 e에서 명시하고 있는 백제의 南界는 웅천이다. 境界로서 웅천은 금강

---

11) 『三國史記』 권26, 무녕왕 원년 조. "武寧王 諱斯摩[或云隆] 牟大王之第三子也 身長八 尺 眉目如 仁慈寬厚 民心歸附 牟大在位二十三年薨 卽位 春正月 佐平加 據加林城叛 王帥兵馬 至牛頭城 命率解明討之 加出降 王斬之 投於白江"
12) 『三國史記』 권26, 동성왕 13년 조. "夏六月 熊川水漲 漂沒王都二百餘家"
13) 『三國史記』 권23, 시조왕 13년 조. "八月 遣使馬韓告遷都 遂定疆 北至浿河 南限熊川 西窮大海 東極走壤"

전 구역을 가리킬 수 있다. 이 사안이 모든 사례에 해당되는 지는 검증이 필요하다. 먼저 d의 웅천 기록은 백제 왕도가 웅진성일 때였다. 그리고 c의 백강 역시 웅진성 도읍기의 금강을 가리킨다. 그런데 동일한 시기의 금강 호칭이 웅천과 백강으로 각각 나뉘어지고 있다. 그렇다면 웅천이 금강의 통칭이 되기는 어렵다. 금강을 웅진성과 사비성을 통과하는 구간에 따라 웅천이나 백강으로 각각 달리 일컫은 것이다. 다음의 기사를 보자.

> f-1. 5월에 서울 서남쪽 사비하에서 큰 고기가 나와 죽었는데 길이가 세 길이었다.[14]
>
> f-2. 20년 봄 2월에 王都의 우물이 핏빛으로 변했다. 서해에 조그만 물고기들이 나와 죽었는데 백성들이 모두 먹을 수 없을 정도로 많았다. 사비하 물이 붉기가 핏빛 같았다. … 6월에 왕흥사의 여러 중들이 모두 배의 돛대와 같은 것이 큰 물을 따라 절 문간으로 들어오는 것을 보았다. 들사슴 같은 개 한 마리가 서쪽으로부터 사비하 언덕에 와서 왕궁을 향하여 짖더니 잠시 후에 행방이 묘연해졌다.[15]

위의 f에 따르면 백제 멸망 조짐과 관련해 '泗沘河'가 보인다. 사비하는 말할 나위 없이 사비성 구간을 통과하는 금강을 가리킨다. 도성 이름과 江名이 연계된 것이다. 이는 다음의 기사를 통해서도 확인된다.

> g. 37년(636) … 3월에 왕은 측근의 신하를 거느리고 泗沘河의 북쪽 갯가에 잔치를 베풀고 놀았다. 양쪽 언덕에 기이한 바위와 괴이한 돌이 뒤섞여서 있고, 그 사이에 기이한 꽃과 이상한 풀들이 있어 마치 그림 같았다. 왕은 술을 마시

---

14) 『三國史記』 권28, 의자왕 19년 조. "五月 王都西南泗沘河 大魚出死 長三丈"

15) 『三國史記』 권28, 의자왕 20년 조. "春二月 王都井水血色 西海濱小魚出死 百姓食之 不能盡 泗沘河水赤如血色 … 六月 王興寺衆僧 皆見若有船楫 隨大水入寺門 有一犬狀 如野鹿 自西至泗沘河岸 向王宮吠之 俄而不知所去"

고 즐거움이 극도에 달하여 거문고를 타고 스스로 노래를 부르니 從者들은 번갈아 춤을 추었다. 당시 사람들은 그 곳을 大王浦라 했다.[16]

앞의 d와 위의 g에 따르면 금강을 통과하는 구간에 따라 웅천과 사비하로 각각 일컬었음을 알 수 있다. d는 백제가 웅진성에 도읍하던 시기이고, g는 사비성에 도읍하던 시기의 江名이기 때문이다. 그러면 다음 백제 멸망기의 기사를 살펴 보자.[17]

h-1. 왕은 망설이며 따를 바를 몰랐다. 이때 좌평 興首가 죄를 얻어 古馬彌 知縣에 귀양가 있었으므로, 왕은 사람을 보내어 물었다. "사세가 위급하니 어찌하면 좋겠는가?" 흥수는 말했다. "당나라 군사는 많고 군율이 엄격하고 명백하며, 하물며 신라와 앞뒤에서 서로 挾擊하려고 모의하고 있으니 만약 넓은 들판에 대진한다면 이기고 질 것을 알 수 없습니다. 白江[혹은 기벌포라고도 한다]과 炭峴[혹은 沉峴이라고도 한다]은 우리 나라의 요충입니다. 한 사람이 창 한 자루만 잡고 있더라도 만 사람이 당해낼 수 없사오니, 마땅히 용사를 뽑아 가서 지키게 하여 당나라 군사는 백강을 들어오지 못하게 하고, 신라 군사는 탄현을 지나오지 못하게 할 것이오며, 대왕께서는 성문을 닫고 지키다가 그들이 양식이 떨어

---

16) 『三國史記』권27, 무왕 37년 조. "三月 王率左右臣寮 遊燕於泗沘河北浦 兩岸奇巖怪石錯立 間以奇花異草 如畵圖 王飮酒極歡 鼓琴自歌 從者屢舞 時人謂其地爲大王浦"

17) 『三國史記』권28, 의자왕 20년 조. "王猶豫 不知所從 時佐平興首得罪 流竄古馬彌知之縣 遣人問之曰 事急矣 如之何而可乎 興首曰 唐兵旣衆 師律嚴明 與新羅 共謀角 若對陣於平原廣野 勝敗未可知也 白江[或云伎伐浦] 炭峴[或云沉峴] 我國之要路地也 一夫單槍 萬人莫當 宜簡勇士往守之 使唐兵不得入白江 羅人未得過炭峴 大王重閉固守待其資糧盡 士卒疲 然後奮擊之 破之必矣 於時 大臣等不信曰 興首久在縲絏之中 怨君而不愛國 其言不可用也 莫若使唐兵入白江 沿流而不得方舟 羅軍升炭峴 由徑而不得并馬 當此之時 縱兵擊之 譬如殺在籠之雞 離網之魚也 王然之 又聞唐羅兵 已過白江炭峴 遺將軍堦伯 帥死士五千 出黃山 與羅兵戰 四合皆勝 兵寡力屈 竟敗 堦伯死之 於時合兵禦熊津口 瀕江屯兵 定方出左涯 乘山而陣 與之戰 我軍大敗 王師乘潮 舳艫銜尾進鼓而譟 定方將步騎 直趨其都城 一舍止 我軍悉衆拒之 又敗 死者萬餘人 唐兵乘勝薄城王知不免 嘆曰 悔不用成忠之言 以至於此"

져서 사졸들이 피로해지기를 기다려 그렇게 된 후에 이를 奮擊한다면 반드시 이길 수가 있을 것입니다." 이때에 대신들은 이 말을 믿지 않고서 왕에게 아뢰었다. "흥수는 죄를 지어 귀양 중에 오래 있으므로 임금을 원망하고 나라를 위하지 않을 것이오니 그 말을 채용할 수 없습니다. 당나라 군사로 하여금 백강에 들어와서 江流를 따라 내려오되 배를 나란히 타고 오지 못하게 하고, 신라 군사로 하여금 탄현에 올라와서 좁은 길을 따라 내려오되 말을 나란히 타고 오지 못하게 하여, 이때에 군사를 놓아서 적군을 친다면 닭장에 든 닭과 그물에 걸린 고기처럼 될 것입니다." 왕은 그렇게 여겼다.

h-2. 또 당나라와 신라의 군사가 이미 <u>白江과 炭峴</u>을 지났다는 말을 듣고 <u>왕은 장군 堦伯을</u> 보내어 결사대 5천 명을 거느리고 黃山에 나가서 신라 군사와 싸우게 했다. 네 번 접전하여 네 번 모두 이겼으나, 군사가 적고 힘이 모자라서 마침내 패하여 堦伯은 전사했다.

h-3. 이에 군사를 합하여 熊津口를 막고 강가에 군사를 주둔시켰으나, 소정방이 왼쪽 강가로 나가서 산에 올라 진을 치고 싸우니 우리 군사가 크게 패했다. 당나라 군사는 조수를 이용하여 많은 배들이 서로 잇따라 나아가며 북을 치고 고함을 지르는데, 소정방은 보병과 기병을 거느리고 바로 眞都城으로 쳐들어가서 1숨쯤 되는 곳에서 멈췄다. 우리 군사는 있는 군사를 다 내어 막았으나 또 패전하여 죽은 사람이 1만여 명이나 되었다.

h-4. 당나라 군사는 이긴 기세를 타서 성에 들이닥치니 왕은 면하지 못할 줄 알고 탄식하여 말했다. "성충의 말을 쓰지 않다가 이 지경에 이르렀구나."

먼저 위의 h-1을 음미해 보면 백강은 "기벌포라고도 한다"는 주석이 눈에 띈다. 이 주석대로 한다면 "강이나 내에 조수가 드나드는 곳"이 浦이므로, 백강은 금강 하구를 가리킨다. 伎伐浦에 대해 "곧 長嵒이니[또는 孫梁 혹은 只火浦 또는 白江이라고 한다]"[18]고 했다. 여기서 白江의 '白'의 訓讀은 'ᄉᆞ뵈'이다. 그러

---

18) 『三國遺事』 권2, 紀異, 태종춘추공 조.

므로 白江은 곧 사비강을 가리킨다.[19] 백강은 지금의 부여 지역을 통과하는 강을 가리키고 있다.[20]

문제는 백강의 위치가 백제인들이 기록을 남기지 못한 멸망 이후의 전쟁 기사에도 적용되는지 여부이다. 물론 h-1은 國亡으로 인해 신라인들이 傳聞을 수습한 게 분명하다. 그런데 흥수가 언급한 백강(h-1)과 계백의 출정 기사에 보이는 백강(h-2)은 동일한 江으로 간주되지 않는다. 먼저 h-2에 보이는 白江이 금강이라고 하자. 그러면 唐軍이 금강에 진입한 후에 계백이 황산으로 나간 게 된다. 이 경우 백제는 탄현을 넘은 신라군 보다는 금강으로 진입한 당군을 막는 게 시급한 일이 아닐까? 그렇다면 흥수가 건의한 백강(h-1)은 금강이지만, 당군이 이미 통과한 백강(h-2)은 금강 밖의 水系를 가리킨다고 보아야 사세에 맞다. 실제 당군이 백강을 지난 후에 백제군은 웅진구를 막고 당군과 결전하고 있다(h-3). 따라서 h-2에 보이는 백강은 웅진강과 별개의 江임을 알려준다. 결국 h-1과 h-2, 그리고 h-3과 h-4는 계통이 서로 다른 사료를 이어 놓은 것이라고 하겠다. 문장 구성상 h-4는 h-1과 계통이 동일하다고 본다. 따라서 h는 총 3개의 사료로 구성된 것이다. 이중 h-2와 신라본기에는 『삼국사기』 열전의 階伯과는 다른 堦伯으로 이름을 표기했다. 게다가 黃山 전투에 관한 기술상의 차이도 보인다. 즉 "四合皆勝之 兵寡力屈 竟敗(h-2)"와 "如是進退 至四合 力屈以死"[21]라고 각각 기술하였다. h-2에서는 계백이 4勝했음을 적었지만, 열전에서는 승리한 기록이 없다. 그러므로 계백에 대한 複數의 사료가 존재했음을 알 수 있다. 그리고 h-3은 고유의 전승이나 문헌이 아니고 『신당서』 기사를 편집한 것에 불과하다. 따라서 h-1과 h-2의 백강은 기록 주체가 달랐던 데서 비롯된 서로 다

---

19) 도수희, 『백제의 언어와 문학』, 주류성, 2005, 176쪽.

20) 白馬江이라는 江名이 泗沘 즉 所夫里를 통과하는 데서 유래했음은 成周鐸, 「百濟 泗沘都城研究」『百濟研究』13, 1982, 11~12쪽.

21) 『三國史記』 권47, 階伯傳.

른 江을 가리킨다.

그러면 이와 관련해 唐側에서 기록한 백제 멸망기인 660년 7월 금강 하구 전투 기사를 다음에서 살펴 본다.

    i. 百濟는 熊津口를 지키고 있었는데, 定方이 공격하자, 오랑캐가 大敗하였다. 王師는 潮水를 타고 배로 眞都城 1舍 가까이에서 멈췄다. 오랑캐가 모든 무리를 동원하여 막았으나, 다시 이들을 격파하여 1만여 級의 머리를 베고 그 城을 빼앗았다.[22]

    j. 이에 군사를 합하여 熊津口를 막고 강가에 군사를 주둔시켰으나, 소정방이 왼쪽 강가로 나가서 산에 올라 진을 치고 싸우니 우리 군사가 크게 패했다. 당나라 군사는 조수를 이용하여 많은 배들이 서로 잇따라 나아가며 북을 치고 고함을 지르는데, 소정방은 보병과 기병을 거느리고 바로 眞都城으로 쳐들어가서 1舍쯤 되는 곳에서 멈췄다. 우리 군사는 있는 군사를 다 내어 막았으나 또 패전하여 죽은 사람이 1만여 명이나 되었다.[23]

위의 기사 가운데 j는 앞서 인용한 h-3에 수록된 글이다. 이에 따르면 당과 신라측 기사에서는 금강 하구를 웅진구라고 일컬었다. 그리고 "당나라와 신라의 군사가 이미 백강과 탄현을 지났다는 말을 듣고(h-2)"라고 한 후, "이에 군사를 합하여 熊津口를 막고 강가에 군사를 주둔시켰으나(h-3)"라고 했다. 백제 사비도성을 지키기 위해 백제군은 熊津口를 막았던 것이다. 여기서 熊津口는 熊津江口를 가리킨다. 그렇다고 할 때 사비도성과 연관된 江은 熊津江이고, 그 전에 唐軍이 통과한 백강은 이와는 水系가 다른 것이다. 여기

---

22) 『新唐書』 권220, 東夷列傳 百濟 顯慶 5년 조. "百濟守熊津口 定方縱擊 虜大敗 王師乘潮帆以進 趨眞都城一舍止 虜悉衆拒 復破之 斬首萬餘級 拔其城"

23) 『三國史記』 권28, 義慈王 20년 조. "於是 合兵禦熊津口 瀕江屯兵 定方出左涯 乘山而陣 與之戰 我軍大敗 王師乘潮 舳艫銜尾進 鼓而譟 定方將步騎 直趨眞都城 一舍止 我軍悉衆拒之 又敗 死者萬餘人"

서 분명한 것은 웅진강은 금강이 된다. 그러면 h-2의 백강은 지금의 어느 강일까? 다음의 기사를 보자.

> k. 龍朔 3년(663)에 총관 孫仁師가 군사를 거느리고 와서 府城을 구원했으므로, 신라에서도 병마를 내어서 같이 정벌의 길에 올라 주류성 밑에 이르렀습니다. 이때 왜국의 수군이 와서 백제를 돕게 되었는데, 왜선 1천 척은 白沙에 머물러 있고, 백제의 강한 기병들은 강가에서 배를 지키고 있었습니다. 신라의 날랜 기병들은 중국 군사의 선봉이 되어 먼저 강가의 적진을 부수니, 주류성은 겁을 집어먹고 드디어 곧 항복했습니다. 남방이 이미 평정되자 군사를 돌려서 북쪽을 치려 했는데, 임존성 하나만은 너무 완고해서 항복하지 않으므로 두 나라 군사가 힘을 합쳐서 함께 任存城을 쳤습니다. 그러나 굳게 지켜 항거했기 때문에 함락시키지 못해 신라가 곧 군사를 돌이켜서 돌아오려고 하니 杜大夫(杜爽)가 '칙명에 의하면 이미 평정한 이후에는 함께 서로 맹세하라 했으니 任存 한 城만이 비록 항복하지 않았지만, 곧 백제와 함께 서로 맹세하는 것이 옳다'고 말했습니다. 신라에서는 칙명에 의하면 이미 평정한 이후에 함께 서로 맹세하라 했는데, 임존성이 아직 항복하지 않았으니 이미 평정되었다고 할 수 없으며, 또 백제는 간사함이 한이 없고 반복이 무상하니, 지금 비록 서로 모여 맹세한다 하더라도 후일에 후회하여도 미칠 수 없는 걱정이 있을까 두려워서, 이리하여 맹세를 정지하도록 아뢰어 청했습니다.[24]

위의 k를 음미해 보면 신라와 당군은 함께 주류성에 이르렀다. 이때 왜군

---

24) 『三國史記』 권7, 문무왕 11년 조. "至龍朔三年 揚管孫仁師 領兵來救府城 新羅兵馬 亦發同征 行至周留城下 此時 倭國船兵 來助百濟 倭船千艘 停在白沙 百濟精騎岸上守 船 新羅驍騎 爲漢前鋒 先破岸陣 周留失膽 遂卽降下 南方已定 迴軍北伐 任存一城 執 迷不降 兩軍併力 共打一城 固守拒捍 不能引得 新羅卽欲迴還 杜大夫云 準勅 旣平已後 共相盟會 任存一城 雖未降下 卽可共相盟誓 新羅以爲準勅 旣平已後 共相盟會 任存未 降 不可以爲旣平 又且百濟姦詐百端 反覆不恒 今雖共相盟會 於後恐有噬臍之患 奏請 停盟"

선단이 백사 즉 백강에 정박해 있었다. 백제군은 강변에서 선박을 지키고 있었다. 그러므로 백강은 주류성과 인접했다고 보아야 한다. 663년 당시 백강이 만약 기벌포라고 하자. 그렇다면 기벌포 근방에 주류성이 소재해야 마땅하다. 이와 관련해 다음의 기사를 보자.

　1. 유인궤는 말했다. "병법에 방비가 있는 곳은 피하고 방비가 없는 곳을 친다고 했는데, 가림성은 험하고 견고하니 이를 치면 군사들이 상할 것이고, 지키자면 시일을 허비하게 될 것이요, 周留城은 백제의 소굴로서 군사들이 떼지어 모여 있으니, 만약 쳐서 이긴다면 여러 성들은 저절로 항복하게 될 것이다." 이에 손인사·유인원과 신라 왕 김법민은 육군을 거느리고 전진하고, 유인궤와 別將 杜爽과 扶餘隆은 수군과 군량 실은 배를 거느리고 웅진강으로부터 백강으로 가서 육군과 만나 함께 주류성으로 가려고 했다. (가는 도중에 구원 온) 왜인들을 白江口에서 만나 네 번 싸워서 모두 이기고 그 배 4백 척을 불사르니, 연기와 불꽃이 하늘을 찌르고 바닷물이 붉게 되었다. 백제 왕 부여풍은 몸을 빼치어 달아났는데 그가 있는 곳은 알 수가 없었다. 어떤 이는 그가 고구려로 달아났다고 한다. 그의 보검만 빼앗아 얻었다. 왕자 扶餘忠勝, 忠志 등은 그 무리를 거느리고 倭人들과 함께 모두 항복했으나 홀로 遲受信만은 임존성에 웅거하고 항복하지 않았다(의자왕 20년 조 말미).[25]

위의 1을 보면 신라군과 당군은 육군과 수군으로 나뉘어 주류성 공략을 단행했다. 이때 수군은 육군을 지원하기 위해 군량을 적재하여 출발한 것이다. 그런데 공격 목표 지점인 주류성이 금강 하구 쪽이었다면, 動線이 극히 짧기

---

25) 『三國史記』 권28, 의자왕 20년 조. "仁軌曰 兵法避實擊虛 加林嶮而固 攻則傷士 守則曠日 周留城百濟巢穴 羣聚焉 若克之 諸城自下 於是 仁師·仁願及羅王金法敏 帥陸軍進 劉仁軌及別帥杜爽·扶餘隆 帥水軍及粮船 自熊津江徃白江 以會陸軍 同趨周留城 遇倭人白江口 四戰皆克 焚其舟四百艘 煙炎灼天 海水爲丹 王扶餘豐脫身而走 不知所在 或云奔高句麗 獲其寶劒 王子扶餘忠勝·忠志等 帥其衆與倭人並降 獨遲受信據任存城未下"

때문에 군량 수송선까지 가세할 필요는 없다. 이때 당군의 주둔 본영인 웅진
도독부성은 사비성이었다. 따라서 唐 水軍의 출발지는 금강 하류인 扶餘였
다. 그런데 "웅진강으로부터 백강으로 가서 육군과 합세하여"라고 했다. 군
량 수송선까지 동원된데다가 웅진강과 백강이라는 2개의 江名이 등장하였
다.[26)]

만약 1의 백강이 금강 하구라고 하자. 그러한 금강 하구는 唐 船團이 주류
성으로 가는 노정의 중
간 단계라는 점을 상기
해야 한다. 만약 웅진강
과 백강을 동일한 수계
로 본다면, 공주와 연접
한 부여로 이어지는 짧
은 동선이다. 그러므로
육군과 수군의 합류가
지닌 의미는 반감되고도
남는다. 이 경우는 동일
한 강을 웅진강과 백강
으로 굳이 구분하여 일
컬을 필요가 없다. 오히
려 水系를 달리했을 때
兩江을 구분하여 일컬었
다고 보여진다.[27)]

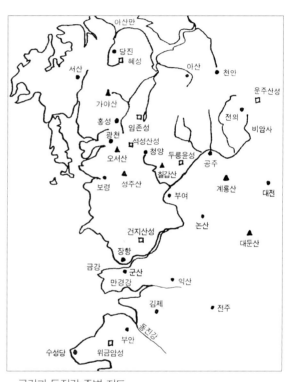

_ 금강과 동진강 주변 지도

---

26) 1 기사에 등장하는 백강을 웅진강으로 비정하는 견해에 대한 비판은 徐程錫, 『百濟의
城郭』, 학연문화사, 2002, 296쪽을 참조하기 바란다.

27) 웅진강과 백강을 구분한 최초의 論者는 小田省吾, 「朝鮮上世史」『朝鮮史講座 一般
史』, 朝鮮史學會, 1923, 194~196쪽에서였다.

게다가 주류성 공격 차 항진하던 당군 선단이 백강구에서 왜군과 조우했다. 백강구는 당군이 먼저 출발한 신라와 당의 육군과 합류하기 위해 주류성으로 가는 路程에서 나타난다. 백강구가 금강 하구라면 주류성은 금강 兩岸 범위를 벗어나게 된다. 주류성의 위치를 더 이상 금강유역에서 찾는 것은 무의미해진다. 이는 주류성이 금강 수계 이외의 지역에 소재한다는 부동의 증거이다.

그러면 앞의 기사와 마찬 가지로 660년 7월 이후 금강에 대한 호칭을 살펴 보자. 다음 기사를 보도록 한다.

m. 복신 등이 熊津江口에 2개의 목책을 세워 그들을 방어하였다. 인궤가 신라 군사들과 합세하여 공격하니, 우리 군사들이 퇴각하여 목책 안으로 들어와 강을 저지선으로 삼으니, 다리가 좁아서 물에 빠지고 전사한 자가 1만여 명이었다.[28]

위의 m을 놓고 볼 때 '熊津江口'의 '口'는 어구를 가리킨다. 즉 웅진강 하구인 것이다. 이 기사는 전후 문맥을 놓고 볼 때 웅진강은 금강을 가리키는 게 분명하다. 그렇다면 웅진강구는 금강 하구를 가리킨다. 따라서 l에 등장하는 웅진강과 백강은 水系를 달리하는 강으로 다시금 분류될 수밖에 없다. 이와 관련해 唐代에 집필된 『한원』을 보자.

n. 括地志에서 이르기를 熊津河의 근원은 나라 동쪽 경계에서 나오는데, 서남쪽으로 흘러 나라 북쪽으로 100리를 지나며 또 서쪽으로 흘러 바다에 들어간다. 넓은 곳은 300步이다. 그 물은 지극히 맑다.[29]

---

28) 『三國史記』 권28, 의자왕 20년 조. "福信等立兩柵於熊津江口 以拒之 仁軌與新羅兵合擊之 我軍退走入柵 阻水橋狹 墮溺及戰死者萬餘人"
29) 『翰苑』 蕃夷部, 百濟. "括地志曰 熊津河源出國東界 西南流 經國北百里 又西流入海 廣處三百步 其水至淸"

위의 n에서 웅진하는 금강의 총칭으로 일컬어졌다. 이는 다음과 같은 통일 신라 때의 금강 인식과도 부합한다.

> o. 四瀆 : 동쪽은 吐只河[혹은 薺浦라고 한다. 退火郡], 남쪽은 黃山河[歃良州], 서쪽은 熊川河[熊川州], 북쪽은 漢山河[漢山州] ….[30]

위의 o를 보면 금강을 熊川河로 일컬었다. 즉 單一水系에 대한 호칭으로 사용되었다. 그렇다면 백강은 금강 수계를 벗어난 것이다. 새로운 백제 왕성인 주류성과 연계되어 웅진강과 백강이 분리되어 인식된 결과로 보인다.

백강전투 기사에서 "손인사와 유인원 및 신라왕 김법민이 육군을 거느리고 나아가 유인궤 및 別帥인 두상·부여융은 수군과 군량선을 이끌고 웅진강으로부터 백강으로 가서 육군과 만나 함께 주류성으로 가려고 했다. 왜인들을 白江口에서 만나⑴"라고 했다. 이 기사를 통해 주류성은 백강 근방에 소재했음을 알 수 있다. 그런데 660년 7월의 금강 하구 전투를 기록한 h-2와 h-3에서는 신라의 黃山勝戰 직후 당군이 웅진구인 기벌포에 이르렀다고 했다. 즉 당군과 신라군이 백강과 탄현을 지났다는 소식을 듣고는 계백이 황산에 나갔으나(h-2) 패전한 직후에, 백제군은 웅진구에서 당군과 싸웠다고 했다(h-3). 여기서 백강은 사비도성을 기준으로 할 때 웅진강구보다 더 먼곳에 위치했음을 알려준다.[31] 따라서 기벌포와 웅진구는 동일한 장소이지만 백강과는 무관함을 다시금 환기시켜주었다.

당군이 백강을 지나 웅진강으로 진입했는지 여부는 의미가 없다. 당 수군은 지금의 인천 앞 바다인 덕물도 즉 덕적도에서 신라인들을 향도로 삼아 남

---

30) 『三國史記』 권32, 雜志 1, 祭祀. "四瀆: 東吐只河 一云薺浦(退火郡) 南黃山河(歃良州) 西熊川河(熊川州) 北漢山河(漢山州) …"

31) 李鍾學, 「주류성·백강의 위치비정에 관하여 –군사학적 연구방법에 의한 고찰–」 『軍史』 52, 2003;『동북아시아의 전쟁과 평화』, 충남대학교 출판문화원, 2016, 220쪽.

하했다. 이들이 금강 이남의 동진강을 지난 후 다시금 北上하여 금강으로 거슬러 올라간 것은 교두보 확보와 관련 있어 보인다. 唐軍은 백강구에 교두보를 설치하여 바다를 건너 온 병사들의 휴식을 취하게 하고 전투 준비를 했던 것 같다. 그러면서 육로를 이용한 신라군과 백제군의 격돌을 관망한 후 서서히 백강에서 웅진강으로 이동한 것으로 해석된다.[32] 그렇지만 또 다른 시각에서 본다면 이러한 당군의 航路는 신라가 尙州의 金墳城을 지나 경기도 利川까지 북상한 후 갑자기 남하하여 탄현을 넘었던 측면을 연상시킨다. 일종의 기만술일 가능성을 배제할 수 없다. 어쨌든 분명한 것은 웅진강과 백강은 서로 떨어져 있는 별개의 江이라는 사실이다. 요컨대 백제 멸망 이후부터 웅진강과 백강은 구분해서 인식되었던 것이다.

참고로 주류성과 엮어진 백강을 동진강으로 비정했던 한국 학자는 孫晉泰였다.[33] 손진태는 津田左右吉을 추종하여 백강을 금강으로 지목한 이병도와는 이 점에서도 대별된다.

3. 白江 江名의 移轉 가능성

白江이 금강을 가리키는 기록은 명백하게 존재한다. 문제는 백제가 일시 멸망한 후 王城을 옮겨 국가를 재건하는 과정에서 등장하는 白江 역시 금강인지 여부이다. 물론 이때의 백강은 동진강으로 구명했다. 그렇지만 이 사안에 대해서는 좀 더 부연 설명이 필요할 것 같다. 3년 이라는 짧은 기간에 江名이 바뀔 수 있느냐는 의문이 제기되기 때문이다. 그러나 이 3년 동안은 단순한 平年의 햇수가 아니었다. 국가의 몰락과 재건이라는 요동치는 비상한 시국이었다는 점을 고려해야 한다. 게다가 江名에 대한 기록 주체가 달라졌다

---

32) 李鍾學, 『동북아시아의 전쟁과 평화』, 충남대학교 출판문화원, 2016, 220쪽.

33) 孫晉泰, 『朝鮮民族史槪論』, 乙酉文化社, 1948, 169쪽.

는 점도 유의되어진다.

　이와 관련해 江을 비롯한 山이나 지명은 이동하는 경우가 적지 않다는 점을 상기시키고자 한다. 著例로 York에 거주하던 영국인들이 미국으로 이주하여 건설한 곳이 New York이었다. 미국에는 유럽에서 건너온 지명들이 보인다. 즉 런던은 4곳, 뉴런던 7곳, 베를린 5곳, 리스본 4곳, 파리 7곳이 확인된다.[34] 그러니 지명 비정에서는 이 점을 유의해서 살펴야 할 것 같다. 우리 나라 역사에서 고조선의 왕도였던 平壤 지명은 遼東에도 3곳이나 포착되었다.[35] 고조선의 王都(王險城=王儉城)를 뜻하는 '險瀆'도 난하 하류의 昌藜를 비롯해 무려 4곳에서 확인되고 있다.[36] 그리고 다음에 인용한 고조선의 西界였던 패수를 주목해 본다.

　　p. 燕王 盧綰이 배반하고 匈奴로 들어가자 滿도 亡命을 했다. 천여 명을 모아 무리를 만든 후 魋結하여 蠻夷服을 입고 동쪽으로 달아나 塞를 나와 浿水를 건넜다. 秦의 옛 空地인 上下鄣에 거주하였다.[37]

　고조선의 國界였던 浿水는 삼국시대에도 등장한다. 고구려와 백제의 接境으로 보이고 있다. 그러나 이 보다 앞서 다음에서 보듯이 백제의 건국 과정과 더불어 北界로 등장한다.

　　q. 차라리 어머니를 모시고 남쪽으로 가서 땅을 선택하여 따로 國都를 세우는 것만 같지 못하다'하였다. 드디어 아우와 함께 무리를 데리고 浿水와 帶水를

34) 데이비드 데이 著·이경식 譯, 『정복의 법칙』, Human&Books, 2006, 115쪽.
35) 『熱河日記』「渡江錄」六月 二十八日.
36) 千寬宇, 『古朝鮮史·三韓史硏究』, 일조각, 1989, 80쪽; 尹乃鉉, 『고조선연구』, 일지사, 1994, 338쪽.
37) 『史記』 권115, 朝鮮傳.

건너 미추홀에 이르러서 거주했다.[38]

　　r. 8월에는 마한에 사신을 보내어 遷都를 알리고 疆場를 畫定하였는데, 북쪽은 浿河에 이르고, 남쪽은 熊川에 限하고, 서쪽은 大海에 이르고, 동쪽은 走壤으로 끝났다.[39]

　　s. 8월에 왕이 좌장 진무 등을 명하여 고구려를 치게 하였다. 고구려 왕 담덕이 친히 군사 7천 명을 거느리고 浿水 上에서 진을 치고 대항하니 아군이 크게 패하여 死者가 8천 명이었다.[40]

위의 백제 시조왕본기에 보이는 패수와 패하는 주지하듯이 예성강을 가리킨다. 백제군이 고구려군과 격전했던 패수(s) 역시 예성강이다. 그러나 이 패수는 통일신라 때 "… 唐主가 浿江 이남의 땅을 勅賜하였다"[41]고 하거나 "기약하는 바는 활을 平壤의 門樓에 걸고, 말은 패강의 물을 축이게 하는데 있으니"[42]고 했듯이 대동강을 가리키고 있다. 패수가 여러 곳에 존재한 사실과 江名 이전을 암시해준다. 고조선이나 백제와 고구려, 그리고 통일신라 지명으로 패수와 패강이 보이기 때문이다. 더욱이 패수 즉 패강은 고조선-백제-통일신라의 國界였다. 그러므로 패수가 江을 일컫는 보통명사였을 것이라는 추측은 막연하기만 하다. 어쨌든 浿水가 고조선 이래로 國境의 지표 역할을 했다는 것은 그 바깥을 外域으로 여기는 백제와 신라의 인식 태동과 관련 있어 보인다. 반면 고구려는 외역의 지표인 패수를 국도를 관류하는 대동강으로 가져와 중심지에 설정하고 있다. 이러한 점에 대해서는 차후 심도 있는 논

---

38)『三國史記』권23, 시조왕 즉위년 조.
39)『三國史記』권23, 시조왕 13년 조.
40)『三國史記』권25, 아화왕 4년 조.
41)『三國史記』권8, 聖德王 34년 조.
42)『三國史記』권50, 진훤전.

의가 요망된다.

이 같은 지명 이전은 그 밖에도 확인된다. 일례로 수도가 江都로 이전하자 고려 개경에 소재한 송악산이 강화도에도 등장하였다. 18세기 중엽에 그려진 「江華以北海防圖」에 따르면 고려 왕궁의 主山 이름이 松岳山(488m)이었다.

그러면 웅천과 백강의 위치는 고정불변이었을까? 이 역시 가변성을 지녔다는 전제하에서 탄력적인 해석이 필요해진다. 우선 금강을 웅천이라고 일컬은 적이 있다. 웅진성 혹은 웅천성이었던 충청남도 公州에 대한 지명이 江名에 투사된 것이다. 웅진성 도읍기에 사비성의 비중과 인식이 확대되면서 사비성 '사비'의 훈독으로 扶餘 지역을 통과하는 구간의 江名을 '白江'으로 일컬었다. 사비하나 白江은 동일한 강을 가리키는 것이다. 백제 말기에 홍수가 방비를 당부했던 백강구는 수도인 사비성으로 直攻하는 길목인 금강 하구 기벌포를 가리킨다.

문제는 한번 망했던 백제가 흥기하여 새로운 왕성인 주류성을 근거로 국가를 회복하기 위해 항전할 때 등장하는 백강의 위치이다. 663년에 주류성을 목표로 공격하러 가는 신라와 唐의 수군이 통과하는 江名에 웅진강과 백강이 등장한다. 이러한 웅진강과 백강은 금강 구간에 대한 江名이기는 어렵다. 唐軍이 백강을 통과했다는 말을 듣고 백제군이 방비한 곳이 熊津口였기 때문이다(h-3). 여기서 사비도성 直攻路인 금강 하구를 웅진구라고 했음을 알 수 있다. 웅진도독부가 설치된 사비성과 연계된 금강 하구를 웅진구라고 한 것이다. 나아가 당군이 웅진구에 진입하기 직전에 통과했던 백강은 금강과 별개의 水系로 드러난다.

백제 멸망기에 신라와 唐은 금강 수계 전체를 웅진강이나 웅천으로 일컬었다. 웅진도독부 통치 기간에 설정된 江名으로 보인다. 이러한 호칭은 통일신라에도 이어졌다. 그리고 이는 唐代의 문헌에서도 확인된다. 반면 백강은 금강 남쪽의 수계를 가리켰다. 그랬기에 백강전투와 관련된 주류성의 위치도 자연 금강 이남에서 찾을 수 있게 되었다.[43] 그러한 요인은 왕성을 옮기자 이와 엮어진 江山의 이름도 함께 따라간 데서 찾을 수 있다. 가령 고려가 江華島로 천도한 후 개경 왕궁의 主山이었던 松岳山도 이동하였다. 백제의 경우도 이 점을 상정할 수 있다. 백제 王都인 사비성 이름에서 江名인 '스뵈江' 즉 白江으로 일컬어졌다. 이때 123년간의 王都였던 사비성의 '사비'는 보통명사가 되어 '서울'의 뜻으로 인지되었을 수 있다. 새로운 서울인 주류성과 엮어진 동진강도 '스뵈江' 즉 白江으로 일컬어진 것이다.

4. 周留城 비정

백제 국가회복운동의 처음 거점은 예산의 任存城이었다. 백제는 661년경 倭에 있던 豊 王子를 옹립하여 국가를 재건했다. 이후 백제에게 倭의 비중은 절대적이었다. 백제로서는 자연히 倭와의 교류가 용이한 곳을 거점으로 삼을 수밖에 없었다. 이 점에서는 금강 이북의 임존성보다는 그 이남의 주류성이 유리하였다. 백제의 거점이 임존성에서 주류성으로 이동한 배경이라고 하겠다.[44] 그리고 663년 9월의 주류성 함락을 일컬어 "南方이 이미 평정되자(k)"고 했다. 그 직후 唐軍은 임존성 공격에 나섰다. 여기서 '南方'의 기준은 백제 영역을 南北으로 구획하는 금강으로 보인다. 그렇다면 주류성의 소재지를 금강 이남으로 유추하는 게 가능하다. 주류성을 거점으로 한 백제는 倭로부터 兵員과 전략물자를 지속적으로 보급받고 있었다. 그럼에도 불구하고 663년 8월의 백강전투 이전까지는 倭軍과 唐軍間의 충돌이 전혀 없었다. 이 사실은

---

43) 이와 관련해 "따라서 이 때 주류성 옆에 있던 강, 그것도 서쪽으로 흐르는 강은 다시 백강으로 불렸을 가능성이 높아 보인다(徐程錫, 『百濟의 城郭』, 학연문화사, 2002, 296쪽)"는 견해는 주목된다.
44) 李道學, 「百濟 復興運動의 시작과 끝, 任存城」『百濟文化』28, 1999;『백제 사비성시대 연구』, 일지사, 2010, 378쪽.

주류성이 唐 水軍의 制海權 밖에 소재했음을 알려준다.[45] 주류성이 금강 이북에 소재할 수 없음을 뜻한다.

한편 豆良尹城을 주류성으로 비정하는 견해도 있었다.[46] 그러나 다음의 기록에서 보듯이 兩者는 별개의 성이었다.

> t. 王이 金庾信 등 28[혹은 30] 將軍을 거느리고 이들과 더불어 합하여 豆陵 [혹은 良]尹城 · 周留城등 諸城을 공격하여 모두 함락시켰다.[47]

즉 豆陵[良]尹城과 周留城은 흡은 닮았지만 서로 다른 별개의 城인 것이다. 여기서 나아가 지금까지 백강 위치 논의를 정리하였기에 주류성의 위치를 구명해 본다. 오랫동안 지지를 받으며 주류성으로 비정되어 왔던 곳이 서천군 한산면의 건지산성이었다.[48] 그러나 이곳은 발굴 결과 고려 후기의 축조로 밝혀졌다.[49] 반면 주류성을 부안의 위금암산성으로 비정한 논자는 小田省吾를 필두로 今西龍과 노도양 · 전영래 · 이도학 등이다.[50] 결국 주류성은 금강 이남에 소재한 위금암산성일 가능성이 가장 높아졌다.

---

45) 李鍾學, 『동북아시아의 전쟁과 평화』, 충남대학교 출판문화원, 2016, 211쪽.

46) 津田左右吉, 「百濟戰役地理考」『津田左右吉全集』 第11卷, 岩波書店, 1964, 177쪽.

47) 『三國史記』 권6, 문무왕 3년 5월 조. "王領金庾信等二十八[一云三十]將軍與之合 攻 豆陵[一作良]尹城 · 周留城等諸城皆下之"

48) 津田左右吉, 「百濟戰役地理考」『津田左右吉全集』 第11卷, 岩波書店, 1964, 172~ 173쪽.
李丙燾, 『韓國史(古代篇)』, 乙酉文化社, 1959, 514쪽.
沈正輔, 「百濟復興軍의 主要據點에 관한 研究」『百濟研究』 14, 1983, 178쪽. 건지산성설을 추종했던 이로서는 그 밖에 이기백 · 이기동 · 정효운 · 노태돈 등등이다. 이에 대해서는 李鍾學, 『동북아시아의 전쟁과 평화』, 충남대학교 출판문화원, 2016, 204쪽을 참조하기 바란다.

49) 忠淸埋葬文化財研究院 · 舒川郡, 『韓山 乾至山城』, 2001, 80 · 82쪽.

50) 이에 대한 연구사적 정리는 李鍾學, 『동북아시아의 전쟁과 평화』, 충남대학교 출판문화원, 2016, 200~208쪽을 참조하기 바란다.

_ 개암사 뒤편의 위금암산성

그러면 주류성을 위금암산성으로 지목한 기존의 근거를 간추려서 소개해 본다. 먼저 다음의 기사를 살펴 보도록 한다.

u. 병술이 초하루인 겨울 12월, 백제왕 풍장과 그 신하인 좌평 복신들이 狹 井連 및 朴市田來津과 의논하여 "이 州柔는 田地와 멀리 떨어져 있고 토지가 척 박하니 農蠶할 땅이 아니요 방어하고 싸울 장소이다. 이곳에 오래 있으면 백성 이 굶주리게 될 것이다. 지금 避城으로 옮기는 게 좋겠다. 피성은 서북에는 古連 旦涇의 물이 띠를 두르고 동남쪽에는 깊은 진흙의 큰 제방이 있어 방비하기에 좋 다. 사방에 논이 있어 도랑이 파여 있고 비가 잘 내린다. 꽃이 피고 열매가 여는 것이 삼한에서 가장 기름진 곳이다. 의식의 근원이라 할 만큼 천지가 깊이 잠겨있 는 땅이다. 비록 토지가 낮은 곳에 있지만 어찌 옮기지 않으리요"라고 말하였다.

이 때 朴市田來津가 혼자 나아가 간언하여 "피성은 적이 있는 곳에서 하룻밤 에 갈 수 있습니다. 서로 가깝기가 이처럼 심합니다. 만일 불의의 일이 있으면 뉘우쳐도 미치지 못할 것입니다. 대저 굶주림은 후의 일이고 망하는 것은 먼저 입니다. 지금 적이 함부로 오지 않는 까닭은 주유가 산이 험한데 축조되어 있어 방어하기에 적합할뿐 아니라, 산이 가파르고 높으며 계곡이 좁으니 지키기는 쉽 고 공격하기는 어렵기 때문입니다. 만일 낮은 지역에 있으면 무엇으로 거처를 굳게 지켜 동요하지 않고 오늘에 이르렀겠습니까"라고 말하였다. 그러나 간언을 듣지 않고 피성으로 천도했다.[51]

위의 u에 보이는 피성은 辟城 즉 '辟支'를 가리키는 것으로 지금의 전라북도 김제이다. 그리고 '깊은 진흙의 큰 제방'은 벽골제를 가리킴은 두말할 나위 없다. 그리고 662년 12월에 제기된 피성으로의 천도 논의를 살펴 볼 때, 이로부터 반년 남짓 지나 백강전투에서 전사하게 되는 朴市田來津이 '혼자 나아가' 천도를 반대했다고 한다. 그러므로 풍왕과 복신 등이 투합하여 중심 거점의 이동을 강력하게 추진했음을 알 수 있다. 이러한 천도는 회복운동의 주도권을 둘러싸고 팽팽한 경쟁관계에 있을 정도로 이해를 달리하는 사이였지만 풍왕과 복신이 충돌 없이 추진하였다. 따라서 이때의 천도는 위의 기록대로 회복군 본영이 평야와 격절된 관계로 장기간의 농성에 필요한 농작물 확보에 불리한 데 연유했다. 그리고 주류성이 방어에는 유리할지 몰라도 주민을 취합하고 전체 회복운동을 지휘할 수 있는 중심지로서는 窮谷에 소재했다는 판단에서 비롯되었다. 결국 회복군은 김제의 피성으로 근거지를 옮겼다. 그런데 왕성인 주류성이 위금암산성이 되기 어려운 근거로서 首都가 너무 높은 곳에 소재했다는 주장도 제기되었다. 그러나 비상시국의 왕성인 주류성의 입지 조건을 "주유가 산이 험한데 축조되어 있어(u)"라고 했다. 따라서 사실 관계를 모르고 일반화시켜 주장했음을 알 수 있다.

주류성에서 피성으로의 천도 기사에 따르면 "피성은 적이 있는 곳에서 하룻밤에 갈 수 있습니다"라고 하여 피성은 당군의 주둔지에 가깝다고 했다. 여기서 피성을 전라북도 김제로 비정하는 데는 이견이 없다. 그렇다고 할 때 주류성에서 피성으로의 천도는 당군이 주둔하고 있는 부여 방면에 가까이 감을 뜻한다. 그런데 만약 서천이 주류성이라고 하자. 그러면 피성은 서천보다 사비도성에서 더 멀리 떨어져 있게 된다. 따라서 피성이 적의 주둔지에 근접

---

51) 『日本書紀』 권27, 天智 원년 12월 조.

한다는 기록과는 부합되지 않는다. 결국 주류성=서천설은 타당성을 잃었다. 그 밖에 주류성 함락 후 신라군이 論功行賞한 장소가 지금의 서천인 舌利停이므로 주류성도 자연 그 근방으로 지목할 수 있다고 한다. 그러나 주지하듯 이 신라군은 주류성이 9월에 함락된 후 임존성을 공격했으나 함락시키지 못하였다. 신라군은 11월에야 설리정에 이르렀다. 따라서 설리정 논공행상이 주류성 위치의 관건이 될 수 없다.

　고려시대 축조로 밝혀진 건지산성은 비록 서쪽으로는 첩첩의 산으로 싸여 있지만 동쪽과 남쪽으로는 평야가 펼쳐져 있어 農地와 잇대어 있다. 건지산성은 성안의 가용 면적이 좁으며 험준하지도 않다. 테뫼식과 포곡식 축성 구조가 함께 확인된 건지산성은 당초에는 테뫼식이었다. 그렇지만 그 기능을 잃어버린 이후에는 포곡식으로 축조되었다고 한다. 게다가 지표조사 결과 단 1점의 백제 때 유물도 수습되지 않았던 건지산성 최초의 모습인 테뫼식 산성은 둘레 350m에 불과하였다. 설령 건지산성을 백제 때 산성이라고 하자. 그렇더라도 회복운동의 거점으로는 너무나 협소하다. 그 뿐 아니라 이곳은 당군의 본영인 사비도성과는 근거리에 소재하였다. 이 점에서도 건지산성을 주류성으로 비정하기는 어렵다. 반면 부안의 위금암산성은 산세가 험준한 요새이므로, 주류성의 지형 조건과 부합이 된다.

　주류성을 부안의 위금암산성으로 비정한다면 그와 근거리에 소재한 古阜를 '平倭縣'이라고 불렀던 역사적 사실과도 부합한다. 이 지명은 문자 그대로 왜군을 평정한 전승 기념에 걸맞다. 백강전투와 관련지어 그 연원을 살피는 게 가능하다. 자연 주류성은 평왜현 인근 지역이어야 하기 때문이다. 그러면 백제의 마지막 왕성, 주류성으로 비정되는 위금암산성은 어떤 곳인가?

　『영조실록』에 의하면 1727년(영조 3)에 扶安과 邊山 지역에 도적떼가 할거하면서 대낮에 장막을 치고 노략질을 하였는데, 삼동에 변산에 있는 큰 절을 습격하여 승려들을 내쫓고 점거하기도 했다. 변산에 소재한 '큰 절'은 개암사 아니면 來蘇寺이다. 여하간 이들 도적떼의 영채는 개암사 뒷산에 자리잡은 위금암산성이 분명하다. 호남 지역에 流民으로 된 도적떼의 영채는 월출산과 변산에 각각 소재하였다. 그런데 원체 세력이 드세어 관군이 접근하기 어려운 상황이었다고 한다. 위금암산성이 그러한 영채로 이용된 것으로 보인다.[52]

5. 맺음말

백제사 연구와 관련해 오랜 동안 그 위치 비정에서 논쟁이 끊이지 않았던 주제가 주류성과 더불어 백강이었다. 주류성과 백강은 동일한 구간에 소재하였다. 그랬기에 兩者 가운데 어느 한 곳의 위치가 究明된다면 나머지 한편도 자연스럽게 해결되는 것이다. 이와 관련해 王城과 江名이 붙어다니는 사례를 적출할 수 있었다. 게다가 地名 특히 浿水와 같은 江名 移轉 사례를 통해 白江 江名의 移轉 가능성을 탐색해 보았다.

사비성 도읍기의 백제인들은 王都인 泗沘城으로 가던 江을 '스뵈江' 즉 사비하로 일컬었다. 이 점은 마치 백제의 王都인 漢城과 漢水 내지는 조선의 도성인 漢陽과 漢水의 관계를 연상시킨다. 스뵈江의 譯讀이 白江이었다. 그런데 백제 멸망 후 새로운 왕성은 주류성으로 바뀌었다. 왕성이 바뀌었지만 여전히 새 王城으로 가는 江을 '스뵈江' 즉 白江으로 일컬었다. 123년간 王都였던 사비성의 '사비'는 '서울'을 가리키는 보통명사가 된 것이다. 이 점을 간과한데서 白江 위치에 대한 錯亂이 발생한 것으로 보였다. 결국 왕성의 이동과 맞물려 白江의 명칭 또한 이동한 것이다.

백강의 명칭이 이동했다는 점을 감안할 때 백강전투 현장은 동진강으로 지목할 수 있다. 이와 연계된 주류성을 부안의 위금암산성으로 간주하는 견해 역시 타당해진다.

〈出典〉「白江戰鬪의 位置 확인에 대한 接近」『한국고대사탐구』25, 2017, 377~407쪽.

---

52) 李道學, 『새로 쓰는 백제사』, 푸른역사, 1997, 245쪽.

제3장
益山 遷都 物證 '首府'銘瓦에 대한
反論 檢證

1. 머리말

日本 京都의 한 사찰에서 발견된 『관세음응험기』라는 佛書는 백제 무왕대의 천도 사실을 알려 주었다. 무왕이 미륵신앙과 관련한 장대한 이상을 구현하기 위해 천도한 곳을 枳慕蜜地라고 하였다. 지모밀지는 현재의 전라북도 益山을 가리킨다. '枳慕'의 地名語尾格인 '蜜地'는 글자의 뜻으로 볼 때 樂土나 福地 개념을 연상시킨다. 즉 고유지명을 新天地 개념의 '枳慕樂土'의 뜻을 담아 표기한 것이다. 여기에는 익산 新王都에 대한 이상향적인 염원이 담겨 있었다.

『觀世音應驗記』 기록을 軸으로 하여 익산이 王都였던 기록을 찾아 보았다. 그 결과 『삼국사기』에도 백제 무왕이 익산을 王都로 삼았던 중요한 단서가 숨겨져 있었다. 익산에서 '開國'했다는 기록과 副首都를 가리키는 '別都' 기록 역시 익산이 王都였음을 시사하고 있다. 중국 사서인 『구당서』에서 "그 왕이 거처하는 곳은 東과 西쪽 2개 城이다"는 기사가 보인다. 부여와 익산이라는 2곳의 王都를 가리키는 것으로 해석할 수 있다.

익산이 백제 왕도였음은 고고학적으로도 입증이 된다. 우선 무왕이 王都로 삼았던 익산의 왕궁평성은 당시의 궁성 유적으로 추정되어왔다. 즉, 익산에는 왕도로서의 기본 조건인 왕궁 유적인 왕궁평성, 왕실 사찰인 제석사, 지배 이데올로기의 표상인 미륵사와 왕릉인 雙陵의 존재가 완벽하게 확인되었다. 익산의 쌍릉은 익산 천도를 단행했던 무왕과 선화왕비의 능으로 지목하는 데 이견이 없다. 그리고 왕궁평성에서는 희소 가치가 대단히 높은 중국 六朝時代의 瓷器가 출토되었다. 왕궁평유적의 성격과 그 중요도를 가늠해 볼 수 있다. 이 가운데 靑瓷蓮瓣文六耳甁片은 중국에서도 출토 사례가 드물 뿐 아니라 한반도에서는 유일한 출토 사례이다. 왕궁평성에서 출토된 금도가니·유리도가니·청자·백자·유리구슬·金小環·金絲의 존재는 金·銀·琉璃와 같은 귀금속을 취급하는 시설이 갖추어져 있었다. 이는 그것을 일차적으로 공급받았던 대상이 왕궁평성에 거주했음을 뜻한다. 요컨대 왕궁평성의 격이 대단히 높았음을 시사하는 단적인 例가 된다. 이 같은 일급 유물과 시설들이 집중된 왕궁평성은 실제 운용되었던 왕성임을 웅변해준다.

그럼에도 불구하고 백제 무왕대 익산 천도설에 대해서는 지금까지 논의가 분분하였다. 가령 익산 王都論과는 견해를 달리하여 別宮說·離宮說·行宮說·別都說·未完의 王都說(천도 계획설) 등이 제기되었다.[1]

이와 관련해 최근에는 충청남도 부여의 부소산성과 전라북도 익산 왕궁평성에서만 출토된 '首府'銘瓦에 대한 新說이 제기되었다. 그 요점은 '首府'는 지금까지 알려진 바와 같은 都城의 의미가 아니라는 것이다. 이와는 무관한 지방 행정단위 등으로 사용해 왔다고 했다. 그리고 '首府'銘瓦는 唐軍의 주둔과 관련한 산물이라는 것이다.[2] 이러한 주장에 따른다면 '首府'銘瓦는 더 이상 都城과 관련한 익산 천도설의 근거로 삼기는 어려워진다. 이렇듯 '首府'銘瓦에 대한 재해석은 의미가 지대한 만큼 이에 대해 집중적으로 검증해 보고자

---

1) 최완규, 「고대 익산과 왕궁성」『익산 왕궁리유적, 발굴 20년 성과와 의의』, 주류성, 2009, 269쪽.
2) 박순발, 「동아시아적 관점에서 본 사비도성」『부여학』 3, 2013, 32~33쪽.

하였다.

2. '首府'의 用例와 그 意味

'首府'銘瓦는 1992년 부소
산성 군창지 남측 평탄지 조
사에서 1점이 출토된 이래
지금까지 모두 18점이 보고
되었다고 한다. 이 중 부여
출토품은 부소산성 군창지
출토 1점 외에 관북리에서 6
점이 출토되어 현재 부여에
서만 7점이 출토되었다. 그
리고 익산 왕궁평성에서 모
두 11점이 출토되었다고 한
다.[3] 그러나 최근의 연구에

_ 부여 관북리 '首府'銘瓦 _ 익산 왕궁평성 '首府'銘瓦

따르면 '首府'銘瓦는 부여에서 부소산성 2점, 관북리 6점하여 모두 8점이 출
토되었다. 익산에서는 왕궁평성에서 모두 13점이 출토되었다. 요컨대 '首府'
銘瓦는 지금까지 총 21점이 출토된 것이다.[4]

그런데 중국의 용례를 놓고 보면 '首府'는 1697년에 간행된 『貴陽通志』가
가장 이른 문헌이라고 한다. 그런데 여기서 '首府'는 '으뜸 관부'와는 무관한
것으로 지목했다. 그 이후 현재까지 '首府'는 다음과 같은 의미로 사용되었다

---

3) 박순발, 「동아시아적 관점에서 본 사비도성」『부여학』 3, 2013, 32~33쪽.
4) 김환희, 「百濟 泗沘期 印章瓦의 변천과 제작공정 체계화」, 충남대학교 석사학위논문,
　　2014, 18쪽.

는 것이다.[5]

> * 지방 행정 단위로서 省의 소재지 관부
> * 자치구나 자치주 정부 주재지
> * 속국 및 식민지 최고 정부기구 소재지

　박순발은 중국에서 사용하는 '首府'의 의미에 대한 출전을 밝히지 않았다. 인터넷 다음의 '首府' 항목에 따르면 중국에서의 뜻 풀이를 다음과 같이 소개하였다.

> ① 옛날, 省會가 있는 府.
> ② 自治區·自治州의 人民政府 소재지.
> ③ 屬國이나 식민지의 최고 정부 기관 소재지.

　淸代에는 '首府'가 知府를 일컫는 호칭으로 사용되기도 했다.[6] 이에 반해 동일한 인터넷 다음에서는 한국에서 '首府'의 뜻 풀이를 "한 나라의 중앙 정부가 있는 도시"라고 정의했다. 그런데 박순발이 언급한 『귀양통지』는 貴州省 貴州省所屬府十有三廳一에 속한 貴陽府의 지방지인 것이다. 그리고 『귀양통지』는 『귀주통지』를 가리킨다. 『귀주통지』에서 '貴陽首府[7]라는 글귀가 보인다. 그런데 『貴陽通志』에서는 '貴陽首府'라고 하여 '지방 행정 단위로서 省의 소재지 관부'의 뜻으로만 사용되었다. 『貴陽通志』에서는 정작 박순발이 말하고자 하는 '속국 및 식민지 최고 정부기구 소재지'라는 의미는 없다. 박순발이 지목하는 '首府'의 뜻은 1697년보다 훨씬 후대에 생겨난 것이라고 하겠다.

---

5)　박순발, 「동아시아적 관점에서 본 사비도성」 『부여학』 3, 2013, 33쪽.

6)　단국대학교 동양학연구소, 『漢韓大辭典』 15, 2008, 370쪽.

7)　『貴州通志』 권35.

박순발은 전혀 무관한 자료를 자의적으로 이용했음을 알 수 있다. 물론 '首府'에 식민지 최고 정부 기관의 뜻이 담겨 있는데다가 기와 자체도 唐製라고 한다면 박순발은 새로운 결론을 도출할 수 있을 것이다. 그러나 '植民地'라는 용어는 四庫全書에도 수록되어 있지 않을뿐더러 20세기에 접어 들어서야 생겨났다. 그러므로 이러한 용례를 7세기대 기와의 보이는 '首府'에 뜻과 접목시키기는 어렵다. 다시 말해 박순발이 의도했던 '首府' 용례는 '首府'銘瓦와는 아무런 관련이 없다.

『大漢和辭典』에서는 '首府'에 대해 "1. 일국의 君王의 居所 및 중앙정부가 있는 都會. 首都 2. 一省의 政廳이 있는 곳. 省治"[8]라고 풀이하였다. 그런데 『귀양통지』의 '首府' 용례를 그로부터 무려 1000년 전의 백제 때 사례로까지 소급시켜 적용할 수 있는 지는 대단히 의심스럽다. 이와 관련해 한국의 국어사전에서는 '首府'의 의미를 다음과 같이 정의했다.

> '首府' : ① 한 나라의 중앙정부가 있는 도시. [이 지역은 수부에 가까운 곳이지만 험한 산에 골짜기가 깊어 도적이 생기기 쉬웠기에, 조정에서는 항상 이곳의 동태에 촉각을 곤두세우고 있었다.] 〈유의〉 경락(京洛), 경련(京輦), 경읍(京邑), 도성(都城), 서울, 수도(首都), 주도(主都) ② 한 도(道)의 감영(監營)이 있던 곳.[9]

이와 더불어 역대 한국 문헌에서 '首府'의 용례를 살펴서 다음과 같이 인용해 보았다.

> * 王業을 처음 터닦은 땅으로서 여섯 陵과 세 墓가 있었으므로 永樂 14년에

---

8) 諸橋轍次, 『大漢和辭典』12, 大修館書店, 1986, 442쪽.
9) 고려대학교 민족문화연구원 국어사전편찬실, 『고려대한국어대사전(ㅂ~ㅇ)』, 고려대학교 민족문화연구소, 2009, 3647쪽.

이르러 敦寧府事 李枝完의 상언에 의하여 특별히 올려 留守府로 삼아서 御鄕이라 칭하여 한 道의 首府가 되었었는데(『燕山君日記』 2년 5월 15일 조).

 * 이태백의 詩인 〈촉도난〉에, 그런 험한 길을 넘어서야 가는 蜀 땅의 首府인 成都를 비록 錦城이라 하여 살기 좋은 곳[錦城雖云樂]이라 하나 일찍이 돌아가는 것이 좋을 것[不如早還家]이라고 하였다"하였다(『新增東國輿地勝覽』 강원도 평해군 조).

 * 이 한 府는 패강의 동남쪽 지방과 강원도 내부 濊貊의 서쪽 지방이 모두였으니, 혹시 당시에 강릉에 首府를 두었는지도 모른다(『星湖僿說』 권3, 조선사군).

 * 唐나라 玄宗 때에 范陽節度使 安祿山이 반란을 일으켜 中原에 쳐들어 갔는데, 漁陽은 곧 범양의 首府이다(『東文選』 권19, 過漁陽次李眉叟韻).

위의 기사에 따르면 '首府'는 중국 기록에서 언급한 1697년 보다 200여 년 전인 1469년(연산군 2) 당시에 이미 한국측 문헌에서 확인되고 있다. 즉 '永樂 14년(1416)'에 따른다면 중국보다 무려 228년 전에 이미 조선에서는 사용된 것이다. 그리고 위에서 사용된 사례에 따른다면 '首府'는 지역의 '으뜸 가는 도시'를 가리키고 있다. 「漢城週報」 1886년 3월 8일자에서도 首府의 용례가 다음과 같이 보인다.

緬王遠竄
緬甸(미얀마; 필자)王 底母(티보; 필자)가 영국 군대에 사로잡혀 印度의 首府에 구금되어 있다는 것은 이미 本報에서 보도하였다. 지금 일본 신문에 의거하건대 영국이 미얀마왕을 亞剌伯(아라비아; 필자)의 亞丁(아든 Aden; 필자)港에 流竄할 것이라고 한다. 또 申報의 보도에 의하면 영국이 앞으로 미얀마의 강토를 다 점거하고 다시는 그 땅에다 王을 세우지 않을 것이라고 한다. 그렇다면 雍羌(알라웅파야 왕조; 필자)의 제사가 끊기고 그 德이 이어 가지 못함은 물론 백성들도 구원을 받을 수 없게 되었으니, 참으로 딱한 일이다. 說者들은 이렇게 말하고 있다.

위의 기사에 따르면 首府는 首都를 가리키고 있다. 요컨대 한국에서는 首府를 ① 한 나라의 중앙정부가 있는 도시, ② 한 道의 監營이 있던 곳으로 인식하였다. 물론 백보를 양보하여 박순발의 주장처럼 首府라는 단어가 1697년에 처음 등장했다고 하자. 설령 그렇더라도 중국에서 首府의 용례인 "屬國이나 식민지의 최고 정부 기관 소재지"라는 의미를 무려 1천년도 이전인 唐代의 사례로 적용하는 것은 어불성설이다. 더구나 首府 단어는 중국 보다 한국에서 먼저 사용한 게 밝혀졌다. 따라서 중국의 首府 용례를 한국 역사 무대에 적용하는 데는 신중해야 한다.

다만 박순발의 주장처럼 '首府'銘瓦가 唐製라면 중국의 그 용례를 적용하는 게 무리하지 않을 수 있다. 이 점은 다음 장에서 검토해 보기로 한다.

3. '首府'銘瓦 唐製論의 檢證

本論稿의 핵심은 '首府'銘瓦의 국적이 된다. 이와 관련해 먼저 이러한 銘瓦에 대한 호칭이다. 평기와에 도장을 찍은 이러한 기와 호칭에 대해서는 印章瓦 · 刻印瓦 · 印刻瓦 · 印銘瓦 · 捺印瓦 등이 용어가 혼용되고 있다. 현재 보고서와 논문에서 가장 많이 사용되는 용어는 印刻瓦와 印章瓦이다.[10] 그런데 印章瓦의 '印章'은 도장 그 자체를 가리킨다. 그렇다면 印章瓦는 '도장기와'라는 뜻이다. 이는 평기와에 도장이 찍힌 현상물에 적합한 용어는 아니다. 그러면 印刻瓦의 '印刻'이 담고 있는 의미를 살펴보고자 한다. 이에 대해서는 국어사전의 개념 정의를 다음과 같이 인용해 보았다.

　　* 인각 : ① 나무나 돌, 쇠붙이 따위에 글자나 그림을 새김. 또는 그렇게 새

---

10) 김환희, 「百濟 泗沘期 印章瓦의 변천과 제작공정 체계화」, 충남대학교 석사학위논문, 2014, 1쪽.

겨진 물건 ② 도장을 새김[11]

　　* 인각 : 나무나 그 밖의 물건에 그림이나 글자 따위를 새기는 일[12]

　印刻에 대한 위와 같은 정의에 따라 보자. 그렇다면 도장이나 문양이 찍힌 평기와는 印刻瓦라고 일컫는 게 타당하다. 백제 지역에서 출토되는 印刻瓦의 기원과 관련해 고구려 지역에서 확인된 사실을 언급하고는 한다. 즉 "印刻銘의 例는 高句麗에도 있으며 그 技法이 영향을 준 것이라 생각되는 것이다"[13]라고 하였다. 사실 평양 定陵寺址에서도 圓形 印刻瓦가 출토된 바 있다.[14]

　박순발은 印刻瓦인 '首府'銘瓦를 唐製로 간주하는 근거를 다음과 같이 제기하였다. 첫째, 장방형으로 된 '首府'銘瓦의 印廓은 백제 인각와에 흔히 보이는 원형 인각과 차이가 있다. 반면 이 무렵 唐의 인각와에는 장방형 인곽이 보편적이다. 둘째, '首府'銘瓦의 출토 지점은 '大唐'銘瓦나 당 연화문 와당의 출토지와 밀접한 관련을 맺고 있다. 이러한 정황적 근거는 '首府'銘瓦가 당의 백제 고지 지배 기간에 이루어졌음을 시사하는 것이다.[15]

　'大唐'銘瓦는 1945년에 부소산성, 1981년에 부여 쌍북리 옛 부여교육청 부지, 1993년 부소산성 군창지, 부여 쌍북리 부여초등학교에서 모두 4점이 출토되었다. 이와 관련해 "대당 명 와당이 소용된 건물은 백제 고지 지배의 관부였음은 두 말할 필요가 없을 것인데, 그 위치가 사비도성의 핵심 지역을 이용하였음을 미루어 짐작할 수 있다. 부소산성 군창지 부근에는 663년에 세워진 웅진도독 유인원 기공비가 발견된 곳이므로 그 일대에 당의 도

---

11) 고려대학교 민족문화연구원 국어사전편찬실, 『고려대한국어대사전(ㅂ~ㅇ)』, 고려대학교 민족문화연구소, 2009, 5006쪽.

12) 국어국문학회, 『새로나온 국어사전』, 민중서관, 2002, 2010쪽.

13) 齋藤忠, 『古代朝鮮文化と日本』, 東京大學出版會, 1981, 82쪽.

14) 金日成綜合大學 編, 呂南喆·金洪圭 譯, 『五世紀の高句麗文化』, 雄山閣, 1985, 145~146쪽.

15) 박순발, 「동아시아적 관점에서 본 사비도성」 『부여학』 3, 2013, 33쪽.

독부 관부가 위치하고 있었을 가능성이 매우 높은 곳이다"[16]라고 하였다. 그리고 당 연화문 와당은 2005년에 관북리 유적 조사시 확인된 요지에서 출토되었다.[17] 즉 박순발은 "2005년 부여 관북리 추정 왕궁지 발굴조사에서 당식 연화문 와당을 구웠던 와요지 1기가 확인되었다. 부분 조사를 통해 채집된 연화문 와당은 기존의 백제 연화문 와당과는 판이하여 일견 당 와당임을 알 수 있다"라고 하였다. 그러나 박순발이 관련된 보고서를 인용하지 않았기에 박순발이 언급한 와당이 唐瓦인지는 현재로서는 확인할 수 없다. 다만 박순발이 언급한 자료집은 「扶餘 官北里百濟遺蹟(제11차) 發掘調査說明會 資料(2005)」로 짐작할 뿐이다.

그러면 위와 같은 논거를 제시한 박순발의 견해를 검토해 보기로 한다. '首府'銘瓦에 보이는 장방형 인곽은 박순발의 주장과는 달리 백제 기와에서도 확인된다. 가령 논산 황화산성이나 부여 쌍북리 요지에서 출토된 '葛那城/ 丁巳瓦'銘 인각와에서 보인다.[18] 그리고 '八六'銘瓦의 경우도 치졸하기는 하지만 인곽을 새겨놓았다.[19] 그러나 무엇 보다도 금산 백령산성에서 출토된 '栗峴△/ 丙辰瓦'를 비롯하여 '耳停辛/ 丁巳瓦'·'耳停辛/ 戊午瓦' 역시 방형 인곽 내부를 縱線으로 분할하여 양쪽에 3글자씩 양각하였다.[20] 대전 사정성의 경우도 방형 인곽에 가운데 縱線 없이 '甲辰/ △△'라고 새겨져 있다.[21] 그리고 정읍 고부구읍성에서도 방형 인곽에 문자가 들어간 기와가 출토되었다. 즉 북

---

16) 박순발, 「동아시아적 관점에서 본 사비도성」『부여학』3, 2013, 31~32쪽.

17) 박순발, 「동아시아적 관점에서 본 사비도성」『부여학』3, 2013, 32쪽.

18) 국립부여박물관, 『백제의 문자』, 2003, 72쪽.

19) 국립부여문화재연구소, 『扶蘇山城發掘調査中間報告』, 1995, 490쪽; 국립부여박물관, 『백제의 문자』, 2003, 71쪽.

20) 충청남도역사문화연구원·금산군, 『錦山 栢嶺山城-1·2次 發掘調査報告書』, 2007, 7·290~295쪽.

21) 김환희, 「百濟 泗沘期 印章瓦의 변천과 제작공정 체계화」, 충남대학교 석사학위논문, 2014, 82쪽.

문지에서 출토된 瓦의 명문을 '△卩 上巷'으로 판독하고 있다.[22] 이렇듯 部銘
인각와와는 달리 城名이나 地名 인각와에서는 장방형 인곽이 확인되기도 한
다. 더구나 고구려의 정릉사지에서도 方廓 瓦가 출토되었다.[23] 게다가 평양

_ '福巡'銘瓦

_ '△卩…'銘瓦
(보고서)

_ '栗峴…'銘瓦(보고서)

_ '耳停辛…'銘瓦(보고서)

_ '帝釋寺'銘瓦

_ '葛那城…'銘瓦(백제의 문자)

---

22) 전북문화재연구원, 『井邑 古阜舊邑城 I 』, 2007, 사진판, 50·80~81쪽.

23) 金日成綜合大學 編, 呂南喆·金洪圭 譯, 『五世紀の高句麗文化』, 雄山閣, 1985, 146
쪽; 소재윤, 「熊津·泗沘期 百濟 수막새에 대한 編年 研究-錦江流域을 中心으로」, 『湖
南考古學報』 23, 2006, 19쪽. 그런데 氏는 관련된 근거 자료를 제시하지는 않았다.

토성리에서 출토된 '寺'銘 인각와도 장방형 인곽에 보인다.[24] 따라서 '首府'銘瓦의 장방형 인곽의 기원을 唐과만 연결 짓는 일은 타당하지 않다.

그러면 이제는 '首府'銘瓦의 출토 지점에 관한 검증이다. '首府'銘瓦는 1992년에 부소산성 군창터 남측 臺地 조사시 출토되었다. 반면 전통적인 백제 匠人의 제작 수법과는 다른 '大唐'銘瓦는 1993년에 군창터 정남측 溪谷部를 조사할 때 토광에서 중국제 청자 및 중국제 연화문 수막새편과 함께 출토된 것이다.[25] 더구나 이곳에서는 건물지의 존재가 확인된 바도 없다. 그러므로 兩者는 관련성이 없다고 하겠다. 덧붙여서 말한다면 '首府'銘瓦는 "방형 주거지 바로 북편에서 백제 연화문 및 素文 수막새, '午止'銘 인장와 등과 주변에서 함께 출토되었는데 바닥층인 황적갈색의 풍화암반층 직상층에서 출토되었다"[26]고 하였다. 요컨대 백제 印刻瓦와 共伴 출토된 '首府'銘瓦는 중국제 유물과 공반 출토된 '大唐'銘瓦와는 성격이 동일하지 않음을 알 수 있다. 이와 관련해 '大唐'銘瓦의 출토 상황을 다음의 서술을 통해 확인해 보기로 한다.

> 대당명 수막새는 군창터 바로 북편의 풍화암반층의 백제시대 저장고의 기능을 했던 싶은 구덩이 시설 내에서 출토되었다. … 유일하게 이 大唐 명 수막새가 유물층의 가장 상층에서 출토되었다. 이 유물층은 이 유물보다 늦은 유물은 출토되지 않았다.[27]

즉 대당명 수막새는 해당 유물층에서 가장 늦은 시기에 해당되는 것이다. 쉽게 말해 대당명 수막새는 기존의 백제 문화층과는 무관함을 알 수 있다. 그

---

24) 朝鮮總督府, 『朝鮮古蹟圖報』 제2권, 1915, 圖 383.
25) 국립부여문화재연구소, 『扶蘇山城 發掘調查中間報告 II』, 1997, 92~101쪽.
26) 국립부여문화재연구소, 『王宮里 發掘調查中間報告 II』, 1997, 19쪽.
27) 최맹식, 「부소산성의 기와」 『扶蘇山城을 다시 본다』, 주류성, 2006, 318~320쪽.

리고 '首府'銘瓦는 왕궁평성에서만 지금까지 13점이나 출토되었다. 박순발의
주장대로라면 왕궁평성에도 唐軍이 주둔했어야 한다. 그러나 문헌이나 물적
자료 어디에도 그러한 증거는 없다. 이와 관련해 '首府'銘瓦의 출토지와 특징
에 대한 보고서의 내용을 다음과 같이 일부만 소개해 본다.

* '首府'銘 印章 암키와 片(125): 동서석축4 남측 건물지30(N14.2W2.13)
부근에 대한조사과정에서 地表下 60cm(적갈색 사질점토)에서 地表下 40cm
(황갈색 사질점토+기와)에서 출토되었다. 가장자리는 모두 결실되어 있다. 등
면은 선문을 타날 후 물손질로 마무리되어 있다. 직사각형의 인장 안에 '首府'
명이 양각되어 있다. 인장은 상하로 배치되어 있으며, 일부분이 결실되어 정확
한 크기는 알 수 없다. 내면에 마포흔이 확인되며, 포목의 빈도수는 8×9이다.
내·외면 및 속심은 회백색을 띠고 있으며, 태토는 점토에 소량의 사립이 혼입되
어 있다. 소상 상태는 양호하며, 전체적으로 연질계 와편이다. 殘長 11.3cm,
殘幅 7.1cm, 厚 1.8cm[28]

* '首府'銘 印章 암키와 片(99): 건물지 12(N9E5)에 대한 조사 과정에서 地
表下 50cm(암갈색 사질점토층)에서 출토되었다. 측단의 일부분이 남아 있
다. 등면은 무문이며 물손질로 정면처리되어 있다. 인장은 가로×세로 1.7×
4.3cm인 말각장방형 안에 '首府'자가 좌서로 양각되어 있다. 인장은 측단에 접
하여 압인되어 있다. 내면의 마포흔은 물손질에 의해 일부가 지워져 있으며 포
목의 빈도수는 10×8이다. 기와의 분할 절개흔은 내면의 측단까지 와도를 긋
고 물손질로 마무리되어 있다. 외면 및 내면은 회색을 띠고 있다. 외면의 일
부는 회백색을 띠고 있다. 속심은 회백색을 띠고 있다. 殘長 18.0cm, 殘幅
17.5cm, 厚 1.1~1.5cm[29]

* '首府'銘 印章 암키와 片(136): 건물지 22 북서편(S2W4)에 대한 조사 과
정에서 地表下 115cm(암갈색 사질점토층)에서 출토되었다. 측단의 일부분만

---

28) 국립부여문화재연구소, 『王宮里發掘中間報告Ⅶ』, 2010, 181쪽.
29) 국립부여문화재연구소, 『王宮里發掘中間報告Ⅵ』, 2008, 194쪽.

이 결실되어 있으며 완형에 가깝다. 등면은 선문을 타날하고 물손질로 마무리하여 타날흔이 희미하게 남아 있다. 인장은 가로×세로 2.5×4.5cm의 말각장방형 음각면에 '首府'자가 상하로 양각되어 있다. 내면은 마포를 떼어내고 물손질로 마무리하여 마포흔이 희미하게 남아 있다. 기와의 분할 절개흔은 내면의 측단까지 바깥쪽에서 깔끔하게 정면처리되어 있으며 부분적으로 내측면에서 추가적인 와도처리로 마무리되어 있다. 내외면 및 속심은 연회갈색을 띠고 있다. 태토는 정선되어 있으며 소성상태는 양호하다. 전체적으로 연질계 와 편이다. 長 34.7cm, 推定幅 27.3~32.1cm, 厚 1.2cm[30]

위에 보이는 '首府'銘 인각와는 '辰' '巳' '刀下' 등과 같은 원형 인각와와 함께 동일한 건물지에서 출토되었다.[31] 따라서 '首府'銘 인각와가 唐製가 될 수 없는 것이다. 게다가 왕궁평성에서는 唐製 유물이 단 한 점이라도 출토된 바가 있던가? 그럼에도 불구하고 '首府'銘瓦만 唐瓦라는 것은 어불성설이 아니겠는가?

4. 왕궁평성의 성격에 대한 논의 검증

부여의 부소산성과 관북리에서 출토된 '首府'銘瓦는 익산 왕궁평성에서도 출토되었다. 현재까지의 출토 枚數로 본다면 왕궁평성이 더 많은 것이다. 이러한 왕궁평성에 대한 다음과 같은 박순발의 소견을 검증해 보고자 한다.

그런데 익산 왕궁유적에서 수부명 인각와가 출토되는 배경은 무엇일까. 수부명 인각와가 당 지배시기에 제작된 것이라면 그 무렵 익산 왕궁에서도 인각와의 소용처로서 모종의 건축물이 조영되었던 것으로 보아야 한다. 왕궁 유적은 사

---

30) 국립부여문화재연구소, 『王宮里發掘中間報告Ⅵ』, 2008, 250쪽.
31) 국립부여문화재연구소, 『王宮里發掘中間報告Ⅵ』, 2008, 195~196·251쪽.

비시기에 복도(複都)로 조성되고 있었던 곳으로서, 『구당서(舊唐書)』및『신당서 (新唐書)』백제전에서 공히 언급하고 있는 '왕이 거주하는 곳으로는 동서 2개의 성(其王所居有東西兩城) 가운데 동성에 해당하는 곳이다. 왕궁이 소재한 곳에 당의 관심이 미치는 것은 자연스럽다.'[32]

그러나 이러한 주장은 성립이 어렵다. 일단 왕궁평성에서 唐製 유물이 출토된 바 없다. 박순발의 주장대로 "왕궁이 소재한 곳에 당의 관심이 미치는 것은 자연스럽다"고 했지만 부소산성과는 달리 왕궁평성에서는 정작 唐 관련 유물은 단 1점도 출토되지 않았다. 그러면 왕궁평성 일대는 웅진도독부 시기에 어떠한 위치에 있었을까? 唐은 탁상구획에 그친 기존의 5도독부제를 고쳐 웅진도독부를 중심으로 그 관하에 7州 51縣을 설치하였다. 7주 51현은 다음과 같다.

_ 웅진도독부 관하 여러 주현 일람표

熊津都督府	東明州	8. 珊瑚縣[沙好薩]
		9. 隆化縣[居斯勿]
1. 嵎夷縣	1. 熊津縣[熊津村]	魯山州
2. 神丘縣	2. 鹵辛縣[阿老谷]	
3. 尹城縣[悅己]	3. 久遲縣[仇知]	1. 魯山縣[甘勿阿]
4. 麟德縣[古良夫里]	4. 富林縣[伐音村]	2. 唐山縣[仇知只山]
5. 散昆縣[新村]		3. 淳遲縣[豆尸]
6. 安遠縣[仇尸波知]	支潯州	4. 支牟縣[只馬馬知]
7. 賓汶縣[比勿]		5. 烏蠶縣[馬知沙]
8. 歸化縣[麻斯良]	1. 己汶縣[今勿]	6. 阿錯縣[源村]
9. 邁羅縣	2. 支潯縣[只彡村]	
10. 甘蓋縣[古莫夫里]	3. 馬津縣[孤山]	古四州[古沙夫里]
11. 奈西縣[奈西兮]	4. 子來縣[夫首只]	
12. 得安縣[德近支]	5. 解禮縣[皆利伊]	1. 平倭縣[古沙夫村]
13. 龍山縣[古麻山]	6. 古魯縣[古麻只]	2. 帶山縣[大尸山]
	7. 平夷縣[知留]	3. 辟城縣[辟骨]

32) 박순발, 「동아시아적 관점에서 본 사비도성」『부여학』3, 2013, 33~34쪽.

4. 佐贊縣[上杜] 5. 淳牟縣[豆奈只] 沙泮州[號尸伊城] 1. 牟支縣[號尸伊村] 2. 無割縣[毛良夫里] 3. 佐魯縣[上老] 4. 多支縣[夫只]	帶方州[竹軍城] 1. 至留縣[知留] 2. 軍那縣[屈奈] 3. 徒山縣[抽山] 4. 半那縣[半奈夫里] 5. 竹軍縣[豆肹] 6. 布賢縣[巴老彌]	分嵯州[波知城] 1. 貴旦縣[仇斯珍兮] 2. 首原縣[買省坪] 3. 皐西縣[秋子兮] 4. 軍支縣

웅진도독부 예하 7州 51縣 가운데 왕궁평성 일대는 魯山州 관할 支牟縣[只馬馬知]에 해당한다. 魯山州의 州治는 魯山縣[甘勿阿]으로서 관할은 익산시 함열면과 웅포면 일대였다. 웅진도독부 시기 魯山縣의 운영은 熊山縣令·上柱國·司馬 法聰을 통해 살필 수 있다. 法聰의 직함에 보이는 熊山縣은 魯山州의 州縣인 魯山縣으로 밝혀졌다. 그리고 금강 하류인 지금의 익산시 웅포면의 어래산성에 치소를 두고 있었다. 이곳은 역사적으로 대외교역 창구로서 높은 비중을 지닌 지역이었다. 전략적 비중이 높은 魯山(熊山)縣의 縣令인 법총은 웅진도독부의 對日本 외교에 일익을 담당하였다. 이렇듯 웅진도독부의 실질적인 운영은 백제계 관인들이 주도하였다. 아울러 그 독자적인 활로를 개척하고 있었다.[33] 그런데 반해 왕궁면에 소재한 왕궁평성은 웅진도독부 시기에 정치적으로 주목을 받지 못했다. 이곳은 박순발이 주장했던 '당의 관심이 미치는' 곳은 아니었다. 그랬기에 사서에서도 언급이 없을 뿐 아니라 唐製 유물이 왕궁평성에서 단 한 점도 출토되지 않은 것 같다. 이러한 맥락에서 볼 때 박순발의 주장은 설득력을 얻기 힘들다. 게다가 박순발이 주장하는 複都說은 필자가 이미 제기한 것이다.[34]

---

33) 李道學, 「熊津都督府의 支配組織과 對日本政策」『白山學報』34, 1987;『백제 사비성 시대 연구』, 일지사, 2010, 417쪽.

34) 李道學, 「百濟 武王代 益山 遷都說의 檢討」『益山文化圈 研究의 成果와 課題』, 마한백제문화연구소 설립30주년기념 제16회국제학술회의, 2003.5.23, 91쪽.

複都說은 사료만 보면 간파되는 사안이 아니다. 사료에 대한 고증과 분석을 통해 밝혀지는 결과물인 것이다. 명백히 박순발이 인용을 누락시켰음을 알 수 있다. 게다가 박순발은 "왕궁이 소재한 곳에 당의 관심이 미치는 것은 자연스럽다"고 했다. 그렇다면 왕궁평성에서는 부소산성에서와는 달리 대당명 와당이 출토되지 않은 이유를 묻고 싶다. 따라서 어느모로 보나 박순발의 주장은 공감대를 얻기 어렵다는 것을 알 수 있다.

2017년에 익산토성에서도 '首府'銘瓦와 더불어 '北舍'銘 토기도 출토되었다. 그런데 익산토성에서는 唐 관련 유물은 전혀 출토되지 않았다. 이로써도 박순발이 '首府'銘瓦를 唐製로 간주한 견해는 근거를 완전히 상실했음을 알 수 있다.

5. 맺음말

익산 천도론과 관련해서는 다양한 견해가 제기되었다. 이 가운데 익산 천도론의 핵심 물적 증거가 부여와 익산 왕궁평성과 익산토성에서만 출토된 '首府'銘瓦이다. 여기서 '首府'는 首都의 뜻으로 해석해 왔다.

그런데 최근 박순발은 '首府'銘瓦의 '首府'는 1697년에 간행된 『貴陽通志』에서 처음 사용되었다고 했다. 그 의미는 '속국 및 식민지 최고 정부기구 소재지'이므로 首都와는 무관한 것으로 간주하였다. 반면 사비성에 설치된 唐나라의 軍政機構인 웅진도독부와 관련 지을 수 있는 것으로 보았다. 이러한 논리에 따른다면 백제 익산 천도설의 유력한 물증의 하나인 '首府'銘瓦는 의미를 급속히 상실하게 된다.

李道學, 「百濟 武王代 益山 遷都說의 再解釋」 『馬韓·百濟文化』 16, 2004, 96~97쪽.
李道學, 『살아 있는 백제사』, 휴머니스트, 2003, 241~242쪽.
李道學, 「古都 益山의 眞正性에 관한 多角的 分析」 『마한백제문화연구』 19, 2010, 103쪽 註39.

그러나 이러한 박순발의 주장은 따르기 어렵다. 첫째, 당시로부터 무려 1천년 후의 용례를 소급해서 적용할 수 있는가 이다. 둘째, 『귀양통지』에는 '貴陽首府'라고만 적혀 있을 뿐이다. 그러므로 후대에 생겨난 "속국 및 식민지 최고 정부기구 소재지"라는 '首府'의 뜻 풀이와는 직접 관련이 없다. 박순발은 20세기에야 생겨난 '植民地' 개념과 접속시켜서 '首府'의 뜻으로 삼은 것이다. 그러므로 이를 '首府'銘瓦의 해석에 적용할 수는 없다. 셋째, '首府'는 한국측 문헌에서는 그 용례가 1469년(연산군 2)에 이미 보이고 있다. 그것도 무려 228년 전에 이미 중국보다 조선에서 먼저 사용한 것이다. 그러므로 중국의 용례를 한국 관련 자료에 일방적으로 적용하기는 어렵다. 넷째, '首府'는 당시 조선에서 가장 그 이른 용례로서는 '한 道의 首府' 즉 監營 정도의 의미로 사용되었다. 이렇듯 중국보다 일찍 확인된 한국에서의 '首府'는 중국에서의 용례와도 일치하지 않는다. 따라서 박순발 주장은 동력을 상실한 것이다.

그럼에도 '속국 및 식민지 최고 정부기구 소재지'라는 전제에서 출발한 박순발은 부소산성에서 출토된 '首府'銘瓦를 '大唐'銘瓦와 엮어서 唐製로 간주했다. 그러나 '首府'銘瓦는 '大唐'銘瓦와는 달리 백제 유물과 共伴 출토되었다. 더욱이 익산 왕궁평성에서 출토된 '首府'銘瓦 역시 백제 전형의 圓形 印刻瓦와 함께 출토되고 있다. 왕궁평성에서 唐製 유물이 단 한 점도 출토된 바 없다.

요컨대 '首府'銘瓦의 唐製說은 타당성을 잃었다. 나아가 겉으로는 複都說을 운위하고 있지만 기실 그 底意에는 익산 왕도설을 부정하려고 했던 意圖 역시 무산된 것 같다.

〈出典〉「益山 遷都 物證 '首府'銘瓦에 대한 反論 檢證」『東아시아 古代學』35, 2014, 3~26쪽.

부록

부록 1장 부여 지역의 佛教 文化

부록 2장 '한중일 古代 寺院史로 보는 王興寺의 위상' 토론문

1장
부여 지역의 佛教 文化

1. 머리말

百濟는 東아시아에서 佛教가 크게 興隆한 나라였다. 백제는 고구려 보다 비록 10여 년 늦게 불교가 公認되었지만, 印度에서 佛經을 直輸入하여 譯經했을 정도로 나름대로의 긍지와 자부심이 컸다. 게다가 백제는 倭에 불교를 전래해 주었다. 그리고 백제 왕실은 佛舍利에 대한 독점적인 점유와 분여를 통해 부처와 동격의 위상을 확보하고자 했다. 사비성 천도를 단행한 성왕은 불교를 국가 이데올로기로 이용하고자 크게 흥륭시켰다. 불교는 왕권을 강화할 수 있는 이데올로기였기에 성왕은 많은 사찰을 도성 안에 창건했다.[1] 나성으로 둘러싸인 사비도성 구역 안에서만 부소산사지·석목리사지·쌍북리사지·구교리사지·학리사지·관음사지·향교밭사지·'정림사지'·군수리사지·가탑리사지·천왕사지 등을 헤아릴 수 있다.[2] 중국 史書에서 백제에 "寺塔이 매우 많았다"[3]고 한 것은 사비도성을 이루는 건조물로서 사찰의 비중이 지대

---

1) 백제를 비롯한 불교와 왕권과의 관계는 李道學, 「古代 東아시아 佛教와 王權」『충청학과 충청문화』13, 충청남도역사문화연구원, 2011, 45~65쪽을 참조하기 바란다.
2) 국립부여박물관, 『백제 가람에 담긴 불교문화』, 2009, 49쪽.
3) 『周書』권94, 異域上, 백제 조.

했음을 웅변해 준다. 시가지 한복판에 사찰과 탑들이 별처럼 총총히 박히고 기러기처럼 늘어선 광경을 연상하는 일은 어렵지 않을 것 같다.

본고에서는 백제 이래의 扶餘 地域 佛教 文化의 전개 과정을 살펴 보고자 한다. 백제 이래 고려와 조선시대, 그리고 현재에 이르기까지 부여 지역 寺刹의 변화 과정을 중심으로 고찰해 보았다. 부여 지역 불교 문화의 어제와 오늘에 대한 診斷이 되기도 한다. 그럼으로써 부여 지역 불교 문화의 성격을 살필 수 있는 기제로 삼고자 했다.

2. 사비성 도읍기의 聖王과 佛教

백제는 도읍을 사비성(충남 부여)으로 옮기면서 불교는 급속한 성장을 이루었다. 서해안에 소재한 태안반도의 충청남도 서산과 태안·당진 등지를 통해 중국 불교 문화가 유입해 왔다. 백제는 이들 지역을 거점으로 해서 남조와 교류를 추진하였다. 수도인 사비성은 태안반도와는 육로로 연결되어 있다. 그밖에 금강 수로를 이용해서 중국 남조와의 교류를 활발하게 추진하기도 했다. 사비성 도읍기에 제작된 서산과 태안의 마애 삼존불은 이러한 사실을 방증해 주고 있다. 서산 지역에 조성된 대표적인 불교 유적인 서산 마애불은 사비성 도읍기에 조영된 것으로 추정되고 있다.

백제 불교와 관련해 빼놓을 수 없는 인물이 제26대 聖王이다. 그의 성품을 『삼국사기』에는 "지혜와 식견이 뛰어나고 일에 결단성이 있었다"·"나라 사람들이 '성왕'이라 일컬었다"고 하였다. 『일본서기』에서는 '明'字까지 덧붙여서 聖明王으로 일컬었다. 성왕이 明王으로 불리었다는 사실은 주목을 요한다. 미륵신앙과 관련된 의미를 타진해 볼 수 있기 때문이다. 이와 관련해 다음의 용례를 주목해 보자. 즉 "大明이란 국호는 … 한산동은 일찍이 '미륵불이 세상에 나타난다'고 떠들었고, 그 아들 韓林兒 또한 小明王이라고 칭했

다"[4]는 구절이다. 성왕은 성명왕 혹은 명왕이라고도 했다. 미륵신앙과 明王
의 등장은 앞날의 어둠을 이긴 밝음의 등장인 것이다. 성왕이 미륵신앙과 관
련한 역할을 했음을 암시해준다. 또 같은 책에서 "성왕은 天道와 지리에 신묘
하게 통달하였기에 명성이 사방에 나 있었다"라고 평할 정도였다.

성왕은 사비성 천도와 짝하여 지방에는 方-郡-城체제를 시행하여 전면적

_ 부여 지역 절터에서 출토된 와당

4) 판슈즈 著 · 김대환 等譯, 『100가지 주제로 본 중국의 역사』, 고려대학교 출판부,
    2007, 553쪽.

인 지방지배를 단행했다. 그리고 16관등제의 정비와 더불어, 국왕을 축으로 하는 효율적인 국정 운영을 위해 22개의 官署를 설치하였다. 그런데 이 가운데 功德部는 불교 관련 제반 업무를 관장했던 부서로 밝혀지고 있다. 사비성 천도를 단행한 성왕은 불교를 국가 이데올로기로 이용하고자 크게 흥륭시켰다. 불교는 왕권을 강화할 수 있는 이데올로기였기에 梁나라의 문물을 적극 수용한 성왕은 많은 사찰을 도성 안에 창건했다. 그러한 사비성 도읍기의 백제 불교는 국제적인 양상을 띠었다. 구법승들이 중국은 물론이고 불교의 발상지인 인도까지 직접 찾아가서 싣고 온 불경을 번역하기까지 했다. 倭의 구법승들이 그러한 백제를 찾았던 것이다. 백제 불교의 위상을 말해준다고 하겠다.

백제 승려들에서는 法師·律師·禪師·呪師 등의 호칭이 보인다. 부소산성에서 출토된 불상 광배명에 보이는 '何多宜藏法師'라는 승려를 통해서도 법사의 존재가 확인된다. 요컨대 백제에서는 불교의 여러 분야 가운데 어느 하나를 전문적으로 수행하는 승려가 있었던 것이다. 기록에 보이는 경전만 보더라도 『열반경』·『법화경』·『維摩經』·『반야심경』 등이 있었다. 여기서 涅槃은 누구나 이상으로 삼고 있는 모든 고통에서 벗어나 영원한 정신적 안식처에 이르는 경지를 가리킨다. 『열반경』에서는 극락세계에 대해서와 누구나 부처가 될 수 있다는 '佛性' 문제에 대한 해답을 주고 있다. 541년(성왕 19)에 성왕은 양나라로부터 『涅槃經義』를 구해 왔다. 백제의 불교 신앙은 그 밖에도 관음·묘견·미타 신앙 등이 성행하였다. 이러한 신앙은 현세위주의 실천적인 특징을 지닌 것으로 파악되고 있다. 그리고 天台學이나 삼론학에도 조예 깊은 승려들이 많이 배출되었으며, 成實宗도 연구되었다. 대승불교 사상인 삼론종은 혜현과 관륵이 대표적이었다. 승려 道藏은 『성실론소』 16권을 지어 세상에 내 놓았으며, 왜에 초빙되어 가서 그곳의 성실종 발전에 크게 기여하였다.

백제에서의 불교는 신분 간의 갈등을 완화시키는 동시에 사상 통합을 이루는데 큰 역할을 하였다. 그리고 조상숭배 신앙에서도 변화를 가져 오게 했다. 장대한 규모와 엄청난 부장품을 요하는 厚葬에서 차츰 벗어나 薄葬을 유행시켰고, 조상에 대한 숭배 기능을 점차 사찰이 떠 맡게 되었다. 대표적인 예가 비극적으로 세상을 뜬 성왕을 위해 창건된 부여 능산리 절터라고 하겠다. 그리고 조형미술의 수준을 크게 높여 주는 계기를 마련하여 '문화하면 백제'를 내세울 수 있게끔 해 주었다. 그 밖에 사족을 불허할 정도로 일본 고대 문화의 형성과 발전에 지대한 영향을 미치게 하였다. 수없이 배출된 고승들은 우리 민족에게 사유의 폭을 확대시켜 주는 동시에 깊이 있는 철학의 세계로 인도해 주었다. 이 점 부인할 수 없는 백제 불교의 공로라고 하겠다.

2000년과 2001년도에 걸쳐 이루어진 부여 능산리 절터에 대한 발굴 조사 과정에서 적어도 23개체 분 이상의 목간이 출토되었다. 이들 목간에서는 '寶憙寺'·'子基寺'와 같은 사찰 이름이 등장하고 있다. 그리고 "宿世結業同生一處"라는 문구도 보인다. 이는 "前生(宿世)에 맺은 인연으로 한 곳에서 함께 살고 있다"는 내용으로서 불교적 緣起說이 된다. 왕실 사찰인 능사에서 출토된 이러한 내용의 목간을 통해 연기설이 백제인들 사이에 크게 유포되었음을 알려준다. 불교적 사생관이 백제인들의 생활에 뿌리내렸음을 뜻한다고 하겠다.

_ '寶憙寺'·'子基寺' 墨書 銘 목간

3. 부여 지역의 사찰

1) 백제시대 사찰

중국 史書에서 백제에 "寺塔이 매우 많았다"[5]고 하였다. 그러한 부여 지역에서 현재까지 확인된 백제 절터는 다음과 같다.[6]

군수리사지(사적 제44호. 부여읍 군수리)

정림사지(사적 제301호. 부여읍 동남리)

금강사지(사적 제435호. 은산면 금공리)

호암사지(충청남도 기념물 제32호. 규암면 호암리)

왕흥사지(사적 제427호. 규암면 신리)

임강사지(충청남도 기념물 제34호. 부여읍 현북리)

용정리사지(충청남도 기념물 제48호. 부여읍 용정리)

구아리 전천왕사지(충청남도 기념물 제88호. 부여읍 구아리)

동남리 전천왕사지(충청남도 기념물 제53호. 부여읍 동남리)

부소산 폐사지(부여군 향토유적 제53호. 부여읍 쌍북리)

능사(사적 제434호. 부여읍 능산리)

가탑리사지(부여군 향토유적 제52호. 부여읍 가탑리)

가증리사지(부여읍 가증리)

구교리 폐사지(부여읍 구교리)

학리폐사지(부여읍 구교리)

향교밭폐사지(부여읍 구아리)

신리사지(규암면 신리)

외리사지(규암면 외리)

청룡사지(규암면 진변리)

---

5) 『周書』권94, 異域上, 백제 조.
6) 부여군지편찬위원회, 『부여의 문화유적』, 2003, 133~160쪽.

_ 임강사지

동산리사지(부여읍 동남리)
석목리사지(부여읍 석목리)
관음사지(부여읍 석목리)
밤골사지(부여읍 정동리)
쌍북리폐사지(부여읍 쌍북리)
쌍북리사지(부여읍 쌍북리)
현북리폐사지(부여읍 현북리)
사산리사지(세도면 사산리)
청간사지(규암면 신리)
한산사지(규암면 장하리)
경룡사지(부여읍 용정리)

위에서 보듯이 현재까지 부여 관내에서는 총 30곳의 백제 때 절터가 확인
되었다. 중국 史書에서 백제에 "寺塔이 매우 많았다"고 한 기록이 실감이 가

는 것이다. 그러면 대표적인 백제 사찰에 대해 그 유적이 지닌 의미를 살펴 보고자 한다.

(1) 興輪寺

성왕은 태자시절 謙益을 인도에 파견하여 律部를 연구한 후 산스크리트어로 적힌 「阿曇藏五部律文」을 가지고 돌아 오게 했다. 그 때가 526년(성왕 4)이었다. 성왕은 율부 72권을 번역하게 하였다. 그 뒤 曇旭과 惠仁이 律疏 36권을 저술하여 성왕에게 올렸다. 성왕 자신도 「毘曇新律」의 서문을 지었다고 전할 정도로 불경에 조예가 깊었다. 이러한 율부의 번역과 율서의 편찬을 통해 백제 불교는 계율주의적인 성격을 지녔음을 알 수 있다. 백제에 불교를 전래해 준 이가 인도 승려였던 인연이 작용하였는지는 알 수 없다. 그렇지만 백제에서는 불교 발상지의 문자로 적힌 불경을 직접 가지고 와 번역했던 것이다. 백제 불교의 격을 말하는 것이 아니고 무엇이랴!

백제 律宗의 비조라고 할 수 있는 이가 겸익이었다. 여기서 율종이란 불교의 계율을 전문적으로 연구하는 유파를 가리킨다. 이들이 의거하고 있던 기본 경전은 『4분률』이었다. 이 책에는 주로 불교도들의 생활 방법, 생활 규칙과 그들에 대한 통제 등 250여 가지의 계율이 적혀 있다. 그 가운데서 가장 중시되었던 계율은 생물을 죽이지 말 것, 남의 물건을 훔치지 말 것, 음란하지 말 것, 거짓말하지 말 것, 술 마시지 말 것 등이었다. 이 계율을 어기면 불교도가 될 수 없도록 규정하였다. 백제 율종의 비조격인 겸익에 대한 기사가 「미륵불광사사적」을 인용한 『조선불교통사』에 다음과 같이 보인다.

* 丙午 4년(신라 법흥왕 13년, 고구려 안장왕 8년, 梁 보통 7년)에 백제 沙門 겸익이 중인도 상가나대율사에 이르러 梵文을 배우고 律部를 공부하고 梵僧 倍達多三藏과 같이 범문 律文을 가지고 귀국하여 72권을 번역하여 완성하였다. 이것으로 백제 율종의 시작으로 삼는다. 曇旭과 惠仁 두 법사가 律疏 36권을 저술하였다.

＊ 미륵불광사사적에 이르기를 백제 성왕 4년 丙午에 사문 겸익은 마음을 다
하여 율을 구하러 바다 길을 통해 中印度 상가나대율사에 이르러 범어를 5년 동
안 배워 깨우치는 한편 율부를 깊이 공부하여 戒體를 장엄하고 범승 배달다삼장
과 더불어 범문 阿曇藏과 五部律文을 가지고 귀국하였다. 백제왕은 羽葆와 鼓
吹로 교외에서 맞이하여 興輪寺에 안치하였다. 국내의 명승 28인을 불러들여
겸익법사와 더불어 율부 72권을 번역하게 하니 이가 곧 백제 율종의 비조이다.
이에 담욱과 혜인 두 법사가 율소 36권을 지어 왕에게 바쳤다. 왕이 비담과 新
律에 서문을 써서 台耀殿에 보관하였다. 장차 판각하여 널리 펴려고 하였으나
겨를이 없다가 성왕이 죽자 뜻을 이루지 못하였다.

　　위에서 인용한 두 기록에 의하면 백제 승려 겸익은 바닷길을 이용해서 인
도에 건너 갔음을 알 수 있다. 한반도 출신의 구법승으로 인도를 방문했던 인
물로서는 7세기대 신라 출신인 阿離耶跋摩와 惠業·玄照·惠輪 등 10여 명이
알려져 있다. 初志를 이루고 무사귀국한 승려로서는 8세기의 신라 출신 慧超
를 꼽을 수 있다. 이러한 맥락에서 볼 때 겸익은 한반도 출신으로는 최초로
인도에 간 구법승으로서 이 방면의 선구자였다고 하겠다. 그러한 겸익이 인
도에 가게 된 것은 당시 중국에서는 오부율이 인도에 존재한다는 믿음에 따
른 것으로 보인다. 겸익이나 백제 조정 역시 그러한 확신을 품고 있었기에 5
부율을 스스로의 것으로 만들기 위해 求法을 결행한 것이었다.

　　겸익은 梵語와 律을 배우고 梵本을 가지고 526년에 귀국하여 승려들과 함
께 이것을 번역하였다. 범본 즉 5부 율문을 번역했다는 사실은 한국 불교사
에 있어서 획기적인 사건이라고 아니할 수 없다. 그랬기에 성왕은 우보와 고
취로 성대히 겸익을 맞아 주었다. 또 성왕은 겸익으로 하여금 흥륜사에 머물
게 하는 한편 전국의 명승 28명을 뽑아 율부 72권을 번역하게 하였다. 이것
을 새로 전래되었고, 또 새로 번역한 율이라는 의미로 '신율'로 불리었던 것
같다. 그러나 무엇보다도 이는 인도에서 직접 바다를 건너 백제로 건너온 새
로운 律이라는 뜻을 지니고 있었다. 그것은 중국 전래가 아닌 인도에서 직수

입했다는 점에서 커다란 의의를 지니고 있다. 그리고 율소 36권을 왕에게 지어 바친 담욱과 혜인은 당시 律의 전문가였던 것이다. 흥륜사의 '輪'은 '轉輪聖王이 굴리는 正法의 바퀴'라는 의미로 해석된다. 그러므로 미륵신앙과 관련된 사찰로 짐작된다. 성왕을 일컫는 明王이라는 이름 자체가 미륵신앙과 관련 있는 것으로 앞서 추정한 바 있다. 이러한 맥락에서 볼 때 율부를 번역했던 흥륜사는 미륵신앙에 의해 성왕의 전륜성왕 이념을 보급시키는 사찰로도 해석하고 있다.

겸익은 평생 아비달마와 律의 정비에 박차를 가하였다. 그럼으로써 백제 불교의 수준을 크게 심화시키는 데 기여하게 되었다. 이와 관련해 1907년 부여군 규암면에서 출토된 높이 26.5cm의 금동관음입상에 대한 평가가 주목된다. 당시 關野貞은 이 불상을 가리켜 "이 面相은 중국 북조 양식의 특색을 가장 잘 나타내고 있는데, 보관 장식품 옷의 무늬가 매우 정밀하고 치밀하여 멀리 중인도의 굽타 양식과의 관계를 연상케 한다"[7]고 평가 했다. 이러한 지적이 타당한 지는 알 수 없다. 그렇지만 겸익의 중인도 유학과 관련해 의미심장한 평가가 아닐 수 없다.

(2) 陵寺

지명에서 암시하듯이 부여군 '陵山里'는 백제가 사비성에 도읍하던 시기(538~660)의 왕릉군이 자리잡은 곳이다. 능산리고분군(사적 제14호)으로 일컬어지고 있는 이 왕릉군 왼편에는 백제 당시의 수도였던 부여 읍내를 둘러싸고 있는 羅城(사적 58호)이 길게 뻗어 있다. 이 나성과 능산리 백제 왕릉군 사이에서 1993년 말에 건물터가 확인되었다. 또 이 자리에서 백제 고고학의 최대 성과요 세기적 발견이라고 일부에서 말하는 백제금동대향로가 기적적으로 출토되어 백제 공예미술의 정수를 보여 주었다.

발굴이 진행되면서 능산리의 건물터는 당초 생각했던 왕릉에 부장되는 器

---

7) 關野貞, 『朝鮮美術史』, 朝鮮史學會, 1932, 66쪽.

物을 제작하는 工房이 아니라 절터였음이 확인되었다. 1탑 1금당과 1강당의 가람배치를 가진 사찰로 밝혀졌다. 이러한 가람 배치는 부여의 軍守里寺址의 그것뿐 아니라 일본의 四天王寺와도 동일하여 사비성 도읍기 백제 사찰 양식의 한 전형을 알게 해 준다. 동시에 고대 일본 문화의 뿌리로서 백제 문화가 지닌 의미를 되새기는 계기를 마련해 주었다.

문제는 이 절터의 성격이다. 다른 곳도 아닌 왕릉군과 불과 100m 떨어진 지점에 사찰이 들어선 데는 그럴만한 이유가 있었을 것이다. 왕릉을 수호하고 이곳에 묻힌 백제왕들의 追福을 기원하는 陵寺였음을 생각하게 한다. 이러한 경우는 고구려에서 소위 동명왕릉과 관련된 추복 사찰로서 定陵寺의 존재가 확인된데서도 방증이 된다.

그러면 능사의 창건 시기는 언제일까? 이에 대한 해답은 능사에서 출토된 舍利龕에 새겨진 명문이 주고 있다. 탑의 내부에 舍利具를 담아 두는 시설이자 화강암 석재로 제작된 사리감은 백제금동대향로가 출토된 곳에서 불과 남쪽으로 20m 떨어진 지점에 소재한 목탑터에서 확인되었다. 사리감은 목탑터 중앙에 있는 장방형 심초석 남쪽 부분 지하 114cm 깊이에서 비스듬히 놓인 채 발견되었다. 사리감은 높이 74cm에 가로·세로 각 50cm 크기로서 윗부분이 아치형을 하고 있어 마치 우체통 모양을 연상시킨다. 그 앞면의 양쪽에는 "百濟昌王十三季太歲在/ 丁亥妹兄公主供養舍利"라는 20자의 글자가 또박 또박 새겨져 있는데, 1971년 공주에서 출토된 무녕왕릉매지권의 필체를 닮은 해서체이다. 내용은 "백제 昌王 13년 정해년에 누이동생인 兄公主가 공양한 사리"라는 뜻이 되겠다. 문제는 '兄'의 고유명사 여부가 되겠다. '兄'을 위덕왕의 여동생 이름으로 단정하기 쉽다. 그러나 유의할 점이 있다. 중국에서는 漢나라 때 이래 황제의 누이를 長公主라고 하였다. 또 신라말의 「지증대사비문」에서 사찰을 짓는데 필요한 토지를 기진한 경문왕의 누이를 長翁主라고 한 '長'이라는 글자가 주목된다. 이 '長'과 유사한 의미를 담고 있는 글자가 '兄'이다. 이 점을 고려한다면, 兄公主는 국왕의 자매에 대한 호칭일 수 있다. 그러나 누이를 가리키는 '妹'라는 글자가 있는 것을 보면 석연치 않은 해석이

된다. 오히려 '맏 공주' 혹은 '큰
공주'의 뜻으로 해석하는 것도
가능하지 않을까. 여하간 위덕
왕의 여동생이요 성왕의 딸이
사리를 공양한 사실을 알게 되
었다. 나아가 그녀가 이 사찰의
창건에 핵심적인 역할을 하였음
을 생각하게 한다. 동시에 능산
리 절터는 왕실 사찰임을 알려
준다.

그러면 사리감 명문을 통해
확인된 사실은 무엇일까? 첫
째, 사리감 명문은 능산리 절터
의 창건 내력을 밝혀주고 있다.

_ 창왕명 사리감

567년에 목탑의 심초석에 사리를 공양하였다는 사실은 567년이나 그 직전
에 佛寺가 시작되었음을 뜻한다. 이 시점에 능산리에 묻힌 王者는 위덕왕의
아버지인 성왕을 제외하고는 없었다. 성왕은 신라에 의해 살해되었지만,『일
본서기』에 의하면 頭骨을 제외한 遺體는 돌려받았으므로 백제 땅에 묻힌 것
이 분명하다. 그런데 그 葬地에 관해서는 과거에 공주 송산리 왕릉군 가운데
한 基를 지목하기도 하였다. 그렇지만 능산리 절터가 위덕왕 때 창건된 능사
로 밝혀졌다. 그러므로 성왕의 능은 부여 능산리에 소재한 것으로 드러났다.
이는 중요한 시사를 던져 준다.

첫째, 도읍지를 옮기게 되면 천도를 단행한 국왕의 유택도 신수도에 조영
된다는 것이다. 북위의 효문제는 당초 평성에 능을 조영했으니 낙양으로 천
도한 후에는 신수도인 낙양의 북망산에 유택을 조성하여 그곳에 실제 묻혔
다. 백제 무왕이나 조선 정조의 능이 천도와 관련된 익산이나 신도시로 건설
한 수원에 각각 마련된데서도 방증이 된다. 나아가 이는 현재까지 미궁에 싸

여 있는 고구려 광개토왕의 능을 지목할 수 있는 근거를 제기해 준다. 광개토왕릉은 陵碑가 존재함에도 불구하고 태왕릉설과 장군총설로 나뉘어져 있었다. 중국 현지에서는 태왕릉을 광개토왕릉으로, 장군총을 장수왕릉으로 간주하는 게 통설화 되다시피 하였다. 그러니까 장수왕은 평양으로 천도하였지만 사후에는 조상들이 묻힌 만주 集安으로 歸葬되었다는 것이다. 그러나 능산리 절터 사리감 명문을 통해 사비성 천도를 단행한 성왕이 천도지에 묻힌 것이 확실시됨에 따라 귀장설은 근거가 희박해졌다. 게다가 광개토왕릉의 장군총설이 한층 힘을 얻게 되는 결과를 가져왔다.

둘째, 문헌에 등장하지 않는 폐사지의 창건자가 밝혀진 유일한 절터로서 사원고고학의 절대연대를 제공해 주었다. 567년을 창건연대로 하고 있는 이 절터는, 593년에 건립되어 일본에서 가장 오래된 국립 사찰로 알려진 시텐노지와 동일하게 탑·금당·강당이 남북 일직선상에 늘어선 가람 배치의 祖形임이 밝혀졌다. 종전에 일본의 시텐노지를, 창건 연대를 알 수 없는 부여 군수리 절터에 보이는 가람 배치의 영향을 받은 것으로 간주하였다. 다소 막연한 느낌을 주던 백제 문화의 영향을 구체적으로 확인하는 계기가 되었다. 또 능산리 절터에서 출토되는 기와를 비롯한 모든 유물의 上限이 확정되어졌다.

셋째, 사리감은 심초석 주변에서 함께 출토된 흙으로 만든 佛頭와 금동 및 은제고리·금동방울을 비롯한 595점의 유물과 함께 삼국시대 사리 裝置 연구에 획기적인 유물로 평가되어진다. 참고로 사리감은 윗 부분이 아치형을 하고 있는 특이한 형태이다. 그런데 능산리 백제 왕릉군 가운데 棺을 안치해 두는 房인 玄室의 형태가 이와 유사한 게 있다. 石室墳인 능산리 제2호분(중하총)의 현실이 바로 아치형이다. 고고학자들은 博築墳인 공주 무령왕릉의 형태를 계승한 이 고분의 조영 시기가 능산리에서는 가장 이른 것으로 주장한다. 그렇다면 뜻 모를 사리감의 형태는, 성왕의 관을 안치한 현실 구조에서 따왔을 가능성을 시사하고 있다. 필자의 추정이 옳다면 이제사 그 깊은 뜻을 헤아릴 것만도 같다. 그러면 독실한 불교 신자였던 성왕의 시신이 안치된 현실의 모양을, 성왕을 위한 원찰의 목탑 안에 그것도 사리를 봉안하는 사리감

_ 능사터 전경

의 형태로 재현시켰음은 무엇을 의미할까? 필자는 왕이 곧 부처이다 라는 '王 卽佛' 사상의 발현이 아니겠는가라고 생각해 보고 싶다.[8]

(3) 王興寺

부여군 규암면 신리에 소재한 王興寺址는 백제 법왕 때 창건이 시작되어 무왕 때 낙성된 사찰로 전한다. 이 곳 목탑터에서 靑銅 舍利器가 출토되었 다. 청동 사리기 안에는 銀甁이 있었고, 은병 안에는 金甁이 들어 있었다. 이 金甁 안에 사리가 안치되었을 것으로 본다. 그리고 사리기 겉면에는 모두 29 字가 새겨져 있었다. 사리기 「명문」 29字는 몹시 중요한 내용을 담고 있다고 판단되었다. 가령 왕흥사 창건에 앞서 건립된 목탑의 성격, 목탑에서 사찰로 기능이 확대되는 과정, 불교식 葬法에 대한 단서, 佛舍利 신앙과 불사리에 대한 독점적 지배와 分與 문제, 위덕왕에서 王弟인 혜왕으로 이어지는 왕위 계승 문제와 같은 정치적 端緒까지 제공해 주었다. 「명문」을 통해 다음과 같 은 몇 가지 사실들을 抽出할 수 있었다.

---

8) 李道學, 「최근 부여에서 출토된 사리감 명문은 무엇을 말하고 있나」 『꿈이 담긴 한국 고대사 노트』 하, 일지사, 1996, 72~82쪽.

첫째, 建塔은 佛舍利 신앙에 따라 시작된다고 한다. 이와 동일하게 백제 왕실의 불사리 숭배 신앙의 귀결처로서 지금의 왕흥사 부지에 목탑 조성이 시작되었다. 이에 짝하여 석가의 열반일에 맞추어 '立刹'하는 과정에서 사리 2매가 3매로 分顆하는 異蹟이 발생했다. 이러한 分顆는 불사리 신앙의 의미를 증폭시켰기에 追福塔이 지닌 紀念的인 성격을 강화해 주는 계기가 되었다. 그럼에 따라 왕자들의 사망이 지닌 의미가 한층 高揚될 수밖에 없었다. 결국 이것은 위덕왕의 정치·종교적 위상을 높여주는 기제가 되었다.

둘째, 왕흥사지 목탑은 577년에 건립되었으나, 왕흥사는 법왕대인 600년에 창건이 시작되었다. 그렇다면 陵寺도 567년에 목탑이 건립된 후 일정 기간이 지나 사찰이 창건되었을 가능성이다. 이러하였을 경우에는 목탑을 제외한 능사 여타 건물들의 조성 연대를 재고시켜준다. 왕실의 추복탑에서 국가적인 호국사찰로의 기능 확대 가능성도 고려될 수 있다.

셋째, 위덕왕 발원탑은 왕흥사와의 관계를 설명해 준다. 전몰했거나 또 그렇게 인식된 3 왕자를 위해 추복탑이 세워져 있었다. 그런데 위덕왕의 3 왕자는 혜왕과 그 후손들이 왕위에 오를 수 있는 단서를 제공했다. 즉 혜왕계 왕실 태동의 배경이 되었기에 단순한 왕실 관련 차원이 아니라 왕실 전체의 흥륭과 국가의 興盛을 기원하는 목적의 국가적 호국사찰로 성격이 확대되었다. 위덕왕 발원탑 부지에 세워진 호국사찰 '王興寺'는 그 이름에 걸맞게 조성되었던 것이다.

넷째, 불교 흥륭과 관련한 법왕의 역할이 포착된

_ 왕흥사지의 목탑에 부장되었던 舍利 容器

다. 법왕은 위덕왕 발원탑이 있는 부지에 왕흥사를 창건했다. 법왕은 태자시절에 고구려와의 전쟁에서 전몰한 장병을 위한 호국사찰로 烏合寺를 599년에 창건한 바 있다. 법왕은 고구려와의 전쟁과 관련해서는 오합사를, 신라와의 전쟁과 결부지어서는 600년에 왕흥사를 창건하였다. 특히 후자는 전몰한 왕자들의 追福에서 비롯된 만큼 왕실로 상징되는 국가의 흥륭을 기원하는 국가적 호국사찰로 성격이 확대·강화되었다.

다섯째, 「명문」에 보면 '백제 창왕'이 아니라 '백제왕 창'으로 기재하였다. 사리가 보여주는 異蹟 앞에서 한층 낮아지고 겸허해진 백제 왕의 모습을 비춰주고 있다. 그리고 「명문」의 경우 이체자를 구사할 정도로 한문에 대한 교양이 뛰어날 뿐 아니라 잘 쓴 필체로 밝혀졌다. 게다가 「명문」에서 『周易』의 내용도 확인되었다. 따라서 명문은 백제의 漢文化 수준을 가늠해 주는 자료로 평가된다.

여섯째, 「명문」을 남긴 목적이다. 柱礎에 사리 안치하는 의식 때 2매였던 사리가 3매로 化했다는 異蹟을 기념하기 위해서였다. 이 사건은 위덕왕 발원탑 건립의 정당성과 더불어, 패전하고 있지만 그럴수록 자신이 추진하는 전쟁의 정당성을 암시해 준다. 그럼으로써 귀족들의 불만을 잠재우고 護國에너지 결집에 지대한 자산으로 기능할 수 있다는 정치적 효과를 겨냥했던 것 같다. 이러한 應驗 현상은 무왕대의 제석정사 목탑 화재 건에서 보듯이 정치적 기제로써 영향을 미치는 계기가 되었다.

일곱째, 왕실이 선도하는 추복탑 건립으로 불교식 葬禮 文化의 파급을 유발했다. 막대한 비용을 분묘 조성에 쏟기 보다는 불교적 내세관과 관련하여 薄葬과 화장의 유행을 촉발하는 요인이 되었을 것이다. 나아가 이는 왕실이나 귀족들의 원찰 창건으로 이어졌다고 본다. 주지하듯이 대좌평 사택지적의 願刹이 대표적인 사례에 속한다.

여덟째, 왕흥사지 목탑은 왕흥사 조성 이전에 건립되었던 만큼, 그 건립 목적을 분명히 나타내기 위해서라도 '위덕왕 발원탑' 혹은 '위덕왕 3 왕자 추

복탑'으로 命名하는 게 좋을 것 같다.[9]

(4) '定林寺址' 樣式

『삼국사기』에서 확인된 부여 지역 백제 사찰로서는 왕흥사·천왕사·백석사·도양사 등이 보인다. 이러한 사찰은 중국 史書에서 백제에 "寺塔이 매우 많았다"[10]고 한 다수의 사찰 가운데 편린에 불과한 것이다. 부여 지역의 많은 사찰 가운데 '定林寺址'는 사비도성의 한 복판에 소재하였다. 이로 볼 때 '정림사지'는 기획된 사찰 區間이었을 가능성을 높여준다. 條坊制가 실시된 사비도성 한 복판에 소재하고 있다는 것은 '정림사지' 구역이 천도 때 이미 설정되었을 가능성을 제기해 주었다.[11]

그러나 '정림사지' 부지의 사찰 창건 이전 토층에서 백제 삼족토기와 蓋杯 등이 출토되었다.[12] 이 사실은 사비도성 기획과 더불어 '정림사'가 창건되지 않았음을 뜻한다. 그런 만큼 541년에 백제가 梁에 요청한 기술자들의 지원으로 정림사가 창건되었다는[13] 견해는 설득력을 잃었다. 왜냐하면 최근의 발굴 성과와 考古地磁氣 測定 결과를 토대로 한 보고서에서 '정림사'는 7세기대 조성으로 추정되었기 때문이다.[14] 그럼에 따라 梁 武帝의 內諾에 따른 정림사 寺名 使用說과 538년 천도 이전의 기본적인 그 외곽 完成說은 의미를 잃었다.

---

9) 李道學, 「〈왕흥사지 사리기 명문〉 분석을 통해 본 백제 위덕왕대 정치와 불교」 『한국사연구』 142, 2008; 『백제 사비성시대 연구』, 일지사, 2010, 61~62쪽.

10) 『周書』 권94, 異域上, 백제 조.

11) 논자들이 일반적으로 사용하는 사비도성의 條坊制는 部와 그 밑의 구획인 巷으로 구분한데서 비롯되었다. 이러한 용어 사용은 坊墻 有無와는 무관한 것이다.

12) 國立扶餘文化財研究所, 『扶餘 定林寺址』, 2011, 317쪽.

13) 李炳鎬, 「부여 정림사지 출토 소조상의 제작 시기와 계통」 『美術資料』 74, 2006, 53쪽. 李炳鎬, 「扶餘 定林寺址式 伽藍配置의 展開와 日本의 初期寺院」 『百濟研究』 54, 2011, 123쪽.

14) 國立文化財研究所, 『扶餘 定林寺址』, 2011, 321쪽.

그런데 탑→금당→강당이 南北 子午線上에 배치된 가람 구조는 '정림사지'와 군수리사지, 능사를 비롯한 백제 가람의 대표 양식이다. 불사리가 봉안된 塔과 불상이 모셔진 금당, 부처의 말씀을 講說하는 강당이 남북 일직선상에 배치된 구조는 王卽佛을 표방한 당시 백제 왕권의 존재 양태와 무관하지 않아 보인다. 국왕을 축으로 한 강력한 일원적인 왕권을 상징하는 가람 구조로서 '정림사지 양식'이 탄생한 것으로 보인다. 물론 '정림사지 양식'은 부여 지역 최초의 사찰터인 용정리사지에서 출발하였지만, 대표적인 가람인 관계로 그러한 이름을 붙일 수 있다.

'정림사지 양식'은 백제 왕권과 관련한 특유의 가람 양식으로 해석된다. 즉 용정리사지와 왕실 원찰인 능사와 寺格이 높은 군수리사지 등에서나 보이는

_ '정림사지'와 백마강 그리고 浮山

양식인 것이다. 일본열도 최초의 官立 寺刹인 四天王寺에서는 '정림사지 양식'이 나타난다. 주지하듯이 四天王寺의 창건은 聖德太子의 誓願과 백제의 지원에서 유래하였다. 四天王寺는 결국 왜국에 불교가 뿌리를 내리는 획기적인 轉機가 된 상징성이 큰 사찰이었다.[15] 이러한 특별한 이유로 인해 백제 왕권을 상징하는 가람 양식이 왜국에 직접 등장한 것으로 보인다.

그런데 꽉 짜여진 도성제하에서 일정한 面積을 필요하는 사찰 조성의 임의성은 현실적으로 어려웠을 법하다. 이 경우는 귀족의 宅地를 사찰화하는 방법을 상정할 수 있다. 그리고 몰수한 귀족의 저택을 사찰로 전환하는 경우도 고려할 수 있게 된다. 위덕왕대에 백마강 北岸에 왕흥사가 창건된 이유도 기실은 도성 내에 더 이상의 사찰 부지가 존재하지 않았기 때문일 수 있다. 이와 맞물려 사택지적비에 보이는 귀족들의 氏寺는 도성 바깥에도 소재했을 것이다.

2) 고려시대의 寺刹 문화

고려시대 부여 지역의 불교 문화를 알려주는 문헌 기록은 거의 남아 있지 않다. 다만 "보광사: 성주산에 있는데, 此君樓가 있다. 元나라 危素가 지은 重創碑에 …"라는 기록 정도에 불과하다. 그것도 조선시대 기록에 적혀 있는 정도이다. 반면 유적과 유물은 일부 전하고 있다. 가령 장암면 장하리의 장하리 3층석탑(보물 제184호), 임천면 구교리의 대조사 석조미륵보살입상(보물 제217호)와 대조사 석탑(문화재자료 제90호), 석성면 현내리의 현내리부도(충남유형문화재 제22호), '정림사지' 석불좌상(보물 제108호), 현재 조왕사에 봉안된 금성산 석불좌상(충남유형문화재 제23호), 석목리 석조비로자나불좌상(충남유형문화재 제24호), 홍산 상천리 마애불입상(충남유형문화재 제140호), 傳天王寺

---

15) 이에 대해서는 李道學, 「古代 東아시아 佛敎와 王權」『충청학과 충청문화』 13, 충청남도역사문화연구원, 2011, 51~53쪽을 참조하기 바란다.

_ 부여군 홍산면에 소재한 무량사

址. 석조여래입상(충청남도 문화재자료 제106호), 초촌면 세탑리의 세탑리 5층석
탑(충남유형문화재 제21호)이 대표적이다. 고려시대 절터는 다음과 같이 확인된
다.[16]

> 청간사지(규암면 신리)
> 한산사지(규암면 장하리)
> 경룡사지(부여읍 용정리)
> 고루고개폐사지(부여읍 쌍북리)
> 노은사지(부여읍 석목리)
> 엄동곡폐사지(부여읍 쌍북리)
> 현내리사지(석성면 현내리)
> 성림사지(세도면 사산리)

---

16) 부여군지편찬위원회, 『부여의 문화유적』, 2003, 161~166쪽.

화수리사지(세도면 화수리)

보광사지(충청남도기념물 제98호. 임천면 가신리)

숭각사지(은산면 각대리)

화성리사지(외산면 화성리)

세탑리사지(초촌면 세탑리)

안양사지(홍산면 홍량리)

홍량리사지(홍산면 홍량리)

이와 더불어 누락시킬 수 없는 사찰터가 '정림사지'가 된다. 주지하듯이 '定
林寺'라는 寺名은 1942년에 현재의 '정림사지'를 발굴 조사하면서 강당터에
서 출토된 기와편에 적힌 '大平八年戊辰定林寺大藏當草'라는 명문에서 비롯
되었다. 그런데 '定林寺'는 '大(太)平八年' 즉 1028년(고려 현종 19) 연대가 적힌
명문와에 보이는 寺名일 뿐이다. 백제 당시의 寺名은 알 수 없었고, 고려시대
銘文瓦의 성격 자체도 명확하게 구명하지 못했다. 사실 본 명문와가 출토된
장소는 비로자나불좌상이 봉안된 고려 때 금당지였다. 따라서 지금의 '정림
사지'가 고려시대 때도 '정림사'로 일컬어졌는지 여부는 명확하지 않다.[17] 그
럼에도 "고려시대에 이 절이 定林寺로 불렸으며 대장전이라는 전각이 있었음
을 말해주는 것이라 하겠다"[18]고 단정했다. 최근의 발굴 성과를 담은 보고서
에서도 "(이 명문와를 통해) 고려시대에는 사찰의 명칭이 '정림사'였다는 것을 확
인할 수 있었다"[19]고 확정 짓는 언급을 하였다. 나아가 前者는 고려시대 寺
名이 백제 당시까지 소급될 수 있다는 전제하에 南朝 建康의 定林寺를 의식
한 명칭이 백제 정림사였다고 했다.[20] 聖德太子가 건립한 일본 飛鳥의 定林

---

17) 李道學, 「定林寺址 五層塔 碑銘과 그 작성 배경」『백제 사비성시대 연구』, 일지사,
    2010, 301쪽, 註 18.

18) 李炳鎬, 「부여 정림사지 출토 소조상의 제작 시기와 계통」『美術資料』74, 2006, 51쪽.

19) 國立扶餘文化財硏究所, 『扶餘 定林寺址』, 2011, 322쪽.

20) 박순발도 이와 동일한 견해를 제기하였다(박순발, 『백제의 도성』, 충남대학교 출판

寺도 존재하는 것을 볼 때 定林寺라는 寺名은 백제 때까지 충분히 소급될 수 있다는 것이다.[21)]

그러면 이 문제를 검증해 보도록 한다. 최근의 발굴 성과에 따른 확정된 伽藍 配置인 '정림사지 유구 복원도'에는 大藏殿의 존재가 확인되지 않았다.[22)] 더구나 동일한 명문와(이후 '명문와'로 略記한다)는 강당지 뿐 아니라 북승방지·강당 북쪽 와적기단 외곽의 흙갈색사질점토층·동승방지·강당지 서편 와적기단건물지 외곽 등에서도 출토되었다.[23)] 이는 명문와의 출토지가 지닌 의미가 없어졌음을 뜻한다. 그리고 '大平八年'銘瓦가 '정림사지' 뿐 아니라 부소산성이나 관북리 유적·석목리에서도 출토되었다. 이 사실은 현재의 '정림사지'가 고려시대 때의 '정림사지'가 아님을 확정 짓고 있다. 이와 더불어 간과할 수 없는 것은 '정림사지'에 고려시대 때 기와를 공급하기 위한 가마가 설치된 사실이다.[24)] 그럼에도 이곳에서 '定林寺'銘瓦가 단 한 점도 출토된 바 없다. 이 사실은 다른 곳에서 잉여분의 '定林寺'銘瓦가 공급되었음을 뜻한다. 따라서 '定林寺址'의 寺名이 '定林寺'가 될 수 없다는 사실이 밝혀졌다. 참고로 부소산성에서 출토된 고려시대의 명문와를 통해 '沙尒寺'의 존재가 확인된다.[25)] 이 사실은 부여 지역에서는 고려시대에도 여전히 많은 사찰들이 운영되었음을 시사해 준다.[26)]

부, 2010, 218쪽).

21) 李炳鎬, 「부여 정림사지 출토 소조상의 제작 시기와 계통」『美術資料』 74, 2006, 52~53쪽.

22) 國立扶餘文化財硏究所, 『扶餘 定林寺址』, 2011, 83쪽.

23) 國立扶餘文化財硏究所, 『扶餘 官北里 遺蹟發掘報告Ⅴ-2001~2007년 調査區域 統一新羅時代以後遺蹟篇-』, 2011, 169~174쪽.

24) 國立扶餘文化財硏究所, 『扶餘 定林寺址』, 2011, 129·337쪽.

25) 최맹식, 「부소산성의 기와」『扶蘇山城을 다시 본다』, 주류성, 2006, 336~337쪽.

26) 이상의 서술은 李道學, 「百濟 泗沘都城과 '定林寺'」『白山學報』 94, 2012, 125~129쪽에 의하였다.

해방 이듬해 봄날 부여 읍내 舊校里 즉, 향교가 있던 동리에서는 깨어진 비편이 한 장 출토되었다. 화강암을 거칠게 다듬은 비편에는 해서체로 쓰여진 다음과 같은 3行의 시구가 천행으로 남아 있었다.

樓에 오르니 저녁 쇠북소리 들리고 / 登樓聞夕磬
壁에 다다르니 殘春이 아깝더라 / 臨壁惜殘春
天授 2년에 지은 절인데 / 天授二年刹
거듭 … 돌아 왔더라 / 重回△△近

韓啓源

우의정까지 올랐던 韓啓源 (1814~1882)이 2차례에 걸쳐 부여에 있는 어느 사찰에 들른 후 所懷를 읊은 것이라 하겠다. 천수는 고려 태조 때의 연호인데, 그 2년은 919년이다. 그리고 보면 이 사찰은 천년 넘는 古刹인 것인데, 백마강을 굽어 보는 풍광 수려한 부소산 기슭 어디에 소재하였기에 詩心이 자연 발동하지 않았을까. 비편의 출토지가 부소산 밑의 구교리인 점에서 더욱 그러한 느낌이 든다.[27) 고려시대에 창건한 사찰인지라 언급해 보았다.

_ 부여군 임천면에 소재한 대조사 미륵불

---

27) 李道學, 『살아 있는 백제사』, 휴머니스트, 2003, 339~340쪽.

4. 전통사찰의 推移
—조선시대 부여 지역의 寺刹과 관련하여

조선시대 부여 지역의 불교 문화에 대해서는 정치적 사건과 관련해 등장할 뿐이다. 이러한 부여 지역의 조선시대 절터에 대해서는 다음과 같이 조사된 바 있다.[28]

道泉寺址(부여군 향토유적 제29호. 은산면 대양리)
金寺里寺址(구룡면 금사2리)
雲峙里寺址(내산면 운치3리)
吏隱庵址(부여읍 쌍북리)
晩智里寺址(충화면 만지3리)
懸崖寺址(은산면 대양리)

조선시대에 창건된 사찰 6곳이 터만 남아 있는 사실이 확인되고 있다. 그러면 백제 때의 사찰들은 후대에 어떻게 존속해 왔을까? 이는 조선시대 부여 지역의 사찰 현황에 대한 다음의 기록을 통해 살필 수 있다.

『新增東國輿地勝覽』

扶餘縣

崇角寺·道泉寺: 모두 鷲嶺山에 있다.

鷲龍寺·普覺寺·望月寺: 모두 望月山에 있다.

虎巖寺: 虎巖山 天政臺 아래에 있다. 바위가 하나 있고, 그 위에 호랑이의 자취가 있기 때문에 그렇게 이름했다고 한다.

皐蘭寺: 부소산에 있다.

---

28) 부여군지편찬위원회, 『부여의 문화유적』, 2003, 166~168쪽.

望心寺: 鷲嶺山에 있다.

石城縣
正覺寺·郡覺寺·兜率菴: 모두 望月山에 있다.

林川郡
西浮圖菴: 聖住山에 있다.
西資福寺: 乾止山에 있다. 절 남쪽에 石橋가 있다.
東資福寺: 聖興山에 있다. 절 남쪽에 石橋가 있다.
龍淵寺: 南堂津 북쪽 기슭 위에 있다.
香林寺·香德寺: 모두 天燈山에 있다.
普光寺: 聖住山에 있는데, 此君樓가 있다. 元나라 危素가 지은 重創碑에 …

鴻山縣
積善寺: 天寶山에 있다.
無量寺·兜率菴·普賢寺: 모두 萬壽山에 있다.
棲雲山: 天寶山에 있다.

『輿地圖書』
扶餘縣
道泉寺: 관아의 서쪽 30리, 天涯山 밑에 있다.
崇角寺: 관아의 서쪽 30리, 鷲嶺山 밑에 있다.
皐蘭寺: 관아의 북쪽 3리쯤, 강가에 있다.
鷲龍寺: 관아의 동쪽 10리에 있다.
望月寺: 관아의 동쪽 30리에 있다.
普覺寺
虎巖寺: 옛날에는 있었는데 지금은 없어졌다.
浮山寺: 옛날에는 있었는데 지금은 없어졌다.

石城縣
正覺寺: 관아의 북쪽 9리, 太祖峰 밑에 있다. 法堂 3칸, 禪堂 1房, 僧堂 1

房, 正門 3칸, 승려가 10명이다.

  兜率菴: 정각사와 같은 기슭에 있다. 1房이다. 승려가 3명이다.

  明寂菴: 관아의 동쪽 7리, 鳳凰山 밑에 있다. 승려가 2명이다.

  林川郡

  香林寺: 관아의 서쪽 10리에 있다.

  香德寺: 관아의 서쪽 10리에 있다.

  德林菴: 관아의 서쪽 15리에 있다.

  五德寺: 관아의 서쪽 10리에 있다.

  巍山寺: 관아의 서쪽 30리에 있다.

  聖林寺: 관아의 동쪽 15리에 있다.

  大鳥寺: 관아의 동쪽 2리에 있다. 큰 石佛이 있는데, 灌燭寺의 彌勒과 서로
대등하다고 한다.

  普光寺: 성주산에 있으며, 此君樓가 있다. 중국 元나라 危素가 지은 重創碑
에 이르기를 …

  鴻山縣

  積善寺: 天寶山에 있었는데, 지금은 없다.

  無量寺·兜率菴·普賢寺·內院菴: 4절 모두 萬壽山에 있다.

  棲雲寺·天寶寺·周浦寺: 3절 모두 天寶山에 있다.

  新菴: 峨嵋山에 있다.

  仙庭菴: 新菴 위에 있다.

  高德寺: 飛鴻山에 있다.

  金地菴: 月明山에 있다.

  望心寺: 望心山에 있다.

위의 기록을 통해 부여 지역 사찰의 법등이 이어지는 경우는 희소했음을 알
수 있다. 왜냐하면 이는 다음과 같은 현재 부여 지역 사찰의 존재와 대비
해 볼 때 명백해지기 때문이다.

사찰 이름	소재지	성격
송림사	부여읍 정동리	
비로사	부여읍 관북리	
皐蘭寺	부여읍 쌍북리	제6교구 말사, 전통사찰
보리사	부여읍 저석리	
錦城庵	부여읍 동남리	
朝王寺	부여읍 동남리	제6교구 말사, 전통사찰
고란사 포교당	부여읍 구아리	
호암사	규암면 호암리	
태광사	규암면 외리	
靑龍寺	규암면 신리	
법륜사	규암면 규암리	
개운사	규암면 라복리	
원각사	임천면 만사리	
大鳥寺	임천면 구교리	제6교구 말사, 전통사찰
보광사	임천면 가신리	
해광사	홍산면 홍양리	
태조암	외산면 만수리	제6교구 무량사 산내암자
유신암	외산면 반교리	
신선암	외산면 갈산리	
無盡庵	외산면 만수리	제6교구 말사, 전통사찰
無量寺	외산면 만수리	제6교구 말사, 전통사찰
兜率庵	외산면 만수리	제6교구 무량사 산내암자
華嚴寺	외산면 화성리	
쌀바위 미암사	내산면 저동리	
문성사	내산면 금지리	
金池庵	내산면 금지리	제6교구 말사, 전통사찰
구룡사	내산면 저동리	
광명사	내산면 묘원리	
正覺寺	석성면 정각리	제6교구 말사, 전통사찰
우성사	남면 마정리	
연화사	구룡면 구봉리	
부흥사	구룡면 논티리	
成源寺	장암면 합곡리	

사찰 이름	소재지	성격
불심사	장암면 점상3리	
묘법사	장암면 점상리	
명오사	장암면 원문2리	
불광사	세도면 귀덕리	
본불사	세도면 수고리	
봉선암	은산면 홍산리	
덕진암	은산면 회곡리	
문수사	초촌면 응평리	
五德寺	충화면 오덕리	제6교구 말사, 전통사찰
구환사	옥산면 가덕리	
가연사	옥산면 홍연리	

현재 부여 지역의 寺菴의 전체 숫자는 44곳에 이른다. 그런데 이 중 전통 사찰은 9곳에 불과하다. 우선 1530년에 편찬된 『신증동국여지승람』에서 확인되는 16세기 중반 이전 부여 지역 사찰 數字는 24곳이었다. 그런데 24곳의 사찰 가운데 法燈이 이어진 곳은 고로사와 정각사, 그리고 무량사 밖에는 보이지 않는다. 18세기 후반에 편찬된 『여지도서』에 따르면 그러한 것이다. 이와 관련해 우선 다음과 같은 기록이 남아 있는 호암사의 존재가 주목된다.

　　또 虎嵒寺에는 政事嵒이 있다. 국가에서 장차 宰相을 의논할 때에 뽑을 만한 사람 서너 명의 이름을 써서 상자에 넣고 봉하여 바위 위에 두었다가 얼마 후에 열어 보아 이름 위에 도장이 찍힌 자국이 있는 사람을 재상으로 삼았기 때문에 그렇게 이름하였다.[29]

위의 기사에 따르면 백제 때 재상 선출과 관련한 政事嵒과 엮어져 그 소재지를 알려주는 지표로서 虎嵒寺가 등장하고 있다. 그런데 호암사가 백제 때

---

[29] 『三國遺事』권2, 紀異 第2, 南扶餘 前百濟 北扶餘.

사찰인지는 알 수 없다. 다만 고려시대 때 그러한 사찰이 존재했음을 확인할 수 있다. 그러면 호암사는 언제 폐사되었을까? 이와 관련해 1670년에 具鳳齡이 지은 다음의 글귀가 주목된다.

> 鬱鬱蒼雲白晝陰 半天笙籟老蛟吟 霜聰舊日曾遊處 十載重來客裏心 右汪津松亭笙茅寂 歷歷成村 細柳紅桃日在門 贏得閒居無外事 落花流水認桃源 右夢道村筆頭雷電李長 沙 砥柱奔流屹不斜 留得千年江上月 明心皎皎照煙霞 右石灘高麗李正言存吾謫居之地 問之則水失故道 難今爲陸云 層崖影倒碧波中 雨洗苔痕綠錦濃 縷縷香風吹不斷 白蘋洲畔晚花紅 右東岸絶壁風流詩眼破天奇 半沒江霏半沒漪 手劚鶴根供醉興 玉壺春色繫靑絲 右蘆巖 在虎巖寺下 李校理景涵遊於此 與主守飲 菜蘆根爲酒肴而醉罷云 故名之 煙濤渺渺思茫然 故國陳蹤不記年 寂寞姑蘇城外寺 啼鳥落月曉鐘天 右虎巖寺淫荒只欲逞遊娛 托號唯應上帝誣 畢竟忠言都見斥 吳宮麋鹿滿姑蘇 右天政臺彎彎缺月抱山回 宮闕遺墟草樹頹 自速顚躋誰復咎 暮風長笛不勝哀 右半月城金陵王氣莽邱墟 回首繁華鳥過虛 獨有開元遺寺在 波聲月色夢魂餘 右皐蘭寺陳圍羅綺與時偕 白屋飢寒不 …30)

위의 글귀에서 호암사의 존재가 분명히 보이고 있다. 그렇지만 『여지도서』에 보면 호암사가 폐사되었음을 알려준다. 이로 볼 때 호암사는 1670년 이후 200년 안에 폐사된 것으로 추정할 수 있다.

고란사에 대해서는 1532년 8월에 지은 '부여의 고란사를 유람하다'는 詩句가 『양곡집』에 전하고 있다. 그리고 茶山 정약용이 지은 다음의 시구는 조선 후기 고란사의 상황을 반영해준다.31)

고란사를 찾아가 / 訪皐蘭寺[절은 이미 허물어졌다]

---

30) 『栢潭集』권2, 「栢潭先生續集」七言絶句. "發定山抵汪津 敎授姜君節 縣監洪君可臣 察訪金君欽同舟向扶餘紀行"

31) 『茶山詩文集』권2, 詩.

고란사 있던 자리 강가에 와서 / 江上皐蘭寺
배 매고 석양까지 서성거리네 / 維舟到日昏
꽃은 옛 주춧돌에 아직 피었고 / 方花餘古礎
가을 대 무너진 담 뒤에 숨었네 / 秋竹隱頹垣
서럽다 여기 찾은 옛사람 자취 / 怊悵登臨跡
흐릿할손 먼 옛날 전쟁의 흔적 / 空濛戰伐痕
하정이 남긴 시구 좋기도 하구나 / 苄亭詩句好
읊으며 구경하니 넋이 녹누나 / 吟眺獨銷魂

낙화암 밑의 고란사는 고려 말에 그 존재가 다음에서 포착된다. 李穀 (1298~1351)의 『가정집』에 수록된 「舟行記」의 다음 구절에서 '僧舍'라고 하여 보인다.

그 이튿날에 扶餘城 落花岩 아래에 이르렀다. 옛날에 唐나라가 蘇將軍을 보내 百濟를 쳤는데, 부여는 바로 그때의 도읍지였다. 당시에 포위를 당하여 상황이 매우 급박해지자 君臣이 궁녀들을 놔두고 도망쳤는데, 궁녀들이 의리상 당나라 군사들에게 몸을 더럽힐 수 없다고 하여 떼를 지어 이 바위에 이르러 강물에 몸을 던져 죽었다. 그래서 낙화암이라고 이름 지은 것이다. 부여의 監務가 바위 모퉁이에 있는 僧舍에 음식을 차렸다.

위의 僧舍는 고란사를 가리킨다고 하겠다. 참고로 1287년에 집필된 『제왕운기』 '百濟紀'에 보면 낙화암이 언급되어 있다. 다음은 落花巖이라는 고유명사로는 가장 오래된 기록이다.

낙화암은 대왕포에 솟아 있다 / 落花巖聳大王浦
(大王)浦는 왕이 항상 놀았던 곳이라서 이름이 생겨났다 / 浦以王常遊得名
(落花)巖은 궁녀들이 떨어져 죽었기에 이름이 생겼다 / 巖以宮女墮死得名
제가 이런 연유로 나가 그곳에서 직접 놀았다 / 臣因出按親遊其處

은산면 대양리에 소재한 道泉寺는 그 존재가 다음에서 보인다. 즉 1571년에 蘇世讓이 지은 詩에 보면 "咸兄往道泉寺針灸(『陽谷集』 권10, 詩)"라고 하였다. 1617년에 高敬命이 지은 詩에도 "道泉寺 宿梅上人方丈(『霽峯集』 권4, 詩)"라고 하여 보인다. 李達이 지은 五言律에도 "宿道泉寺明月寮(『蓀谷詩集』 권3)"라고 하여 포착된다. 1738년(영조 14)에 건립된 道泉寺 事蹟碑는 조각이 조잡한 龜趺에 비신을 세우고 그 위에 가첨석을 올린 비이다. 비문은 鄭彦忠이 짓고, 글씨는 鄭彦弼이 1.7㎝ 해서로 써서 전면에만 새기고, 碑額은 6㎝ 해서로 새기었다. 탑본은 전면 한 장으로 찰탑이다. 도천사는 다음에서 보듯이 실록에서도 보인다.

　　* 사헌부가 아뢰기를, "역적들을 다스리는 獄事는 사체가 지극히 중한 것이어서 진실로 조정의 명령이 없이는 감히 멋대로 처리할 수 없는 것입니다. 충청도 都事 李贇은 定山에 가둔 역적들을 더러는 斬하고 더러는 놓아 주고 하여 자기 멋대로 처결한 것이 80여 명이나 되니 지극히 놀랍습니다. 監司 李廷馣이 만일 자신의 명령으로 도사에게 분부한 것이라면, 마땅히 먼저 품하여 재가를 받아야 할 일인데 啓聞하지 않았으니 그의 죄도 또한 큽니다. 아울러 먼저 파직한 다음 추고할 것을 명하소서. 역적 괴수 李夢鶴이 扶餘의 道泉寺에서 음모를 꾸몄으므로 이로 인해 本縣의 아전이나 백성으로 역적을 따른 자가 많았는데, 연루자를 잡아내는 통에 …32)

　　* 존중이 또 아뢰기를 "石城의 내수사 노비 9인을 扶餘의 道泉寺와 定山의 定惠寺에 주어 蹲柿를 진상하는 일을 돕도록 하였습니다. 그러나 이름이 아직도 貢案에 남아 있어서 계속 이중으로 세금을 물리고 있으니, 조사해서 바로잡는 것이 …33)

道泉寺가 조선 후기까지 존속했음은 『여지도서』에서도 확인되고 있다. 그

---

32) 『선조실록』 선조 29년 7월 29일 조.
33) 『정조실록』 정조 15년 1월 28일 조.

밖에 萬曆 연간(1573~1620)에 柳成龍(1542~1607)이 지은 다음과 같은 「義烈祠記」에 보면 驚龍寺의 존재가 확인된다.

扶餘: 古百濟氏之墟也 當濟之亡也 其臣有以直諫死者曰佐平成忠 有厄窮無怨 臨危獻忠者曰佐平興首 有捐生抗節 以死衛國者曰將軍階伯 其後七百餘年 高麗氏 之季 李正言存吾 奮章斥姦 貶爲長沙監務 縣北十里石灘 實李氏舊居 有旌門在焉 至今遺民故老 往往道其風烈 而俎豆尸祝之典 闕焉莫之擧 顧無以振芳聲而聳觀瞻 甚爲一縣吏民之羞 萬曆乙亥 余友洪侯興道受命分符于玆邑 旣至於簿領文案之暇 考圖披牒 得四人者 慨然發歎曰 此寧非爲守者責也 乃謀於一縣父老 圖爲祠宇 卜 地得望月山驚龍寺之北 山盤水抱 境高勢敞 允宜安靈之所 於是 興道捐俸節廩 召 募遊手 役不煩民 數月訖功 廟成 率吏民享之 旣而事聞于朝 上嘉之 命賜額曰義烈 祠 所以樹風聲而垂後範也 竊惟百濟有邦 介居二國之間 以富强稱 其末也 昏庸御 國 斬劓鉗下 擧朝結舌 獨有如成公者起而爭之 奮不顧身 至其纏徽縲 賦絶命 猶 能陳國家大計 庶幾乎王 ….[34]

그러한 경룡사는 『輿地圖書』에서도 확인된다. 그러나 현재 경룡사는 존재하지 않는다. 이로 볼 때 경룡사는 19세기경에 폐사되었을 가능성이 높다. 다음은 임천면에 소재했던 普光寺에 관한 논의가 된다.

이리하여 여러 고을의 자복사를 모두 名刹로 대신하였는데, … 慈恩宗에 僧嶺의 觀音寺·楊州의 神穴寺·開寧의 獅子寺·楊根의 白巖寺·藍浦의 聖住寺·林州의 普光寺·宜寧의 熊仁寺·河東의 陽景寺·綾城의 公林寺·鳳州의 成佛寺·驪興의 神異寺·金海의 甘露寺·善州의 原興寺·咸陽의 嚴川寺·水原의 彰聖寺·晉州의 法輪寺·光州의 鎭國寺이고 …[35]

위의 기사에 보면 '林州의 普光寺'가 등장한다. 이 곳은 임천면의 普光寺를

---

34) 『晩全集』 권6, 附錄 義烈祠記.

35) 『태종실록』 7년 12월 2일 조.

가리킨다. 그런데 위의 기사에 보이는 1406년(태종 6) 3월의 의정부 啓請에는 보광사가 11宗 중에 慈恩宗에 속해 있었다. 그 이듬 해에 7종으로 축소된 宗派 이름 속에 역시 자은종이 보인다. 그러나 1424년(세종 6)에 모든 종파가 폐합되어 선종과 교종으로 만들어졌을 때 자은종은 교종 속에 편제되고 말았다. 자은종은 고려시대에 건립한 법주사 慈淨國尊碑에서 '大慈恩宗師' 등의 명문이 보이고 있다. 따라서 고려시대에 자은종의 존재는 확인되었다. 자은종에 속한 보광사는 다음의 기사에서도 보인다.

　　지난번 본군 普光寺의 중이, 군수가 포학하고 무례하다고 本宗에 호소함으로써 본 종이 內需司에 牒報하여 자전께 계품하였으므로 中使를 보내어 적간하니 그 일이 헛소문이 아니었다. 그런데 중사가 돌아오던 날, 조보는 더욱 심하게 성을 내고 중을 죽이려고 마구 때려서 상처를 입혔으니 파직하라. 자전이 중사를 파견했을 때, 조보가 보광사의 완악한 중을 구타했는데 중사가 입궐하여 아뢰었기 때문이다. 宦寺와 중은 모두 때를 얻은 듯 거리낌없이 방자한 짓을 하고서 ...36)

　普光寺는 『여지도서』에서도 확인된다. 그러나 현재 보광사는 존재하지 않는다. 그러므로 보광사는 조선조 말기에 폐사된 것으로 보인다. 보광사터로 전해지는 임천면 가신리의 탑에서 수습된 사리구가 현재 국립부여박물관에 소장되어 있다.37)

5. 맺음말

백제 성왕이 크게 흥륭시킨 불교 문화는 倭에도 지대한 영향을 미쳤다. 현

---

36) 『명종실록』 15년 4월 2일 조.
37) 부여군지편찬위원회, 『부여의 문화유적』, 2003, 216쪽.

재 부여군의 금강변에 소재한 선화공원에는 일본인들이 1972년에 세워놓은 불교전래사은비가 있었다. 그에 의하면 "백제 불교는 일본 欽明朝(552)에 백제 제26대 성왕이 傳한데서 시작된다. 그로부터 발전을 거듭해서 일본 문화의 精華를 이룩하였다. 일본 불교도는 그 恩德을 千秋에 잊을 수 없어 …"라는 구절이 보인다. 동아시아 세계에서 백제 불교의 寄與度를 읽을 수 있는 문자가 아닐까?

부여 지역에서는 백제 30곳, 고려 15곳, 조선 6곳, 총 51곳의 절터가 확인되었다. 임진왜란 이전의 조선 전기의 사찰 실태는 『신증동국여지승람』을 통해 볼 때 부여 지역은 24곳이었다. 반면 조선 후기의 부여 지역 사찰은 『여지도서』를 통해 27곳이 확인되었다. 현재 부여 지역에는 44곳의 寺菴이 소재하고 있다.

문헌에 등장하는 고려시대와 조선시대 부여 지역 사찰 몇 곳만 뽑아보면 다음과 같다. 즉 慈恩宗에 속한 고려시대의 보광사, 17세기 후반에도 그 존재가 확인된 호암사, 영의정 柳成龍(1542~1607)이 지은 글귀에 등장하는 경룡사, 茶山 정약용의 詩句에 등장하는 千年古刹 고란사, 『여지도서』에서 "法堂 3칸, 禪堂 1房, 僧堂 1房, 正門 3칸, 승려가 10명이다"라고 하여 가장 구체적인 기록이 보이는 정각사, 그리고 백제계 塔과 金時習의 影堂과 浮屠로 유명한 무량사, 詩人 墨客들이 노닐었을 뿐 아니라 李夢鶴의 謀議 장소로도 알려진 도천사(은산면 대양리)가 그곳이다. 중국 사서에서 "寺塔이 매우 많았다"고 한 정도는 아니다. 그렇지만 부여 지역에서 불교 문화가 흥륭했던 편린을 엿 보여 주고도 남는다.

특히 무량사의 경우 보물 제185호(5층석탑), 보물 제233호(석등), 제356호(극락보전)와 같은 總 3個 所 보물이 보존되어 있다. 현재 부여 관내의 사찰 가운데 무량사의 비중을 헤아려준다.

〈出典〉「부여 지역의 불교 문화」『부여의 불교문화, 민속문화 그리고 수륙재』, 부여군 불교사암연합회, 2015, 11~40쪽.

2장
'한중일 古代 寺院史로 보는
王興寺의 위상' 토론문

1. 머리말

田中俊明 先生의 발표문이 너무 늦게 도착하였다. 기한을 잘 지키기로 정평이난 일본인 학자들과는 사뭇 달랐다. 토론자로서는 田中俊明 선생은 일본인이 아닌가 싶어 보였다. 발표문은 예상했던대로 토론자가 학생들과 답사하는 날 도착하여 읽어볼 틈이 없었다. 그렇지만 토요일인 9월 16일 하루를 투자하여 읽어 보았다. 그 결과 몇 가지 질문과 소견을 피력하여 田中俊明 선생 논고에 대한 완성도를 높이는데 보탬이 되고자 하였다.

2. 발표문 검토

1) '들어가며'

왕흥사지 입지 문제와 관련해 발표자는 "왕흥사터는 부소산성의 건너편 규암면 신리에 있는 울성산 산기슭에 자리하고 있다"고 했다. 여기서 국어사전에서 '산기슭' 즉 山麓은 '산의 비탈이 끝나는 비스듬한 아랫부분'이라고 했다.

그런데 왕흥사지는 이러한 입지의 산기슭은 아니다. 산자락의 편편한 대지에 소재했다. 정확한 입지 조건을 알리기 위해서라도 수정이 필요하다.

발표자는 고려시대의 기와편을 통해 定林寺 사찰 이름을 알게 되었다는 취지를 밝혔다. 그런데 '定林寺'銘文瓦는 현재의 절터 뿐 아니라 부소산성 군창터와 관북리, 그리고 석목리 등 모두 4곳에서 출토되었다. 현재의 절터가 고려시대 때 '定林寺'라고 단정할 수 있는 근거는 없다. 그럼에도 발표자는 정림사를 準據로 삼았다. '定林寺'銘瓦가 여러 곳에서 출토되었는데, 현재의 절터가 정림사라는 근거는 무엇인지 밝혀주기 바란다.① 단순히 사찰 이름 명문 기와가 절터에서 출토되었기에 바로 그 장소가 정림사라는 이야기는 아니겠지요?

더구나 이 기와의 용처는 대장전에 올려졌던 것인데, 현재의 절터에 대장전 건물의 입지가 확인된 바 없지 않은가? 게다가 현재의 절터에서 고려시대 가마가 2곳이나 확인되었지만 해당 銘文瓦는 출토된 바도 없다. 따라서 그 어디에도 현재의 절터가 정림사라는 증거는 없는 것이다.

발표자는 남경의 정림사를 백제가 모방했다는 주장을 취했다. 그렇다고 백제 때 정림사가 도성 한복판에 소재했다는 증거가 되기는 어렵다. 더구나 국립부여문화재연구소에서 확인한 바에 따르면 考古地磁氣 측정 결과 현재의 절터는 7세기대 조성으로 드러났다. 그렇다면 더욱이 남조 정림사를 염두에 두고 창건했다고 보기는 어렵지 않은가? 이에 대한 발표자의 소견을 듣고 싶다.②

2) '왕흥사에 관한 문헌 기술과 사리기 명문의 출현'

발표자는 미륵사의 창건에 대하여 기술한 후, "국사(『삼국사기』를 가리킨다)에서는 '왕흥사'라고 부르고 있다'고 주를 달고 있는데 이는 『삼국유사』가 무왕대의 대규모 사업이라는 공통점 때문에 오인하고 있는 듯하다. 어디까지나 이는 그릇된 인식으로, 왕흥사의 별칭을 미륵사라고 생각할 필요는 없다"고 단언했다.

이와 관련해 최완규 교수의 "왕흥사는 국가적인 사찰로서 매우 중요한 위치를 점하고 있음을 알 수 있다. 그렇기 때문에 왕흥사는 백제의 수도에 위치하는 것은 당연한 일이다. 따라서 "創王興寺於時都泗沘城"의 기사는 왕흥사의 시간적 흐름을 파악하는데 결정적인 단서가 되는 것이다. 또한 "其寺亦名彌勒寺"나 "國史云王興寺"라고 기록되어진 이유는 결국 국가적 호국사찰인 왕흥사는 보통명사이며 王業 즉 국가대업을 이루기 위한 방편에서 미륵신앙을 그 바탕에 두고 있었던 사찰은 바로 미륵사인 것이다. … 미륵사는 왕흥사로서 법왕대에 익산천도를 염두에 두고 창건한 국가적 사찰로 36년이란 세월을 거쳐 무왕대에 완성을 보게 된다"라는 견해에 대한 소견을 밝혀주면 좋겠다.③

대왕포의 위치에 대해서도 후대 지리지를 거론할 필요도 없이 고려시대 문헌인『제왕운기』에서 백마강의 南岸 고란사쪽 포구를 가리킨다. 그러므로 군더더기를 붙일 필요가 없다고 본다. 이 문제에 대해서는 뒤에서 詳述할 것이다. 그리고 발표자에게 왕흥사잠성은 고유명사인지? 왕흥사 근처의 산성이라는 보통명사인지 묻고 싶다.④

발표자는 "그에 무열왕과 태자 법민은 '領兵往赴解圍(군사를 이끌고 나아가 포위를 풀어)' 유진군을 구하였다"고 하여 무열왕과 법민이 함께 공격했다고 했다. 그러나 발표자가 인용한 「답설인귀서」에서는 "某領兵往赴解圍 四面賊城並皆打破 先救其危(제가 군사를 이끌고 나아가 포위를 풀고 사방에 있는 적의 성들을 모두 깨뜨려서 먼저 그 위급함을 구하였습니다)"고 했다. 여기서 군사를 이끌고 나아간 '某'는 태자 법민 즉 문무왕을 가리킨다. 그 어디에도 태종 무열왕이 함께 했다는 기사는 없다. 발표자의 명백한 失檢인 것이다.⑤

발표자는 "부성에 주둔하던 유진군에 대한 백제 유민의 공격은 우선 '사비의 南嶺'을 거점으로 시작되었다. 그 '사비의 남령'에 대하여 필자는 과거 부여의 동남쪽에 위치한 石城山城으로 비정한 바 있다"고 했다. 여기서 '남령'이라면 남쪽 고개를 가리킨다. 남령이 특정 성을 가리킨다면, 석성산성 이름을 밝히면 된다. 굳이 남령이라는 보통명사를 기재할 이유가 없다. 게다가 南嶺

에 柵을 설치했다는 자체가 성이 존재하지 않았음을 반증한다. 그리고 부소산성에서 석성산성까지의 직선거리는 7.6㎞나 된다. 사비 동나성을 기준한다면 석성산성까지는 6㎞쯤 된다. 그러므로 '사비남령'은 사비성을 기준한 남쪽 고개로 말하기는 어렵다. 그 사이에 숱한 고개들이 있는 관계로 특정 지역을 가리키는 지표가 되기는 어렵다. 오히려 사비 남령은 석성에서 부여읍을 연결하는 도로 중간에 소재한 望月山이나 부여군 장암면 남산동 일대로 비정이 가능하다.⑥

그리고 문맥을 보면 "23일에 백제 餘賊이 사비에 들어와 항복한 (백제) 사람들을 노략하려 하자, 留守 유인원이 당과 신라인을 출동시켜 賊을 쳐 쫓으니 賊은 물러가 사비 남령에 올라 4~5柵을 세우고 거기에 屯聚하여 기회를 엿보면서 …"라고 했다. 여기서 백제인들이 사비도성 안에 들어와 항복한 백제인들을 탈출시키려고 하다가 후퇴하여 사비도성 안의 남령에 오른 것이다. 그랬기에 남령을 부여 읍내 금성산으로 비정하기도 했다. 그렇지 않다고 하더라도 남령은 사비성에서 근접한 고개를 가리키고, 이곳에 방어진지를 구축한 게 된다. 그러므로 발표자가 견지한 사비남령=석성산성 주장은 재고하는 게 좋을 것 같다.⑦

발표자는 계탄을 "석성산성에서 북상한 탄천 부근의 금강 도하점을 가리키는 듯하다"고 했다. 그러한 전제인 "'사비의 남령'=석성산성에서 건넜다는" 주장은 적확하지 않다. 이와 관련해『大東興地圖』에서 鷄龍山에서 흘러나와서 鎭岑의 서남쪽으로 흘러가는 작은 하천으로 기록되었다. 지금의 대전시 유성구 남단 서남쪽의 하천 이름으로 추정하는 견해도 있다(정구복 외,『역주 삼국사기』3 주석편(상), 한국정신문화연구원, 188쪽). 이에 대한 소견을 밝혀주면 좋겠다.

그런데 토론자가 보기에는 탄천은 백마강에서 왕흥사잠성에 이르는 여울의 이름을 가리키는 게 타당하다. 여울의 뜻을 지닌 '灘은 "물이 얕고 빠르며 돌이 많아 배가 다니기에 위험한 곳"이다. 그러므로 계탄은 하천이 아니라 백마강 南岸에서 北岸으로의 渡江이 용이한 여울을 가리킨다고 보는 게 자연스

럽지 않을까? 그랬기에 신라군이 계탄이라는 여울을 건너 왕흥사잠성을 공격할 수 있었던 것이다.⑧

발표자는 왕흥사 목탑터에서 출토된 사리기 명문과 관련해 "이 중 '亡王子' 부분에 대해서는 '三王子'라 읽는 이견도 있으나, '亡'으로 보아도 문제가 없으며 본고에서도 '亡'으로 읽겠다"고 했다. 이 문제는 많은 사람이 추종한다고 옳은 게 아님을 알려주는 현저한 사례가 된다. 처음 사리기 명문이 확인되었을 때 필자는 여러 차례 국립부여문화재연구소에서 實見하면서 꼼꼼이 살핀 후 '亡'字가 아니라 '三'字라는 결론에 이르렀다. 일단 '亡'字를 구성하는 세 번째 획인 'ㄴ'이 한 劃으로 이어지지 않고 끊어져 있다. 중국이나 한국의 금석문에 보이는 '亡'字에는 그러한 사례가 없다. 멀리 찾을 것도 없이 부소산에서 출토된 鄭智遠 銘 백제 금동불상 광배에 새겨진 '亡'도 'ㄴ'이 한 劃으로 이어져 있다. 왕흥사지 목탑 사리기 겉면에는 숱한 잡티 같은 부식된 면이 보인다. 이는 그러한 일종으로 지목할 수 있다. 공교롭게 '三'字의 두 번째 획과 세 번째 획의 왼편에 세로 반점이 침투하여 외형상 '亡'字처럼 비칠 뿐이다. 발표자가 정밀하게 확인하는 게 필요하다. 많은 이들이 추종한다고 하여 맞는 것은 아니다.⑨

많은 이들이 잘못 읽는 글자들이 많다. 비근한 사례만 제시한다면 「미륵사지 서탑사리봉안기」에 보이는 '乇'字는 音이 '택'이 아니다. 명백히 '탁'이다. 砂宅智積碑의 '宅'과는 글자 자체가 다르다. 이와 마찬 가지로 '亡王子'도 다수결로 부의에 넘길 사안은 아니다. 발표자가 처음 출토되어 전시했을 때 사리기 사진을 精緻하게 살펴 보기 바란다.

그리고 발표자는 위덕왕의 왕자들이 繼位하지 못한 이유를 어디에서 찾는지 묻고 싶다. 발표자는 "정유년(577)에 '刹本'을 세웠다고 적혀 있다. '찰본'은 刹柱로 직접적으로는 탑을 가리키나, 절이라는 뜻으로도 풀이

_ 정지원명 불상   _ 사리기 명문의
  광배명의 '亡'字   '亡'字

된다"고 했다. 발표자는 '刹本'이 '刹柱'를 가리킨다는 해괴한 해석을 하였다. 이러한 용례는 그 어디에도 없다. 「황룡사 찰주본기」에서 "찰주를 세우고 이듬해 공역을 마쳤다(立刹柱 明年乃畢功)"는 구절이 보인다. 이 구절에서 착상하여 '立刹本'을 '立刹柱'로 해석한 것이다. 발표자의 아주 자의적인 해석에 불과하다. 발표자 주장대로 '刹本'이 '刹柱'를 가리킨다면, '절이라는 뜻' 云云할 필요도 없다. '刹'은 황룡사 목조구층탑 '刹柱本記'에서처럼 '塔'을 가리킨다. 탑기둥 즉 '刹柱'에 사리를 봉안할 때 이야기이므로, '절이라는 뜻'은 거론할 필요도 없다.⑩

이 구절은 '정유년(577)에 '刹本'을 세웠다'가 아니다. 발표자가 염두에 둔 「황룡사 찰주본기」에서 "왕께서 찰주에 본래 (봉안한) 사리가 어떠한지 염려하여(上慮柱本舍利如何)"라고 하여 '本'字가 보인다. 이와 마찬가지로 「王興寺址 舍利器 銘文」의 '本'字도 뒷 구절의 舍利 分顆 異蹟을 알리기 위한 前提였다. 그러므로 다음과 같은 해석이 가능해진다.

> 정유년 2월 15일에 백제왕 창이 3 왕자를 위해 탑을 세웠다. 본래 사리는 2 매였으나 장례(사리를 柱礎 중에 묻는 의식을 가리킴 : 필자) 때 신묘한 변화로 3매가 되었다.

결국 발표자는 「王興寺址 舍利器 銘文」의 본질을 이해하지 못했기에 엉뚱한 해석을 했다는 결론에 이르게 된다.

발표자는 "577년은 탑의 조영 연도이면서 사찰을 조영한 해이기도 하다"고 했다. 그렇다면 600년에 왕흥사를 착공하여 634년에 완공했다는『삼국사기』기사에 문제가 있다는 것인지? 아니면 양쪽을 모두 만족시킬 수 있는 妙方을 가지고 있는지? 이 점 엄중한 矛盾點이므로 발표자의 적극적인 해명이 필요하다. 그 점이 누락되었기 때문이다. 이 점을 명료하게 정리하지 않는다면 왕흥사는 57년만에 완공된 게 된다. 혹은 577년에 탑을 건립하였는데, 사찰을 조성하면서 처음 탑에 있던 사리를 가지고 와서 사원의 탑에 봉안했을 수도 있지 않은가?⑪

발표자는 "왕흥사는 다시 威德王이 죽은 왕자를 추모하기 위하여 지은 사원으로 재인식할 필요성이 발생한 셈이다"고 했다. 여기서 '죽은 왕자'라면 어떤 왕자를 지목할 수 있으며, 왕자들의 死因에 대해 생각해 본 적이 있는지 묻고 싶다. 그 死因은 단순한 病死 차원을 넘어 王興寺의 '王興'에 걸맞어야 하고, 그러한 공감대를 왕권 강화로 당길 수 있는 기제로 보아야 하지 않을까 싶다. 이 사안에 대해 말이 없는 발표자에게 묻는 바이다.⑫

발표자는 위덕왕의 출가 결심을 孝 관념이나 '끈끈한 부자관계'나 '강력한 일족의식'의 산물로 운위하고 있다. 이는 발표자가 너무 현상적으로만 파악하는 것 같다. 위덕왕이 출가 결정을 하기까지의 그 이면에 도사린 복잡한 정치적 현안을 비롯한 문제들에 대해 너무 안이하게 간주하지 않았나 싶다. 이미 알려져 있듯이 耆老들의 만류에도 전쟁을 밀어붙였다가 성왕을 패사시키고 참패를 자초한 위덕왕의 정치적 탈출구로서 '出家'를 논할 수는 있겠다. 그러나 孝 관념이나 '끈끈한 부자관계'나 '강력한 일족의식'은 그 이면의 정치적 배경을 너무 忽視한 표현이라고 하겠다.⑬

3) '백제 왕도에서의 왕흥사의 위상'

발표자는 "왕흥사의 위치와 관련하여 필자는 왕도에서 가상으로 왕궁 배후에 있던 苑地의 일부로 파악한 적이 있다"·"사명인 '왕흥'은 왕이 일으킨 절이라 풀이되어 왔는데, 사리기 명문은 그 점을 명확하게 뒷받침하고 있다"고 했다. 발표자에 의하면 위덕왕이 죽은 왕자를 위해 조성한 追福 사찰이라고 하였다. 그런데 발표자가 제기한 苑地는 한국어사전에 보이지 않는다. 다만 同書에 게재된 '園池'를 가리키는 것 같다. 園池는 '정원과 못을 아울러 이르는 말'이다. 이러한 개념 풀이가 적절하지 않다면 '後苑' 개념으로 사용한 것 같다. 궁궐 북쪽에 소재한 名勝 개념의 苑地와 발표자가 말하는 '죽은 왕자'들을 위한 追福 기능이라는 엄숙한 요소와는 걸맞는 것 같지가 않다. 이 점에 대한 해명을 듣고 싶다.⑭

발표자는 "오함사·사자사·미륵사·대관사·수덕사는 도읍 이외의 땅에 건립된 것으로 보이므로 도읍에 국한하면 그 수는 더한층 줄어든다"고 했다. 사자사와 대관사는 '도읍 이외의 땅'이라고 하였다. 이 2개 사찰은 도읍지에 소재하지 않는다는 것이다. 주지하듯이 사자사와 대관사는 익산에 소재하였다. 그런데 이러한 서술은 발표자가 주장했다는 소위 複都說에 배치된다. 이에 따르면 사비성과 익산 2개의 도성이 존재했다는 것이다. 그런데 앞의 서술에 따르면 익산은 도읍지가 아니다. 발표자가 기존 주장을 철회한 것인지, 아니면 다른 의도가 있는지 묻고 싶다. 이와 관련해 複都說에 관한 논의를 다음과 같이 소개하고자 한다.

문헌과 고고물증을 통해 검증해 본 결과 王都가 분명하며 사비도성의 西都와 왕궁평성의 東都라는 2개의 도성 체제임을 토론자가 최초로 밝혔다.[1] 이는 다음의 인용을 통해서 분명해진다.

　　註 39) 李道學, 2003.5.23, 「百濟 武王代 益山 遷都說의 檢討」 『益山文化圈 研究의 成果와 課題』, 마한백제문화연구소 설립30주년기념 제16회국제학술회의, 91쪽. 이 논문 동일한 쪽에서 "무왕은 즉위 전반기에 자신의 세력 근거지였던 익산을 王都로 삼았다. 그렇다고 사비성을 舊都로 만든 것은 아니었다. 익산의 금마저와 부여의 사비성, 이 2개의 都會를 모두 왕도로 하는 도성체제를 유지한 것으로 보인다. 전통적으로 백제의 王城은 兩城체제였다. 한성 도읍기에는 南·北城體制였고, 사비성 도읍기에는 '其王所居有東西兩城'이라고 하였듯이 東·西 兩城體制였다. 여기서 東·西 兩城은 舊都인 웅진성과 新都인 사비성으

---

1) 李道學, 「백제 무왕대 익산 천도설의 검토」 『익산 문화권 연구의 성과와 과제』, 마한백제문화연구소 설립 30주년 기념 제16회 국제학술회의, 2003; 「百濟 武王代 益山 遷都說의 再解釋」 『馬韓百濟文化研究』 16, 2004, 97쪽.
　李道學, 「古都 益山의 眞正性에 관한 多角的 分析」 『馬韓百濟文化』 19, 2010, 95~123쪽.
　李道學, 「史料와 考古學 자료로 본 백제 王都 益山'에 대한 檢證」 『한국전통문화연구』 9, 2011, 4~19쪽.

로 지목되고 있다. 그런데 웅진성은 성왕대에 方-郡-城制가 시행됨에 따라 北方城으로 기능하였다. 웅진성은 5方 가운데 北方의 행정 거점성이 된 것이다. 그럼에 따라 웅진성은 사비성 도읍기 백제 왕성의 한 단위에서는 벗어나게 되었다고 본다. 대신 웅진성에 이어 왕성의 기능을 담당했던 곳이 別都로 기록된 익산이었던 것 같다"라고 서술하였다.

필자가 처음으로 제기한 '2곳의 王都' 즉 複都說은 李道學, 2004, 「百濟 武王代 益山 遷都說의 再解釋」『馬韓·百濟文化』16, 96~97쪽을 비롯해 李道學, 2003, 『살아 있는 백제사』, 휴머니스트, 241~242쪽에서도 줄곧 견지되었다. 그런데 최근 田中俊明은 이와 관련해 "백제의 복도·부도제의 존재여부에 대해 필자는 먼저 복도일 가능성이 있는 후보로 '東西兩城'을 언급하고자 한다. 동서 양성을 기록한 사서로서 『舊唐書』百濟國傳은 '그 왕이 거주하고 있는 곳에 동서 양성이 있다'고 하였고, 『新唐書』百濟傳도 '왕, 東西二城에 있다'고 했다. 그 위치에 대해 이전에는 당시의 수도였던 사비(부여)와 그 전의 수도였던 웅진(공주)으로 파악하려는 견해가 많았다. 그러나 웅진은 五方의 하나이기 때문에 중복해서 표기하는 것은 이상하다. 그 대신 최근에는 부여와 익산으로 비정하는 견해가 유력해졌다. 부여에서 익산을 바라보면 익산은 남남동이기 때문에 정확히 '동서'라고는 할 수 없지만 공주도 동북에 위치하고 있기 때문에 그것에 비해 익산설이 타당하지 않다고는 할 수 없다(2010, 「百濟의 複都·副都와 동아시아」『2010세계대백제전 국제학술회의』, 259쪽)"라고 하였다. 그러나 이러한 田中俊明의 주장은 이미 필자가 7년 前에 제기한 내용에 불과하다. 또 필자는 氏에게 해당 논문을 준 바도 있다. 그럼에도 氏의 주장을 新說이라고 報道하는 이해할 수 없는 해괴한 일도 있었다.[2]

上記한 複都說에 대한 발표자의 소견을 듣고 싶다.⑮ 그리고 발표자는 "660년에 나당연합군이 공격하자 의자왕과 태자 隆은 웅진으로 도망치나, 남은 왕자들은 이곳에 숨으려 했던 점에서 그 성격은 충분히 발휘되고 있다"고 했다. 발표자는 '태자 융이 웅진으로 도망쳤다'고 하였다. 발표자가 말하

---

[2] 李道學, 「古都 益山의 眞正性에 관한 多角的 分析」『馬韓百濟文化』19, 2010, 107쪽.

는 '태자 융'은 웅진으로 피신하지 못했다. 다음『삼국사기』에서 보듯이 그는 사비성에서 신라군에 체포되었다.

> * 왕은 마침내 태자 孝를 데리고 북쪽 변경으로 도주하였다. … 태자의 아들 문사가 왕의 아들 융에게 이르기를 "왕께서는 태자와 함께 나가버렸고, 숙부는 자기 마음대로 왕 노릇을 하고 있으니 … 이때 왕과 태자 효가 여러 성과 함께 모두 항복하였다(의자왕 20년 조).

> * 13일에 義慈가 좌우의 측근을 데리고 밤을 타서 도망하여 熊津城에 몸을 보전하고, 의자의 아들인 隆이 大佐平 千福 등과 함께 나와서 항복하였다 法敏이 융을 말 앞에 꿇어 앉히고 얼굴에 침을 뱉으며 꾸짖어 말하기를 "예전에 너의 아비가 나의 누이를 억울하게 죽여서 옥중에 묻은 적이 있다. [그 일은] 나로 하여금 20년 동안 마음이 아프고 골치를 앓게 하였는데, 오늘 너의 목숨은 내 손 안에 있구나!"라고 하였다. 융은 땅에 엎드려서 말이 없었다. 18일에 義慈가 太子와 熊津方領의 군사 등을 거느리고 熊津城으로부터 와서 항복하였다(태종 무열왕 7년 조).

위의 인용에서 알 수 있듯이 '태자 융'이 웅진성으로 피신했다는 주장은 발표자의 명백한 오류로 드러났다. 아니면『삼국사기』의자왕 20년 조에 보이는 '태자 효'는 '태자 융'의 오류라고 하면된다. 만약 그렇게 주장하려면 상당한 설명과 사안에 대한 정밀한 분석이 전제되어야 한다. 그런데 발표자는 아무런 단서나 주석도 없이 '태자 융'이 웅진으로 달아났다고 했다. 그러니 이러한 서술에 대해 발표자는 응당 疏明해야할 책임이 따르게 되었다.⑯

발표자는 "원지로서의 기능을 들 수 있다. 사료에는 명기되어 있지 않으나, 왕궁의 후배지면서 경승지라는 점에서 쉽게 상상할 수 있다. 또한 왕이 올라 백성들의 생활 상태나 국정 등을 살펴보는 언덕으로도 사용되었던 듯하다"고 했다. 그런데 왕흥사 부지는 북에는 背後山이, 동으로는 울성산, 남으로는 부소산에 막혀 있다. 게다가 지대가 낮아서 왕이 도성이나 주변 백성들의 생활 상태를 살필 수 있는 입지 조건을 갖추지 못했다. 따라서 발표자의

잘못된 서술인 것이다.⑰

발표자는 "왕흥사에 왕이 거둥하였다고 기술되어 있는데 애당초 연회를 여는 곳으로 선정된 듯하다. 왕실과 밀접한 관련이 있는 왕흥사가 이곳에 조영된 것은 결코 우연이 아니었다. 부소산성이 가진 또 하나의 측면은 이처럼 산성의 북쪽인 대왕포와 맞은편의 사원 구역을 합쳐 상정할 수 있는, 거의 관념적인 원지의 일부를 구성하고 있다는 점에서 구할 수 있다고 생각한다"고 했다. 여기서 발표자가 말하는 '산성의 북쪽인 대왕포'는 부소산성의 백마강 北岸을 가리키고 있다. 그리고 '왕흥사가 이곳에 조영된 것은'이라는 구절은 왕흥사가 '이곳' 즉 '애당초 연회를 여는 곳'에 선정되었다는 것이다. 연회 장소에 사망한 왕자들을 위한 追福寺刹이나 願刹을 창건했다는 이야기가 된다. 이게 될 법한 이야기인가? 무슨 미사여구를 동원하여 설명하더라도 둘러붙이기에 불과할 수 있다. 유흥장에 왕자들의 명복을 비는 사찰을 창건했다는 것은 애당초 가능한 발상은 아니다. 상식에 맞지 않은 발표자의 억측이 도를 넘었다는 인상을 준다.⑱

그리고 발표자는 『삼국사기』에 보이는 '泗沘河北浦'를 백마강 北岸으로 추측하여 왕흥사와 짝을 짓는 바람에 연회장에 왕흥사가 창건되었다는 무모한 주장을 제기한 것이다. 여기서 '泗沘河北浦'는 현재도 부여읍 쌍북리에 '뒷개'라는 지명으로 남아 있다. 사면목간이 출토된 뒷개유적 소재지의 당초 행정 지명이 北浦里였다. 그러므로 '泗沘河北浦'는 백마강 북안이 아니라 백마강 南岸 포구로 지목해야 타당하다. 이를 분명히 해주는 기록이 1287년에 편찬된 『제왕운기』百濟紀의 다음 기사이다.

> 낙화암은 대왕포에 솟아 있다 落花巖聳大王浦
> 浦는 왕이 항상 놀던 곳이라서 이름이 생겼다 浦以王常遊得名
> 巖은 궁녀들이 떨어져 죽었기에 이름이 생겨났다 巖以宮女墮死得名
> 제가 이런 연유로 나가 그곳에서 직접 놀았다 臣因出按親遊其處

위의 구절을 놓고 볼 때 낙화암은 대왕포와 동일한 백마강 南岸에 소재했음을 알려준다. 그렇다고 할 때 이 구절은 '泗沘河北浦'가 백마강 北岸이 될 수 없음을 다시금 일깨워주고 있다. 쌍북리의 '뒷개' 지명에 남아 있듯이 백마강 南岸임을 환기시켜준다. 그렇다면 발표자가 주장했던 논의는 전면적으로 재고되어야 한다.⑲

따라서 왕흥사는 발표자가 운위하는 '연회 기능' 보다는 "산을 등지고 물에 임했으며 꽃나무가 수려하여 사시의 아름다움을 구비하였다. 왕은 항상 배를 타고 물을 따라 절에 가서 그 경치의 장려함을 구경하였다(『삼국유사』 권3, 法王禁殺 條)"는 기사에서 짐작되듯이 발표자가 당초 말했던 苑地 기능은 가능하다. 그리고 "백제 왕이 왕흥사에 가서 예불하려고 할 때는(『삼국유사』 권2, 南扶餘·前百濟·北扶餘)"이라는 기사와 "35년 봄 2월에 왕흥사가 준공되었다. 그 절은 강가에 있었으며 채색 장식이 웅장하고 화려하였다. 왕이 매번 배를 타고 절에 들어가서 香을 피웠다(『삼국사기』 권27, 무왕 35년 조)"고 했다. 이러한 기사를 놓고 볼 때 왕흥사는 발표자가 주장하는 연회장이 아니고 엄숙한 종교적 聖地였음을 알 수 있다. 발표자가 주장하는 연회장으로서의 대왕포는 백마강 北岸이 아니라 그 南岸의 뒷개 즉 北浦였다.⑳

발표자는 "덧붙여 왕궁 배후라 하면, 부소산사터(서복사터)가 떠오른다. 그 것이 왕실과 관련이 있는 사찰이었다는 추정도 있으나, 7세기 중엽에 축조된 것으로 보여(14), 왕흥사 조영 시점보다 많이 뒤처지므로 왕흥사 조영 시점에 서는 무시하여도 무방하다"고 했다. 여기서 중엽은 "한 時代나 世紀 等을 세 時期로 區分할 때, 그 中間 무렵"이라고 정의하고 있다. 부소산사터 사찰이 7세기 중엽에 조성되었다면 630년대~660년 이전이 시한이 된다. 이와 관련해 발표자가 '왕흥사 조영 시점보다 많이 뒤처지므로'라고 단정했지만, 왕흥사는 634년에 낙성되었다. '많이 뒤처진다고' 단정할 수도 없다. 그 뿐 아니라 부소산사터 사찰 시기도 정확하지도 않은데 일반적인 결론을 내린 느낌을 지울 수 없다. 더욱이 부소산사터는 입지상 內院 기능 사찰로 지목하고 있다. 그렇다면 부소산사터는 사비성 천도 직후로 연원을 소급시킬 수 있게 된다. 여러 정황상 부소산사터는 오히려 왕흥사보다 이른 시기에 조성되었을

가능성이 높다. 발표자가 설정한 구도에 맞추기 위한 속단을 삼가는 게 좋겠다는 생각이 든다.㉑

4) '백제의 대량 교통과 건강의 사원'에서

발표자는 "정림사와 관련하여 앞서 명칭이 건강의 상하 정림사에서 유래했다는 견해를 언급하였는데"라고 하였지만 특별한 근거를 제시한 바 없다. 寺名을 가지고 관련성을 논하는 정도라면 飛鳥의 定林寺와의 연관성은 한마디도 언급이 없는지 의아하다.㉒

'定林寺址'는 사비도성의 한 복판에 소재하였다. 이로 볼 때 '정림사지'는 기획된 사찰 區間이었을 가능성을 높여주었다. 條坊制가 실시된 사비도성 한 복판에 소재하고 있다는 것은 '정림사지' 구역이 천도 때 이미 설정되었을 가능성을 제기해 주었다. 그러나 '정림사지' 부지의 사찰 창건 이전 토층에서 백제 삼족토기와 蓋杯 등이 출토되었다.[3] 이 사실은 사비도성 기획과 더불어 '정림사'가 창건되지 않았음을 뜻한다. 그런 만큼 541년에 백제가 梁에 요청한 기술자들의 지원으로 정림사가 창건되었다는 견해는 설득력을 잃었다. 왜냐하면 최근의 발굴 성과와 考古地磁氣 測定 결과를 토대로 한 보고서에서 '정림사'는 7세기대 조성으로 추정되었기 때문이다.[4] 그럼에 따라 梁 武帝의 內諾에 따른 정림사 寺名 使用說과 538년 천도 이전의 기본적인 그 외곽 完成說은 의미를 잃었다.

따라서 발표자의 주장은 기왕의 견해를 되풀이하는데 불과하다. 발표자의 논지가 생명력을 유지하려면 국립부여문화재연구소의 보고서에 대한 정치한 비판과 수긍할만한 代案과 근거 제시가 선결되어야 할 것 같다. 그럼에도 발표자가 이에 대해 한 마디 언급도 없이 소위 '마이 웨이式'으로 밀고 가는 것

---

3) 國立扶餘文化財硏究所, 『扶餘 定林寺址』, 2011, 317쪽.
4) 國立文化財硏究所, 『扶餘 定林寺址』, 2011, 321쪽.

은 합당해 보이지 않았다.

발표자가 단언하는 "사비에서 이른 시기에 창건된 정림사는 양의 기술자들을 받아들여 완성되었다는 점에서 백제 사찰과 양나라의 관계가 깊다고 보아야 한다"라는 주장은 공염불에 그칠 수 있다.㉓

발표자는 "北齊는 업성(鄴城; 하북성 임장)을 도읍으로 정하고, 산둥반도까지 세력을 확장하고 있었던 탓에 백제로서는 강 건너의 세력이었던 셈이다"라고 했다. 여기서 발표자는 北齊를 가리켜 '강 건너의 세력'이라고 단언하였다. 이러한 서술은 문맥으로 볼 때 지리적으로 몹시 가깝다는 의미를 구사하기 위한 과장법인 것 같지만, 우리 말에 '강 건너 불구경' 하듯이 백제와 무관한 먼 곳을 가리키는 용어로 돼새겨질 수 있다. 표현을 바꾸는 게 좋겠다.㉔

5) '백제의 대북제 통교와 업성의 사원'

571년에 북제는 백제 왕 여창에게 使持節都督東淸州諸軍事東淸州刺史라는 관작을 주고 있다. 그 의미에 대해 발표자는 "따라서 어쩌면 백제는 위치적으로 바다에 면해 있었는데 청주의 동쪽에 있어 백제 본국을 동청주라는 이름으로 불렀을지도 모른다고 가정해 둘 필요가 있다. 현 상황에서 도독 동청주 제군사·동청주 사사가 실효적 의미를 가지고 있었는지 여부는 명확하지 않으나, 남조와 대항하면서 청주의 동쪽을 가상으로 그러한 주를 僑置하는 형태로 백제 왕에게 형식적으로 위임하였는지도 모른다. 이 문제는 보다 깊게 고찰하여 하나, 어쨌든 북제가 백제의 사신 파견을 기뻐한 결과로 그렇게 대응하였음은 분명하다"고 했다. 북제 황제가 너무 기분이 좋아서 '東淸州' 관작을 부여했다는 것이다. 백제 왕이 이러한 관작을 받고 역시 기뻐하리라고 생각한 것 같다. 중국 역대 왕조들은 백제와 연고가 있었던 낙랑이나 대방군의 이름을 백제 왕에게 부여한 적은 있다. 그러나 발표자의 주장대로라면 아무런 연관성도 없는데 가상으로 부여했다는 것은 백제의 요서 경략 기사에 힘을 실어주지 않기 위한 底意가 깔렸다고 본다. 여기서 분명한 것은 백제와 관련 없는 중국 지명을 백제 왕에게 부여한 적이 없다는 사실이다. 따라

서 발표자가 운위하는 '가상의' 운운은 취하기 어려운 주장에 불과하다.㉕

6) '맺음말'

발표자는 성왕의 천도 이후 왕이 연회를 열었던 장소에 왕자의 명복을 비는 사원을 건립했고, 또 이 장소에서 연회가 이어졌다고 했다. 발표자가 맺음말에서 정리한 이러한 논조는 비속한 표현을 빈다면 '황당하다'는 소회가 적절할 것 같다.㉖

발표자는 왕흥사를 이곳에 창건한 이유로서 부지 확보의 어려움을 상정했다. 그러나 이러한 주장도 즉각 반박할 수 있다. 백제는 7세기대에도 기존의 공간을 뭉개고 '정림사'를 도성 한 복판에 조성한 바 있다. '정림사' 부지 밑의 문화층에서 삼족토기 등 선행 백제 때 공간이 확인되었기 때문이다. 이는 국왕이 마음만 먹으면 얼마든지 도성 중심부에도 사찰 조성이 가능한 사례를 보여 주었다. 공간적인 제약이 君王의 의지를 꺾을 수는 없다는 사실을 명료하게 보여준다. 따라서 발표자의 부지 타령은 거두는 것이 좋을 듯하다.㉗

발표자는 왕흥사의 모델과 관련해 "사원 조영 시 위치적으로 가까운 북제의 영향을 받은 것으로 추정할 필요가 있다"고 했다. 그러나 직접적인 근거가 없다. 발표자 스스로도 운위하고 있듯이 중국에는 父母나 승려를 위해 조성한 사찰은 많지만 "죽은 왕자를 위해 건립한 사찰은 찾아 볼 수 없다. 또 궁성의 북쪽에 조영된 사찰도 문헌에서는 확인할 수 없다"고 실토했다. 그러면서 발표자는 왕흥사의 입지 조건과 더불어 내도량이라는 점에서 건강의 동태사와 관련 짓고 있다. 그러나 동태사는 궁전의 배후에 입지했지만 왕흥사는 강을 건너 소재하였다. 양자를 직접 연결 짓기는 어렵다. 게다가 내도량은 부소산사로 간주하는 게 합당하다. 백제 왕실에서 내도량이 없다가 왕자들의 사망 이후에 생겨났다는 것은 생각하기 어렵기 때문이다.㉘

발표자는 왕흥사와 일본열도 사찰과의 연관성 즉 영향관계를 찾으려고 했다. 그 결과 "아스카데라의 조영에 왕흥사가 관련이 있다는 점은 거의 확실하나, 여기서는 일탑삼금당 형식의 가람배치 문제에 대하여 짧게 검토해 보겠다. 백제에서는 아스카데라터에서 확인된 바와 같이 탑의 동·서·북에 금당을 배치하는 일탑삼금당 형식은 없었으며 … 백제의 그러한 가람배치는 정림사터에서는 확인되지 않으나, 군수리 사터에서는 볼 수 있어 아스카데라가 왕흥사 양식에서 직접적인 영향을 받았다고는 말할 수 없을지 모르나, 백제의 가람을 모방하고 있다고는 할 수 있을 듯하다"고 했다. 이러한 발표자의 서술을 가만히 음미해 보면 왕흥사와 아스카사의 관련을 冒頭에서는 '거의 확실'이라고 단언하였다. 그러나 뒤의 서술을 보면 '직접적인 영향을 받았다고는 말할 수 없을지 모르나'라고 말하며 슬그머니 꼬리를 내리고 있다. 한 가지 사안에 대해 일관되지 않은 서술을 보여주었다.㉙

토론자가 보기에 발표자는 왕흥사의 조형사적 기원을 중국 남조에서 찾아야 하고, 또 일본에 영향을 미친 사실을 입증해야 한다는 강박관념에서 어거지로 붙이는 듯한 인상을 강하게 받았다. 결국 왕흥사의 祖型을 중국에서 찾았으나 명료하지 않고, 일본열도에 끼친 영향도 분명하지 않았다.㉚ 그렇다면 왕흥사 창건 동기와 결부지어 볼 때 특수한 목적에서 창건되었기에 굳이 양식적 모델을 모색하지 않았다고 보는 게 정직한 해석일 것 같다.

3. 맺음말

본 발표문에서 해결해야할 과제 몇 가지를 정리해 보았다. 먼저 '定林寺'銘 瓦가 모두 4곳에서 출토된 상황을 언급하지 않을 수 없었다. 그렇다면 현재의 절터를 고려시대는 물론이고 백제 때까지 寺銘을 부회하거나 소급하는 게 가능한지 여부를 냉정하게 따져야 한다. 그리고 고고기자기 측정에 따라 '정림사지' 조성 시기가 7세기대로 상정되었다. 이러한 최근의 발굴 성과를 외면한 舊說의 再記가 설득력을 주기는 어렵다.

본 발표문에서는 소소한 사안이지만 검증이 필요한 구절이 자주 눈에 띈다. 가령 '사비남령'을 석성산성으로 비정한 문제, 계탄의 위치, 왕흥사 목탑 출토 사리기 명문의 '亡王子' 판독 문제 등은 재고의 여지를 남겨주었다. 그리고 동일한 금석문에서 '刹本'을 '刹柱'로 해석한 것은 명백한 오류로 드러났다. 아울러 사리기 명문에 따라 577년에 사찰 창건이 시작되었다면 634년까지 무려 57년만에 완공된 게 된다. 이 件에 대해 비켜나간 것 같았다. 그리고 서술의 冒頭와 뒷 부분이 서로 맞지 않은 경우도 눈에 띄었다. 왕흥사를 軸으로 중국의 영향을 받고, 일본열도에 영향을 주었다는 주장을 하려는 강박관념 속에서 무리한 서술이 드러난 것이었다.

발표자는 부여와 익산 複都說을 제기했다는 것이다. 그런데 익산에 소재한 사자사와 대관사를 도성의 사찰로 인정하지 않았다. 그렇다면 복도설을 폐기한 것인가? 물론 複都說의 최초 주창자는 본 토론자였다. 그리고 태자 융이 웅진성으로 달아났다는 주장은 오류로 간주되었다. 연회장에 왕자들의 명복을 기원하는 사찰을 창건했다는 주장은 납득이 어려웠다. 연회장이었던 '泗沘河北浦(大王浦)'를 왕흥사가 소재한 백마강 北岸으로 지목했지만, 고려 때 기록에 따르면 '뒷개' 지명이 남아 있는 백마강 南岸으로 밝혀졌다. 그 밖에 왕흥사를 왕궁의 內院으로 지목한 견해도 수긍하기 어려웠다. 內院은 차라리 부소산사가 적합했다. 왕흥사는 유락 장소가 아니고, 왕이 行香하거나 禮佛하는 聖地로 지목하는 게 타당하였다.

田中俊明 선생의 玉稿는 연구자들에게 요망되는 선입견 없는 史料 접근 문제를 환기시켜 주는 계기가 되었다. 새로운 금석문 자료와 연구 성과가 축적되었음에도 불구하고 과거 자신의 '舊說'을 墨守하는 면 보다는 새로운 가능성 제시와 더불어 새롭게 究明한 사실을 선보였으면 田中俊明 선생이 역점을 주었던 '왕흥사의 위상'도 달라졌을 것이다. 이 점에 있어서 아쉬움이 따랐다. 그러나 성실하게 연구하는 田中俊明 선생의 勞苦를 致賀하는 한편, 미래의 좀더 나은 연구 성과를 기대하면서 토론문을 마무리한다.

〈出典〉「한중일 古代 寺院史에서 王興寺의 위치: 토론문」『백제 왕흥사와 昌王』, 국립부여박물관, 2017.9.26, 86~96쪽.

참고문헌

1. 사료

『三國史記』,『三國遺事』,『高麗史』,『經國大典』,『太宗實錄』,『成宗實錄』,『燕山君日記』, 『東文選』,『新增東國輿地勝覽』,『擇里志』,『與猶堂全書』,『我邦疆域考』,『大東地志』,『星湖 僿說』,『貴州通志』,『擇里志』,『觀世音應驗記』,『史記』,『漢書』,『文選』,『後漢書』,『北史』, 『隋書』,『舊唐書』,『佛國記』,『資治通鑑』,『唐朝名畫錄』,『洛陽伽藍記』,『周書』,『日本書紀』

2. 단행본

朝鮮總督府,『大正五年度朝鮮古蹟調查報告』, 1917.

朝鮮總督府,『大正六年度朝鮮古蹟調查報告』, 1920.

小田省吾,『朝鮮史講座 一般史』, 朝鮮史學會, 1923.

稻葉岩吉 外,『朝鮮滿洲史』世界歷史大系 11, 平凡社, 1935.

朝鮮總督府博物館,『博物館陳列品圖鑑』第四輯, 1937.

京城電氣株式會社,『京電ハイキングコース 第三輯 風納里土城』, 1937.

輕部慈恩,『百濟美術』, 寶雲社, 1946.

孫晋泰,『朝鮮民族史槪論』, 乙酉文化社, 1948.

李丙燾,『韓國史(古代篇)』, 乙酉文化社, 1959.

津田左右吉,『津田左右吉全集 第11卷』, 岩波書店, 1964.

輕部慈恩,『百濟遺跡の硏究』, 吉川弘文館, 1971.

李範奭,『우둥불』, 思想社, 1971.

申采浩,『朝鮮史硏究艸』, 을유문화사, 1974.

한글학회,『한국지명총람 4, 충남편(상)』, 1974.

六堂全集編纂委員會,『六堂 崔南善全集』2, 현암사, 1974.

李丙燾,『韓國古代史硏究』, 박영사, 1976.

文化公報部 文化財管理局,『文化遺蹟總覽(上卷)』, 1977.

大林太良,『邪馬臺國』, 中公新書, 1977.

金廷鶴,『任那と日本』, 小學館, 1977.

中村春壽,『日韓古代都市計劃』, 六興出版社, 1978.

齋藤忠,『古代朝鮮文化と日本』, 東京大學出版會, 1981.

백제문화개발연구원,『百濟瓦塼圖錄』, 1983.

山本西郎 · 上田正昭 · 井上滿郎,『解明新日本史』, 文英堂, 1983.

金日成綜合大學編, 呂南喆 · 金洪圭 譯,『五世紀の高句麗文化』, 雄山閣, 1985.

諸橋轍次,『大漢和辭典』12, 大修館書店, 1986.

丹齋申采浩先生紀念事業會,『改訂版 丹齋申采浩全集(上卷)』, 螢雪出版社, 1987.

안승주 · 이남석,『공산성 백제추정왕궁지 발굴조사보고서』, 공주사범대학 박물관, 1987.

盧重國,『百濟政治史硏究』, 일조각, 1988.

G.Codes 著, 山本智敎 譯,『東南アシ"ア文化史』, 大藏出版, 1989.

千寬宇,『古朝鮮史 · 三韓史硏究』, 일조각, 1989.

葉驍軍,『中國都城發展史』, 陜西人民出版社, 1989.

과학백과사전 종합출판사,『조선전사 3(고구려사)』, 1991.

한국고대사회연구소,『譯註 韓國古代金石文1』, 가락국사적개발연구원, 1991.

高裕燮,「扶餘 定林寺址 石塔(平濟塔)」『고유섭전집 1』, 동방문화사, 1993.

卞麟錫,『白江口戰爭과 百濟 · 倭 관계』, 한울아카데미, 1994.

尹乃鉉,『고조선연구』, 일지사, 1994.

李道學,『백제고대국가연구』, 일지사, 1995.

국립부여문화재연구소,『扶蘇山城發 掘調査中間報告』, 1995.

국립부여문화재연구소,『扶蘇山城 發掘調査中間報告 Ⅱ』, 1997.

국립부여문화재연구소,『王宮里 發掘調査中間報告 Ⅱ』, 1997.

李道學,『새로 쓰는 백제사』, 푸른역사, 1997.

유원재,『웅진백제사연구』, 주류성, 1997.

李亨求, 『서울 風納土城[百濟王城] 實測調査研究』, 1997.

정구복 외, 『역주 삼국사기 4, 주석편(하)』, 한국정신문화연구원, 1997.

國立扶餘文化財研究所, 『扶蘇山城-發掘中間報告書Ⅲ』, 1999.

이희승, 『국어대사전』, 민중서림, 2000.

단국대학교 동양학연구소, 『漢韓大辭典』3, 2000.

忠淸埋葬文化財研究院·舒川郡, 『韓山 乾至山城』, 2001.

伽山佛敎文化研究院, 『伽山佛敎大辭林』4, 伽山佛敎文化研究院 出版部, 2001.

국립문화재연구소, 『韓國考古學事典 下』, 2001.

徐程錫, 『百濟의 城郭-熊津 泗沘時代를 中心으로』, 학연문화사, 2002.

성주탁, 『百濟城址研究』, 서경문화사, 2002.

국어국문학회, 『새로나온 국어사전』, 민중서관, 2002.

국립부여박물관, 『백제의 문자』, 2003.

李道學, 『살아 있는 백제사』, 휴머니스트, 2003.

최남선, 『六堂 崔南善全集』5, 역락, 2003.

박한제, 『박한제 교수의 중국 역사 기행 3』, 사계절, 2003.

吉祥 編著, 『佛敎大辭林(上)』, 弘法院, 2003.

國立扶餘文化財研究所, 『부소산성 발굴조사보고서 Ⅴ』, 2003.

金鍾萬, 『사비시대 백제토기 연구』, 서경문화사, 2004.

가와카쓰 요시오 著·임대희 譯, 『중국의 역사-위진남북조』, 혜안, 2004.

서울시사편찬위원회, 『서울의 성곽』, 2004.

국립문화재연구소, 『중국고대도성조사보고서』, 2005.

도수희, 『백제의 언어와 문학』, 주류성, 2005.

李道學, 『고구려 광개토왕릉비문 연구』, 서경문화사, 2006.

데이비드 데이 著·이경식 譯, 『정복의 법칙』, Human&Books, 2006.

전북문화재연구원, 『井邑 古阜舊邑城 I』, 2007.

충청남도역사문화연구원·금산군, 『錦山 栢嶺山城-1·2次 發掘調査報告書』, 2007.

周達觀 著, 전자불전, 문화재콘텐츠연구소 篇, 『진랍풍토기』, 백산자료원, 2007.

국립부여박물관, 『百濟 木簡』, 2008.

충청남도역사문화연구원, 『유적 유물로 본 백제(I)』, 2008.

단국대학교 동양학연구소, 『漢韓大辭典』15, 2008.

국립부여문화재연구소, 『王宮里發掘中間報告Ⅵ』, 2008.

國立扶餘文化財研究所, 『百濟廢寺址學術調査報告書』, 2008.

서울특별시사편찬위원회, 『한성백제사3』, 2008.

端鵬琦, 『漢魏洛陽故城』, 文物出版社, 2009.

國立扶餘文化財研究所, 『扶餘 官北里 百濟遺蹟發掘報告Ⅳ-2008年調査區域』, 2009.

국립부여박물관, 『백제 가람에 담긴 불교문화』, 2009.

고려대학교 민족문화연구원 국어사전편찬실, 『고려대한국어대사전(ㅂ~ㅇ)』, 고려대학교 민족문화연구소, 2009.

고용환·강용자, 『萬葉集』, 지식을만드는지식, 2009.

李道學, 『백제 한성, 웅진성시대 연구』, 일지사, 2010.

李道學, 『백제 사비성시대 연구』, 일지사, 2010.

국립부여문화재연구소, 『王宮里發掘中間報告Ⅶ』, 2010.

박순발, 『백제의 도성』, 충남대학교 출판부, 2010.

五味文彦·鳥海靖 編, 『もういちど讀む山川日本史』, 山川出版社, 2010.

노중국, 『백제 사회사상사』, 지식산업사, 2010.

이남석, 『공주 공산성』, 공주시·공주대학교 박물관, 2010.

김희선, 『동아시아 도성제와 고구려 장안성』, 지식산업사, 2010.

국립부여문화재연구소, 『백제의 왕궁을 찾는 20여 년의 여정』, 2010.

신종원, 『삼국유사 새로 읽기(2)』, 일지사, 2011.

國立扶餘文化財研究所, 『扶餘 官北里 遺蹟發掘報告Ⅴ-2001~2007년 調査區域 統一新羅時代以後遺蹟篇-』, 2011.

國立扶餘文化財研究所, 『扶餘 定林寺址』, 2011.

부여군 문화재보존센터, 『고도 부여의 미래를 그리다』, 2011.

국립중앙박물관, 『문자, 그 이후』, 통천문화사, 2011.

張分田 著·이제훈 譯, 『진시황평전』, 글항아리, 2011.

尹明喆, 『해양역사상과 항구도시들』, 학연문화사, 2012.

국립부여박물관, 『백제인의 얼굴, 백제를 만나다』, 2012.

노중국, 『백제의 대외교섭과 교류』, 지식산업사, 2012.

사카에하라 토와오 著·이병호 譯, 『정창원문서입문』, 태학사, 2012.

최병식 外, 『강남의 역사』, 강남문화원, 2014.

王星光·張强·尚群昌, 『生態環境變遷與社會嬗變互動』, 人民出版社, 2016.

李鍾學, 『동북아시아의 전쟁과 평화』, 충남대학교 출판문화원, 2016.

3. 논문 및 기타 글

大原利武, 「朝鮮歷史地理」 『朝鮮史講座－一般史』, 조선총독부, 1924.

鮎貝房之進, 「百濟古都案內記」 『朝鮮』 234, 1934.

李丙燾, 「廣州夢村土城址－百濟時代의 城砦址」 『震檀學報』 11, 1939.

洪思俊, 「百濟砂宅智積碑에 대하여」 『歷史學報』 6, 1954.

김영배, 「공주 백제 왕궁 및 臨流閣址 소고」 『考古美術』 6-3·4합집호, 1965.

金和英, 「三國時代 蓮花紋 硏究」 『歷史學報』 34, 1967.

藤澤一夫, 「古代寺院の遺構に見る韓日の關係」 『アジア文化』 8-2호, 1971.

黃壽永, 「百濟 帝釋寺址의 硏究」 『百濟硏究』 4, 1973.

文明大, 「聖住寺 三千佛殿址 제1차 발굴－聖住寺址 제2차 조사」 『佛敎美術』 2, 1974.

李丙燾, 「目支國의 位置와 그 地理」 『韓國古代史硏究』, 博英社, 1976.

牧田諦亮, 「百濟 益山遷都에 對한 文獻資料」 『제3회 馬韓百濟文化學術會議』, 1977.

金三龍, 「百濟의 益山 遷都와 그 文化的 性格」 『馬韓百濟文化』 2, 1977.

李道學, 「百濟 慰禮文化의 史的 性格」 『東大新聞』, 1981.5.12.

안병찬, 「새로 발굴한 고구려의 다리」 『력사과학』 1982-3.

成周鐸, 「百濟 泗沘都城硏究」 『百濟硏究』 13, 1982.

沈正輔, 「百濟復興軍의 主要據點에 관한 硏究」 『百濟硏究』 14, 1983.

朴容塡, 「百濟瓦當의 類型硏究」 『百濟瓦塼圖錄』, 백제문화개발연구원, 1983.

李亨求, 「漢江流域 百濟初期 首都遺蹟 保存問題」 『정신문화연구』 21, 1984.

안승주, 「백제도성 웅진성에 대하여」 『백제연구』 19, 1988.

梁起錫, 「백제 성왕대의 정치개혁과 그 성격」 『한국고대사연구』 4, 1990.

李道學, 「百濟 地城의 位置에 對한 再檢討」 『韓國學論集』 17, 1990.

李道學, 「方位名 夫餘國의 성립에 관한 檢討」 『白山學報』 38, 1991.

李道學, 「百濟 漢城時期의 都城制에 관한 檢討」 『韓國上古史學報』 9, 1992.

尹武炳, 「扶餘 定林寺址 發掘記」 『佛敎美術』 10, 1991.

李道學, 「臨海殿」 『한국민족문화대백과사전』 18, 한국정신문화연구원, 1991.

李道學, 「百濟 初期史에 관한 文獻資料의 檢討」『韓國學論集』 23, 漢陽大學校 韓國學研究所, 1993.

尹武炳, 「百濟王都 泗沘城研究」『學術院論文集』 33輯(人文社會科學篇), 1994.

박순발, 「百濟 都城의 變遷과 特徵」『重山鄭德基博士華甲紀念韓國史學論叢』, 1996.

沈正輔, 「百濟 泗沘都城의 城郭 築造時期에 대한 考察」『考古歷史學志』 11·12合集, 1996.

朴賢淑, 「宮南池 出土 百濟 木簡과 王都 五部制」『韓國史研究』 92, 1996.

李道學, 「새로운 모색을 위한 점검, 목지국 연구의 현단계」『마한사의 새로운 인식』, 충남대학교 백제연구소, 1997; 『마한사연구』, 충남대학교 출판부, 1998.

李道學, 「百濟 復興運動의 시작과 끝, 任存城」『百濟文化』 28, 1999.

武國勛 著, 李道學 譯, 「부여왕성신고-전기부여왕성의 발견」『우리문화』, 1989, 10·11월호; 『고대문화산책』, 서문문화사, 1999.

李鎔賢, 「扶餘 宮南池 出土 木簡의 年代와 性格」『宮南池發掘調査報告書1』, 國立扶餘文化財研究所, 1999.

최맹식, 「백제 유적 발굴과 그 성과」『建築歷史研究』 22, 2000.

梁正錫, 「新羅 皇龍寺·北魏 永寧寺 그리고 日本 大官大寺」『韓國史學報』 9, 2000.

박순발, 「사비도성의 구조」『사비도성과 백제의 성곽』, 서경문화사, 2000.

沈正輔, 「百濟 泗沘都城의 築造時期에 대하여」『사비도성과 백제의 성곽』, 서경문화사, 2000.

沈正輔, 「古代扶餘의 歷史考古學的 檢討」『부여의 어제와 오늘, 그리고 내일』 제1회 한국전통문화학교 문화재관리학술세미나, 2001.

沈正輔, 「熊津都城의 構造와 防禦體制에 대하여」『백제 도성의 변천과 연구상의 문제점』, 국립부여문화재연구소, 2002.

李道學, 「百濟 漢城都邑期 都城制에 관한 몇 가지 檢討」『백제도성의 변천과 연구상의 문제점』, 서경문화사, 2003.

申熙權, 「百濟 漢城都邑期 都城制에 대한 考古學的 考察」『백제도성의 변천과 연구상의 문제점』, 서경문화사, 2003.

李道學, 「백제 무왕대 익산 천도설의 검토」『익산 문화권 연구의 성과와 과제』 마한백제문화연구소 설립30주년기념 제16회 국제학술회의, 2003; 「백제 무왕대 익산 천도설의 재해석」『마한백제문화연구』 16, 2004.

洪潤植, 「文獻資料를 통해서 본 百濟 武王의 遷都 史實」『益山의 先史와 古代 文化』, 2003.

金三龍, 「總括−익산의 선사와 고대 문화」『益山의 先史와 古代文化』, 마한백제문화연구소·익산시, 2003.

李道學, 「百濟 武王代 益山 遷都說의 再解釋」『馬韓百濟文化』16, 2004.

김용민, 「益山 王宮城의 造營과 空間區劃에 대한 考察」『古代都市와 王權』, 충남대학교 백제연구소, 2005.

李道學, 「高句麗의 內紛과 內戰」『高句麗研究』24, 2006.

최맹식, 「부소산성의 기와」『扶蘇山城을 다시 본다』, 주류성, 2006.

李炳鎬, 「부여 정림사지 출토 소조상의 제작 시기와 계통」『美術資料』74, 2006.

조경철, 「백제 불교사의 전개와 정치 변동」, 한국학중앙연구원 한국학대학원 박사학위 논문, 2006.

소재윤, 「熊津·泗沘期 百濟 수막새에 대한 編年 研究−錦江流域을 中心으로」『湖南考古學報』23, 2006.

李炳鎬, 「부여 정림사지의 창건 배경과 도성 내 위상」『백제와 금강』, 서경문화사, 2007.

강성민, 「즐거운 이단 강신주」『인물과 사상』, 2007, 11월호.

李道學, 「'廣開土王陵碑文'에 보이는 征服의 法則」『東아시아古代學』20, 2009.

최완규, 「고대 익산과 왕궁성」『익산 왕궁리 유적−발굴 20년 성과와 의의』, 주류성, 2009.

박순발, 「동아시아 도성사에서 본 왕궁리 유적」『익산 왕궁리 유적−발굴 20년 성과와 의의』, 주류성, 2009.

부여군, 『부여역사유적지구 가이드북Ⅲ 부여나성지구』, 2010.

李道學, 「彌勒寺址 西塔 '舍利奉安記'의 分析」『白山學報』83, 2009; 『백제 사비성시대 연구』, 일지사, 2010.

李道學, 「古都 益山의 眞正性에 관한 多角的 分析」『馬韓百濟文化』19, 2010.

李道學, 「해상왕국 대백제와 백제 왕도 扶餘」『백제 사비성시대 연구』, 일지사, 2010.

李道學, 「古都 益山의 眞正性에 관한 多角的 分析」『마한백제문화연구』19, 원광대학교 마한백제문화연구소, 2010.

李道學, 「송호정, 史料와 考古學 자료로 본 백제 王都 益山 토론문」『백제 말기 '익산 천도'의 諸問題』, 원광대학교 마한백제문화연구소, 2011.11.10.

송호정, 「史料와 考古學 자료로 본 백제 王都 益山」『백제 말기 '익산 천도'의 諸問題』, 원광대학교 마한백제문화연구소, 2011.11.10

李道學, 「史料와 考古學 자료로 본 백제 王都 益山'에 대한 檢證」『한국전통문화연구』9, 2011.

李道學, 「谷那鐵場과 百濟」『東아시아고대학』25, 2011.

李道學, 「百濟 漢城都邑期 王城에 대한 所在地 認識 檢證」『山城論誌』2011-4, 광주문화권협의회, 2011.

심광주, 「漢城百濟의 '築土築城'에 대한 연구」『鄕土서울』76, 2011.

李炳鎬, 「扶餘 定林寺址式 伽藍配置의 展開와 日本의 初期寺院」『百濟研究』54, 2011.

李道學, 「古代 東아시아 佛敎와 王權」『충청학과 충청문화』13, 충청남도역사문화연구원, 2011.

李道學, 「谷那鐵場과 百濟」『東아시아고대학』25, 2011.

류기정, 「서나성 추정구역 발굴조사 성과」『부여나성 대토론회/ 부여나성 있다, 없다』, (재)부여군문화재보존센터, 2012.

성정용, 「泗沘 羅城 照査 成果」『부여나성 대토론회/ 부여나성 있다, 없다』, (재)부여군문화재보존센터, 2012.

李道學, 「泗沘城 遷都와 都城 企劃, 그리고 '定林寺'」『정림사복원 국제학술심포지엄』, 부여군문화재보존센터, 2012.

李道學, 「百濟 泗沘都城과 '定林寺'」『白山學報』94, 2012.

李道學, 「百濟 泗沘都城의 編制와 海外 交流」『東아시아古代學』30, 2013.

박순발, 「동아시아적 관점에서 본 사비도성」『부여학』3, 2013.

李道學, 「李丙燾 韓國古代史 研究의 '實證性' 檢證」『白山學報』98, 2014.

李道學, 「益山 遷都 物證 '首府' 銘瓦에 대한 反論 檢證」『東아시아古代學』35, 2014.

김환희, 「百濟 泗沘期 印章瓦의 변천과 제작공정 체계화」, 충남대학교 석사학위논문, 2014.

김영관, 「백제 말기 중앙 귀족의 변천과 왕권」『韓國古代史探究』19, 2015.

王星光, 「黃河流域古代都城遷徙及其對近代中國社會的影向」『中原與東北亞古代文化交流研討會 論文提要』, 鄭州大學校, 2016.

李道學, 「白江戰鬪의 位置 확인에 대한 接近」『韓國古代史探究』25, 2017.

찾아보기

ㅁ

ㅂ